Steuern und Soziale Sicherung
in Deutschland

Christian Seidl · Joachim Jickeli (Hrsg.)

Steuern und Soziale Sicherung in Deutschland

Reformvorschläge
und deren finanzielle Auswirkungen

Mit 21 Abbildungen und 61 Tabellen

Physica-Verlag
Ein Unternehmen
von Springer

Lorenz-von-Stein-Institut
für Verwaltungswissenschaften an der
Christian-Albrechts-Universität zu Kiel

Herausgeber

Professor Dr. Christian Seidl
Christian-Albrechts-Universität zu Kiel
Wirtschafts- und Sozialwissenschaftliche Fakultät
Institut für Volkswirtschaftslehre
Abteilung für Finanzwissenschaft und Sozialpolitik
Olshausenstr. 40
24098 Kiel
E-mail: seidl@economics.uni-kiel.de

Professor Dr. Joachim Jickeli
Christian-Albrechts-Universität zu Kiel
Rechtswissenschaftliche Fakultät
Lehrstuhl für Bürgerliches Recht, Handelsrecht und
Wirtschaftsrecht

zugleich

Geschäftsführender Vorstand des Lorenz-von-Stein-Instituts
für Verwaltungswissenschaft
Christian-Albrechts-Universität zu Kiel
Olshausenstr. 40
24098 Kiel
E-mail: jjickeli@law.uni-kiel.de

ISBN-10 3-7908-1689-2 Physica-Verlag Heidelberg
ISBN-13 978-3-7908-1689-1 Physica-Verlag Heidelberg

Bibliografische Information der Deutschen Bibliothek
Die Deutsche Bibliothek verzeichnet diese Publikation in der Deutschen Nationalbibliografie;
detaillierte bibliografische Daten sind im Internet über http://dnb.ddb.de abrufbar.

Dieses Werk ist urheberrechtlich geschützt. Die dadurch begründeten Rechte, insbesondere die der Übersetzung, des Nachdrucks, des Vortrags, der Entnahme von Abbildungen und Tabellen, der Funksendung, der Mikroverfilmung oder der Vervielfältigung auf anderen Wegen und der Speicherung in Datenverarbeitungsanlagen, bleiben, auch bei nur auszugsweiser Verwertung, vorbehalten. Eine Vervielfältigung dieses Werkes oder von Teilen dieses Werkes ist auch im Einzelfall nur in den Grenzen der gesetzlichen Bestimmungen des Urheberrechtsgesetzes der Bundesrepublik Deutschland vom 9. September 1965 in der jeweils geltenden Fassung zulässig. Sie ist grundsätzlich vergütungspflichtig. Zuwiderhandlungen unterliegen den Strafbestimmungen des Urheberrechtsgesetzes.

Physica-Verlag ist ein Unternehmen von Springer Science+Business Media

springer.de

© Physica-Verlag Heidelberg 2006
Printed in Germany

Die Wiedergabe von Gebrauchsnamen, Handelsnamen, Warenbezeichnungen usw. in diesem Werk berechtigt auch ohne besondere Kennzeichnung nicht zu der Annahme, dass solche Namen im Sinne der Warenzeichen- und Markenschutz-Gesetzgebung als frei zu betrachten wären und daher von jedermann benutzt werden dürften.

Satz: Digitale Vorlage der Herausgeber
Herstellung: LE-TeX Jelonek, Schmidt & Vöckler GbR, Leipzig
Einbandgestaltung: Erich Kirchner, Heidelberg

SPIN 11615491   43/3100YL - 5 4 3 2 1 0   Gedruckt auf säurefreiem Papier

VORWORT

Wenn der frühere Bundesfinanzminister Hans Eichel darauf angesprochen wurde, dass andere Länder deutlich niedrigere Steuertarife hätten, pflegte er zu kontern, dass in Deutschland dafür die Bemessungsgrundlage niedriger sei. Nun ist der Steuertarif ein für die schon Steuerpflichtigen – mehr aber noch für potentielle ausländische Investoren – kognitiv leicht verständliches Signal, wogegen sich die Steuerbemessungsgrundlage eher als ein Buch mit sieben Siegeln darstellt, das von den Finanzbehörden fast schon nach Belieben geöffnet oder geschlossen werden kann. Zudem steht die Bemessungsgrundlage unter dem Generalverdacht, dass der Staat in Finanznöten bevorzugt an der Stellschraube Bemessungsgrundlage, sei es durch direkte Gesetzesänderungen, sei es durch Änderungen von Durchführungsverordnungen oder auch nur durch Änderung der Verwaltungspraxis, dreht.[1] Das Argument einer niedrigen Bemessungsgrundlage verfängt daher im internationalen Steuerwettbewerb nicht. Zudem bestimmt sich die Zusatzlast (excess burden) der Besteuerung [vgl. Harberger (1964a; 1964b; 1971)] – und damit die Wucht ökonomischer Ineffizienzen infolge der Besteuerung – primär nach der steuerlichen Marginalbelastung, d.h. nach dem Steuertarif, und nicht nach der Bemessungsgrundlage.

Zwar hat Bundesfinanzminister Peer Steinbrück in seiner Rede beim Neujahrsempfang der Industrie- und Handelskammer Frankfurt am 10. Januar 2006 darauf hingewiesen, dass die Einkommensteuersätze in Deutschland seit 1. Januar 2005 Tiefstände erreicht hätten und Deutschland neben der Slowakei die geringste Steuerquote in der Europäischen Union habe [FAZ vom 12. Januar 2006, S. 8],[2] doch ist die Steuerbelastung, insbesondere die Margi-

---

[1] Als illustrativen Überblick sei auf Bhattis Zusammenstellung der Änderungen des deutschen Einkommensteuergesetzes in den Jahren 1998 bis 2006 im Anhang 1 dieses Bandes verwiesen.

[2] Die deutsche Steuerquote sieht weniger beeindruckend aus, wenn die Vorwegsaldierungen des Einkommensteueraufkommens (Familienleistungsausgleich, Eigenheimzulage, Investitionszulage – insgesamt mehr als 40 Mrd. €) finanzstatistisch korrekt wieder hinzugerechnet werden. Sie ist dann um rund 2 Prozentpunkte höher.

nalbelastung mit Steuern und Sozialabgaben, in Deutschland noch immer exorbitant hoch und sichert Deutschland einen Spitzenplatz in der Europäischen Union.[3]

Daher plädieren alle reinen Steuerreformvorschläge für Deutschland für Steuertarife mit einer geringeren Marginalbelastung. Um aber das Steueraufkommen vor einem finanziell nicht verkraftbaren Rückgang zu bewahren, sehen sie gleichzeitig eine Verbreiterung der Steuerbemessungsgrundlage vor [vgl. den Beitrag von Traub in diesem Band[4]]. Nun waren aber die von Bundesfinanzminister Steinbrück angesprochenen historischen Tiefstände der deutschen Einkommensteuersätze nur zum Preis der Verbreiterung der Steuerbemessungsgrundlage in der Vergangenheit erreichbar, die zur Gegenfinanzierung der Tarifsenkung tatsächlich stattfand, allerdings überwiegend im Bereich der höheren Einkommensschichten.[5] Für untere Einkommensschichten wurde im Wesentlichen nur die Besteuerung aperiodischer Einkünfte verstärkt besteuert [vgl. den Anhang 1 von Bhatti in diesem Band]. Einkommensbezieher in unteren und mittleren Einkommensschichten profitierten zwar von der Tarifsenkung, kamen aber bei Maßnahmen zur Verbreiterung der Bemessungsgrundlage ihrer regulären Einkommen eher glimpflich davon. Von einer Regierung, die nur mit einer knappen Mehrheit regiert, konnte das auch nicht anders erwartet werden.

Da mit der Einschränkung der steuerlichen Absetzbarkeit von Dienstwagen und der Einschränkung der steuerlichen Anerkennung des Verlustausgleichs verlustzuweisender Fonds die Verbreiterung der Steuerbemessungsgrundlage bei den hohen Einkommensschichten weitgehend ausgereizt ist, setzen weitere Tarifsenkungen Maßnahmen der Verbreiterung der Steuerbemessungsgrundlage bei unteren und mittleren Einkommensschichten voraus. Ein erster Anfang wurde bereits ab 1. Januar 2006 mit der Abschaffung der Eigenheimzulage und der Steuerfreiheit der Erträge von Lebensversicherungsverträgen gemacht. Die Abschaffung der Steuerfreiheit der Zuschläge zur Sonntags-, Feiertags- und Nachtarbeit, der Entfernungspauschale, des Sparerfreibetrags, die Einschränkung des Splittingvorteils und der Wegfall anderer Steuerbegünstigungen stehen noch auf der Agenda. Diese Maßnahmen der Verbreiterung der Steuerbemessungsgrundlage treffen nun primär die unteren und mittleren, nicht die oberen Einkommensschichten. Dies erhellt auch aus den Daten der Lohn- und Einkommensteuerstatistik 2001, nach welcher 30% der Steuerpflichtigen 81% der festgesetzten Lohn- und Einkommensteuer bezahlten [Pressemitteilung des Statistischen Bundesamtes vom 28. Juni 2005]. Rechnet man etwas weiter, findet man, dass die 6,4% der obersten Einkommensbezieher

---

[3] Vgl. für die Belastung von Kapitalgesellschaften Jacobs et al. (2004) und für die Belastung der Einkünfte aus unselbständiger Tätigkeit den Anhang zum Beitrag von Seidl in diesem Band.

[4] Der Kölner Entwurf eines Einkommensteuergesetzes [vgl. Lang et al. (2005)] erschien erst nach Abschluss des Manuskripts und konnte nicht mehr berücksichtigt werden.

[5] Für die Höhe der Unternehmensbesteuerung in der Europäischen Union vgl. Jacobs et al. (2004).

45,6% der festgesetzten Lohn- und Einkommensteuer bezahlten, obwohl ihr Einkommensanteil nur 27,3% ausmacht.

Damit geraten alle reinen Steuerreformmodelle in die Bredouille, dass nämlich die oberen Einkommensschichten von weiteren Tarifsenkungen mehr profitieren, als sie von möglichen verbliebenen Maßnahmen einer weiteren Verbreiterung der Bemessungsgrundlage verlieren, während die unteren und teilweise auch die mittleren Einkommensschichten von weiteren Tarifsenkungen weniger profitieren als sie von der Verbreiterung der Bemessungsgrundlage verlieren [vgl. Tabelle 2 im Beitrag von Bach und Steiner in diesem Band]. Nun kann man versuchen, diesen Gordischen Knoten derart zu durchschlagen, dass möglichst viele Steuerzahler durch die Reform gewinnen – die oberen Einkommensschichten relativ mehr und die unteren relativ weniger – aber die absoluten Gewinner überwiegen [vgl. Tabelle 5 im Beitrag von Bach und Steiner in diesem Band]. Damit gewinnen die jeweiligen Steuerreformvorschläge zwar an Akzeptanz, doch muss dies zu dem Preis von deren Unfinanzierbarkeit erkauft werden und wird häufig dadurch verschleiert, dass die Konzepte nicht genau durchgerechnet werden. Dieses Schicksal trifft die Steuerreformvorschläge von Kirchhof, CDU und FDP [vgl. Bach und Steiner, Tabelle 2]. Steuerreformvorschläge, die sogar einen kleinen Überschuss erbringen, vergraulen dagegen wesentlich mehr Steuerzahler als sie durch Entlastung gewinnen können, was sie in Demokratien wohl zum Scheitern verurteilt. Dies ist das Schicksal des Vorschlags des Sachverständigenrats II (2003) [vgl. Bach und Steiner, Tabelle 5 und 2]. Aber wegen der geschilderten Rahmenbedingungen bewirken alle Steuerreformvorschläge zumindest eine *relative* Umverteilung von unten nach oben. Dies bedeutet, dass alle skaleninvarianten Verteilungsmaße – und das sind nun einmal die gängigen – eine Zunahme der Einkommensungleichheit infolge der Steuerreform diagnostizieren. Diese theoretische Erkenntnis wird von den empirischen Ergebnissen eindrucksvoll gestützt [vgl. Bach und Steiner, Tabelle 4].

Gibt es denn keinen Ausweg aus diesem Dilemma? Es gibt ihn, aber nicht unter der Beschränkung eines Partialmodells, welches allein auf eine Steuerreform fixiert ist und daher keine gegenläufigen Effekte in Form eines sozialen Ausgleichs für die Wohltaten von Tarifsenkungen an die oberen Einkommensschichten beinhaltet. Der Kerngedanke eines solchen, im Beitrag von Seidl entwickelten und im Beitrag von Seidl, Drabinski und Bhatti empirisch überprüften, Reformkonzepts besteht darin, dass alle Einkommensschichten eine verhältnismäßig geringe einkommensproportionale Steuer entrichten. Dieses Reformmodell bezieht auch das soziale Sicherungssystem in die Betrachtung ein und bewirkt über eine *Sozialkomponente* eine Entlastung schwacher Schultern und eine Belastung starker Schultern. Die Bereitstellung bzw. Steuerfreiheit des Existenzminimums, die Entrichtung der Sozialversicherungsbeiträge und die Inanspruchnahme staatlicher Leistungen wird mit erheblichen staatlichen Zuschüssen gefördert, wenn und so lange das Haushaltseinkommen unzureichend ist, um diese Aufwendungen zu ermöglichen. Mit steigendem Einkommen werden diese staatlichen Zuschüsse allmählich abgeschmolzen, bis sie schließlich von starken Schultern allein getragen werden können. Als „Belohnung" dafür brauchen die starken Schultern nur die auf sie entfallenden Proportionalsteuern zu tragen. Dieses Reformkonzept wird durch zwei Parameter gesteuert, was es sehr flexibel macht. Wie die Berechnungen von Seidl, Drabinski und Bhatti in diesem Band zeigen, ist es nicht nur finanzierbar, sondern belässt auch noch einen Betrag im Ausmaß des Gewerbe- und Körperschaftsteueraufkommens im privaten Sektor der Volkswirtschaft. Zudem bewirkt es eine erhebliche absolute und relative Umverteilung, einmal von oben nach unten, und zum anderen in Richtung kinderreicher Haushalte, insbesondere in Richtung Alleinerziehender. Die Werte der Gini-Koeffizienten und der Theil-Maße aller Einkommenskohorten indizieren eine erhebliche Tendenz in Richtung gleichmäßigerer Einkommensverteilungen.

Dieses Reformmodell stellt gewissermaßen einen Brennpunkt dar, welcher die Brücke zwischen Steuersystem und sozialem Sicherungssystem schlägt. Auch die bisher unterbreiteten Reformvorschläge des sozialen Sicherungssystems sind, wie die bisher unterbreiteten Steuerreformmodelle, Partialmodelle, nur dass sie eine andere Seite unserer Wirtschaft beleuchten.

Ein Rentensystem ist ein langfristiges Kohortenphänomen, in welchem sich Sünden der Vergangenheit noch nach mehreren Dekaden auswirken. So ist die gegenwärtige Misere des deutschen Rentensystems nur vor dem Hintergrund einer verfehlten Rentenpolitik in der Vergangenheit verständlich. Beispielsweise besagt eine einfache Faustregel, dass unter der Voraussetzung einer nichtsinkenden Bevölkerung das Kapitaldeckungsverfahren für kapitalarme und das Umlageverfahren für kapitalreiche Volkswirtschaften angemessener sind [vgl. z.B. Aaron (1966)]. Deutschland war im Jahre 1957 eine kapitalarme Volkswirtschaft. Dennoch drückte Bundeskanzler Konrad Adenauer in diesem Jahr entgegen dem Rat seines Wirtschaftsministers Erhard und seines Finanzministers Schäffer die Einführung des Umlageverfahrens für die Rentenversicherung durch, wohl weil er in diesem Jahr die Bundestagswahlen gewinnen wollte. Die Renten wurden in diesem Jahr um bis zu 70% erhöht und die Rentner konnten erstmals seit Kriegsende ausgiebig Urlaub machen. Adenauer aber errang im September 1957 einen überwältigenden Wahlsieg. Ein Übergang von einem Kapitaldeckungsverfahren zu einem Umlageverfahren stellt aber ökonomisch nichts anderes als ein gigantisches Geschenk an die Rentnergeneration dar. Im Rahmen eines Kapitaldeckungsverfahrens hätte ein solches Geschenk nicht gemacht werden können. Infolge der höheren Beiträge zur Rentenversicherung, um die gestiegenen Renten finanzieren zu können, konnte freilich nicht mehr daran gedacht werden, parallel dazu den Kapitalstock eines Kapitaldeckungsverfahrens aufzubauen.[6] Adenauer wischte Bedenken gegen das Umlageverfahren mit der Bemerkung „Kinder kriegen die Leute immer" beiseite.

---

[6] Der rechtzeitige Aufbau eines Kapitalstocks hätte sich heute als Segen erwiesen. Mit einem Kapitalstock in Höhe des eineinhalbfachen Bruttoinlandsprodukts könnten die Rentenbeiträge um rund 8% niedriger sein als heute und der Bundeszuschuss zur Rentenversicherung könnte gänzlich entfallen [vgl. Fußnote 46 im Beitrag von Seidl].

An dieser Stelle soll nicht behauptet werden, die Rentner des Jahres 1957 hätten dieses Geschenk unter Aspekten der Generationengerechtigkeit nicht verdient. Eine verantwortungslose Politik hatte Deutschland zwei Male in verheerende Kriege hineinschlittern lassen, wodurch weite Kreise der Bevölkerung erhebliche materielle Einbußen hinzunehmen hatten, ganz zu schweigen von den langen Jahren, die ihnen durch Arbeitsdienst, Kriegsdienst und Kriegsgefangenschaft gestohlen worden waren. Diese Lasten wurden durch die Rentenreform des Jahres 1957 nur in bescheidener Weise kompensiert. Dennoch ist aus ökonomischer Sicht zu sagen, dass die Rentenreform des Jahres 1957 nicht nur zu Lasten der künftigen Generationen ging. Sie bewirkte im kapitalarmen Land Deutschland auch eine zu geringe Investition und einen zu hohen Konsum. Die Grenzproduktivität des Kapitals blieb auch weiterhin sehr hoch und förderte die Vermögensbildung der Kapitalbesitzer. Die großen Vermögen – und die hieraus resultierende ungleichmäßige Vermögensverteilung – entstanden im Vierteljahrhundert nach dem zweiten Weltkrieg.

Die nächste, wesentlich schwerwiegendere Sünde der Rentenpolitik wurde im Jahre 1972 begangen. Deutschland war mittlerweile reich genug für das Umlageverfahren, doch hatte die Fertilität einen ersten (Pillen-)Knick bekommen und die Lebenserwartung war im Steigen begriffen. Da die Rentenbeiträge vergleichsweise üppig sprudelten und auch Bundeskanzler Willy Brandt Wahlen gewinnen wollte, wurde die Rente ab dem sechzigsten Lebensjahr weitgehend ohne Rentenabschläge ermöglicht. Eine vorausschauende Rentenpolitik hätte demgegenüber das Ruhestandsalter beibehalten, die Rentenbeiträge senken und dafür die Steuern erhöhen sollen. Mit dem höheren Steueraufkommen hätte man nicht das Kindergeld erhöhen, sondern, wie das Beispiel Skandinaviens und Frankreichs zeigen, die wesentlich wirksameren Maßnahmen einer umfassenden Kinderbetreuung (Kindergärten, Tagesmütter, Ganztagsschulen, Horte, usw.) ergreifen sollen, um die Bevölkerungsreplikation zu sichern.[7] Da sich aber Wahlen mit noch ungeborenen Kindern nicht gewinnen lassen, beschritt Bundeskanzler Brandt den Weg der Geschenke an die Alterskohorten zwischen 45 und 65 Jahren.

Diese Rentenreform hatte katastrophale Auswirkungen. Sie erforderte höhere Rentenbeiträge, die, verstärkt durch den Ölpreisschock des Jahres 1973, zu empfindlich höheren Arbeitskosten führten. Der ab Mitte der Siebziger Jahre durch die Elektronik rapide einsetzende technische Fortschritt bewirkte ein rasches Veralten des Humankapitals älterer Arbeitnehmer. Infolge der näher gerückten Ruhestandsgrenze sahen diese nicht die Notwendigkeit, sich anzupassen, und, statt die Arbeitnehmer innerbetrieblich zu schulen, entdeckten auch die Arbeitgeber den Charme der Frühverrentung, die sich immer weiter ausbreitete, zumal auch die Arbeitslosenversicherung in den Dienst

---

[7] Obwohl in Deutschland eine vergleichsweise hohe Förderung von Kindern herrscht [vgl. Parsche und Osterkamp (2004)], sind sowohl die Frauenerwerbsquote als auch die Fruchtbarkeit in Frankreich [vgl. Fagnani (2002; 2005)] und in den skandinavischen Ländern höher als in Deutschland. Offenbar hat Deutschland falsche bevölkerungs- und beschäftigungspolitische Incentivestrukturen.

einer noch weiter vorgezogenen de-facto-Frühverrentung gestellt wurde. Die Rentenreform 1972 legte so die entscheidende Basis für die spätere Krise des Rentensystems,[8] sie trug aber auch ein gerüttelt Maß an Schuld für die Probleme auf dem Arbeitsmarkt, die das Land seit dem Jahre 1973 zunehmend belasten. Obwohl das Rentensystem mit Karacho in die falsche Richtung fuhr, wurden Arbeits- und Sozialminister, allen voran Norbert Blüm, nicht müde, zu versichern, dass die Renten sicher seien.

Ein englisches Sprichwort sagt: „The last straw broke the camel's back". Dieser letzte Strohhalm war die deutsche Wiedervereinigung. Ein Kapitaldeckungsverfahren hätte sofort offenkundig gemacht, dass das Einschleusen von Millionen Rentnern in das Rentensystem einen entsprechenden zusätzlichen Kapitalstock erforderte. Das Umlageverfahren ermöglichte die Alimentierung der ehemaligen DDR-Rentner ohne spektakuläre Änderungen des Rentensystems. Da aber die Wirtschaftskraft der Neuen Bundesländer nur gering war, erforderte die Ausdehnung des Rentensystems auf den Osten erhebliche Transfers von West nach Ost.[9] Sie manifestierten sich in Beitragserhöhungen, Steuererhöhungen, höherer Staatsverschuldung und Leistungskürzungen durch die Rentenreform des Jahres 1992 und die Reform der Beamtenversorgung des Jahres 1991. Damit war es freilich nicht getan. Seit Ende der neunziger Jahre jagt eine Rentenreform die andere. Sobald eine Reformmaßnahme Gesetz geworden ist, zeigt sich binnen kurzem, dass auch sie das Rentensystem nicht sanieren kann und durch einschneidendere Maßnahmen ersetzt werden muss.[10] Vor diesem Hintergrund ist die gegenwärtige Rentenreformdiskussion zu sehen.

Sieht man von illusorischen Vorschlägen[11] ab, bleibt nur eine überschaubare Anzahl von Reformvorschlägen des sozialen Sicherungssystems. Im Bereich

---

[8] Die Frühverrentung scheint eine Krankheit vieler Rentensysteme zu sein. Für eine empirische Schätzung der Kosten der Frühverrentung vgl. Herbertsson und Orszag (2003).

[9] Die Ostrenten von Männern erreichen fast das Niveau der Westrenten von Männern, wogegen die Ostrenten von Frauen wegen deren höherer Beitragszeiten deutlich höher sind als die Westrenten von Frauen. Die höheren Einkommen alter Menschen im Westen resultieren aus deren zusätzlichen Einkünften aus Vermietung und Verpachtung, Betriebsrenten, Kapitalvermögen und Lebensversicherungen. Vgl. dazu Bieber (2004).

[10] Die immer hektischeren gesetzlichen Eingriffe in das Rentensystem manifestieren sich in einer immer rascheren Abfolge von Rentenanpassungsformeln [vgl. Anhang 2 dieses Bandes].

[11] Vgl. z.B. das Grundrentenmodell von Miegel [u.a. propagiert in Miegel und Wahl (1985; 1999)], welches das auf dem Äquivalenzprinzip beruhende Rentensystem zugunsten einer steuerfinanzierten Grundrente als eine Art Taschengeldgesellschaft der Senioren abschaffen möchte, oder Überlegungen von Sinn [Sinn (2000; 2004); Sinn und Übelmesser (2000; 2002)], welcher Kinderlose zwar Rentenbeiträge bezahlen lassen, sie aber von Rentenleistungen in erheblichem Maße ausschließen möchte. Sinn schreckte selbst vor einer pseudowissenschaftlichen Propaganda seiner Ideen, in welcher wichtige ökonomische Randbedingungen weggelassen wurden, nicht zurück (vgl. Welt am Sonntag, 8. April 2001; Financial Times Deutschland, 29. Dezember 2002; FAZ, 14. Januar 2003). Man kann sich des Eindrucks nicht erwehren, dass hier ein dichotomes Feindbild der Gesellschaft gepredigt wird, in welchem Sinn nach den Bedürfnissen des Herzens argumentiert und seinen beachtlichen ökonomischen Sachverstand ausblendet. Vgl. dazu auch die Argumentation im Beitrag von Seidl in diesem Band, S. 194ff.

der Altersvorsorge ist dies einerseits die Beibehaltung des Umlageverfahrens, angereichert mit Komponenten einer zusätzlichen Kapitaldeckung und einer in eine Rentenanpassungsformel eingebetteten Stagnation der Rentenzahlungen, andererseits eine noch stärkere Betonung der Komponente der Kapitaldeckung. Beide Reformvorschläge werden von der Auflage des Bundesverfassungsgerichts, eine nachgelagerte Besteuerung der Renten einzuführen, überlagert.

Obzwar es eine Fülle von Rentenreformvorschlägen gibt, scheint der Zug mittlerweile weitgehend in Richtung der Vorschläge der Rürup-Kommission abgefahren zu sein, weshalb in diesem Band auf einen Überblicksaufsatz verzichtet wurde. Zentrale Vorschläge dieser Kommission wurden bereits in Gesetze gegossen und fanden ihren Niederschlag im Rentenversicherungsnachhaltigkeitsgesetz, welches den Anstieg des Rentenwertes erheblich einschränkt.[12] Dieses Gesetz fand seine Ergänzung durch das Alterseinkünftegesetz, welches der Vorgabe des Bundesverfassungsgerichts, für Alterseinkünfte eine nachgelagerte Besteuerung einzuführen, nachkam. Obwohl die Übergangsregelungen des Alterseinkünftegesetzes weit in die Zukunft hinein wirken und erst im Jahre 2040 formal abgeschlossen sein werden, wird es noch weit über das Jahr 2050 hinaus dauern, ehe *alle* Bürger tatsächlich nach dem neuen Gesetz behandelt werden, da der Grundsatz des Vertrauensschutzes die steuerlichen Vorteile für vor dem Jahre 2040 in Ruhestand getretene Alterskohorten wahrt [vgl. Abschnitt 2 des Beitrags von Buslei und Steiner in diesem Band].[13]

---

[12] Der Sachverständigenrat (2004, S. 302-305) und die Rürup-Kommission haben vorgerechnet, dass das Rentensystem dennoch eine positive Rendite habe. Andernfalls würde es gegen die Eigentumsgarantie des Grundgesetzes verstoßen. Die Renditeberechnung kann nun deterministisch oder stochastisch erfolgen. Beiden Rechnungen liegt jedoch eine Art „Mischkalkulation" zugrunde, d.h., Personen, die hohe Beiträge gezahlt haben und eine vergleichsweise niedrige Rente beziehen, werden mit jenen zusammengeworfen, die niedrige Beiträge bezahlt haben und eine vergleichsweise hohe Rente beziehen [vgl. dazu die aufschlussreiche Arbeit von Wilke (2005), sowie die sachkundige Kritik und eigene Berechnungen von Ottnad und Wahl (2005)]. Nach dieser Rechenmethode erhält man in der Tat eine positive Rendite. Alternativ kann man auch die Eigentumsgarantie des Grundgesetzes individuell betrachten. Nach dieser Auffassung müsste der versicherungsmathematische Endwert der Beitragszahlungen dem versicherungsmathematischen Barwert der Rente entsprechen. Derjenige Zinssatz, welcher die Gleichheit zwischen beiden Größen herstellt, ist in dieser Sicht die Rendite des Rentensystems. Offensichtlich variiert eine so errechnete Rendite erheblich mit den Charakteristika der betroffenen Personen. Während im deutschen Rentensystem das Äquivalenzprinzip zwar im Aggregat erfüllt ist, gilt es für ein Einzelindividuum nur insoweit, als die von einer Person geleisteten Beiträge mit dem Rentenanspruch positiv korreliert sind. Hingegen sind die von einer Person geleisteten Beiträge mit den nach der zweiten Methode ermittelten Renditen des deutschen Rentensystems negativ korreliert: Höhere Beiträge gehen mit sinkenden Renditen einher, die im Bereich des Eckrentners auch negativ sein können. Wegen der erheblich höheren, auf dem Kapitalmarkt erzielbaren Renditen wäre es für den Eckrentner und ihm vergleichbare Personen vorteilhaft, sich aus dem verbindlichen deutschen Rentensystem zu verabschieden [vgl. für die USA die Studie von Garrett und Rhine (2005); vgl. auch die Fußnote 47 im Beitrag von Seidl in diesem Band].

[13] Der Sachverständigenrat (2005, S. 334) hat die Einführung eines *Nachholfaktors* vorgeschlagen. Mit diesem Faktor sollten wegen der Blockierung von Minderungen des Rentenwertes gemäß § 68 Abs. 6 SBG VI oder wegen Sinkens des durchschnittlichen Brutto-

Dies ruft nach einer dynamischen Simulation der Aufkommens- und Verteilungswirkungen der Reform der Alterseinkünfte. Ihr ist der Beitrag von Buslei und Steiner gewidmet. Da die volle steuerliche Absetzbarkeit der Vorsorgeaufwendungen bereits bis zum Jahre 2025 abgeschlossen sein wird, wogegen die volle Besteuerung der Renten erst ab dem Jahr 2040 einsetzt (bei Wahrung der steuerlichen Vorteile früher in den Ruhestand eingetretener Alterskohorten), und die Besteuerung der Renten weniger Aufkommen erbringt, als die steuerliche Absetzbarkeit der Vorsorgeaufwendungen kostet, können erhebliche Finanzierungsdefizite dieser Reform erwartet werden. Buslei und Steiner legen ihren Simulationen vier Szenarien zugrunde. Bei allen Szenarien zeigen sich Finanzierungsdefizite, die um das Jahr 2020 ihren höchsten Wert erreichen und dann langsam sinken, um erst im Jahre 2050 (mit Ausnahme des Szenarios 4) Finanzierungsüberschüsse zu ergeben, wobei Szenario 2 wegen der ungeklärten Quelle der Finanzierung der Rentenhöhe wahrscheinlich nicht realisierbar sein wird. Bei den Verteilungswirkungen des auf Basis von Nettoäquivalenzeinkommen untersuchten Alterseinkünftegesetzes, die nur für das wahrscheinlichste Szenario 1 untersucht werden, zeigt sich eine Steigerung des Gini-Koeffizienten, was eine zunehmende Ungleichheit der Einkommensverteilung durch das Alterseinkünftegesetz anzeigt. Diese resultiert daraus, weil die (ärmeren) Rentner infolge der Besteuerung schlechter gestellt werden und die (reicheren) Erwerbstätigen durch die steuerliche Absetzbarkeit der Vorsorgeaufwendungen besser gestellt werden.

Nicht nur im Bereich der Rentenversicherung, sondern auch im Bereich der Krankenversicherung ist in Deutschland einiges schief gelaufen. Die Ärzte konnten ihre Leistungen an die Patienten den Krankenkassen weitgehend unbehelligt in Rechnung stellen (wobei einige schwarze Schafe auch darüber

---

entgelts eines Arbeitnehmers unterbliebene Rentensenkungen gegen eventuelle spätere Rentensteigerungen aufgerechnet werden. Rentensteigerungen könnten bei Geltung eines solchen Nachholfaktors erst dann stattfinden, wenn alle in der Vergangenheit unterbliebenen Rentenminderungen kompensiert worden wären. Der Nachholfaktor soll offenbar ab dem Jahre 2010 eingeführt werden [FAZ vom 18. Januar 2006]. Wenn die Bezüge der unselbständig Beschäftigten im Durchschnitt in den nächsten 45 Jahren um nicht mehr als 1,3% stiegen, hieße dies, dass der Rentenwert bei Geltung eines Nachholfaktors nominell konstant bliebe [so der Präsident des Sozialverbandes VdK, Walter Hirrlinger, in der FAZ vom 22. November 2005]. Geht man von einer 2%-igen jährlichen Inflationsrate aus, bedeutet dies eine Senkung des realen Rentenwertes nach 45 Jahren auf 40,3% seines derzeitigen Wertes, was bei einem heutigen nominellen Rentenwert von 26,13 € einem realen Rentenwert im Jahre 2050, gemessen in heutiger Kaufkraft, von 10,53 € entspricht. Damit würde die Masse der Rentner ohne eigene Ersparnisse zu Fällen für die Sozialhilfe. Miegels Grundrente würde sich über diese Hintertür breit machen. Dazu kommt noch ein gegenwärtiges Sinken des durchschnittlichen Bruttoentgelts eines Arbeitnehmers, da die 1 €-Jobs statistisch als Beschäftigungsverhältnisse behandelt werden: Wenn sich die Zahl der statistisch Beschäftigten deutlich erhöht, ihre Einkommen aber gering sind, sinkt das durchschnittliche Bruttoentgelt eines Arbeitnehmers. Deshalb bringt die Bundesregierung auch ein Gesetz auf den Weg, welches ein Sinken des Rentenwertes aus diesem Grund verhindert. [Unmittelbar vor Absendung des Manuskripts an den Verlag verlautete, dass die 1 €-Jobs aus der für die Rentenanpassung maßgeblichen Lohnentwicklung herausgenommen werden sollen. Damit wäre dieses Gesetz überholt. Es erspart lediglich die Übersendung von rund 20 Millionen neuer Rentenbescheide.]

hinausgingen). Die Patienten stießen kaum auf Grenzen der Behandlung. Bei Leistungsausweitungen wurden sie dabei von den Sozialgerichten und von den Medien (beispielsweise durch die seinerzeit von einer Illustrierten geführte Kampagne unter dem Titel „Weil du arm bist, musst du früher sterben") kräftig unterstützt. Über Dezennien hinweg wurde dieses System finanziell durch Beitragssteigerungen alimentiert – und zwar so lange, bis es abrupt an seine Finanzierungsgrenzen in Form zu hoher Arbeitskosten stieß. Harte Sanierungsmaßnahmen wurden ergriffen. Sie trafen die Patienten in Form von Leistungskürzungen, Selbstbeteiligung und Praxisgebühr. Sie trafen die Ärzte in Form von Honoraren nach einem Punktesystem, welches wie ein Hamsterrad wirkt, da die Honorarsumme insgesamt gedeckelt ist.

Diese Situation hat weitreichende Auswirkungen. Hatten sich die jungen Krankenhausärzte früher mit bescheidenen Gehältern begnügt, weil sie nach ihrer Niederlassung auf die fetten Jahre hoffen konnten, sind aus den fetten Jahre plötzlich magere geworden. Prekärerweise glaubt die Öffentlichkeit den Ärzten aber noch nicht, dass es ihnen wirklich schlecht geht, da die berufsständischen Organisationen auch in den fetten Jahren ständig über die nach ihrer Auffassung zu niedrigen Einkommen gejammert hatten. Als Folge dieser Entwicklung rebellieren gleichermaßen die Krankenhausärzte und die niedergelassenen Ärzte, weil die Einkommen der ersteren nach wie vor niedrig sind und diejenigen der letzteren deutlich gesunken sind. Jeder zweite studierte Mediziner wählt mittlerweile einen anderen als den medizinischen Beruf und viele absolvieren neben ihrem Medizinstudium auch noch ein Sprachstudium, um nach Abschluss ihres Studiums ins lukrativere Ausland abwandern zu können. Die Patienten aber üben sich, wie die Praxisgebühr gezeigt hat, in größerer Abstinenz in der Inanspruchnahme ärztlichen Rates, was der Volksgesundheit insgesamt auch nicht förderlich ist.

Dennoch ist der Kelch noch nicht bis zur Neige geleert. Die steigende Morbidität unserer alternden Gesellschaft, die Verfügbarkeit neuer medizinischer Technologien, und der Beitragsrückgang infolge hoher Arbeitslosigkeit, Vorruhestand, und geringer Lohnsteigerungen erzwingen weitere Einschnitte in das System der Krankenversicherung. Im Wesentlichen wurden als weitere Reformmaßnahmen zwei Grundkonzepte und mehrere Derivate dieser Grundkonzepte [vgl. dazu ausführlich Beske und Drabinski (2004)] vorgeschlagen. Das eine Grundkonzept ist die *Bürgerversicherung*, die Krankenversicherungsbeiträge von allen Einkünften erheben möchte, das andere Konzept ist das der durch staatliche Zuschüsse sozialverträglich gestalteten *Pauschalenbeiträge*. Im Bestreben, einen Kompromiss zu finden, hat der Sachverständigenrat (2004, S. 511ff.) den ansprechenden Vorschlag einer *Bürgerpauschale* unterbreitet.

Hinter dem Konzept der Bürgerversicherung steht im Wesentlichen die SPD, hinter dem Konzept der Kopfpauschalen (Gesundheitsprämie) steht die CDU/CSU. Im Beitrag von Drabinski werden die Auswirkungen dieser beiden Konzepte untersucht. Das SPD-Konzept würde einen allgemeinen paritätisch von Arbeitnehmern und Arbeitgebern finanzierten Satz von

14% der (im Vergleich zum status quo breiteren) Bemessungsgrundlage erfordern, das CDU/CSU-Konzept, welches Gesundheitsprämien festschreibt und den Arbeitgeberbeitrag auf 6,5% festsetzt, involviert ein Finanzierungsdefizit von rund 14,0 Mrd. €. Da das CDU/CSU-Konzept keine Annahmen darüber trifft, wie diese Finanzierungslücke zu schließen ist, müssen vom Analysator adäquate Annahmen getroffen werden. Drabinski trifft die Annahme, dass die Finanzierungslücke über einen Gesundheitsprämien-Solidaritätszuschlag auf die Einkommensteuer in Höhe von 8,8% geschlossen wird. Diese Annahme präjudiziert natürlich seine Ergebnisse. Da die Unternehmer im CDU/CSU-Konzept weniger als den paritätischen Anteil tragen, fällt die Differenz von 0,5% der Arbeitgeberanteile zwischen CDU/CSU-Konzept und SPD-Konzept auf die Einkommensteuerpflichtigen – und das sind nun einmal überwiegend die Lohnsteuerpflichtigen. Dies erklärt, weshalb die Nettoeinkommen der meisten Haushaltskohorten nach dem CDU/CSU-Konzept niedriger sind als nach dem SPD-Konzept und nach dem status quo (vgl. den Beitrag von Drabinski, Tabelle 10 bis 13). Die Annahme der Finanzierung des Defizits des CDU/CSU-Konzepts über einen Zuschlag zur Einkommensteuer und die Vorkehrung eines sozialen Ausgleichs für Haushalte, welche die Gesundheitsprämie nicht aufbringen können, erklärt auch die höhere Einkommensungleichheit für alle Haushaltskohorten nach dem CDU/CSU-Konzept im Vergleich zum status quo. Dagegen führt das SPD-Konzept bei knapp der Hälfte der Haushaltskohorten (u.a. bei allen Alleinerziehenden) zu einer gleichmäßigeren Einkommensverteilung (vgl. Tabelle 14 im Beitrag von Drabinski).

Die Pflegeversicherung ist zwar als eigene Sparte im Jahre 1995 etabliert worden, konzeptionell steht sie aber der Krankenversicherung am nächsten. Im Vergleich zu den anderen Sparten der Sozialversicherung handelt es sich bei der Pflegeversicherung um einen noch jungen Zweig, mit dem noch keine langen Erfahrungen vorliegen. Bisher steht lediglich fest, dass die anfangs akkumulierten Reserven in Kürze aufgebraucht sein werden und daher eine Reform der Pflegeversicherung auf der Agenda ganz oben steht. Infolgedessen wurden eine Vielzahl von Reformvorschlägen unterbreitet, die im Beitrag von Schulte und Schröder dargestellt werden. Da sich bisher noch nicht absehen lässt, welche dieser Reformvorschläge Realisierungschancen haben, wurde diesem Überblick auch keine Simulationsstudie angeschlossen, die deren Auswirkungen empirisch aufzeigen könnte. Auch ist die finanzielle Bedeutung der Pflegeversicherung im Vergleich zur Renten- und Krankenversicherung um eine Zehnerpotenz geringer.

Erhebliche Verteilungswirkungen hat auch die Familienförderung. Dabei stellen die unmittelbaren monetären Transfers nur einen Teil dieser Verteilungswirkungen dar. Andere Transfers erfolgen über differenzierende Behandlung Familienangehöriger, wie die beitragsfreie Mitversicherung von Familienangehörigen in der gesetzlichen Krankenversicherung oder Rentenzahlungen infolge der Anerkennung von Kindererziehungszeiten. Ein großes Transfervolumen wird über Sachtransfers bereitgestellt, bei welchen es sich vor allem um die kostenlose Schul- und Hochschulbildung, die Schülerbeförderung, Kindergärten, usw. handelt. (Vgl. Hogrefe, Tabellen 1-4.) Insgesamt betrugen die kindbezogenen Maßnahmen der Familienförderung im Jahre 1998 140,2 Mrd. € und die ehebezogenen Maßnahmen der Familienförderung 35,7 Mrd. €.

Dem Thema der empirischen Untersuchungen der Verteilungswirkungen der Familienförderung in Deutschland mit Hilfe des auf EVS-Basis beruhenden Mikrosimulationsmodells KiTs ist der Beitrag von Hogrefe gewidmet. Hogrefe zeigt, dass alle Haushalte mit Kindern durch die Familienförderung gewinnen, wobei Alleinerziehende und unverheiratete Paare bei gleicher Kinderzahl mehr gewinnen als Ehepaare, was auf die höheren Einkommen von Ehepaaren zurückzuführen sein dürfte. Das Ausmaß der Familienförderung steigt nahezu proportional mit der Kinderzahl an: Die kindbezogene Familienförderung betrug im Jahre 1998 jährlich rund 7.000 € pro Kind (Hogrefe, Tabelle 7), die Lasten der Familienförderung steigen zwar mit der Kinderzahl, jedoch stark unterproportional. Beispielsweise erhielt ein Ehepaar mit vier oder mehr Kindern im Jahre 1998 eine Familienförderung in Höhe von 40.973 € p.a. (Hogrefe, Tabelle 7), trug jedoch (bei einer Steuerüberwälzungsannahme von $\frac{1}{2}$) nur Lasten der Familienförderung in Höhe von 8.475 € p.a. (Hogrefe, Tabelle 8). Haushalte ohne Kinder sind die Nettoverlierer der Familienförderung, wobei unverheiratete Paare ohne Kinder am stärksten verlieren, insbesondere dann, wenn ehebezogene Maßnahmen der Familienförderung einbezogen werden.

Die Einkommensungleichheit innerhalb der Haushalte mit Kindern sinkt durch die Familienförderung relativ wie absolut; in großen Haushalten sinkt die Einkommensungleichheit stärker als in kleinen. Allerdings treten kaum kohortenspezische Umverteilungseffekte auf, wohl, weil alle Mitglieder einer Kohorte im selben Boot sitzen: Gewinnen oder verlieren alle Mitglieder einer Kohorte durch die Familienförderung, was im Wesentlichen der Fall ist, sind die Verteilungseffekte vergleichsweise moderat.

Sämtliche Beiträge wurden am 8. September 2005 in einem Symposium des Lorenz-von-Stein-Instituts in den Räumlichkeiten des Instituts für Weltwirtschaft in Kiel präsentiert. Das Symposium wurde mit einer Podiums- und einer Plenardiskussion abgeschlossen. Die Diskussionen wurden von Eva Pichler zusammengefasst. An der Podiumsdiskussion nahmen führende Vertreter aus Politik und Wirtschaft teil. Die auf hohem Niveau geführte Diskussion orientierte sich an Sachproblemen; ideologische Standpunkte oder parteigebundene Argumente spielten keine Rolle in der Diskussion. Die Diskutanten traten für eine Vereinfachung des Steuer- und Abgabensystems, für breitere Bemessungsgrundlagen und für Senkungen der Marginalbelastung ein. Auch die Notwendigkeit der Senkung der Arbeitskosten, um die internationale Wettbewerbsfähigkeit Deutschlands zu erhöhen, wurde von allen Beteiligten anerkannt.

In der Plenardiskussion wurde zusätzlich noch die Ökosteuer kritisiert. Sie habe hohe Opportunitätskosten gehabt und ihr Aufkommen hätte besser durch eine andere Steuer erbracht werden sollen. Der Notwendigkeit, das Steuer- und soziale Sicherungssystem aus einem Guss zu reformieren, wurde zugestimmt, wobei besonders auf die Leitbildfunktion der skandinavischen Länder verwiesen wurde. Eine Finanzierung der Senkung der Arbeitskosten über eine Mehrwertsteuererhöhung wurde überwiegend abgelehnt, da sie den Mehrwert erfasse und daher überwiegend ebenfalls die Löhne belaste. Es wurde die Überzeugung geäußert, dass es in Deutschland genug Arbeit gäbe und sie wieder nach Deutschland zurückkehren werde, wenn eine grundlegende Reform des Steuer- und Abgabensystems stattfände.

Dieses Symposium sollte einerseits einen Beitrag zur akuten Reformdiskussion des Steuersystems und des sozialen Sicherungssystems in Deutschland leisten, andererseits aber auch einen Rechenschaftsbericht über die am Lorenz-von-Stein-Institut in dieser Richtung geleisteten Arbeiten ablegen. Als Christian Seidl im Jahre 1998 in den Vorstand des Lorenz-von-Stein-Instituts für Verwaltungswissenschaften an der Christian-Albrechts-Universität zu Kiel eintrat und die Leitung der Forschungsstelle für Nationale und Internationale Finanzordnung übernahm, setzte er als erste Priorität die Entwicklung eines Mikrosimulationsmodells auf der Datenbasis der Einkommens- und Verbrauchsstichprobe. Als Mitarbeiter der ersten Stunde konnte er Thomas Drabinski gewinnen, der bis zum Jahre 2005 als treibende Kraft der Entwicklung und Pflege des „Kiel Tax Benefit Microsimulation Model" [KiTs] wirkte. Aus diesen Arbeiten gingen mehrere Publikationen und Diplomarbeiten sowie eine Dissertation hervor. Der vorliegende Tagungsband enthält Beiträge von Wissenschaftlern zu aktuellen Themen der deutschen Reformdiskussion des Steuer- und des sozialen Sicherungssystems, die, mit Ausnahme der Autoren Bach, Buslei und Steiner, sämtlich einmal auch Mitarbeiter der Forschungsstelle für Nationale und Internationale Finanzordnung am Lorenz-von-Stein-Institut waren.

Nach dem Ausscheiden Seidls aus dem Vorstand des Lorenz-von-Stein-Instituts im Jahre 2004 konnten die Arbeiten an der Forschungsstelle dank des großen Interesses und der Kooperationsbereitschaft des neuen geschäftsführenden Vorstands, Herrn Joachim Jickeli, fortgesetzt werden. Die Ergebnisse der Arbeit wurden auf einem abschließenden Symposium am 8. September 2005 vorgestellt. Die Manuskripte der einzelnen Vorträge bilden zugleich die Grundlage dieses Bandes.

Dieses Symposium und dieser Sammelband wären nicht zustande gekommen, wenn uns nicht eine Reihe von Personen und Institutionen tatkräftig unterstützt hätten. Zunächst möchten wir uns verbindlich bei der Landeszentralbank für Hamburg, Mecklenburg-Vorpommern und Schleswig-Holstein in Verbindung mit der Schleswig-Holsteinischen Universitätsgesellschaft bedanken. Deren großzügige Spende hat uns sehr geholfen, das Mikrosimulationsmodell KiTs zu entwickeln. Besonderer Dank gebührt auch dem Sparkassen- und Giroverband für Schleswig-Holstein sowie der Sparkassenstiftung Schleswig-Holstein für die großzügigen Förderungen der Drucklegung dieses Tagungsbandes. Weiterhin danken wir dem Präsidenten des Instituts für Weltwirtschaft, Herrn Professor Dennis Snower, der uns die Räumlichkeiten seines Hauses zur Verfügung stellte. Schließlich sind wir der dem Institut stark verbundenen

Lorenz-von-Stein-Gesellschaft zu Kiel e.V. für ihre Unterstützung zu Dank verpflichtet, insbesondere ihrem Vorsitzenden, Herrn Staatssekretär Ulrich Lorenz. Aus dem Kreis der Mitarbeiter gilt unser besonderer Dank zunächst den Herren Freddy Altmann und Thomas Drabinski, ersterer als Geschäftsführer des Lorenz-von-Stein-Instituts, letzterer als langjähriger Mitarbeiter der Forschungsstelle. Beide haben an der Organisation des Symposiums und der Herausgabe des Tagungsbandes tatkräftig mitgewirkt. Herrn Philip Kornrumpf danken wir für seinen unermüdlichen Einsatz bei der Satzeinrichtung und der Vorbereitung der druckfertigen Manuskripte ebenso wie für die unschätzbare Hilfe bei der Anfertigung der Register. Frau Regina Schulz-Giese hat mit großer Akribie die Fahnen des Buchmanuskripts korrigiert, wofür wir ihr sehr herzlich danken.

Last not least möchten wir Frau Dr. Martina Bihn vom Verlag Springer/Physica für ihre hilfreiche und unbürokratische Kooperation bei der Publikation dieses Sammelbandes danken. Die Zusammenarbeit mit ihr war ein Vergnügen und ihre Ratschläge waren stets umsichtig und wertvoll.

Kiel, März 2006   *Christian Seidl, Joachim Jickeli*

Literaturverzeichnis

Aaron, H.J. (1966). The Social Insurance Paradox. *The Canadian Journal of Economics and Political Science*, 32:371-374.

Beske, F. und Drabinski, T. (2004). *Veränderungsoptionen in der gesetzlichen Krankenversicherung: Bürgerversicherung, Kopfpauschale und andere Optionen im Test*. Band 102, IGSF [Fritz Beske Institut für Gesundheits-System-Forschung Kiel].

Bhatti, B. (2005). *Inzidenz und Finanzierbarkeit der gegenwärtigen Reformvorschläge der deutschen Einkommensteuer – Eine Mikrosimulationsanalyse*. Diplomarbeit, Kiel.

Bieber, U. (2004). Nicht nur die Rente bestimmt das Einkommen im Alter, Ergebnisse zur monetären Alterssicherung in Deutschland. *ISI (Informationsdienst Soziale Indikatoren)*, 31:12-15. ZUMA Publikation, Mannheim Januar 2004.

Fagnani, J. (2002). Why Do French Women Have More Children than German Women? Family Policies and Attitudes Towards Childcare Outside the Home. *Community, Work and Family*, 5/1:103-120.

Fagnani, J. (2005). Family Policy in France: Old Challenges, New Tensions. *CESifo DICE Report, Journal for Institutional Comparisons*, 3/2:40-44.

Garrett, T.A. und Rhine, R.M. (2005). Social Security versus Private Retirement Accounts: A Historical Analysis. *Federal Bank of St. Louis Review*, 57:103-121.

Harberger, A.C. (1964a). The Measurement of Waste. *American Economic Review, Papers and Proceedings*, 54(3):58-76.

Harberger, A.C. (1964b). Taxation, Resource Allocation and Welfare. In: Due, J. (Hrsg.), *The Role of Direct and Indirect Taxes in the Federal Revenue System*, S. 25-70. Princeton University Press, Princeton N.J.

Harberger, A.C. (1971). Three Basic Postulates for Applied Welfare Economics: An Interpretative Essay. *Journal of Economic Literature*, 9:785-797.

Herbertsson, T.T. und Orszag, J.M. (2003). *The Early Retirement Burden: Assessing the Costs of the Continued Prevalence of Early Retirement in OECD Countries*. IZA Discussion Paper No. 816.

Jacobs, O.H., Spengel, C., Finkenzeller, M., und Roche, M. (2004). *Company Taxation in the New EU Member States, Study of Tax Regimes and Effective Tax Burdens for Multinational Investors*, 2 Aufl. Ernst & Young und ZEW, Frankfurt/Main und Mannheim. [Download unter ftp://ftp.zew.de/pub/zew-docs/gutachten/ Studie_ZEW_E&Y_2004.pdf].

Lang, J. et al. (2005). *Kölner Entwurf eines Einkommensteuergesetzes*. Dr. Otto Schmidt, Köln.

Miegel, M. und Wahl, S. (1985). *Gesetzliche Grundsicherung, private Vorsorge, der Weg aus der Rentenkrise*. Schriften des Instituts für Wirtschafts- und Gesellschaftpolitik, Stuttgart und Bonn.

Miegel, M. und Wahl, S. (1999). *Solidarische Grundsicherung – private Vorsorge: Der Weg aus der Rentenkrise*. Olzog-Verlag, München.

Ottnad, A. und Wahl, S. (2005). *Die Renditen der gesetzlichen Rente. Für Junge ein schlechtes Geschäft*. Deutsches Institut für Altersvorsorge, Köln.

Sachverständigenrat (2003). *Staatsfinanzen konsolidieren – Steuersystem reformieren*. Jahresgutachten 2003/04, http://www.sachverstaendigenrat-wirtschaft.de/.

Sachverständigenrat (2004). *Erfolge im Ausland – Herausforderungen im Inland*. Jahresgutachten 2004/05, http://www.sachverstaendigenrat-wirtschaft.de/.

Sachverständigenrat (2005). *Die Chance nutzen – Reformen mutig voranbringen*. Jahresgutachten 2005/06, http://www.sachverstaendigenrat-wirtschaft.de/.

Sinn, H.-W. (2000). Pension Reform and Demographic Crisis. Why a Funded System is Needed and Why it is Not Needed. *International Tax and Public Finance*, 7:389-410.

Sinn, H.-W. (2004). The Pay-As-You-Go Pension System as a Fertility Insurance and Enforcement Device. *Journal of Public Economics*, 80:1335-1357.

Sinn, H.-W. und Übelmesser, S. (2000). Rentenreform, strategische Mehrheit und demographische Entwickung: Wann kippt Deutschland um? *Ifo-Schnelldienst*, 53/28-29:20-25.

Sinn, H.-W. und Übelmesser, S. (2002). Pensions and the Path to Gerontocracy in Germany. *European Journal of Political Economy*, 19:153-158.

Wilke, C.B. (2005). *Rates of Return of the German PAYG System – How They Can be Measured and How They Will Develop*. MEA Discussion Paper No. 97–2005, Mannheim.

INHALTSVERZEICHNIS

Teil I STEUERREFORMKONZEPTE

Steuerreformkonzepte im Überblick
Stefan Traub 3

Reformen der Einkommens- und Unternehmensbesteuerung:
Aufkommens-, Verteilungs- und Arbeitsangebotswirkungen
Stefan Bach und Viktor Steiner 27

Teil II VERTEILUNGSWIRKUNGEN UND REFORMKONZEPTE DER SOZIALEN SICHERUNG

Aufkommens- und Verteilungseffekte der Besteuerung
von Alterseinkünften – Eine Mikrosimulationsanalyse für
Deutschland
Hermann Buslei und Viktor Steiner 57

Finanzierungvorschläge von CDU/CSU und
SPD zur gesetzlichen Krankenversicherung:
Mikrosimulationsergebnisse
Thomas Drabinski 87

Soziale Pflegeversicherung: Status quo und Reformvorschläge
Katharina Schulte und Carsten Schröder 111

Verteilungseffekte der Familienförderung
Jens Hogrefe 137

Teil III SIMULTANE REFORM VON STEUER- UND SOZIALEM SICHERUNGSSYTEM

Eine umfassende Steuer- und Abgabenreform für Deutschland: Eine flat tax mit Sozialkomponente
Christian Seidl 177

Umfassende Steuer- und Abgabenreform für Deutschland: Ergebnisse der Mikrosimulation für die Sozialkomponente E
Christian Seidl, Thomas Drabinski und Benjamin Bhatti 221

Teil IV PODIUMS- UND PLENARDISKUSSION

Zusammenfassung der Diskussion
Eva Pichler 255

Teil V ANHÄNGE

Anhang 1: Änderungen des deutschen Einkommensteuergesetzes in den Jahren 1998 bis 2006
Benjamin Bhatti 265

Anhang 2: Rentenformeln ab 1957
Katharina Schulte und Carsten Schröder 279

Namensindex 287

Sachindex 291

AUTOREN

Dr. Stefan Bach
DIW Berlin,
sbach@diw.de

Benjamin Bhatti
Sozietät Dr. Rades, Kiel
benni_bhatti@web.de

Dr. Hermann Buslei
DIW Berlin,
hbuslei@diw.de

Dr. Thomas Drabinski
Christian-Albrechts-Universität zu Kiel, Institut für Volkswirtschaftslehre, Abt. Finanzwissenschaft und Sozialpolitik und Institut für Mikrodaten-Analyse, Kiel
drabinski@wiso.uni-kiel.de

Dipl. Volksw. Jens Hogrefe
Christian-Albrechts-Universität zu Kiel, Institut für Statistik und Ökonometrie
hogrefe@stat-econ.uni-kiel.de

Prof. Dr. Eva Pichler
Wirtschaftsuniversität Wien, Institut für Volkswirtschaftstheorie und -politik,
eva.pichler@wu-wien.ac.at

Dr. Carsten Schröder
Freie Universität Berlin, Fachbereich Wirtschaftswissenschaft, Institut für öffentliche Finanzen und Sozialpolitik, Lehrstuhl für öffentliche Finanzen,
carsten.schroeder@wiwiss.fu-berlin.de

Dipl. Volksw. Katharina Schulte
Christian-Albrechts-Universität zu Kiel, Institut für Volkswirtschaftslehre, Abt. Finanzwissenschaft und Sozialpolitik
schulte@economics.uni-kiel.de

Prof. Dr. Christian Seidl
Christian-Albrechts-Universität zu Kiel, Institut für Volkswirtschaftslehre, Abt. Finanzwissenschaft und Sozialpolitik
seidl@economics.uni-kiel.de

Prof. Dr. Viktor Steiner
DIW Berlin und
Freie Universität Berlin
vsteiner@diw.de

PD. Dr. Stefan Traub
Christian-Albrechts-Universität zu Kiel, Institut für Volkswirtschaftslehre, Abt. Finanzwissenschaft und Sozialpolitik
traub@bwl.uni-kiel.de

Teil I

STEUERREFORMKONZEPTE

STEUERREFORMKONZEPTE IM ÜBERBLICK

Stefan Traub

Christian-Albrechts-Universität zu Kiel, Institut für Volkswirtschaftslehre, Abteilung für Finanzwissenschaft und Sozialpolitik

1	**Einleitung**	4
2	**Bestandsaufnahme**	4
3	**Kriterien für eine Steuerreform**	7
3.1	Aufkommensziel und Standortattraktivität	7
3.2	Ökonomische Effizienz und Entscheidungsneutralität	8
3.3	Steuervereinfachung	9
3.4	Steuergerechtigkeit	9
3.5	Vereinbarkeit mit dem geltenden Recht	10
4	**Theoretisch fundierte Steuerreformkonzepte**	11
4.1	Die synthetische Einkommensteuer	11
4.2	Die Duale Einkommensteuer	12
4.3	Die Einfachsteuer	14
4.4	Die flat tax	15
5	**Die Steuerreformvorschläge der Parteien**	17
5.1	Das Konzept von Friedrich Merz	17
5.2	Das „Konzept 21" der CSU	18
5.3	Das CDU/CSU-Wahlprogramm 2005	18
5.4	Der Karlsruher Entwurf von Paul Kirchhof	19
5.5	Das Wahlprogramm der FDP	20
5.6	Das SPD-Wahlmanifest	21
5.7	Das Wahlprogramm von Bündnis 90/Die Grünen	21
5.8	Der Koalitionsvertrag zwischen Union und SPD	21
6	**Zusammenfassung**	22
Literaturverzeichnis		22

1 Einleitung

In den vergangenen Jahren wurden sowohl aus der wissenschaftlichen Politikberatung als auch von den politischen Parteien zahlreiche Vorschläge zur Reform der Einkommensteuer und der Unternehmensbesteuerung gemacht. Diese Vorschläge reichen von der Stärkung des Prinzips der synthetischen Einkommensbesteuerung in Form einer Integration von Einkommen- und Körperschaftsteuer bis hin zu einem radikalen Systemwechsel. Aufgabe dieses Beitrags ist es, einen – wegen der Fülle der Vorschläge notwendigerweise nicht vollständigen – Überblick über die derzeit diskutierten Steuerreformkonzepte zu geben.

Der folgende Abschnitt bietet eine kurze Bestandsaufnahme des Reformbedarfs für das deutsche Steuersystem. Kriterien für zukünftige Steuerreformen werden in Abschnitt 3 diskutiert. Abschnitt 4 gibt einen Überblick über theoretisch fundierte Steuerreformkonzepte, also solche Konzepte, die von unabhängigen Wissenschaftlern und Expertengruppen, wie dem Sachverständigenrat zur Begutachtung der gesamtwirtschaftlichen Entwicklung (SVR), ernsthaft diskutiert und zur Verwirklichung vorgeschlagen worden sind. Im darauf folgenden Abschnitt werden die Steuerreformkonzepte der in der vergangenen Legislaturperiode im Bundestag vertretenen Fraktionen vorgestellt. Dieser Abschnitt ist aus aktuellem Anlass um die Koalitionsvereinbarung zwischen CDU, CSU und SPD vom 11. November 2005 erweitert worden. Der Beitrag endet in Abschnitt 6 mit einem kurzen Fazit.

2 Bestandsaufnahme

Interessanterweise beherrschten im abgelaufenen Wahlkampf insbesondere solche Themen des Steuerrechts die öffentliche Diskussion, die in Verbindung mit der Einkommensteuer standen, zum Beispiel die Frage nach dem Wegfall bestimmter Steuervergünstigungen wie Pendlerpauschale, Eigenheimzulage und Steuerfreiheit der Sonn-, Feiertags- und Nachtzuschläge oder nach dem „gerechteren" Tarifverlauf (Kirchhofsche „flat tax"[1] versus SPD-„Reichensteuer"). Hingegen sind etwa die Experten vom SVR der Meinung, dass das Einkommensteuerrecht zwar durchaus weiter reformbedürftig ist, sehen aber den unmittelbarsten Reformbedarf im Bereich der Unternehmensbesteuerung. Diese Ansicht wiederholt der SVR geradezu gebetsmühlenhaft in seinen Jahresgutachten. Bereits im Jahresgutachten 2003/04 „Staatsfinanzen konsolidieren – Steuersystem reformieren" widmete der SVR der Unternehmensbesteuerung einen ganzen, über 50 Seiten umfassenden Abschnitt mit dem

---

[1] Die von Kirchhof vorgeschlagene Steuer ist – auch in der Version des Jahres 2005 mit einem im wesentlichen konstanten Marginalsteuersatz in Höhe von 25% – keine flat tax im eigentlichen Sinn, da Kirchhof einen Grundfreibetrag von 8.000 €, eine Vereinfachungspauschale von 2.000 € und einen Sozialausgleichsbetrag von insgesamt 3.000 € für natürliche Personen vorsieht. Die volle Marginalbelastung von 25% setzt insgesamt erst für Einkommen ab 20.000 € ein. Die Kirchhof-Steuer ist daher eine progressive Steuer.

wenig schmeichelhaften Titel „Steuerpolitik: Vom Chaos zum System" [SVR (2003)]. In seinem Gutachten 2004/05 „Erfolge im Ausland – Herausforderungen im Inland" betitelt der SVR einen Unterabschnitt mit „Steuerreform: Es kommt auf die Unternehmensbesteuerung an!" [SVR (2004)]. Auch im aktuellen Gutachten 2005/06 „Die Chance nutzen – Reformen mutig voranbringen" schreibt der SVR im Abschnitt zur Steuerpolitik: „Die wichtigste steuerpolitische Aufgabe der neuen Bundesregierung ... besteht in einer mutigen und in sich schlüssigen Reform der Unternehmensbesteuerung" [SVR (2005, S. 262)].

Tatsache ist, dass seit der Regierungsübernahme durch die Rot-Grüne-Koalition die Steuersätze sowohl der Einkommensteuer als auch der Körperschaftsteuer drastisch gefallen sind. Betrug der ESt-Spitzensteuersatz im Jahre 1998 noch 53%, so sank dieser auf nunmehr 42% (45% mit der aktuell beschlossenen „Reichensteuer"). Anderseits ist auch der ESt-Eingangssatz deutlich gesenkt worden, von 25,9% im Jahre 1998 auf 15% in 2005. Die im Jahre 1998 noch bestehende Trennung der Sätze der Körperschaftsteuer für thesaurierte (45%) und ausgeschüttete Gewinne (30%) wurde im Jahre 2001 beseitigt und der KSt-Satz auf einheitliche 25% gesenkt. Abgesehen vom Jahr 2003, in dem der KSt-Satz kurzfristig auf 26,5% angehoben wurde (Stichwort Jahrhundertflut), verblieb der KSt-Satz auf diesem historisch niedrigen Niveau. Freilich sind Unternehmen noch mit der Gewerbesteuer und anderen, ertragsunabhängigen Steuern und Abgaben belastet. Auf dem sogenannten Job-Gipfel im Kanzleramt am 17. März 2005 wurde daher beschlossen, die Unternehmenssteuern weiter zu senken. Zu der angedachten Senkung der KSt auf 19% ist es jedoch aus bekannten Gründen nicht mehr gekommen.

Als Hauptgründe für den dringenden Reformbedarf im Bereich der Unternehmensbesteuerung werden erstens die im internationalen Vergleich relativ hohe effektive Steuerbelastung deutscher Unternehmen bzw. ausländischer Investitionen in Deutschland genannt – also der Mangel an Attraktivität des Standorts Deutschland – und zweitens die Verletzung der Investitions-, Finanzierungs- und Rechtsformneutralität im Inland durch die Besonderheiten des deutschen Steuersystems. Auch seinem neuesten Gutachten hat der SVR eine Tabelle beigefügt [SVR (2005, Tabelle 26, S. 264)], die die geringe Standortattraktivität Deutschlands für Unternehmen anhand der effektiven durchschnittlichen und marginalen Steuerbelastung belegen soll. Die effektive durchschnittliche Belastung ist relevant für die Entscheidung eines Unternehmens, überhaupt an einem bestimmten Standort zu investieren. Die effektive marginale Belastung zeigt dem Unternehmen an, wie hoch der Gewinn aus dem Ausbau einer bereits bestehenden Investition belastet wird. Aus Abb. 1, die die tarifliche und effektive durchschnittliche und marginale Steuerbelastung der Unternehmen in ausgewählten EU-Mitgliedsländern wiedergibt, wird deutlich, dass Deutschland eine der höchsten tariflichen und durchschnittlichen Steuerbelastungen aufweist.[2] In der gesamten EU mit

---

[2] Nach der vom SVR verwendeten Methode wird die effektive marginale Steuerbelastung anhand der Rendite einer sicheren Kapitalmarktanlage ermittelt. Für die effektive durchschnittliche Steuerbelastung wird hingegen angenommen, dass das Investitionsprojekt

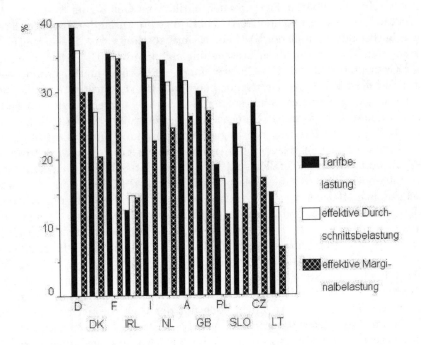

Abb. 1. Steuerbelastung der Unternehmen in ausgewählten EU-Ländern. Quelle: SVR (2005, Tabelle 26, S. 264).

25 Mitgliedsländern hatte nur Spanien eine leicht höhere tarifliche und effektive Durchschnittsbelastung von Investitionen. Gerade einige der neuen Mitgliedsländer wie Polen und Litauen, aber auch das „alte" EU-Land Irland weisen deutlich niedrigere Steuersätze auf. Auch bei der effektiven Marginalbelastung liegt Deutschland mit in der Spitzengruppe. Die Beitrittsländer und auch viele „alte" EU-Länder haben deutlich niedrigere Marginalbelastungen, oft im Bereich von weniger als 15%. Somit ziehen diese Länder nicht nur Investitionen aus dem Ausland an, sondern es erweist sich im Vergleich auch als besonders lohnend, bestehende Investitionen zu erweitern.

Der SVR kritisiert über die geringe Standortattraktivität Deutschlands hinaus, dass auch inländische Investitions-, Finanzierungs- und Rechtsformentscheidungen durch das gegenwärtige Steuersystem verzerrt werden [SVR (2003, S. 312ff.)]. Personengesellschaften unterliegen der Einkommensteuer und werden somit anders besteuert als die Kapitalsgesellschaften, die der Körperschaftsteuer und der Gewerbesteuer unterliegen. Nach Berechnungen des SVR waren die effektive marginale und die durchschnittliche Steuerbe-

---

inframarginale Renditen *über* der Rendite der sicheren Anlage erzielt. Aufgrund dieser Berechnungsmethode liegt die durchschnittliche effektive Steuerbelastung oberhalb der marginalen.

lastung von Kapitalgesellschaften um 4,5 bzw. 4,4% höher als die der Personengesellschaften. Insbesondere bei Kapitalgesellschaften wird steuerlich zuungunsten der Eigenfinanzierung diskriminiert.

3 Kriterien für eine Steuerreform

Grundsätzlich sollte ein optimales Steuersystem ein gegebenes Aufkommensziel zur Finanzierung der als notwendig erachteten öffentlichen Leistungen mit möglichst geringem Wohlfahrtsverlust durch negative Anreizeffekte und Erhebungskosten erreichen und dabei die Gerechtigkeitsvorstellungen und das geltende Recht eines Landes beachten. Im Folgenden werden diese Punkte einzeln diskutiert.

3.1 Aufkommensziel und Standortattraktivität

Jede Steuerreform, insbesondere wenn sie eine Senkung der Steuersätze verspricht, muss selbstverständlich die Budgetrestriktion des Staates beachten. Dies gilt umso mehr, wenn der Nettoneuverschuldung durch nationale Gesetze und internationale Abmachungen enge Grenzen gesetzt sind, wie im Fall des Artikels 115 Grundgesetz, der die Nettokreditaufnahme des Bundes auf die Höhe der Bruttoinvestitionen beschränkt, und des Neuverschuldungskriteriums im Stabilitäts- und Wachstumspakt zur europäischen Währungsunion, das die maximale Höhe des gesamtstaatlichen Defizits auf 3% des BIP festlegt.

Deutschland verletzt seit 2002 sowohl den europäischen Stabilitäts- und Wachstumspakt durch Überschreiten der Defizitmarke als auch das in Artikel 115 Grundgesetz genannte Schuldenkriterium. Eine Störung des gesamtwirtschaftlichen Gleichgewichts, die ein Überschreiten der Investitionen durch die Kreditaufnahme rechtfertigen könnte, liegt jedoch nach Ansicht des SVR nicht vor [SVR (2005, S. 320ff.)]. Der Koalitionsvertrag zwischen CDU, CSU und SPD vom 11. November 2005 sieht vor, das strukturelle Haushaltsdefizit des Bundes bis 2007 soweit zurückzuführen, dass beide Vorschriften wieder eingehalten werden [CDU et al. (2005)]. Somit ist auch klar, dass eine Steuerreform, sei es eine Reform der Einkommens- oder Unternehmensbesteuerung, durch erwartete Wachstumseffekte und Verbreiterung der Bemessungsgrundlagen vollständig gegenfinanziert werden muss. Die erstgenannten Wachstumseffekte werden sich aber nicht sofort, sondern erst mit Verzögerung einstellen und sind in ihrer Höhe schwer bezifferbar. Der SVR weist in seinem Jahresgutachten 2005/06 auf eine Untersuchung von Devereux und Griffith (1998) hin, die zeigt, dass die Wahrscheinlichkeit einer US-Direktinvestition in Deutschland im Vergleich zum europäischen Ausland um 1% steigt, wenn die effektive Steuerbelastung um 1% sinkt. Darüber hinaus seien unbezifferte Wachstumseffekte insbesondere durch eine effizientere Kapitalallokation im Inland zu erwarten.

Aufkommensziel und Standortattraktivität sind eng miteinander verknüpft. Da weltweit vorwiegend das Quellenprinzip gilt, kommt es zu einem intensiven steuerlichen Wettbewerb um international mobiles Kapital. Hohe effektive Steuersätze wirken als Investitionshemnis und vertreiben das Kapital ins Ausland. Daher sind Staaten im Wettbewerb um Investitionen dazu gezwungen, ihre Unternehmenssteuern zu senken. Der Steuerwettlauf nach unten führt dann allerdings ebenfalls zu geringem Steueraufkommen, jedoch eventuell mit dem Vorteil, für eine gewisse Frist Produktionsstätten und damit auch Arbeitsplätze erhalten oder hinzugewonnen zu haben.

3.2 Ökonomische Effizienz und Entscheidungsneutralität

In Bezug auf die Besteuerung bedeutet ökonomische Effizienz, dass der durch negative Anreizeffekte ausgelöste Wohlfahrtsverlust der Besteuerung bei gegebenem Aufkommensziel minimiert wird. Bei der Einkommensbesteuerung gelten hohe Grenzsteuersätze, wie sie etwa beim Ehegattensplitting in Steuerklasse V für den Zweitverdiener im Haushalt auftreten, als leistungshemmend. Die negativen Effekte von hohen Grenzbelastungen im Bereich der Unternehmensbesteuerung auf die nationale und internationale Investitionstätigkeit, aber auch auf die Finanzierung und Rechtsformwahl wurden bereits im vorherigen Abschnitt angesprochen. Auf betrieblicher Ebene ist Effizienz mit Entscheidungsneutralität gleichzusetzen, d.h. ein Unternehmer sollte im Optimalfall seine unternehmerischen Entscheidungen unabhängig davon, wie sein Unternehmen besteuert wird, treffen.

Der monetär bewertete Wohlfahrtsverlust der Besteuerung wird „Zusatzlast" genannt. Diese ist jene in monetären Einheiten ausgedrückte Belastung, welche die Steuerpflichtigen (natürliche Personen und Unternehmen) über die Last ihrer tatsächlichen Steuerleistung hinaus durch die Besteuerung empfinden, wobei von Transaktionskosten abstrahiert wird [vgl. Harberger (1964a; 1964b; 1971)]. Erneut ist zwischen Durchschnittsgrößen und Marginalgrößen zu unterscheiden: Die durchschnittliche Zusatzlast einer Steuer ist die Höhe des Wohlfahrtsverlustes in Bezug auf das gesamte Aufkommen dieser Steuerart, während die marginale Zusatzlast den erwarteten Wohlfahrtsverlust einer Steuer angibt, wenn diese erhöht wird. Der SVR (2005, S. 267) zitiert aktuelle wissenschaftliche Studien [Radulescu (2005), Richter (2005), Schellhorn (2005)], die zu ähnlichen Ergebnissen kommen. Demnach liegt die marginale Zusatzlast der Lohnsteuer bei etwa 21,8% (ohne die steuerlichen Komponenten der Sozialbeiträge) bzw. bei 55% (mit Sozialbeiträgen). Die durchschnittliche Belastung wird auf 13% geschätzt. Bei einem Lohnsteueraufkommen (inkl. veranlagter Einkommensteuer) von rund 129 Mrd. € wären dies nicht weniger als 16,8 Mrd. €. Für die Körperschaftsteuer wurden marginale Zusatzlasten von 48,7% berechnet, für die Einkommensteuer auf Zinseinkünfte 48,8%, 3,3% für Gewinne aus der Veräußerung von Kapitalgesellschaftsanteilen und 0,9% für die Besteuerung von Dividenden. Letzteres Resultat entspricht der theoretischen Ansicht, dass Dividendenbesteuerung weitgehend verzerrungsfrei sei.

3.3 Steuervereinfachung

Sehr medienwirksam wurden einige der jüngeren Steuerreformvorschläge als drastische Vereinfachungen des derzeit geltenden Rechts präsentiert; so ermögliche zum Beispiel der Reformvorschlag des CDU Wirtschafts- und Finanzexperten Friedrich Merz zukünftig dem Steuerzahler, seine Steuerlast quasi „auf einem Bierdeckel" auszurechnen. Steuervereinfachung ist aus zweierlei Gesichtspunkten wünschenswert. Erstens sinken durch Steuervereinfachung die mit der Steuererhebung verbundenen Kosten in Form von Vollzugs- und Planungskosten. Zweitens führt Steuervereinfachung zu mehr tatsächlicher und empfundener Steuergerechtigkeit.

Vollzugskosten sind die Kosten, die in der Finanzverwaltung und beim Steuerzahler durch seine Buchführungs- und Nachweispflichten anfallen. Nach einer Schätzung des Rheinisch-Westfälischen Instituts für Wirtschaftsforschung [RWI (2003)] in Essen betragen die Vollzugskosten ca. 5,7% der Einkommensteuer (ca. 7 Mrd. €) und nicht weniger als 10,5% der Körperschaftsteuer, das sind weitere 1,8 Mrd. €. Steuerplanungskosten sind die Kosten, die dadurch entstehen, dass rational handelnde Wirtschaftssubjekte versuchen, ihre Steuerlast zu minimieren. Dazu gehören auch die Kosten, die dem Staat dadurch entstehen, dass er versucht, die Ausweichreaktionen der Steuerpflichtigen durch Regeln und Vorschriften zu antizipieren.

Steuervereinfachung leistet einen Beitrag zur subjektiven Steuergerechtigkeit. In der Einleitung zum Merz-Steuerrefomvorschlag in der durch den CDU-Bundesvorstand am 3. November 2003 beschlossenen Version liest man hierzu: „Der ‚kleine' steuerzahlende Bürger, dem die Lohnsteuer schon vom Arbeitgeber einbehalten wird, fühlt sich gegenüber denjenigen, die sich umfangreiche und kostspielige Beratung leisten und damit die Steuerlast auf ein Minimum senken können, zu Recht benachteiligt" [Merz (2003, S. 3)]. In das gleiche Horn stößt der ehemalige Verfassungsrichter und Leiter der Forschungsgruppe Bundessteuergesetzbuch Paul Kirchhof: „Ein Vielzahl von Interventionstatbeständen, Steuersubventionen und gesetzlichen Formulierungsmängeln hat die Prinzipien der Besteuerung so verfremdet, dass der Belastungsgrund kaum noch ersichtlich, die Steuerbelastung für den Zahlungspflichtigen nicht mehr berechenbar, für den Planer kaum noch voraussehbar ist. Es herrscht die Auffassung vor, die ‚unbegreifliche', also ungerechte, Steuerlast sei durch geschickte, steuerbewusste Sachverhaltsgestaltung vermeidbar" [Kirchhof (2005, S. 1)]. Schon die Kölner Schule der Finanzpsychologie [siehe zum Beispiel Schmölders (1951)] hat darauf hingewiesen, dass eine als ungerecht empfundene Verteilung der Steuerlast zur Erosion der Steuermoral führt.

3.4 Steuergerechtigkeit

Von der subjektiven Steuergerechtigkeit ist die Steuergerechtigkeit nach den normativen Prinzipien der horizontalen und vertikalen Gerechtigkeit abzugrenzen. Das Prinzip der horizontalen Gerechtigkeit erfordert das Gleiches gleich behandelt wird. Mit anderen Worten: Haushalte in ähnlicher Situation, was Personenzahl, Bruttoeinkommen, Aufwand zur Erzielung des Einkommens etc. angeht, sollen steuerlich vergleichbaren Belastungen ausgesetzt sein. Dass dies derzeit nicht der Fall ist, wird schon klar, wenn man eine Einzelperson betrachtet, die ihr gesamtes Einkommen entweder aus nichtselbständiger Arbeit (Höchstsatz der Einkommensteuer: 42%) oder aus Dividenden (Auswirkung des Halbeinkünfteverfahrens) bezieht. Das Prinzip der vertikalen Gerechtigkeit fordert, dass unterschiedliche Haushalte unterschiedlich besteuert werden sollen und zwar so, dass leistungsfähigere Haushalte höher besteuert werden (Leistungsfähigkeitsprinzip). Es sei aber angemerkt, dass aus dem Leistungsfähigkeitsprinzip kein allgemeiner Tarifverlauf hergeleitet werden kann. Wird die Steuerlast des Haushalts als „Opfer" an den Staat aufgefasst [siehe zum Beispiel Neill (2000)], so impliziert das Leistungsfähigkeitsprinzip nur unter bestimmten theoretischen Voraussetzungen[3] einen progressiven Steuertarif.

Ein progressiver Steuertarif ließe sich aus dem Äquivalenzprinzip der Besteuerung herleiten, das besagt, dass jeder Haushalt entsprechend den staatlichen Leistungen, die er in Anspruch nimmt, besteuert werden sollte [siehe zum Beispiel Hines (2000)]. Dies setzt allerdings voraus, dass die Einkommenselastizität der Nachfrage nach öffentlichen Leistungen größer ist als die entsprechende Preiselastizität. Vereinfachend gesagt, müssen Bezieher höherer Einkommen staatliche Leistungen insgesamt stärker in Anspruch nehmen als einkommensschwächere Haushalte.

3.5 Vereinbarkeit mit dem geltenden Recht

Die Vereinbarkeit mit dem geltenden Recht ist eine wichtige Nebenbedingung jeglicher Steuerreformbemühungen. Hier sind zwei Problemkreise zu nennen: Zum einen die Vereinbarkeit des Steuerrechts mit dem Grundgesetz und hier insbesondere den Prinzipien der Leistungsfähigkeit und Folgerichtigkeit und zum anderen die Vereinbarkeit mit dem EU-Recht, insbesondere dem Verbot der Diskriminierung ausländischer Einkommen.

Was das EU-Recht angeht, so ist in erster Linie die Freiheit des Kapitalverkehrs nach Artikel 56 des EG-Vertrages zu nennen. Diskriminierung von Auslandsinvestitionen gegenüber Inlandsinvestitionen ist daher nicht zulässig. Zum Beispiel hat 2004 ein finnischer Staatsbürger erfolgreich vor dem EuGH gegen eine finnische Gesetzesregelung geklagt, die Dividenden ausländischer Unternehmen anders besteuert als inländische: Für Dividenen inländischer Unternehmen wurde die entrichtete Körperschaftsteuer voll auf die Einkommensteuer angerechnet, während ausländische Dividenden mit 29% besteuert wurden, ohne dass eine Anrechnung bereits im Ausland entrichteter Körperschaftsteuer vorgenommen wurde. So kam es faktisch zu einer diskriminierenden Doppelbesteuerung ausländischer Dividenden und somit nach Auffassung

---

[3] Vgl. den Beitrag von Seidl, Fußnote 17, in diesem Band.

der Generalanwältin beim EuGH zu einer ungerechtfertigten Einschränkung der Freiheit des Kapitalverkehrs (EuGH Rechtssache C-319/02). In Deutschland wurde 2001 vom rechtlich problematischen Anrechnungsverfahren zum Halbeinkünfteverfahren übergegangen.

4 Theoretisch fundierte Steuerreformkonzepte

Im Folgenden werden einige Steuerreformkonzepte behandelt, die in der jüngeren Vergangenheit von politisch unabhängigen Wissenschaftlern und Expertengruppen in die Steuerreformdiskussion eingebracht worden sind. Dabei handelt es sich um die synthetische Einkommensteuer, die Duale Einkommensteuer, die Einfachsteuer und die flat tax.

4.1 Die synthetische Einkommensteuer

Die synthetische Einkommensteuer geht von einem einheitlichen und umfassenden Einkommensbegriff aus: Alle Einkommmen, egal aus welcher Quelle sie stammen, sind gleich zu belasten, d.h., mit dem gleichen Tarif unter gleicher Ermittlung der Bemessungsgrundlage. Grundlage des Einkommensbegriffs ist bei der synthetischen Einkommensteuer die Reinvermögenszugangstheorie.[4] Besteuert wird also allein der Zuwachs an ökonomischer Dispositionskraft. Dieser umfasst unter anderem auch Einkommen aus Wertänderungen und fiktive Mieteinnahmen aus selbstgenutztem Wohneigentum. Die vollständige Verwirklichung der synthetischen Einkommensteuer würde international die Durchsetzung des Wohnsitzprinzips erfordern (da ausländische Einkünfte im Inland wie inländische behandelt werden).

Der SVR hat in seinem Gutachten 2003/04 zwei Steuerreformoptionen miteinander verglichen: Erstens die Rückkehr zu einer stärkeren Verwirklichung der synthetischen Einkommensteuer und zweitens die Duale Einkommensteuer. Die Duale Einkommensteuer, die die präferierte Alternative des SVR ist, wird im nächsten Abschnitt besprochen. Der Vorschlag des SVR (2003) zur synthetischen Einkommensteuer sieht vor, die Spitzensätze von Einkommen- und Körperschaftsteuer anzugleichen. Für den KSt-Spitzensatz werden 30-35% vorgeschlagen, für die Einkommensteuer ein linear-progressiver Tarif mit

---

[4] Die Reinvermögenszugangstheorie geht in ihrer konsequenten Form auf Schanz (1896) im deutschen und auf Haig (1921) und Simons (1938) im angelsächsischen Sprachraum zurück. Weitere Vertreter der Reinvermögenszugangstheorie sind Vickrey (1947) und Neumark (1947). Während die kanadische Carter-Kommission [Report of the Royal Commission on Taxation (1966)] uneingeschränkt die Reinvermögenszugangstheorie vertrat, konnten sich weder der Radcliffe-Report [Royal Commission on the Taxation of Profits and Income (1955)], noch die bundesdeutsche Steuerreformkommission (1971) voll mit der Reinvermögenszugangstheorie identifizieren. Der Meade-Report (1978) und die amerikanischen Blueprints (1977) diskutieren den Reinvermögenszugang und den Konsum als gleichwertige Steuerreformalternativen, während der schwedische Lodin-Report (1972) uneingeschränkt für die Konsumsteuer eintritt.

Eingangssteuersatz von 15% und Spitzensteuersatz entsprechend bei 30-35%. Inlandsdividenden und Gewinne aus der Veräußerung von Anteilen an inländischen Kapitalgesellschaften sollen genauso wie an Privatpersonen und Personengesellschaften fließende Gewinne ausländischer Kapitalgesellschaften steuerlich freigestellt werden. Private Veräußerungsgewinne sollen hingegen im Rahmen der Einkommensteuer versteuert werden. Es bleibt also beim Quellenprinzip, jedoch mit Dividendenfreistellungsverfahren. Hier sieht der SVR auch eines der Hauptprobleme des eigenen Reformvorschlags: Auf der einen Seite wird der Steuerwettbewerb durch Beibehalten des Quellenprinzips nicht verringert, auf der anderen Seite ist der Höchstsatz der Körperschaftsteuer an die Einkommensteuer gekoppelt. Ein Ausweg wären international verbindliche Absprachen über Mindeststeuersätze bei der Körperschaftsteuer [SVR (2003, S. 333)].

4.2 Die Duale Einkommensteuer

Die Duale Einkommensteuer ist eine sogenannte Schedulensteuer, d.h., sie besteuert unterschiedliche Einkunftsarten mit unterschiedlichen Sätzen. Dabei mag eine Verlustverechnung zwischen verschiedenen Einkunftsarten durchaus möglich sein. Kennzeichen der Dualen Einkommensteuer ist die unterschiedliche Besteuerung von Arbeitseinkommen und Kapitaleinkommen. Arbeitseinkommen werden mit einem progressiven Tarif besteuert, während Kapitaleinkommen einem relativ geringen Proportionaltarif unterliegen. Diese Trennung zwischen Arbeits- und Kapitaleinkommen ergibt sich einerseits aus der im Vergleich zum Faktor Arbeit hohen internationalen Mobilität des Kapitals. Andererseits sollen über die Progression des Steuertarifs auf Arbeitseinkommen die Gerechtigkeitsvorstellungen der Gesellschaft verwirklicht werden. Dabei sei angemerkt, dass Gerechtigkeit ein Konzept ist, das auf natürliche Personen bezogen ist. Daher ist es wenig sinnvoll, Gerechtigkeit auch in Bezug auf die Unternehmensbesteuerung zu fordern. Zur Theorie der Dualen Einkommensteuer siehe Nielsen und Sørensen (1996) und Sørensen (1994).

Die Duale Einkommensteuer wurde zu Beginn der neunziger Jahre in den nordischen Staaten Dänemark, Norwegen, Schweden und Finnland eingeführt, wobei Dänemark das Konzept nur teilweise umsetzte. Als Beispiel sei hier Schweden angeführt [siehe Muten (1996)], das die Duale Einkommensteuer im Jahre 1991 einführte. Vor der Reform wurden Arbeitseinkommen und Kapitaleinkommen mit einem progressiven Tarif von 36-72% besteuert. Der Körperschaftsteuersatz betrug 52%. Nach der Reform betrug die Steuer auf Arbeitseinkommen 31-51%. Kapitaleinkommensteuer und Körperschaftsteuer wurden einheitlich auf 30% festgelegt. Mit Erfolg und Problemen der Dualen Einkommensteuer in den nordischen Ländern setzen sich zahlreiche Autoren auseinander, unter anderem Lindhe et al. (2003), die beispielsweise den Einfluss der Unternehmensrechtsform unter der Dualen Einkommensteuer auf die Kapitalkosten untersuchen.

Die Duale Einkommensteuer ist der präferierte Vorschlag des SVR in seinen Jahresgutachten seit 2003/04. Nach Vorstellungen des SVR sollen Arbeitseinkommen (Löhne inklusive kalkulatorischer Unternehmerlöhne, Pensionen, Renten und staatliche Transfers) einem linear-progressiven Tarif mit Spitzensteuersatz nicht wesentlich über 30% – konkret vorgeschlagen wird ein Tarif mit Eingangssteuersatz von 15% und Spitzensteuersatz von 35% – unterliegen. Ein Grundfreibetrag in unbezifferter Höhe soll das Existenzminimum steuerlich freistellen. Kapitaleinkommen, das sind alle Unternehmensgewinne, Dividenden, Zinsen, Einkünfte aus Vermietung und Verpachtung und private Veräußerungsgewinne, sollen mit einem Steuersatz von einheitlich 30% besteuert werden. Die Körperschaftsteuer ist in die Kapitaleinkommensteuer integriert. An Inländer fließende Kapitaleinkommen aus dem Ausland sind steuerfrei zu stellen. Es gibt keine Doppelbesteuerung von Ausschüttungen und Veräußerungsgewinnen mehr.

Der SVR (2003, S. 340f.) sieht den Vorteil der Dualen Einkommensteuer eindeutig in der höheren Wettbewerbsfähigkeit des Standortes Deutschland. Die Duale Einkommensteuer ist in hohem Maße neutral in Bezug auf Investitions-, Finanzierungs- und Rechtsformentscheidungen. Außerdem sieht der SVR aufgrund der durchgängig proportionalen Besteuerung von Kapitaleinkommen ein großes Potential zur Steuervereinfachung. Probleme ergeben sich allerdings bei der Abgrenzung von Arbeits- und Kapitaleinkommen bei Personengesellschaften. Denn der Gewinn besteht aus der Rendite, die der Kapitaleinkommensteuer unterliegt, und dem Unternehmerlohn, der der Steuer auf Arbeitseinkommen unterliegt. Weiterhin ist zumindest umstritten, ob die Duale Einkommensteuer durch die unterschiedliche Belastung von Kapitaleinkommen und Arbeitseinkommen dem Prinzip der horizontalen Gerechtigkeit (Gleichmäßigkeit der Besteuerung) genügt. In der Querschnittsbetrachtung belastet die Duale Einkommensteuer niedrige Arbeitseinkommen geringer als niedrige Kapitaleinkommen und hohe Arbeitseinkommen höher als hohe Kapitaleinkommen. Im Lebenszyklus kann sich diese unterschiedliche Steuerbelastung ausgleichen.[5] Insofern kann die Duale Einkommensteuer nach Meinung des SVR als eine Art Kompromiss zwischen beiden Interpretationen angesehen werden [SVR (2003, S. 339)].

Der SVR (2003, S. 348ff.) hat das Konzept der Dualen Einkommensteuer verfassungsrechtlich prüfen lassen. Nach Ansicht des SVR gibt es keine rechtlichen Bedenken gegen die Einführung der Dualen Einkommensteuer. Es wird der Grundtypus einer umfassenden, auf die persönliche Leistungsfähigkeit zum Eigentumserwerb ausgerichteten Einkommensteuer gewahrt. Die Spaltung des Einkommens in Arbeits- und Kapitaleinkommen wird als zulässige Modifikation eines synthetischen Einkommensbegriffs gesehen, da es lediglich zu einer Art Pauschalierung eines Teils der Steuerlast kommt. Auch die Gebote der Besteuerung nach Leistungsfähigkeit und Folgerichtigkeit der Steuergesetzge-

---

[5] Vgl. zu diesem Problem besonders die Diskussion zum sogenannten *Optionsmodell* im Beitrag von Bach und Steiner in diesem Band, S. 35.

bung sieht der SVR als nicht verletzt an, soweit der Gesetzgeber als besonderen sachlichen Grund für die Differenzierung zwischen Arbeits- und Kapitaleinkommen die wettbewerblichen Effekte und damit verbundenen Rückkopplungen (z.B. in Form von Überwälzung) der Besteuerung ins Feld führt.

Dagegen hat der Wissenschaftliche Beirat beim Bundesministerium der Finanzen (2004; 2005) erhebliche Bedenken gegen die Duale Einkommensteuer geäußert. Er kritisiert vor allem die mangelnde Neutralität der Dualen Einkommensteuer, die zur Steuerarbitrage zwischen Arbeits- und Kapitaleinkommen herausfordert, ihre mangelnde Effizienz, ihre Schwierigkeit, Arbeits- und Kapitaleinkommen sauber zu trennen, und die auch verfassungsrechtlich ungeklärte Frage, ob ein Verlustausgleich zwischen den beiden Einkunftsarten ausgeschlossen werden könne. [Vgl. dazu auch die Ausführungen im Beitrag von Bach und Steiner in diesem Band.]

4.3 Die Einfachsteuer

Seit Hobbes (1651, S. 181) wurde die Frage diskutiert, ob nicht anstelle des Einkommens eines Steuerpflichtigen dessen Konsum besteuert werden solle. Andere herausragende Proponenten einer solchen Konsum- oder Ausgabensteuer waren Mill (1869, S. 121ff.) und Schumpeter (1929/30). In den Bereich des Realisierbaren rückte eine Konsumsteuer jedoch erst, nachdem Fisher (1938) [und, in einem wenig beachteten Aufsatz, vor ihm schon Elster (1913)] die Möglichkeit der indirekten Konsumermittlung aus dem um Sparen und Entsparen korrigierten Einkommen gezeigt hatte. Eine besondere Propagierung erfuhr die Konsumsteuer durch das Werk von Kaldor (1955), welches die (kurzfristige) Einführung einer Konsumsteuer in Indien und in Sri Lanka bewirkte. In weiterer Folge wurde sie nicht nur theoretisch weiterentwickelt [vgl. Peffekoven (1980) und Rose (1990)], sondern von einigen Steuerreformkommissionen als ernsthafte Alternative zur Einkommensteuer in Erwägung gezogen [z.B. Meade-Report (1978), Blueprints (1977), Lodin-Report (1972)], obwohl ihre praktische Umsetzung auf erhebliche Probleme stoßen dürfte [vgl. Seidl (1990)].

In weiterer Folge wurde das Konzept eines konsumbasierten Steuersystems, aufbauend auf Arbeiten von Boadway und Bruce (1984) und Wenger (1983), von Rose [vgl. z.B. Rose (2002; 2003)] zur *Einfachsteuer* weiterentwickelt. Im konsumbasierten Steuersystem kommt es zu einer einmaligen steuerlichen Belastung von Markteinkommen in lebenszeitlicher Sicht. Auf Haushaltsebene wird dies durch Sparbereinigung (nachgelagerte Besteuerung von Versorgungsbezügen) und Zinsbereinigung (Steuerfreiheit marktüblicher Erträge von Anlagen, die aus bereits versteuertem Einkommen stammten), auf Unternehmensebene durch Zinsbereinigung (Abzug eines Schutzzinses auf das Eigenkapital) erreicht.

Einige Grundelemente des konsumbasierten Steuersystems wurden 1994 in Kroatien umgesetzt [Rose und Wiswesser (1997)].

Konkret fordert Rose (2003), auf Haushaltsebene nur noch drei Einkunftsarten zu unterscheiden: Einkünfte aus nichtselbständiger Erwerbstätigkeit, aus selbständiger Erbwerbstätigkeit und aus Vorsorgevermögen (Renten, Pensionen usw.). In der letztgenannten Kategorie werden alle vom Gesetzgeber explizit festgelegten Anlagen zur Altersvorsorge nachgelagert besteuert. Wie bereits oben angeführt, erfolgt die Besteuerung zins- und sparbereinigt. Einige besondere Regelungen sind, dass Humankapitalinvestitionen steuerfrei bleiben sollen, Verluste unbegrenzt vortragsfähig sind und es einen Freibetrag für den Mindestkonsum geben soll.

Auf Unternehmensebene ist zwischen Inhaberunternehmen, das sind Einzel- und Personengesellschaften und persönlich geführte Kapitalgesellschaften, einerseits und börsennotierten Publikumsgesellschaften andererseits zu unterscheiden. Erstere versteuern Gewinne und Verluste als selbständige Erwerbstätigkeit, letztere ausschliesslich auf Unternehmensebene. Grundsätzlich gilt dabei, dass ein Schutzzins auf das eingesetzte Eigenkapital steuerlich abzugsfähig ist. Das heißt, nur die über die marktübliche Rendite hinausgehenden Gewinne und Einkommen sind steuerpflichtig. Rose schlägt einen einheitlichen Steuersatz von 25% auf alle Einkommen vor.

Die Einführung der Einfachsteuer wäre mit einem radikalen Systemwechsel verbunden. Die Aufkommens- und Verteilungswirkungen des Vorschlags sind völlig unklar und auch die Frage der Konformität mit dem Grundgesetz ist offen. Eines der Hauptprobleme bei der „technischen" Umsetzung des konsumbasierten Steuersystems ist die Bestimmung des marktüblichen Zinssatzes.

4.4 Die flat tax

Die Auseinandersetzung, ob die Besteuerung proportional oder progressiv sein solle, ist fast so alt wie die Finanzwissenschaft selbst. In Wissenschaft und Praxis hat ein vehementer Streit darüber getobt [vgl. Seligman (1908) und Mann (1937)]. Von Hayek (1952) hat sich etwa erbittert gegen die Steuerprogression gewandt. Die flat tax ist aber nicht einfach, wie man meinen könnte, eine Proportionalsteuer. Vielmehr werden mit diesem Terminus unterschiedliche Inhalte belegt. In den USA hat man darunter eine Steuer, ähnlich der europäischen Mehrwertsteuer, verstanden, die das gesamte Steuersystem durch eine einzige universelle Steuer ersetzen sollte. In Europa hat man darunter häufig eine Steuer mit einem konstanten Marginalsteuersatz verstanden, wozu etwa – mit einer Modifikation – der jüngere Entwurf von Kirchhof (2005) und der Vorschlag des Wissenschaftlichen Beirats (2004; 2005) zählen. Da beide Vorschläge einen Grundfreibetrag von bis zu 13.000 € (Kirchhof) bzw. 10.000 € (Beirat) vorsehen, sind sie keine Proportionalsteuertarife, sondern gehören der Gruppe der linear progressiven bzw. indirekt progressiven Tarife an. Schließlich kann eine flat tax in Form einer echten Proportionalsteuer als integraler Bestandteil einer simultanen Reform von Steuer- und sozialem Sicherungssystem konzipiert werden, wobei eine Sozialkomponente auch die

Rolle des (allerdings mit steigendem Einkommen abzuschmelzenden) Grundfreibetrags übernimmt. Dieser Reformvorschlag ist das Konzept von Seidl, welches in einem gesonderten Beitrag dieses Bandes präsentiert wird.

Bei der amerikanischen Interpretation der flat tax handelt es sich, vereinfacht gesagt, um die Ersetzung des bisherigen Steuersystems durch eine allgemeine Allphasen-Netto-Umsatzsteuer [vergleiche zum Beispiel Meade (1978) und Aaron und Gale (1996)].

Auf der Haushaltsseite sieht die flat tax einen linearen Einkommensteuertarif (gegebenenfalls mit Grundfreibetrag) vor, der zu der populären Bezeichnung flat tax geführt hat. Die Besteuerung erfolgt zinsbereinigt. Somit werden Arbeitseinkommen sofort, Zinsen überhaupt nicht besteuert [Hall und Rabushka (1995)].

Auf Unternehmensebene wird eine sogenannte realwirtschaftliche Cash-Flow-Steuer eingeführt. Das heißt, es wird der Überschuss der Einzahlungen über die Auszahlungen besteuert. Einzahlungen sind alle Erlöse aus dem Verkauf von Gütern und Dienstleistungen und Veräußerungserlöse. Auszahlungen sind Löhne, der Kauf von Rohstoffen, Vorprodukten und Dienstleistungen, Investitionen in Grundstücke, Maschinen usw. Somit werden Investitionen vollständig im Jahre ihrer Anschaffung abgeschrieben. Zinsen werden nicht berücksichtigt.

Die flat tax wäre ebenso wie die Einfachsteuer mit einem radikalen Systemwechsel bei der Besteuerung verbunden. Die Freistellung von Zinsen wäre aus verfassungsrechtlicher Sicht bedenklich. Die größten Umstellungsschwierigkeiten wären allerdings in Bezug auf die Unternehmensbesteuerung zu erwarten. Die Sofortabschreibung aller Investitionen würde zu gigantischen Steuerausfällen führen und hohe Umstellungskosten verursachen. Ein weiteres ungelöstes Problem ist die Besteuerung des finanziellen Sektors. Da Zinsen nicht in die steuerliche Bemessungsgrundlage eingehen, würde der finanzielle Sektor weitgehend unbesteuert bleiben.

Der Wissenschaftliche Beirat (2004; 2005) schlägt vor, alle über einen Grundfreibetrag von 10.000 € pro Person hinausgehenden Einkommen und alle Gewinne mit einem Satz von 30% zu besteuern. Zur Verbreiterung der Bemessungsgrundlage sollten Steuervergünstigungen weitgehend gestrichen werden, wobei der Beirat im Besonderen den Wegfall der Steuerbefreiung von Zuschlägen zur Sonntags-, Feiertags- und Nachtarbeit, die Abschaffung des Sparerfreibetrags, der Entfernungspauschale und der Eigenheimzulage vorschlägt. Die Steuer des Beiratsvorschlags sollte die Einkommensteuer, Gewerbesteuer und Körperschaftsteuer des gegenwärtigen Systems ersetzen. Der Kirchhof-Vorschlag ist dem Vorschlag des Beirats zwar ähnlich, doch unterscheidet er sich durch einen Grundfreibetrag von 8.000 € und einen Stufentarif mit drei, allerdings sehr engen Progressionsstufen, die eine volle Steuerpflicht für natürliche Personen erst ab einem Einkommen von 20.000 € vorsieht. Außerdem umfasst das Kirchhof-Konzept auch den Entwurf eines Bilanzsteuerrechts, nach welchem die Entstehung stiller Reserven verhindert werden soll.

Das Kirchhof-Konzept sieht auch eine generelle Steuerpflicht von Veräußerungsgewinnen vor.

5 Die Steuerreformvorschläge der Parteien

5.1 Das Konzept von Friedrich Merz

Das Reformkonzept des CDU-Finanz- und Steuerexperten Friedrich Merz (2003) hat unter der Schlagzeile „Steuererklärung auf dem Bierdeckel" große mediale Aufmerksamkeit auf sich gezogen und besteht im Wesentlichen aus „zehn Leitsätzen für eine radikale Vereinfachung und eine grundlegende Reform des deutschen Einkommensteuersystems". In leicht abgeänderter Form wurden die „Zehn Leitsätze" durch Beschluss des CDU-Bundesvorstandes vom 3. November 2003 zum offiziellen Steuerreformkonzept der CDU.

Auf Haushaltsebene sieht das Merz-Konzept nur noch vier Einkunftsarten vor: Einkünfte aus unternehmerischer Tätigkeit (dies sind die vormaligen Gewinneinkünfte aus Land- und Forstwirtschaft, Gewerbebetrieb und aus selbständiger Arbeit unter Hinzuziehung der Einkünfte aus Vermietung und Verpachtung), Einkünfte aus nichtselbständiger Arbeit, Kapitaleinkommen und sonstige Einkünfte (inklusive Einkünfte aus der Altersversorgung). Steuervergünstigungen sollen weitgehend aufgehoben und durch einen einheitlichen Arbeitnehmerfreibetrag von 1.000 € ersetzt werden. Sonderausgaben und außergewöhnliche Belastungen sollen in Form persönlicher Abzüge zusammengefasst und in der Höhe reduziert werden. Spenden sind weiterhin abzugsfähig, nicht jedoch für die Förderung der Freizeitgestaltung.

Der Merz-Vorschlag sieht einen dreistufigen linear-progressiven Steuertarif vor. Jede Person erhält einen Grundfreibetrag von 8.000 €. Einkommen zwischen 8.000 € und 16.000 € werden mit 12% besteuert. Einkommen zwischen 16.000 € und 40.000 € werden mit 24% besteuert. Für Einkommen von 40.000 € oder mehr gilt der Höchststeuersatz von 36%. Der Tarif soll im zweijährlichen Rhythmus inflationsbereinigt werden. Tragen Einkommen aus unternehmerischer Tätigkeit zum Einkommen bei, so unterliegen diese maximal 24%, soweit sie auch noch mit Gewerbesteuer belastet sind. Das Ehegattensplitting bleibt erhalten. Vorsorge-, Betreuungs- und Erziehungsaufwand ist steuerlich abzugsfähig.

Kapitaleinkünfte, die nicht Dividendenzahlungen sind, werden im Wege des Quellenabzugs einheitlich mit 24% belastet. Dividenden sind bereits auf Unternehmensebene mit 24% Kapitalertragssteuer belastet und werden daher im Zuge eines vereinfachten Anrechnungsverfahrens freigestellt. Private Veräußerungsgewinne sind nur dann steuerpflichtig, wenn Wirtschaftsgüter veräußert werden, die der Einkommenserzielung dienen (z.B. vermietete Immobilien im Gegensatz zu selbstgenutzten Immobilien). Altersbezüge werden nachgelagert im Wege des Quellenabzugs besteuert. Die steuerliche Abzugsfähigkeit von Vorsorgeaufwendungen ist auf Leibrenten begrenzt.

Auf Unternehmensebene sehen die „zehn Leitsätze" eine einheitliche Körperschaftsteuer von 24% auf ausgeschüttete und thesaurierte Gewinne vor. Die Gewerbesteuer ist langfristig durch eine wirtschaftskraftbezogene Gemeindesteuer zu ersetzen. Für kleine Unternehmen ist ein Wahlrecht zwischen Einnahmen-Überschussrechnung und Steuerbilanzierung vorgesehen.

5.2 Das „Konzept 21" der CSU

Das „Konzept 21" geht auf den bayerischen Finanzminister Kurt Faltlhauser (CSU) zurück. Es wurde am 7. Januar 2004 anlässlich der CSU Klausurtagung in Wildbad Kreuth vorgelegt und ist nicht identisch mit dem später (am 7. März 2004) unter dem Namen „Ein modernes Steuerrecht für Deutschland – Konzept 21" von den Präsidien von CSU und CDU gemeinsam beschlossenen steuerpolitischen Programm. Das „Konzept 21" ist ein Fünf-Punkte-Programm für eine grundlegende Reform nicht nur der Einkommen- und Körperschaftsteuer, sondern auch der Gewerbesteuer, Umsatzsteuer, Grundsteuer und Vermögensteuer.

Das „Konzept 21" sieht einen linear-progressiven Steuertarif vor. Der Eingangssteuersatz oberhalb eines Grundfreibetrags von 8.000 € liegt bei 13%. Der Grundfreibetrag gilt auch für Kinder. Der Grenzsteuersatz steigt bis auf einen Spitzensteuersatz von 39% bei einem zu versteuernden Einkommen von 52.500 € an. Am Ehegattensplitting wird festgehalten. Ähnlich wie beim Merz-Konzept werden die Einkunftsarten auf vier reduziert und Veräußerungsgewinne von Wirtschaftsgütern, die der Einkommenserzielung dienen, steuerpflichtig. Zahlreiche Steuervergünstigungen sollen gestrichen werden, zum Beispiel die Steuerfreiheit von Abfindungen, Übergangsgeldern und Auslandszulagen. Die Steuerbefreiung von Sonntags-, Feiertags- und Nachtzuschlägen wird innerhalb von fünf Jahren abgebaut. Degressive Abschreibungen fallen weg. Auf der anderen Seite soll an der Pendlerpauschale festgehalten und ein Arbeitnehmerpauschbetrag von 840 € gewährt werden.

Für Zinserträge sind eine 25%-ige Abgeltungssteuer und ein Sparerfreibetrag von 300 € vorgesehen.

Unternehmen bis 500.000 € Jahresumsatz soll ein Wahlrecht zwischen Einnahmen-Überschuss-Rechnung und Steuerbilanzierung eingeräumt werden. Personengesellschaften und kleinen Kapitalgesellschaften wird zudem ein Wahlrecht zwischen Einkommensteuer und Körperschaftsteuer gegeben. Die Betriebsfortführung wird durch einen vollständigen Erlass der Erbschaftsteuer nach zehnjähriger Betriebsfortführung (10% pro Jahr) erleichtert. Langfristig ist eine umfassende Reform der Gemeindesteuern vorgesehen. Die Kommunen sollen stärker an Einkommen- und Umsatzsteuer beteiligt werden und erstmalig auch einen Anteil an der Körperschaftsteuer erhalten.

5.3 Das CDU/CSU-Wahlprogramm 2005

Das gemeinsame Wahlprogramm der Union (2005) wurde am 11. Juli 2005 in einer gemeinsamen Sitzung des Bundesvorstands der CDU und des Parteivorstands der CSU verabschiedet. Die steuerpolitischen Vorstellungen im Wahlprogramm weichen teilweise von dem am 7. März 2004 unter dem Namen „Ein modernes Steuerrecht für Deutschland – Konzept 21" von den Präsidien von CSU und CDU gemeinsam beschlossenen steuerpolitischen Programm der Union ab.

Aus dem CDU/CSU Wahlprogramm ist der Merzsche Stufentarif verschwunden und durch einen linear-progressiver Steuertarif, wie im „Konzept 21" der CSU vorgesehen, ersetzt worden. Jede Person innerhalb eines zusammen veranlagten Haushalts erhält einen Grundfreibetrag von 8.000 €. Die kinderbezogenen Freibeträge können auf die berufstätigen Eltern übertragen werden. Das Ehegattensplitting bleibt erhalten. Der Steuertarif sieht einen Eingangsteuersatz von 12% vor, der bis auf 39% ansteigt. Der Beginn der oberen Proportionalzone ist im Wahlprogramm nicht explizit festgelegt, im Präsidiumsbeschluss jedoch mit 45.000 € für Alleinstehende angegeben (allerdings ist dort auch nur ein Spitzensteuersatz von 36% vorgesehen). Im Gegenzug zur Tarifreform sollen zahlreiche Steuervergünstigungen gestrichen werden. Unter anderem ist eine Reduktion der Pendlerpauschale und der Abbau der Steuerfreiheit von Sonntags-, Feiertags- und Nachtzuschlägen über einen Zeitraum von sechs Jahren vorgesehen. Die degressive Abschreibung soll durch die lineare Abschreibung ersetzt werden.

Auf Kapitaleinkünfte wird eine Abgeltungssteuer erhoben. Die Höhe des Steuersatzes ist weder im Wahlprogramm noch im Präsidiumsbeschluss genannt. Das Merz-Konzept sah jedoch einen Steuersatz von 24% (entsprechend der zweiten Tarifsteuer der Einkommensteuer) und das „Konzept 21" einen Steuersatz von 25% vor.

Das Wahlprogramm der Union sieht auch eine Reform der Unternehmensbesteuerung vor. Der Körperschaftsteuersatz soll auf einheitliche 22% festgelegt werden. Die Gewerbesteuer soll zunächst erhalten, jedoch langfristig durch eine Kapitalrenditesteuer ersetzt werden. Dabei werden Gewinne in Höhe von bis zu 5% des Eigenkapitals mit einem Satz von 17% besteuert, darüber hinausgehende Gewinne mit dem Satz der Körperschaftsteuer. Beteiligungsveräußerungen von Kapitalgesellschaften sollen zukünftig stärker besteuert werden. Kleine Unternehmen werden von der Buchführungspflicht entlastet. Zugunsten mittelständischer Unternehmen wird die Erbschaftsteuer bei Betriebsübergang gestundet und nach zehn Jahren erlassen.

5.4 Der Karlsruher Entwurf von Paul Kirchhof

Der „Karlsruher Entwurf zur Reform des Einkommensteuergesetzes" stammt von der Forschungsgruppe Bundessteuergesetzbuch des Instituts für Finanz- und Steuerrecht der Universität Heidelberg. Die Forschungsgruppe wurde vom Bundesverfassungsrichter a.D. Paul Kirchhof gegründet und wird auch von diesem geleitet. Kern des Karlsruher Entwurfs ist ein neues Einkommensteuergesetzbuch mit 21 Paragraphen [Kirchhof (2003)].

Zukünftig gibt es nur noch eine Einkunftsart: „Einkünfte aus Erwerbshandeln". Dazu gehört jedes „nachhaltige" Verhalten, das geeignet ist, Überschüsse oder Gewinne zu erzielen. Veräußerungsgewinne, abgesehen von der Veräußerung von selbstgenutzten Grundstücken, sind generell steuerpflichtig, auch wenn kein erwerbswirtschaftliches Handeln vorliegt. Bemessungsgrundlage ist die Differenz zwischen Erwerbseinnahmen und Erwerbsausgaben. Leistungen zur Zukunftssicherung gelten als Erwerbsausgaben.

Der ursprüngliche Karlsruher Entwurf sah einen progressiven Steuertarif mit Grenzsteuersätzen zwischen 15 und 35% vor. In die jüngere Steuerreformdiskussion brachte Kirchhof einen dreistufigen Tarif ein, der für natürliche Personen einen Grundfreibetrag von 8.000 € und eine Vereinfachungspauschale von 2.000 € vorsieht. Aufgrund des Vorschlags eines Sozialausgleichsbetrags werden die nächsten 5.000 € des Einkommens zu 15% und die übernächsten 5.000 € zu 20% versteuert. Für ein Jahreseinkommen von 20.000 € fällt somit eine Steuer von 1.750 € an. Die volle Marginalbelastung von 25% setzt erst ab Einkommen von über 20.000 € ein. Zur Gegenfinanzierung soll die Bemessungsgrundlage durch Streichung fast aller Steuervergünstigungen erheblich erweitert werden. Der Entwurf eines eigenen Bilanzsteuerrechts soll die Bildung stiller Reserven möglichst hintanhalten.

Auf Unternehmensseite ist eine Integration der Körperschaftsteuer in die Einkommensteuer vorgesehen. Zu diesem Zweck soll eine „steuerjuristische Person" geschaffen werden, die mit dem Spitzensatz der Einkommensteuer abschließend besteuert wird. Die Gewerbesteuer ist durch Zuschläge auf die Einkommensteuer bzw. Körperschaftsteuer zu ersetzen.

5.5 Das Wahlprogramm der FDP

Unter dem Motto „Arbeit hat Vorfahrt" stellte die FDP im Rahmen ihres Wahlprogrammes zur Bundestagswahl 2005 einen eigenen Steuerreformvorschlag zur Abstimmung. Auch die FDP fordert einen Stufentarif mit Grenzsteuersätzen von 15, 25 und 35%. Der Spitzensteuersatz soll bei 40.000 € zu versteuerndem Einkommen greifen. Es gilt ein personenbezogener Grundfreibetrag von 7.700 €. Steuerklasse V soll wegen der mit der in dieser Klasse geltenden hohen Grenzbelastung negativen Anreize abgeschafft werden. Vorsorgeaufwand ist steuerlich abzugsfähig.

Für Kapitalerträge sieht der FDP-Vorschlag eine Abgeltungssteuer von 25% vor.

Unternehmen werden mit 15 bzw. 25% belastet. Zudem zahlen Unternehmen im Gegenzug für die Abschaffung der Gewerbesteuer einen kommunalen Zuschlag auf die Körperschaftsteuer von ca. 3%. Langfristig ist die Einführung einer flat tax mit einheitlichem Steuersatz von 25% für alle Einkunftsarten vorgesehen.

5.6 Das SPD-Wahlmanifest

Die SPD trat im Wahlkampf für einen Einkommensteuerzuschlag von 3% auf Einkommen von mehr als 250.000 € bzw. 500.000 € (Verheiratete) ein. Die sogenannte „Reichensteuer" hätte somit zur Folge, dass Besserverdienende einem Spitzensteuersatz von 45% unterliegen. Zusätzliche Einnahmen für den Staat sollen zudem durch Wegfall von Steuervergünstigungen geschaffen werden, wobei die Steuerfreiheit von Sonn-, Feiertags- und Nachtzuschlägen als unantastbar gilt. Die SPD tritt zudem für den Erhalt der Gewerbesteuer und eine europäische Harmonisierung von Bemessungsgrundlagen und Mindeststeuersätzen ein, um den Steuerwettbewerb zu begrenzen [SPD (2005)].

5.7 Das Wahlprogramm von Bündnis 90/Die Grünen

Das Wahlprogramm von Bündnis 90/Die Grünen enthält kaum Aussagen zum Thema Steuerreform. Angeregt wird der Übergang zum Staatsbürgerprinzip mit Vollanrechnungsverfahren, was zur Folge hätte, dass auch permanent im Ausland lebende deutsche Staatsbürger in Deutschland steuerpflichtig wären (z.B. Sportler, die bisher aus steuerrechtlichen Gründen ihren Wohnsitz in sogenannte Steuerparadiese verlegt haben).

5.8 Der Koalitionsvertrag zwischen Union und SPD

Am 11. November 2005 wurde zwischen CDU, CSU und SPD ein Koalitionsvertrag unter dem Motto „Gemeinsam für Deutschland – mit Mut und Menschlichkeit" geschlossen [CDU et al. (2005)].

Ab 2007 wird ein einkommensabhängiges Elterngeld in Höhe von 67% des letzten Nettomonatseinkommens, maximal aber 1.800 €, eingeführt. Zudem sollen Kinderbetreuungskosten stärker als bisher steuerlich Berücksichtigung finden. Steuervergünstigungen im Umfang von ca. 4 Mrd. € sollen gestrichen werden. Die Steuerfreiheit der Sonn-, Feiertags- und Nachtzuschläge bleibt jedoch erhalten. Die Eigenheimzulage wird zum 1. Januar 2006 abgeschafft.

Bei der persönlichen Einkommensteuer wird am linear-progressiven Tarif festgehalten. Die von der SPD ins Feld geführte „Reichensteuer" tritt zum 1. Januar 2007 in Kraft.

Zum 1. Januar 2008 soll einen umfassende Unternehmenssteuerreform in Kraft treten. Noch ist offen, ob es sich dabei um eine synthetische oder duale Form der Einkommensbesteuerung handeln soll. Eine enge Abstimmung innerhalb der EU wird versucht. Eine Reform der Erbschaftsteuer zur Entlastung kleiner und mittlerer Unternehmen ist vereinbart.

Innerhalb dieser Legislaturperiode ist auch eine Reform der Besteuerung der Kapitalerträge und privaten Veräußerungsgewinne vorgesehen.

6 Zusammenfassung

Zweck dieses Beitrags war es, einen kurzen Überblick über die verschiedenen Steuerreformvorschläge von Wissenschaftlern, Expertengruppen und politischen Parteien zu geben. Die Verwirklichung radikaler Vorschläge, wie der „echten" flat tax oder der Konsumsteuer, die einen Systemwechsel verlangen würden, ist offensichtlich für Deutschland nicht zu erwarten. Die steuerpolitische Debatte im Zuge der vorgezogenen Bundestagswahl hat aber auch gezeigt, dass bereits kleinere Änderungen am Steuersystem, wie die Einführung einer scheinbaren Proportionalsteuer im Sinne von Kirchhof am massiven Widerstand der Öffentlichkeit scheitern. Mit dem Koalitionsvertrag zwischen Union und SPD, in dem sich die SPD steuerpolitisch weitgehend durchgesetzt hat, ist zudem klar geworden, dass selbst die jahrelangen Forderungen des Sachverständigenrats nach einer möglichst sofortigen Unternehmensteuerreform nichts geholfen hat. Die Vorstellungen der großen Koalition in Bezug auf die Unternehmenssteuerreform bleiben vage. Da die Maßnahmen in Bezug auf die Einkommensteuer eher symbolhaft waren (Erhalt der Steuerfreiheit der Sonn-, Feiertags- und Nachtzuschläge, Reichensteuer, Abschaffung von Pendlerpauschale und Eigenheimzulage), ist wohl auch hier davon auszugehen, dass tiefgreifende Änderungen nicht zu erwarten sind.

Literaturverzeichnis

Aaron, H.J. und Gale, W.G. (1996). *Economic Effects of Fundamental Tax Reform.* Brookings Inst. Press, Washington, DC.

Blueprints for Basic Tax Reform (1977). Department of the Treasury, Washington D.C.

Boadway, R. und Bruce, N. (1984). A Proposition on the Design of a Neutral Business Tax. *Journal of Public Economics*, 24:231-239.

CDU, CSU, SPD (2005). *Gemeinsam für Deutschland. Mit Mut und Menschlichkeit.* http://www.cdu.de/doc/pdfc/
05_11_11_Koalitionsvertrag_Langfassung_navigierbar.pdf.
Koalitionsvertrag von CDU, CSU und SPD.

CSU (2004). *Konzept 21.* http://www.csu.de/home/uploadedfiles/
Dokumente/040107_Konzept_21_Langfassung.pdf.

Devereux, M.P. und Griffith, R. (1998). Taxes and the Location of Production: Evidence From a Panel of US Multinationals. *Journal of Public Economics*, 68:335-367.

Elster, K. (1913). Eine Reichsaufwandsteuer? *Jahrbücher für Nationalökonomie und Statistik*, 101:785-796.

FDP (2005). *Arbeit hat Vorfahrt. Deutschlandprogramm 2005.*
http://files.liberale.de/fdp-wahlprogramm.pdf.

Fisher, I. (1938). Income in Theory and Income Taxation in Practice. *Econometrica*, 5:1-55.

Gutachten der Steuerreformkommission (1971). Wilhelm Stollfuß Verlag, Bonn.

Haig, R.M. (1921). The Concept of Income: Economic and Legal Aspects. In: Haig, R.M. (Hrsg.), *The Federal Income Tax*, S. 1-28. Columbia University Press, New York.

Hall, R.E. und Rabushka, A. (1995). *The Flat Tax*, 2 Aufl. Hoover Institution Press, Stanford.

Harberger, A.C. (1964a). The Measurement of Waste. *American Economic Review, Papers and Proceedings*, 54(3):58-76.

Harberger, A.C. (1964b). Taxation, Resource Allocation and Welfare. In: Due, J. (Hrsg.), *The Role of Direct and Indirect Taxes in the Federal Revenue System*, S. 25-70. Princeton University Press, Princeton N.J.

Harberger, A.C. (1971). Three Basic Postulates for Applied Welfare Economics: An Interpretative Essay. *Journal of Economic Literature*, 9:785-797.

Hines, J.R. (2000). What is Benefit Taxation? *Journal of Public Economics*, 75(3):483-492.

Hobbes, T. (1651). *Leviathan, or The Matter, Forme & Power of a Common-Wealth Ecclesiasticall and Civill.* Andrew Crooke, London.

Kaldor, N. (1955). *An Expenditure Tax*. George Allen & Unwin, London.

Kirchhof, P. (2003). *Einkommensteuergesetzbuch. Ein Vorschlag zur Reform der Einkommen- und Körperschaftsteuer.* C.F. Müller, Heidelberg.

Kirchhof, P. (2005). *Das Forschungsvorhaben „Bundessteuergesetzbuch".* http://www.bundessteuergesetzbuch.de/DOWNLOADS/files/ Bstgb-Forschungsvorhaben.pdf.

Lindhe, T., Södersten, J., und Öberg, A. (2004). Economic Effects of Taxing Different Organizational Forms under the Nordic Dual Income Tax. *International Tax and Public Finance*, 11(4):469-485.

Lodin, S.-O. (1978). *Progressive Expenditure Tax – An Alternative? A Report of the 1972 Government Commission on Taxation.* Liber Förlag, Stockholm.

Mann, F.K. (1937). *Steuerpolitische Ideale. Vergleichende Studie zur Geschichte der ökonomischen und politischen Ideen und ihres Wirkens in der öffentlichen Meinung 1600-1935.* Gustav Fischer Verlagsbuchhandlung, Jena.

Meade, J.E. (1978). *The Structure and Reform of Direct Taxation.* Institute for Fiscal Studies, London.

Merz, F. (2003). *Ein modernes Einkommensteuerrecht für Deutschland. Zehn Leitsätze für eine radikale Vereinfachung und eine grundlegende Reform des deutschen Einkommensteuersystems.* http://www.cdu.de/doc/pdfc/ 120203-beschluss-pt-merz.pdf.

Mill, J.S. (1869). *Grundsätze der politischen Oekonomie nebst einigen Anwendungen derselben auf die Gesellschaftswissenschaft*, 3. Aufl., Bd. III. Fues's Verlag (R. Reisland), Leipzig. deutsche Übersetzung von A. Soetbeer.

Muten, L. (1996). Dual Income Taxation: Swedish Experience. In: Muten, L. (Hrsg.), *Towards a Dual Income Tax? Scandinavian and Austrian Experiences*, S. 7-21. Kluwer, London.

Neill, J.R. (2000). The Benefit and Sacrifice Principles of Taxation: A Synthesis. *Social Choice and Welfare*, 17(1):117-124.

Neumark, F. (1947). *Theorie und Praxis der modernen Einkommensbesteuerung*. A. Francke, Bern.

Nielsen, S.B. und Sørensen, P.B. (1996). On the Optimality of the Nordic System of Dual Income Taxation. *Journal of Public Economics*, 63:311-329.

Peffekoven, R. (1980). Persönliche allgemeine Ausgabensteuer. In: Neumark, F., Andel, N., und Haller, H. (Hrsg.), *Handbuch der Finanzwissenschaft*, 3. Aufl., Bd. II, S. 417-452. J.C.B. Mohr (Paul Siebeck), Tübingen.

Radulescu, D.M. (2005). *Introducing a Dual Income Tax in Germany. Analyzing the Effects on Investment and Welfare with a Dynamic CGE Model*. Dissertation LMU München.

Report of the Royal Commission on Taxation (1966). Queen's Printer and Controller of Stationary, Ottawa. 6 Bde.

Richter, W.F. (2005). *Wirkungen von Steuern und Sozialbeiträgen*. mimeo.

Rose, M. (2003). *Vom Steuerchaos zur Einfachsteuer, Der Wegweiser durch die Steuerdebatte*. Schäffer-Poeschel Verlag, Stuttgart.

Rose, M. und Wiswesser, R. (1997). Tax Reform in Transition Economies: Experiences from Participating in the Croatian Tax Reform Process of the 1990s. In: Sørensen, P.B. (Hrsg.), *Public Finance in a Changing World*, S. 257-278. Cambridge University Press, Cambridge.

Rose, M. (Hrsg.) (1990). *Heidelberg Congress on Taxing Consumption*. Springer-Verlag, Berlin-Heidelberg etc.

Rose, M. (Hrsg.) (2002). *Reform der Einkommensbesteuerung in Deutschland*. Schriften des Betriebs-Beraters, Band 122, Heidelberg.

Royal Commission on the Taxation of Profits and Income, Final Report (1955). Her Majesty's Stationary Office, London. Cmd. 9474.

RWI [Rheinisch-Westfälisches Institut für Wirtschaftsforschung] (2003). Kosten der Besteuerung. *Monatsbericht des BMF, Juli 2003*, S. 81-92.

Schanz, G. (1896). Der Einkommensbegriff und die Einkommensteuergesetze. *Finanzarchiv*, 13(I):1-87.

Schellhorn, H. (2005). *Effizienzeffekte der Einkommensteuer bei Steuervermeidung*. Deutscher Universitäts-Verlag, Wiesbaden.

Schmölders, G. (1951). Finanzpsychologie. *Finanzarchiv*, 13:1-36.

Schumpeter, J.A. (1929/30). Ökonomie und Soziologie der Einkommensteuer. *Der deutsche Volkswirt*, 4:380-385.

Seidl, C. (1990). Administration Problems of an Expenditure Tax. In: Rose, M. (Hrsg.), *Heidelberg Congress on Taxing Consumption*, S. 407-441 und S. 444-449. Springer-Verlag, Berlin-Heidelberg etc.

Seligman, E.R. (1908). *Progressive Taxation in Theory and Practice*, 2. Aufl. Princeton University Press, Princeton N.J.

Simons, H.C. (1938). *Personal Income Taxation, The Definition of Income as a Problem of Fiscal Policy.* The University of Chicago Press, Chicago und London.

Sørensen, P.B. (1994). From the Global Income Tax to the Dual Income Tax: Recent Tax Reforms in the Nordic Countries. *International Tax and Public Finance,* 1:57-79.

SPD (2005). *Vertrauen in Deutschland. Das SPD-Wahlmanifest.* http://kampagne.spd.de/servlet/PB/show/1053964/ 270705_SPD-Wahlmanifest_2005.pdf.

SVR (2003). *Staatsfinanzen konsolidieren – Steuersystem reformieren.* Jahresgutachten 2003/04, http://www.sachverstaendigenrat-wirtschaft.de/ gutacht/gutachten.php. Sachverständigenrat zur Begutachtung der gesamtwirtschaftlichen Entwicklung.

SVR (2004). *Erfolge im Ausland - Herausforderungen im Inland.* Jahresgutachten 2004/05, http://www.sachverstaendigenrat-wirtschaft.de/ gutacht/gutachten.php. Sachverständigenrat zur Begutachtung der gesamtwirtschaftlichen Entwicklung.

SVR (2005). *Die Chance nutzen - Reformen mutig voranbringen.* Jahresgutachten 2005/06, http://www.sachverstaendigenrat-wirtschaft.de/ gutacht/gutachten.php. Sachverständigenrat zur Begutachtung der gesamtwirtschaftlichen Entwicklung.

Union (2004). *Gemeinsames steuerpolitisches Programm von CDU und CSU. Ein modernes Steuerrecht für Deutschland – Konzept 21.* http://www.cdu.de/doc/pdfc/080304-beschluss-steuerrecht.pdf.

Union (2005). *Regierungsprogramm 2005-2009. Deutschlands Chancen nutzen. Wachstum. Arbeit. Sicherheit.* http://www.cdu.de/doc/pdfc/05_07_11_Regierungsprogramm.pdf.

Vickrey, W. (1947). *Agenda for Progressive Taxation.* The Ronald Press Comp., New York.

von Hayek, F.A. (1952). Die Ungerechtigkeit der Steuerprogression. *Schweizerische Monatshefte,* 36:508-517.

Wenger, E. (1983). Gleichmäßigkeit der Besteuerung von Arbeits- und Vermögenseinkünften. *Finanzarchiv,* 41:207-252.

Wissenschaftlicher Beirat beim Bundesministerium der Finanzen (2004). *Flat Tax oder Duale Einkommensteuer? Zwei Entwürfe zur Reform der deutschen Einkommensbesteuerung.* Gutachten Nr. 74, BMF Schriftenreihe Heft 76.

Wissenschaftlicher Beirat beim Bundesministerium der Finanzen (2005). Flat Tax oder Duale Einkommensteuer? – Zwei Entwürfe zur Reform der deutschen Einkommensbesteuerung, Kurzfassung eines Gutachtens des Wissenschaftlichen Beirats beim Bundesministerium der Finanzen. *Monatsbericht des BMF, März 2005,* S. 81-88.

REFORMEN DER EINKOMMENS- UND UNTERNEHMENSBESTEUERUNG: AUFKOMMENS-, VERTEILUNGS- UND ARBEITSANGEBOTSWIRKUNGEN

Stefan Bach[a] und Viktor Steiner[b]

[a] DIW Berlin
[b] DIW Berlin und Freie Universität Berlin

1	Einleitung	28
2	Sechs Vorschläge für eine grundlegende Reform der Einkommensbesteuerung	29
3	Aufkommens- und Verteilungswirkungen der Reformvorschläge	30
3.1	Das Einkommensteuer-Mikrosimulationsmodell des DIW Berlin	30
3.2	Abbildung der Reformkonzepte im Einkommensteuer-Simulationsmodell	32
3.3	Aufkommenswirkungen	37
3.4	Belastungs- und Verteilungswirkungen	40
3.5	„Gewinner" und „Verlierer" der Steuerreform	45
4	Arbeitsangebotswirkungen der Reformvorschläge	47
4.1	Steuer-Transfer Mikrosimulationsmodell STSM	47
4.2	Arbeitsangebotswirkungen	47
5	Zusammenfassung und Ausblick	49
	Literaturverzeichnis	51

In dieser Studie werden sechs Vorschläge für eine grundlegende Reform der deutschen Einkommens- und Unternehmensbesteuerung auf ihre Aufkommens- und Verteilungswirkungen sowie ihre Arbeitsangebotseffekte untersucht. Die fiskalischen Wirkungen der Steuerreformmodelle reichen von mäßigen Steuerausfällen in Größenordnungen von 0,2% des Bruttoinlandsprodukts (BIP) beim Wahlprogramm der CDU/CSU bis zu erheblichen Steuerausfällen von deutlich über 1% des BIP bei den Vorschlägen von CDU, FDP und Kirchhof.

Für die Vorschläge der Unionsparteien ergeben sich hauptsächlich Entlastungen der mittleren Einkommen, während bei den Konzepten von Kirchhof und dem Sachverständigenrat vor allem die Bezieher höherer Einkommen profitieren. Die zu erwartenden Arbeitsangebotseffekte fallen in Relation zu den Entlastungen gering aus; größere „Selbstfinanzierungseffekte" durch steigende Beschäftigung und stärkeres Wachstum sind von keinem der hier analysierten Vorschläge zu erwarten.

1 Einleitung

Seit Jahrzehnten wird in Deutschland immer wieder über eine grundlegende Reform der Einkommensbesteuerung diskutiert. Steuervergünstigungen und Gestaltungsmöglichkeiten sollen abgeschafft, die Steuersätze gesenkt und das Steuerrecht vereinfacht werden. Seit zwei Jahren steht dieser steuerpolitische Evergreen weit oben auf der politischen Agenda. Im Herbst 2003 hatten die damaligen Oppositionsparteien das Thema aufgegriffen und traten mit weitreichenden Konzepten an die Öffentlichkeit [CDU (2003), Faltlhauser (2003), Solms (2004)]. Der Sachverständigenrat zur Begutachtung der gesamtwirtschaftlichen Entwicklung stellte in seinem Jahresgutachten 2003/04 zwei Steuerreformkonzepte vor und sprach sich für einen Übergang zur Dualen Einkommensteuer aus. Seit Jahren arbeiten verschiedene Forschungsgruppen an Konzepten für eine grundlegende Steuerreform, so die Gruppe um den Heidelberger Finanzwissenschaftler Manfred Rose (2002, 2003), die eine zinsbereinigte Einkommensteuer vorschlägt, die Kommission Steuergesetzbuch (2005) der Stiftung Marktwirtschaft, die pragmatische Lösungen im bestehenden System sucht, sowie Paul Kirchhof mit seiner Forschungsgruppe Bundessteuergesetzbuch (2004), der eine grundlegende Vereinfachung und Systematisierung des Einkommensteuerrechts anstrebt – letzterer machte durch seine Ernennung in das Kompetenzteam der Unionsparteien im letzten Bundeswahlkampf Furore.

Alle Vorschläge treten unter dem Leitbild „Senkung der Steuersätze und Verbreiterung der Bemessungsgrundlage" an und betonen die Notwendigkeit zu einer durchgreifenden Steuervereinfachung. Im Detail setzen sie aber unterschiedliche Akzente. Die Steuerreformvorschläge unterscheiden sich zum einen deutlich in ihren Aufkommenswirkungen. Dies wirft die Frage der Gegenfinanzierung jenseits der Einkommensbesteuerung auf, also durch Ausgabenkürzungen, durch Erhöhung anderer Steuern und Abgaben oder durch Verschuldung. Betrachtet man zum anderen die erheblichen Unterschiede beim Steuertarif oder bei der Verbreiterung der Bemessungsgrundlagen, so ist zu erwarten, dass sich die Be- und Entlastungswirkungen der Konzepte deutlich nach Einkommensgruppen oder sozialen Gruppen unterscheiden. Diese Fragen stehen im Mittelpunkt dieser Untersuchung. Ferner werden die potentiellen Arbeitsangebotswirkungen der Steuerreform analysiert.

In diesem Beitrag werden sechs politiknahe Vorschläge zu einer grundlegenden Reform der Einkommens- und Ertragsbesteuerung in Deutschland untersucht (Abschnitt 2).[1] Die Aufkommens- und Verteilungswirkungen der Reformvorschläge werden mit dem Einkommensteuer-Mikrosimulationsmodell des DIW Berlin ermittelt, das auf fortgeschriebenen Einzeldaten der Einkommensteuerstatistik basiert (Abschnitt 3). Die Arbeitsangebotseffekte der Reformvorschläge werden mit dem Steuer-Transfer Mikrosimulationsmodell (STSM) geschätzt, das auf der aktuellen Erhebungswelle des Sozio-ökonomischen Panels des DIW Berlin (SOEP) basiert (Abschnitt 4).

2 Sechs Vorschläge für eine grundlegende Reform der Einkommensbesteuerung

Untersucht werden folgende Steuerreformvorschläge [vgl. dazu im Einzelnen Bach et al. (2004b) sowie den Beitrag von Traub in diesem Band]:

- Die „Bierdeckelreform" des Bundestagsabgeordneten Friedrich Merz in der Fassung des Beschlusses des Bundesvorstandes der CDU vom 03.11.2003 [Merz (2003)];
- das vom bayerischen Finanzminister Kurt Faltlhauser (2003) erarbeitete ursprüngliche „Konzept 21" der CSU;
- das unter Federführung des Bundestagsabgeordneten Hermann Otto Solms (2003) entwickelte Konzept für eine „Neue Einkommensteuer" der FDP, zu dem auch ein Gesetzentwurf der FDP-Bundestagsfraktion vorliegt (Bundestagsdrucksache 15/2349);
- der Reformvorschlag des Heidelberger Rechtsprofessors und ehemaligen Verfassungsrichters Paul Kirchhof (2004);
- die zweite Steuerreformoption des Sachverständigenrats zur Begutachtung der gesamtwirtschaftlichen Entwicklung [SVR II (2003: Tz. 570 ff.)], die einen Übergang zur Dualen Einkommensteuer vorsieht;
- das gemeinsame steuerpolitische Sofortprogramm von CDU und CSU, wie es von den Parteipräsidien am 07.03.2004 beschlossen wurde [CDU/CSU-Fraktion (2004)], einschließlich der Änderungen, die im Wahlprogramm der CDU/CSU vom Juli 2005 vorgenommen wurden, insbesondere: höherer Spitzensteuersatz von 39% ab einen zu versteuernden Einkommen von 45.000 €, Abgeltungssteuer für Kapitaleinkünfte in Höhe von 25% einschließlich Veranlagungsoption, Körperschaftsteuersatz 22%.

---

[1] Vgl. dazu auch Bach et al. (2004b).

3 Aufkommens- und Verteilungswirkungen der Reformvorschläge

3.1 Das Einkommensteuer-Mikrosimulationsmodell des DIW Berlin

Das Einkommensteuer-Simulationsmodell des DIW Berlin wurde im Rahmen einer Forschungskooperation mit dem Bundesministerium der Finanzen aufgebaut.[2] Es basiert auf repräsentativen 1%-Stichproben aus den Einzeldaten der Lohn- und Einkommensteuerstatistik 1995 und 1998, die jeweils etwa 250.000 Steuerpflichtige umfassen. Dabei wurde für die Steuerpflichtigen mit höheren Einkommen eine höhere Auswahlwahrscheinlichkeit festgelegt, so dass die Genauigkeit auch bei den Steuerpflichtigen mit den hohen und höchsten Steuerbelastungen sehr hoch ist. Die Datensätze enthalten sämtliche Merkmale aus der Einkommensteuer-Veranlagung, die für Zwecke der Steuerstatistik von den statistischen Ämtern aus den Festsetzungsspeichern der Finanzverwaltung übernommen wurden. Neuere Daten – aus der Lohn- und Einkommensteuerstatistik 2001 – stehen bisher nicht zur Verfügung.

Zur Aufbereitung der Datengrundlage wird zunächst die im Datensatz ausgewiesene Einkommensteuerbelastung für jeden Einzelfall aus den Veranlagungsmerkmalen nachvollzogen. Dazu werden die steuerrechtlichen Regelungen des Basisjahres (1998 für die neueste Welle) in einem detaillierten Simulationsprogramm abgebildet. Damit kann die Höhe der im Datensatz nachgewiesenen festgesetzten Einkommensteuer bis auf wenige Fälle exakt reproduziert werden.

Um auf Grundlage der relativ alten Informationsbasis Steuerschätzungen und Strukturanalysen am aktuellen Rand oder für die nächsten Jahre durchzuführen, wird der aufbereitete Datensatz aus der Lohn- und Einkommensteuerstatistik 1998 in wesentlichen steuerrelevanten Merkmalen fortgeschrieben [Bach et al. (2004a), Bach und Schulz (2002)]. Das Fortschreibungsmodul besteht aus zwei Elementen:

- Es wird eine *Fortschreibung der Steuerpflichtigen* nach demographischen und sozio-ökonomischen Merkmalen durchgeführt. Dabei werden Leitdaten zur Entwicklung der Bevölkerung nach dem Familienstand (Grundtabelle/Splittingtabelle), nach dem Alter sowie nach dem Erwerbsstatus (Selbständige, sozialversicherungspflichtige Arbeitnehmer, Beamte, Nichterwerbspersonen) vorgegeben. Unter den Nichterwerbstätigen werden die in den steuerlichen Familienleistungsausgleich einbezogenen Kinder sowie die Versorgungsempfänger des öffentlichen Dienstes gesondert fortgeschrieben. Anschließend wird der Steuerstatistik-Datensatz auf diese Rahmenvorgaben angepasst, indem das Gewichtungsschema der Einzeldaten entsprechend verändert wird (statische Fortschreibung, *„static aging"*).

---

[2] Vgl. zum Folgenden ausführlich Bach et al. (2004a).

- Die steuerpflichtigen *Einkünfte* und die steuerrelevanten *Ausgabenpositionen* (Werbungskosten, Abzugsbeträge wie Sonderausgaben, außergewöhnliche Belastungen etc.) werden mit Fortschreibungsfaktoren angepasst, die die Entwicklung je Steuerpflichtigen repräsentieren.

Für diesen Fortschreibungsrahmen werden die relevanten statistischen Quellen sowie eigene und externe Projektionen bis 2010 konsistent aufbereitet:

- Die *Fortschreibung* bis an den *aktuellen Rand* (2004) stützt sich im Wesentlichen auf Informationen der volkswirtschaftlichen Gesamtrechnungen (VGR), des Mikrozensus (MZ), der Beschäftigtenstatistik der Bundesagentur für Arbeit sowie der jährlichen Bevölkerungsfortschreibung des Statistischen Bundesamtes.
- Für den *Projektionszeitraum* bis 2010 werden eigene Szenariorechnungen entwickelt, ausgehend von aktuellen Prognosen zur gesamtwirtschaftlichen Entwicklung sowie zur längerfristigen Entwicklung von Bevölkerung und Erwerbstätigkeit.

Für Simulationsrechnungen zu den Aufkommens- und Belastungswirkungen der Einkommensteuer bis an den aktuellen Rand und für die kommenden Jahren wird das Simulationsprogramm um das Einkommensteuerrecht der Jahre 1999 bis 2005 erweitert. Berücksichtigt werden die Änderungen beim steuerlichen Familienleistungsausgleich und bei der Familienbesteuerung,[3] die Änderungen beim Einkommensteuertarif bis 2005, die mehrfachen Reformen bei der Besteuerung der außerordentlichen Einkünfte (§ 34 EStG), die Halbierung des Sparerfreibetrags von 2000 an, dessen Senkung von 2004 an sowie die Einführung des Halbeinkünfteverfahrens für Dividenden und andere Gewinnausschüttungen von Kapitalgesellschaften von 2002 an,[4] die Anrechnung der Gewerbesteuer auf die Einkommensteuer (§ 35 EStG) sowie die Begrenzung der Verrechnung von laufenden Einkünften mit Verlustvorträgen, die von 2004 an gilt („Mindestbesteuerung", § 10d Abs. 2 EStG). Bisher nicht abgebildet wurden die Förderung der zusätzlichen Altersvorsorge durch das Altersvermögensgesetz sowie der längerfristige Einstieg in die nachgelagerte Besteuerung der Altersvorsorge und Altersversorgung durch das Alterseinkünftegesetz von 2005 an (dazu der Beitrag von Buslei und Steiner in diesem Band).

Ferner werden mögliche Reformvarianten in den Programmcode eingebaut, insbesondere die grundlegenden Reformvorschläge zur Einkommensbesteuerung (vgl. unten, Abschnitt 3.2). Die Steuerrechtsänderungen können aber nur

---

[3] Abgebildet werden die mehrfachen Erhöhungen von Kindergeld und Kinderfreibeträgen sowie die Reduktion des Haushaltsfreibetrags für Alleinerziehende. Nicht abgebildet wird die Möglichkeit zum zusätzlichen Abzug von Kinderbetreuungskosten bei Berufstätigkeit.

[4] Die Halbierung des Sparerfreibetrags wird weitgehend in Anlehnung an ein von Quinke (2001, S. 28ff.) entwickeltes Imputationsverfahren abgebildet; zur Modellierung der Wirkung des Halbeinkünfteverfahrens werden die Einkünfte aus Kapitalvermögen anhand des Nachweises über die anzurechnende Körperschaftsteuer des Veranlagungsjahres in Dividenden (einschließlich andere Gewinnausschüttungen von Kapitalgesellschaften) und Zinsen aufgeteilt.

zum Teil auf Grundlage der fortgeschriebenen Daten der 1998er Steuerstatistik abgebildet werden. Soweit die Besteuerungsgrundlagen in den jeweiligen Reformalternativen um neue Merkmale erweitert werden, müssen entsprechende Informationen aus anderen Statistiken integriert oder Plausibilitätssetzungen getroffen werden.

Das Simulationsmodell bestimmt die festgesetzte Einkommensteuer sowie die anzurechnende Lohnsteuer und die anzurechnenden Kapitalertragsteuern für jeden im Datensatz enthaltenen Steuerpflichtigen im jeweiligen Simulationsjahr unter Berücksichtigung der Veränderung der steuerpflichtigen Einkünfte und der sonstigen steuerrelevanten Merkmale sowie der im Zieljahr geltenden steuerlichen Regelungen. Somit ermittelt es die unmittelbaren Aufkommens-, Belastungs- und Verteilungswirkungen der Einkommensteuer. Es ist nicht in der Lage, Verhaltensanpassungen der Steuerpflichtigen an Änderungen des Steuerrechts oder anderer Rahmenbedingungen modellendogen abzubilden. Das Modell bildet außerdem nur die steuerpflichtigen natürlichen Personen ab.

Das Modell beschreibt insoweit zunächst lediglich die unmittelbare „formale Inzidenz" der Besteuerung, diese jedoch sehr realitätsnah. Die umfangreiche Einzeldatengrundlage und die Informationen zu wesentlichen sozio-ökonomischen Merkmalen erlauben entsprechende Auswertungen zu den Belastungswirkungen der Einkommensteuer, z.B. nach Familienstand und Haushaltstyp, sozialer Stellung im Berufsleben oder Alter. Verhaltensanpassungen oder sonstige wirtschaftliche Rückwirkungen können im Fortschreibungsrahmen berücksichtigt oder explizit vorgegeben und durch Sensitivitätsanalysen getestet werden.

3.2 Abbildung der Reformkonzepte im Einkommensteuer-Simulationsmodell

Die Vorschläge zu den Steuerreformvorschlägen sind unterschiedlich detailliert ausgearbeitet. Bei einigen Konzepten liegen Gesetzentwürfe vor (FDP, Kirchhof), bei anderen nur Konzeptpapiere, in denen lediglich die wesentlichen Reformelemente beschrieben werden (CDU, CSU, SVR II). Insbesondere die beiden letzteren Vorschläge sind zum Teil interpretations- bzw. ausfüllungsbedürftig, um sie im Simulationsmodell zu implementieren. Z.B. macht der Sachverständigenrat keine genaue Aussage zum Tarifverlauf, sondern gibt nur Eckwerte an (Eingangs- und Spitzensteuersatz); dazu treffen wir Annahmen. Sofern die Konzeptpapiere zu einzelnen Regelungsbereichen keine Aussagen machen, wird die Beibehaltung des gegenwärtigen Rechts unterstellt.

Ferner entstehen Schätzunsicherheiten, da wichtige Positionen der Gegenfinanzierung nicht unmittelbar anhand der fortgeschriebenen Daten aus der Einkommensteuerstatistik abgebildet werden können. Dies betrifft vor allem die Maßnahmen, die sich auf die Einkünfteermittlung und die steuerfreien Einkünfte beziehen. Die Einkommensteuerstatistik weist bisher steuerfreie Einkünfte naturgemäß nicht aus; für die steuerpflichtigen Gewinne sowie die

Vermietungs- und Kapitaleinkünfte sind lediglich die Einkünfte für bestimmte Untergruppen nachgewiesen. Es fehlen Informationen über die Ableitung dieser Größen aus dem Rechnungswesen der Steuerpflichtigen, um Veränderungen bei der Gewinn- bzw. Einkommensermittlung abbilden zu können.

Zum Umfang der bisher steuerfreien *Zuschläge für Nacht-, Sonntags- und Feiertagsarbeit* enthält der Steuerdatensatz keine Angaben. Im Sozio-ökonomischen Panel (SOEP) werden Informationen zu entsprechenden Arbeitszeiten erhoben, die mit Hilfe eines Probit-Modells geschätzt und auf die Einkommensteuerdaten übertragen werden. Zu Umfang und Verteilung des Anteils der steuerfreien Zuschläge am Bruttoeinkommen der betroffenen Steuerpflichtigen gibt es allerdings keine Angaben im SOEP oder in anderen Informationssystemen. Auf Grundlage von Regelungen in Tarifverträgen und Einzelfallberechnungen der Wirtschaftsverbände wird für die Arbeitnehmer mit Nacht-, Sonntags- und Feiertagsarbeit unterstellt, dass die steuerfreien Zuschläge im Durchschnitt 12% des bisher steuerpflichtigen Bruttolohns ausmachen.

Bei den Gewinneinkünften werden zunächst die bisher (in der Anlage ST zur Steuererklärung) nachgewiesen *Steuervergünstigungen* hinzugerechnet, soweit sie abgeschafft werden sollen. Diese machen allerdings nur einen geringen Umfang der Gegenfinanzierung aus. Keine empirische Grundlage gibt es darüber, wie sich die vorgesehenen Maßnahmen bei der *Gewinnermittlung* auf die steuerpflichtigen Einkünfte auswirken. So wollen Kirchhof und die CDU das Steuerbilanzrecht neu fassen; insbesondere Kirchhof will die Möglichkeiten zur Bildung von stillen Reserven drastisch beschränken. Die CSU und die FDP entfernen sich dagegen nur wenig vom gegenwärtigen Recht (Maßgeblichkeit der Handelsbilanz, jedoch Beschränkungen bei der Rückstellungsbildung und bei der Rechnungsabgrenzung). Nach allen Reformkonzepten sollen die Abschreibungsregelungen verschärft, insbesondere die degressive Abschreibung für bewegliche Güter des Anlagevermögens reduziert oder abgeschafft werden. Zugleich sind zumeist Erleichterungen für kleinere Unternehmen vorgesehen, die ihre Gewinne nach einer vereinfachten Steuerbilanz bzw. nach einer modifizierten Einnahme-Überschuss-Rechnung ermitteln dürfen, was tendenziell zu Mindereinnahmen gegenüber dem gegenwärtigen Recht führt.

Wie sich derartige Maßnahmen längerfristig auf das Steueraufkommen auswirken, ist schwer abzuschätzen: Bei einer Reihe von Maßnahmen gehen zudem kurzfristige Mehreinnahmen mit längerfristigen Mindereinnahmen einher (Abschreibungsregelungen, Rückstellungen), jedenfalls bei kontinuierlicher Investitionsentwicklung. Dabei spielen die gesamtwirtschaftliche Investitions- und Produktionskonjunktur, aber auch Strukturentwicklungen in der Volkswirtschaft (z.B. Tertiarisierung, Bau- versus Ausrüstungsinvestitionen) eine maßgebliche Rolle, ferner müssen Anpassungsreaktionen der Steuerpflichtigen berücksichtigt werden. Um diese wichtigen Positionen der Gegenfinanzierung dennoch nicht zu vernachlässigen, werden bei den Simulationen Annahmen zur Ausweitung der Einkünfte getroffen: Die Einkünfte aus Land- und Forstwirtschaft sowie die Einkünfte aus selbständiger Arbeit werden pauschal um

5% erhöht, beim Konzept von Kirchhof um 10%; die Einkünfte aus Gewerbebetrieb werden bei den Vorschlägen von FDP, CSU und CDU/CSU um 5% erhöht, bei dem der CDU und dem des Sachverständigenrates um 10% und bei Kirchhof um 15%. Die Verluste werden entsprechend gekürzt.

Die Einkünfte aus *Vermietung und Verpachtung* sind traditionell ein großer Verlustbringer im Rahmen des deutschen Steuersystems. Dies beruht auf faktischen Steuervergünstigungen, die in der Einkünfteermittlung verborgen sind: degressive Abschreibung bei Neubauten, Sofortabzug diverser Bauzeit-Werbungskosten und Finanzierungsaufwendungen, sofort abziehbarer Erhaltungsaufwand für größere Ersatz- und Instandsetzungsinvestitionen. Insbesondere im System von Kirchhof sollen diese „Verluste" massiv begrenzt werden. Durch die in allen Konzepten vorgesehene Abschaffung der Steuerfreiheit der Veräußerungsgewinne ist ferner damit zu rechnen, dass Investitionen und Gestaltungen vor allem im Bereich der bisherigen Steuerspar-Modelle deutlich zurückgehen würden – was allerdings auf Dauer spürbare Preiswirkungen auf den Immobilienmärkten auslösen dürfte. Hier werden folgende Wirkungen auf die Einkünfte unterstellt: Die Verluste gehen beim Konzept von Kirchhof auf 10% ihres derzeitigen Wertes zurück, bei den anderen Vorschlägen auf 50%. Die positiven Einkünfte steigen um 5%, bei Kirchhof um 10%.

Das vom Sachverständigenrat vorgeschlagene Modell der *Dualen Einkommensteuer* ist weniger detailliert spezifiziert als die übrigen Reformvorschläge. Für die hier durchgeführten Simulationen wird angenommen, dass die Arbeits- und Transfereinkommen einschließlich des kalkulatorischen Unternehmerlohns (Box 1) wie bisher progressiv besteuert werden. Nach Abzug von Sonderausgaben, außergewöhnlichen Belastungen und Grundfreibetrag unterliegen sie einem Steuertarif mit einem Eingangssteuersatz von 15% und einem Spitzensteuersatz von 35% entsprechend den Vorgaben des Sachverständigenrates. Diese Eckwerte werden in den Steuertarif 2005 „eingepasst": Grundfreibetrag 7.664 €, danach linear-progressiver Tarif über zwei Zonen mit einem „Knick" bei 12.739 € zu versteuerndem Einkommen, bei dem eine Grenzbelastung von 22% erreicht wird; in der zweiten Progressionszone steigen die Grenzbelastungen mit der gleichen Rate wie beim Steuertarif 2005, so dass der Spitzensteuersatz von 35% ab einem zu versteuernden Einkommen von 41.151 € gilt. Die Einkünfte in Box 2 werden proportional mit 30% besteuert; ein Verlustausgleich ist nur innerhalb der beiden Boxen möglich, nicht jedoch zwischen den Boxen.

Die Aufteilung von Gewinneinkünften personenbezogener Unternehmen in Arbeitseinkommen (Unternehmerlohn, Box 1) und Kapitaleinkommen (Box 2) gilt als „Achillesferse" der Dualen Einkommensteuer [Sørensen (1998), Cnossen (1999)]. Die Literatur diskutiert dazu grundsätzlich zwei Varianten: entweder „Arbeitseinkommen zuerst" (berechnet aus Vergleichswerten für typische Geschäftsführer-Gehälter) – der Rest des Gewinns wird dem Kapitaleinkommen zugerechnet – *oder* „Kapitaleinkommen zuerst" (berechnet mittels einer kalkulatorischen Eigenkapitalrendite) – der Rest des Gewinns wird dem Arbeitseinkommen zugerechnet [Sachverständigenrat (2003/04, Tz. 584 ff.)].

Hier wird eine pragmatische Methode gewählt: Gewinneinkünfte bis zur Höhe von 25.000 € werden grundsätzlich Box 1 zugerechnet; Gewinneinkünfte, die diese Schwelle übersteigen, werden hälftig auf Box 1 und Box 2 aufgeteilt. Einkünfte aus Beteiligungen an Personengesellschaften (z.B. als Kommanditist oder stiller Gesellschafter) werden dagegen in Box 2 besteuert, sofern sich die Steuerpflichtigen nicht „aktiv" an der Geschäftsführung beteiligen.

Die Abschaffung der *Gewerbesteuer*, die in einzelnen Reformvorschlägen vorgesehen ist, kann hinsichtlich ihrer Wirkungen auf die Einkommensteuer im Simulationsmodell abgebildet werden; dazu enthält das Modell ein Gewerbesteuer-Modul, das gruppierte Informationen aus der Gewerbesteuerstatistik 1995 und 1998 verwendet und in die Modelldatengrundlage imputiert.

Die verschiedenen Maßnahmen der Vorschläge, die sich auf die *persönlichen Abzugsbeträge* (Sonderausgaben, außergewöhnliche Belastungen) beziehen, können im Modell grundsätzlich abgebildet werden. In einigen Fällen müssen allerdings Annahmen getroffen werden (z.B. Einschränkungen des Gemeinnützigkeitsbegriffs beim Spendenabzug, Änderungen bei den außergewöhnlichen Belastungen).

Die folgenden Berechnungen unterstellen, dass der *Solidaritätszuschlag* in Höhe von 5,5% der Einkommen- und Körperschaftsteuerbelastung sowie der Kapitalertragsteuern unverändert weiter erhoben wird. Änderungen beim *Familienleistungsausgleich* sind nur insoweit berücksichtigt, wie die Reformvorschläge dazu eine konkrete Aussage machen. Beim Sachverständigenrat wird das gegenwärtige Recht unterstellt, bei den übrigen Vorschlägen soll der Kinderfreibetrag deutlich angehoben werden; bei der FDP und Kirchhof soll auch das Kindergeld erhöht werden. Im Vorschlag der CDU ist zwar davon die Rede, Kindergeld nur noch im Bedarfsfall zur Sicherung des Existenzminimums von Kindern zu zahlen; da aber unklar ist, wie das geschehen soll, wird hier die Beibehaltung des gegenwärtigen Kindergeldniveaus sowie des „Optionsmodells" angenommen (Günstigerprüfung durch Vergleich der Entlastungswirkung des Kinderfreibetrags mit dem Kindergeld). In ihrem gemeinsamen Wahlprogramm beabsichtigen die Unionsparteien, „das Kindergeld adäquat zum Kindergrundfreibetrag anzuheben", doch wird nicht weiter ausgeführt, welche Größenordnung damit angestrebt wird; zunächst soll nur der Kindergrundfreibetrag auf 8.000 € angehoben werden, diese Maßnahme ist bei den Simulationsrechnungen umgesetzt worden.

Die *Eigenheimzulage* wird in den folgenden Analysen nicht berücksichtigt; sie ist auch nicht in den Kontext der Einkommensbesteuerung einzuordnen, da sie als Transfer gewährt wird.

Gegenüber den früheren Berechnungen in Bach et al. (2004b) wurde die Abbildung der Steuerreformkonzepte in einem Punkt wesentlich verändert: Analog zur Umsetzung des Wahlprogramms der CDU/CSU wird bei den anderen Steuerreformvorschlägen, die *Abgeltungssteuern* auf Kapitaleinkünfte vorsehen, eine *Veranlagungsoption* für diese Kapitaleinkünfte unterstellt. Der CSU-Vorschlag für eine Abgeltungssteuer auf Zinsen sowie das Konzept Kirchhof weisen auf diese Möglichkeit hin, der Sachverständigenrat diskutiert diese

Möglichkeit für die Duale Einkommensteuer ebenfalls, die FDP macht dazu allerdings keine Aussage im Zusammenhang mit ihrem Vorschlag einer Abgeltungssteuer auf Zinsen. Tatsächlich wird man wohl schon aus rechtlichen Gründen (Gleichbehandlungsgebot, Leistungsfähigkeitsprinzip) eine derartige Lösung für Steuerpflichtige mit abgeltungssteuerpflichtigen Kapitaleinkünften vorsehen müssen, die mit ihren Grenzsteuersätzen deutlich unterhalb des Abgeltungssteuersatzes liegen. Dies gilt insbesondere, wenn steuerpflichtige Einkünfte unterhalb des Grundfreibetrags liegen, etwa bei Rentnern oder Sozialhilfe/ALG II-Empfängern. Dies ist auch deshalb von Bedeutung, da die Steuerreformkonzepte eine Abschaffung des Sparerfreibetrags (FDP, Kirchhof, Sachverständigenrat) oder dessen Reduktion (CSU) vorsehen. Bei der konkreten Ausgestaltung der Veranlagungsoption ergeben sich verschiedene Möglichkeiten.[5] Aus programmtechnischen Gründen wurde die Veranlagungsoption vereinfacht umgesetzt, indem die Kapitaleinkünfte insgesamt in die Veranlagung einbezogen und anschließend geprüft wird, ob die zusätzliche Steuerbelastung niedriger als die Belastung mit Abgeltungssteuern ausfällt. Ist dies der Fall, werden die Abgeltungssteuern mit der festgesetzten Einkommensteuer verrechnet. Dabei werden die Tarifbegünstigungen für außerordentliche Einkünfte sowie der Progressionsvorbehalt berücksichtigt. Die Wirkungen auf die Günstigerprüfung des Familienleistungsausgleichs werden dagegen vernachlässigt.

Generell muss man bei der Interpretation der in den folgenden Abschnitten dargestellten Ergebnisse berücksichtigen, dass die Vorschläge nicht aufkommensneutral innerhalb der Einkommens- und Unternehmensbesteuerung ausgestaltet sind. Sie sehen jedoch teilweise eine Finanzierung durch Abbau von Subventionen vor, so etwa der Vorschlag der FDP oder die Vorschläge des Sachverständigenrats zur Haushaltskonsolidierung [Sachverständigenrat (2003/04, Tz. 455 ff.)]. Die Effekte dieser Maßnahmen können hier nicht berücksichtigt werden, sie sind zumeist auch nicht auf repräsentativer mikroanalytischer Ebene abzubilden, müssen jedoch bei der Bewertung der Belastungs- und Anreizwirkungen berücksichtigt werden.

---

[5] (1) Die Kapitaleinkünfte können bis zur einer Grenzbelastung in Höhe des Abgeltungssteuersatzes in die Veranlagung einbezogen werden und insoweit die anteiligen Abgeltungssteuern auf die festgesetzte Einkommensteuer angerechnet werden. (2) Ferner könnte man die Kapitaleinkünfte komplett in die Veranlagung einbeziehen und auf die festgesetzte Einkommensteuer anrechnen sowie eine Begrenzung der Spitzenbelastung auf den Abgeltungssteuersatz vornehmen – analog der früheren Tarifbegrenzung für gewerbliche Einkünfte (§ 32c EStG i.d.F. bis 2000), indem das zu versteuernde Einkommen entsprechend den Anteilen der Kapitaleinkünfte und der übrigen Einkünfte an der Summe der Einkünfte aufgeteilt wird. (3) Schließlich könnte man die Kapitaleinkünfte insgesamt in die Veranlagung einbeziehen und prüfen, ob die zusätzliche Steuerbelastung höher ausfällt als die Belastung mit Abgeltungssteuern, ist das nicht der Fall, wird einschließlich der Kapitaleinkünfte veranlagt und die Abgeltungssteuern anrechnet. Bei der Veranlagung müssten wohl auch die Werbungskosten anerkannt werden.

3.3 Aufkommenswirkungen

Die fiskalischen Wirkungen der verschiedenen Reformvorschläge auf die Einnahmen der öffentlichen Haushalte sind in Tabelle 1 zusammengestellt. Berechnet werden die Wirkungen, die sich für die Steuerbelastung, bezogen auf die Besteuerungsgrundlagen des Veranlagungsjahrs 2007, ergeben („Entstehung"). Die unmittelbaren Wirkungen auf die laufenden Zahlungsverpflichtungen der Steuerpflichtigen im Rahmen der Lohnsteuer oder der Einkommensteuer-Vorauszahlungen und somit die kassenmäßigen Steuereinnahmen können davon stark abweichen: Angesichts der erheblichen Veränderungen bei der Einkommensermittlung ist zu erwarten, dass viele Maßnahmen zur Verbreiterung der Bemessungsgrundlagen erst verzögert auf die Kasseneinnahmen wirken, wenn sie bei der Veranlagung für 2007 in den Folgejahren berücksichtigt und auch die Steuervorauszahlungen voll angepasst werden. Dagegen wirken sich die Tarifsenkungen vor allem bei der Lohnsteuer unmittelbar aus.

Referenzszenario sind die Steuerbelastungen nach gegenwärtigem Recht für das Veranlagungsjahr 2007. Die Simulationsrechnungen zur Einkommensteuer basieren entsprechend auf der fortgeschriebenen Modelldatengrundlage für 2007. Ein Abgleich mit der letzten Mittelfrist-Vorausschätzung des Arbeitskreises „Steuerschätzungen" (5/2005) ergibt eine gute Übereinstimmung. Die Darstellung in Tabelle 1 umfasst zum einen die Wirkungen auf die Einkommensteuerpflichtigen, die mit dem Einkommensteuer-Simulationsmodell ermittelt werden. Diese Effekte sind Grundlage der detaillierten Analyse zu den Verteilungswirkungen. Zum anderen werden die Wirkungen auf die Unternehmens- und Kapitalertragsbesteuerung dargestellt, soweit sie nichteinkommensteuerpflichtige Personen betreffen, also die Kapitalgesellschaften und andere juristische Personen (Vereine, Stiftungen) sowie die Ausländer. Diese werden in einer Sonderrechnung ermittelt, die auf der letzten Mittelfrist-Schätzung des Arbeitskreises „Steuerschätzungen" (5/2005) für 2007 beruht.

Die Wirkungen auf die festgesetzte Einkommensteuer sind nach den einzelnen Reformmaßnahmen zerlegt. Aufgrund des progressiven Steuertarifs hängt die berechnete Höhe der einzelnen Aufkommenswirkungen von der Reihenfolge ab, in der die Maßnahmen simuliert werden. In Tabelle 1 wird so vorgegangen, dass zunächst die erheblichen Entlastungswirkungen beim Steuertarif sowie die Veränderungen beim Familienleistungsausgleich umgesetzt werden. Die Verbreiterung der Bemessungsgrundlage ist in der Reihenfolge berechnet worden, wie sie in der Tabelle dargestellt ist, ausgehend vom reduzierten Tarifniveau. Dadurch ergeben sich unterschiedliche Aufkommenswirkungen auch für Maßnahmen, die in verschiedenen Reformkonzepten gleichartig umgesetzt werden (z.B. Steuerpflicht der Lohnersatzleistungen vom Arbeitgeber).

Erwartungsgemäß sind die Entlastungswirkungen der Steuertarife bei der CDU und Kirchhof sehr hoch, während sich die CSU und der Sachverständigenrat näher am Steuertarif 2005 orientieren (Nr. 1). Für den Familienleistungsausgleich ist lediglich die Wirkung der Günstigerprüfung (Entlastungswirkung Kinderfreibetrag im Vergleich zum Kindergeld) abgebildet (Nr. 3);

die Wirkung der Kindergelderhöhung bei den Vorschlägen der FDP und bei Kirchhof ist gesondert berücksichtigt (Nr. 25). Die Vereinfachungspauschale im Konzept von Kirchhof (Nr. 2) ist gemeinsam mit den Veränderungen beim Arbeitnehmerpauschbetrag (Nr. 8) dargestellt, tatsächlich bezieht sich diese Regelung aber nicht nur auf die Arbeitseinkünfte, sondern auf alle Erwerbseinkünfte jenseits der Gewinneinkünfte und ist auf den Ehegatten übertragbar.

Bei den gewerblichen Einkünften (Nr. 9b) ist neben der Ausweitung der Bemessungsgrundlage auch die Abschaffung der Gewerbesteuer berücksichtigt (vgl. auch Nr. 23), wie es die Vorschläge von CSU, FDP und des Sachverständigenrates vorsehen. Dies führt jedoch bei den einkommensteuerpflichtigen Personenunternehmern per saldo nur zu geringen Steuerausfällen, da zugleich die Gewerbesteueranrechnung wegfällt.[6] Bei den Kapitalgesellschaften bedeutet die Abschaffung der Gewerbesteuer hingegen deutliche Steuerausfälle, sofern nicht im Gegenzug die Körperschaftsteuersätze erhöht werden (Nrn. 29 und 30). Bei der Besteuerung der Kapitaleinkünfte wirken sich die Unterschiede der Steuerreformvorschläge bei der Erfassung und Veranlagung der Kapitaleinkünfte aus (Abschaffung „Bankgeheimnis", Rückkehr zum Vollanrechnungsverfahren der Körperschaftsteuer, Abgeltungssteuern für Kapitaleinkünfte, Duale Einkommensteuer des Sachverständigenrates) (Nrn. 10 und 13). Aufgrund der unterschiedlich weit gehenden „Schedulisierung" der Einkommensteuer ist das Ergebnis für die festgesetzte Einkommensteuer im Quervergleich der Reformvorschläge für sich genommen nicht sinnvoll interpretierbar. Daher müssen die Veränderungen bei der Körperschaftsteuer (Nr. 20) und den definitiven Kapitalertragsteuern (Nr. 21) in die Betrachtung einbezogen werden; ferner sind die Änderungen beim Kindergeld (Nr. 25) zu berücksichtigen, die bei den Vorschlägen von FDP und Kirchhof vorgesehen sind. Unter Berücksichtigung der Unternehmens- und Kapitalertragsbesteuerung bei den nichteinkommensteuerpflichtigen Personen ergeben sich die gesamten Wirkungen auf das Steueraufkommen (abzüglich Kindergeld) (Nr. 34).

Insgesamt resultieren bei den Vorschlägen von CDU, FDP und Kirchhof deutliche Mindereinnahmen von 25 bis 36 Mrd. € oder 1,1 bis 1,6% des BIP (Nrn. 34 und 35). Für das Konzept der CSU entstehen Steuerausfälle von 0,7% des BIP, für das gemeinsame Wahlprogramm der Unionsparteien 0,2% des BIP. Die Duale Einkommensteuer des Sachverständigenrates ist in der hier vorgenommenen Umsetzung (mit Veranlagungsoption für Kapitalerträge) nicht mehr nahezu aufkommensneutral, wie in Bach et al. (2004b) berechnet wurde, sondern führt zu etwas höheren Steuerausfällen als das Unionskonzept (0,5% des BIP).

---

[6] Neben der Abziehbarkeit der Gewerbesteuer von ihrer eigenen Bemessungsgrundlage sowie von der Bemessungsgrundlage der Einkommensteuer wurde von 2001 an eine pauschalierte Gewerbesteueranrechnung eingeführt, bei der das 1,8-fache des Gewerbesteuer-Messbetrages von der festgesetzten Einkommensteuer abgezogen wird. Bei niedrigen Gewerbesteuer-Hebesätzen wird die Gewerbesteuer-Belastung dadurch sogar überkompensiert.

Reformen der Einkommens- und Unternehmensbesteuerung

Nr.	Maßnahme	CDU	CSU	FDP	Kirchhof	SVR II	CDU/CSU Wahlprogramm 2005
	Berechnungen mit dem Einkommensteuer-Simulationsmodell des DIW Berlin (Einkommensteuerpflichtige)						
	Festgesetzte Einkommensteuer						
1	Tarif	- 44 002	- 17 617	- 28 681	- 48 338	- 12 863	- 12 773
2	Vereinfachungspauschale (Kirchhof)[1]	-	-	-	- 5 350	-	-
3	Familienleistungsausgleich[2]	- 1 501	- 2 700	- 173	+ 450	0	- 3 615
4	**Tariflich Wirkungen insgesamt**	**- 45 503**	**- 20 318**	**- 28 854**	**- 53 239**	**- 12 863**	**- 16 388**
	Summe der Einkünfte						
5	Zuschläge Nacht-, Sonntags- und Feiertagsarbeit	+ 1 243	+ 1 454	+ 1 401	+ 1 296	+ 1 579	+ 248
6	Lohnersatzleistungen vom Arbeitgeber						
7	Pendlerpauschale	+ 3 024	+ 769	+ 3 239	+ 1 529	+ 813	+ 1 142
8	Arbeitnehmer-Pauschbetrag	- 363	+ 268	+ 1 015	-	0	+ 283
9	Einkünfte aus Land- und Forstwirtschaft, Gewerbebetrieb, selbständiger Arbeit	+ 5 622	+ 8 065	+ 7 393	+ 6 200	+ 9 679	+ 4 765
9a	Gewinnermittlung Land- und Forstwirtschaft	+ 208	+ 237	+ 222	+ 269	+ 245	+ 251
9b	Gewinnermittlung Gewerbebetrieb, Maßnahmen Gewerbesteuer	+ 4 209	+ 6 511	+ 5 968	+ 4 216	+ 8 190	+ 3 167
9c	Gewinnermittlung selbständige Arbeit	+ 1 204	+ 1 316	+ 1 203	+ 1 715	+ 1 243	+ 1 346
10	Einkünfte aus Kapitalvermögen	+ 6 301	- 5 735	- 2 623	- 6 143	0	- 7 383
11	Einkünfte aus Vermietung und Verpachtung	+ 3 671	+ 3 950	+ 3 719	+ 4 888	+ 3 868	+ 767
12	Sonstige Einkünfte: Begrenzung Unterhaltsleistungen	+ 0	+ 0	- 23	- 37	0	0
13	Dualisierung Einkommensteuer (SVR II): Aussondern der Kapitaleinkünfte aus Veranlagung	-	-	-	-	- 35 436	-
	Gesamtbetrag der Einkünfte						
14	Abschaffung Freibetrag Land- und Forstwirtschaft	+ 89	+ 114	+ 112	+ 103	+ 143	+ 115
	Sonderausgaben						
15	Nicht-Vorsorgeaufwendungen u. Nutzungsbegrenzung Verlustvortrag	+ 1 562	+ 1 240	+ 1 201	+ 3 959	+ 3 134	+ 1 725
16	Außergewöhnliche Belastungen	+ 925	+ 1 628	+ 557	+ 1 773	0	+ 1 638
16a	Ausbildungsfreibetrag	0	+ 522	+ 511	+ 452	0	+ 544
16b	Kinderbetreuungskosten	0	+ 5	- 929	+ 4	0	+ 5
16c	sonstige außergewöhnl. Belastungen	+ 925	+ 1 102	+ 975	+ 1 316	0	+ 1 089
17	Abschaffung der Ermäßigung außerord. Einkünfte (halber durchschn. Steuersatz, > 55 Jahre)	+ 835	+ 883	+ 800	+ 525	+ 695	+ 894
18	**Festgesetzte Einkommensteuer insgesamt**	**- 22 595**	**- 7 681**	**- 12 062**	**- 39 148**	**- 28 388**	**- 12 195**
19	Festgesetzter Solidaritätszuschlag	- 1 224	- 29	- 1 202	- 2 450	- 1 334	- 104
20	Nicht anrechenbare Körperschaftsteuer	- 5 788	0	- 5 788	0	- 1 071	- 695
21	Nicht anrechenbare Kapitalertragsteuer	0	+ 6 728	+ 8 070	+ 8 070	+ 37 519	+ 7 206
22	Solidaritätszuschlag auf nicht anrechenbare Körperschaft- und Kapitalertragsteuer	- 318	+ 370	+ 126	+ 444	+ 2 005	+ 358
23	Gewerbesteuer (Einkommensteuerpflichtige)	+ 1 196	- 8 165	- 8 165	+ 1 810	- 8 165	+ 592
24	**Einkommensbezogene Steuern**	**- 28 729**	**- 8 777**	**- 19 021**	**- 31 274**	**+ 566**	**- 4 838**
25	Kindergeld ("-": Mehrausgaben)	+ 0	0	- 10 112	- 2 697	- 0	0
26	Einkommensteuerpflichtige	+ 0	0	- 8 462	- 2 257	- 0	0
27	Nicht zur Einkommensteuer veranlagte Haushalte	+ 0	0	- 1 650	- 440	- 0	0
28	**Einkommensbezogene Steuern abzüglich Kindergeld**	**- 28 729**	**- 8 777**	**- 29 134**	**- 33 971**	**+ 566**	**- 4 838**
	Schätzung zu den Wirkungen auf die Unternehmens- und Kapitalertragsbesteuerung (Nicht-Einkommensteuerpflichtige)[3]						
29	Gewerbesteuer Kapitalgesellschaften	+ 2 354	- 23 535	- 23 535	+ 3 530	- 23 535	+ 1 177
30	Körperschaftsteuer Kapitalgesellschaften	+ 698	+ 16 821	+ 14 509	+ 1 870	+ 11 756	- 948
31	Kapitalertragsteuern Nicht-Einkommensteuerpflichtige[4]	+ 402	- 670	+ 837	+ 837	0	0
32	Solidaritätszuschlag auf Körperschaft- und Kapital-ertragsteuer der Nicht-Einkommensteuerpflichtigen[4]	+ 60	+ 888	+ 844	+ 149	+ 647	- 52
33	**Unternehmens- und Kapitalertragsbesteuerung**	**+ 3 514**	**- 6 495**	**- 7 345**	**+ 6 386**	**- 11 132**	**+ 177**
	Steueraufkommen insgesamt						
34	**Steuern abzüglich Kindergeld insgesamt**	**- 25 215**	**- 15 272**	**- 36 479**	**- 27 585**	**- 10 567**	**- 4 661**
35	in % Bruttoinlandsprodukt	- 1,1%	- 0,7%	- 1,6%	- 1,2%	- 0,5%	- 0,2%
	Nachrichtlich:						
36	Sozialversicherungsbeiträge	+ 1 156	+ 1 156	+ 1 156	+ 1 156	+ 1 156	+ 196
37	Neuregelung der Vorsorgeaufwendungen[5]	- 12 485	- 13 662	- 26 579	- 1 811	- 13 797	- 14 273
	Steuerpflichtige Einkünfte (Veranlagung)[6]						
38	Summe der Einkünfte	+ 81 485	+ 31 197	+ 60 427	+ 21 349	- 43 018	+ 1 050
39	Einkommen	+ 93 664	+ 45 271	+ 69 509	+ 50 438	- 31 547	+ 16 363
40	Steuerpflichtige Einkünfte (insgesamt)	+ 81 485	+ 58 709	+ 87 989	+ 64 634	+ 71 697	+ 1 050

1) Vereinfachungspauschale von 2 000 Euro, die für alle Einkünfte außer den Gewinneinkünften gilt, sofern nicht höhere Werbungskosten nachgewiesen werden, und auf den Partner übertragen werden kann. 2) Wirkung der Günstigerprüfung (Entlastungswirkung Kinderfreibetrag übersteigt Kindergeld); bei FDP und Kirchhof unter Berücksichtigung des höheren Kindergeldes.- 3) Schätzung auf Grundlage der Steuerschätzung Mai 2005.- 4) Auf inländische Kapitalerträge von juristischen Personen und Ausländern.- 5) Besteuerung von Lohnersatzleistungen der Sozialversicherungen (FDP); Erhöhung des steuerpflichtigen Rentenertragsanteils auf 50 %, Abschaffung des Versorgungsfrei- und Altersentlastungsbetrages, Ausweitung der als Sonderausgaben abzugsfähigen Vorsorge-aufwendungen (Kirchhof: nur Altersvorsorge, FDP: sämtliche Sozialbeiträge und vergleichbare Versicherungsbeiträge).- 6) Ohne Kapitaleinkünfte, die einer definitiven Kapitalertragsbesteuerung unterliegen.
Quellen: Berechnungen mit dem Einkommensteuer-Simulationsmodell des DIW Berlin.

Tabelle 1. Aufkommenswirkungen der Reformvorschläge zur Einkommensbesteuerung 2007: Steuermehr- (+) / Steuermindereinnahmen (-) im Entstehungsjahr (Veranlagungsjahr) 2007 in Mio. €.

Daneben ist zum einen zu berücksichtigen, dass die Aufhebung bzw. Reduzierung der Steuerfreiheit von Zuschlägen für Nacht-, Sonntags- und Feiertagsarbeit zu höheren Sozialbeiträgen führt (Nr. 36). Zum anderen sehen die Konzepte einhellig eine längerfristige Neuregelung der steuerlichen Behandlung von Vorsorgeaufwendungen sowie den Übergang zur nachgelagerten Besteuerung der Alterseinkünfte vor (vgl. den Beitrag von Buslei und Steiner in diesem Band). Hier wird eine Rentenbesteuerung von 50% der Leibrenten im Jahre 2007 angenommen (Nr. 37). Aufgrund des vollständigen Abzugs der Sozialversicherungsbeiträge entstehen beim FDP-Konzept per saldo zusätzliche Steuerausfälle von 27 Mrd. €; bei den übrigen Konzepten sind die Wirkungen niedriger und bei Kirchhof sehr gering, da bei diesem Konzept lediglich Altersvorsorgeaufwendungen abgezogen werden dürfen.

3.4 Belastungs- und Verteilungswirkungen

Steuerreformen werden in der breiten Öffentlichkeit zumeist mit ihren unmittelbaren Belastungs- und Verteilungswirkungen wahrgenommen. Die Analyse mit dem Mikrosimulationsmodell erlaubt eine detaillierte Verteilungsanalyse nach sozio-ökonomischen Merkmalen.

Für die Wirkungen auf die Einkommensteuerbelastungen sind lediglich die Effekte auf die einkommensbezogenen Steuern *abzüglich* Kindergeld der Einkommensteuerpflichtigen einbezogen, die vom Einkommensteuer-Simulationsmodell abgebildet werden (vgl. Nr. 24 und 26 in Tabelle 1). Dies sind die Wirkungen, die unmittelbar bei den privaten Haushalten anfallen. Die übrigen Wirkungen entfallen auf die Unternehmensbesteuerung, beeinflussen aber mittelbar die Einkommens- und Vermögensverhältnisse der privaten Haushalte. Zur Einkommensschichtung wird ein ökonomisches Bruttoeinkommen *vor* Steuern und Sozialbeiträgen gebildet, das neben den steuerpflichtigen Einkünften alle bisher steuerfreien Einkünfte (z.B. Zuschläge für Nacht-, Sonntags- und Feiertagsarbeit, steuerfreier Anteil der Rentenbezüge, Lohnersatzleistungen) enthält, die untererfassten Einkünfte pauschal korrigiert sowie hohe Verluste aus Vermietung und gewerblichen Beteiligungen und die Inanspruchnahme von sonstigen nachgewiesenen Steuervergünstigungen (in der Anlage ST zur Steuererklärung) dem Bruttoeinkommen hinzurechnet. Daraus wird ein Nettohaushaltseinkommen *nach* Steuern und Sozialbeiträgen abgeleitet, indem sämtliche Einkommen- und Ertragsteuern[7] und Sozialbeiträge[8] abgezogen und das Kindergeld hinzugerechnet wird. Nicht nachgewiesen sind in der Steuerstatistik allerdings Transfers wie Sozialhilfe/ALGII, Wohngeld, Erziehungsgeld, Eigenheimzulage; daher dürfte das simulierte Net-

---

[7] Festgesetzte Einkommensteuer, nicht anrechenbare Körperschaft- und Kapitalertragsteuern auf Zinsen und Dividenden, Solidaritätszuschlag, Gewerbesteuer.

[8] Für die nicht sozialversicherungspflichtigen Selbständigen werden vergleichbare Vorsorgeaufwendungen bis zu den Höchstbeiträgen zur Sozialversicherung berücksichtigt, sofern sie entsprechende Versicherungsbeiträge nachweisen.

tohaushaltseinkommen bei Steuerpflichtigen mit niedrigen Einkommen leicht unterschätzt werden.

Die Vorschläge der CDU, der FDP und von Kirchhof entlasten die Einkommensteuerpflichtigen um etwa 28 bis 33 Mrd. € (Tabelle 2). Im Vergleich zur CDU konzentriert sich das Entlastungsvolumen bei Kirchhof und der FDP wesentlich stärker auf die Bezieher hoher Einkommen. Diese Gruppe profitiert auch vom Konzept des Sachverständigenrats deutlich, während sich für die Gesamtheit der steuerpflichtigen Haushalte und somit für die unteren und mittleren Einkommen Nettobelastungen ergeben. Dagegen verteilen die Vorschläge der CDU und noch stärker die CSU und das gemeinsame Wahlprogramm der Union die Entlastungen deutlich gleichmäßiger über die Einkommensgruppen. Bei der CSU und beim Wahlprogramm der Union werden die Spitzenverdiener mit sehr hohen Einkommen deutlich weniger entlastet als beim ursprünglichen CDU-Konzept; hier wirken sich die nur moderate Senkung der Spitzensteuersätze in Verbindung mit der Verbreiterung der Bemessungsgrundlage aus. Das Wahlprogramm der Unionsparteien sieht allerdings ein deutlich geringeres Entlastungsvolumen insgesamt vor, was die Steuerausfälle entsprechend begrenzt.

Neben den Veränderungen der absoluten Steuerbelastungen ist auch die Veränderung der Steuerbelastung in Relation zum Nettohaushaltseinkommen von Interesse (Tabelle 2). Erwartungsgemäß ergeben sich die höchsten Entlastungswirkungen im oberen Einkommensbereich bei den Vorschlägen von Kirchhof, der FDP und dem Sachverständigenrat. Die relative Entlastungswirkung steigt mit dem Einkommen an, vor allem die Steuerpflichtigen mit den sehr hohen Einkommen werden auch relativ deutlich stärker entlastet. Dies deutet auf eine spürbare Umverteilung der Nettoeinkommen von unten nach oben hin – bzw. auf eine deutlich reduzierte Umverteilung der Bruttoeinkommen durch das Steuersystem von oben nach unten. Dieser Effekt bestätigt sich auch bei der Verteilungsanalyse auf Grundlage des Nettohaushaltseinkommens (vgl. Tabelle 4). Die Konzepte der Unionsparteien entlasten dagegen stärker die mittleren und höheren Einkommen.

Eine Auswertung der relativen Be- bzw. Entlastungswirkungen nach der sozialen Stellung (Tabelle 3) zeigt, dass die Arbeitnehmer im Durchschnitt besser abschneiden als die Selbständigen. Nur beim Reformmodell des Sachverständigenrats profitieren die Selbständigen deutlich von der Dualisierung der Bemessungsgrundlage. Die Belastungen der Nichterwerbstätigen resultieren aus den Verschärfungen bei der Kapitaleinkommensbesteuerung (Abschaffung Sparerfreibetrag) sowie dem Abbau von Verlustzuweisungsmöglichkeiten und Steuervergünstigungen. Im Gegensatz zur früheren Studie von Bach et al. (2004b) wird hier die Veranlagungsoption für die Abgeltungssteuern berücksichtigt, wodurch insbesondere bei der Dualen Einkommensteuer des Sachverständigenrats die Belastungen der unteren und mittleren Einkünfte deutlich geringer ausfallen.

Brutto-einkommen[2] von ... bis unter ... Tsd. Euro	Steuer-pflichtige in 1000	Steuerbe-lastung/ Steuerauf-kommen 2007	Veränderung von Steueraufkommen und Steuerbelastung[1]					
			CDU	CSU	FDP	Kirchhof	SVR II	CDU/CSU Wahlpro-gramm 2005
			in Mill. Euro					
Verlustfälle	207,9	- 40	- 126	- 5	- 189	+ 66	- 77	- 6
0 - 5	3 025,1	- 203	- 2	+ 6	- 59	- 9	+ 15	+ 4
5 - 10	1 140,0	- 387	+ 11	+ 22	- 101	- 3	+ 36	+ 22
10 - 15	1 616,1	- 590	- 15	+ 17	- 119	- 76	+ 106	- 3
15 - 20	1 967,6	52	- 379	- 33	- 401	- 304	+ 215	- 69
20 - 25	2 336,6	1 849	- 826	- 190	- 558	- 611	+ 257	- 135
25 - 30	2 890,1	4 777	- 1 358	- 456	- 942	- 1 081	+ 326	- 275
30 - 40	5 304,6	13 407	- 4 162	- 1 346	- 3 344	- 3 276	+ 790	- 792
40 - 50	3 469,4	14 958	- 4 390	- 1 372	- 3 239	- 3 446	+ 002	621
50 - 75	4 369,3	34 564	- 7 154	- 2 685	- 5 235	- 5 946	+ 1 233	- 1 411
75 - 100	1 561,1	22 822	- 4 095	- 1 612	- 3 314	- 3 179	+ 945	- 787
100 - 250	1 268,6	39 761	- 3 830	- 872	- 4 031	- 6 337	+ 733	- 74
250 - 500	161,3	15 574	- 675	+ 166	- 1 506	- 2 971	- 733	- 85
500 - 750	30,6	5 914	- 277	+ 4	- 679	- 1 256	- 523	- 110
750 - 1 Mill.	12,3	3 483	- 175	- 14	- 435	- 734	- 357	- 80
1 Mill. u. mehr	22,3	21 717	- 1 277	- 406	- 3 330	- 4 369	- 3 082	- 418
insgesamt	29 383,0	177 657	- 28 729	- 8 777	- 27 483	- 33 531	+ 566	- 4 838
			in Euro je Steuerpflichtigen					
Verlustfälle	207,9	- 191	- 606	- 26	- 911	+ 317	- 369	- 30
0 - 5	3 025,1	- 67	- 1	+ 2	- 19	- 3	+ 5	+ 1
5 - 10	1 140,0	- 340	+ 9	+ 19	- 89	- 3	+ 31	+ 20
10 - 15	1 616,1	- 365	- 9	+ 10	- 74	- 47	+ 66	- 2
15 - 20	1 967,6	26	- 193	- 17	- 204	- 154	+ 109	- 35
20 - 25	2 336,6	791	- 353	- 81	- 239	- 261	+ 110	- 58
25 - 30	2 890,1	1 653	- 470	- 158	- 326	- 374	+ 113	- 95
30 - 40	5 304,6	2 527	- 785	- 254	- 630	- 618	+ 149	- 149
40 - 50	3 469,4	4 311	- 1 265	- 396	- 934	- 993	+ 197	- 179
50 - 75	4 369,3	7 911	- 1 637	- 614	- 1 198	- 1 361	+ 282	- 323
75 - 100	1 561,1	14 619	- 2 623	- 1 032	- 2 123	- 2 036	+ 605	- 504
100 - 250	1 268,6	31 343	- 3 019	- 688	- 3 178	- 4 995	+ 578	- 58
250 - 500	161,3	96 570	- 4 184	+ 1 027	- 9 339	- 18 424	- 4 547	- 524
500 - 750	30,6	193 200	- 9 034	+ 134	- 22 184	- 41 028	- 17 092	- 3 586
750 - 1 Mill.	12,3	283 293	- 14 199	- 1 142	- 35 345	- 59 702	- 29 015	- 6 502
1 Mill. u. mehr	22,3	973 495	- 57 249	- 18 191	- 149 291	- 195 846	- 138 175	- 18 741
insgesamt	29 383,0	6 046	- 978	- 299	- 935	- 1 141	+ 19	- 165
			in Prozent des Haushaltsnettoeinkommens je Steuerpflichtigen					
Verlustfälle	207,9	0,5	+ 1,7	+ 0,1	+ 2,5	- 0,9	+ 1,0	+ 0,1
0 - 5	3 025,1	- 10,7	- 0,1	+ 0,3	- 3,1	- 0,5	+ 0,8	+ 0,2
5 - 10	1 140,0	- 5,6	+ 0,2	+ 0,3	- 1,5	- 0,0	+ 0,5	+ 0,3
10 - 15	1 616,1	- 3,7	- 0,1	+ 0,1	- 0,7	- 0,5	+ 0,7	- 0,0
15 - 20	1 967,6	0,2	- 1,4	- 0,1	- 1,5	- 1,1	+ 0,8	- 0,3
20 - 25	2 336,6	4,7	- 2,1	- 0,5	- 1,4	- 1,5	+ 0,7	- 0,3
25 - 30	2 890,1	8,4	- 2,4	- 0,8	- 1,7	- 1,9	+ 0,6	- 0,5
30 - 40	5 304,6	10,4	- 3,2	- 1,0	- 2,6	- 2,5	+ 0,6	- 0,6
40 - 50	3 469,4	14,0	- 4,1	- 1,3	- 3,0	- 3,2	+ 0,6	- 0,6
50 - 75	4 369,3	19,6	- 4,1	- 1,5	- 3,0	- 3,4	+ 0,7	- 0,8
75 - 100	1 561,1	26,1	- 4,7	- 1,8	- 3,8	- 3,6	+ 1,1	- 0,9
100 - 250	1 268,6	34,8	- 3,4	- 0,8	- 3,5	- 5,5	+ 0,6	- 0,1
250 - 500	161,3	44,7	- 1,9	+ 0,5	- 4,3	- 8,5	- 2,1	- 0,2
500 - 750	30,6	49,7	- 2,3	+ 0,0	- 5,7	- 10,6	- 4,4	- 0,9
750 - 1 Mill.	12,3	51,3	- 2,6	- 0,2	- 6,4	- 10,8	- 5,2	- 1,2
1 Mill. u. mehr	22,3	54,2	- 3,2	- 1,0	- 8,3	- 10,9	- 7,7	- 1,0
insgesamt	29 383,0	20,9	- 3,4	- 1,0	- 3,2	- 3,9	+ 0,1	- 0,6

1) Festgesetze Einkommensteuer u. Solidaritätszuschlag, nicht anrechenbare Körperschaft- u. Kapitalertragsteuern zuzüglich Solidaritätszuschlag, Gewerbesteuer abzüglich Kindergeld.- 2) Summe der Einkünfte zuzüglich steuerfreier Einkünfte, steuerfreier Anteil der Rentenbezüge, Steuervergünstigungen.
Quelle: Einkommensteuer-Simulationsmodell des DIW Berlin.

Tabelle 2. Belastung der Einkommensteuerpflichtigen mit einkommensbezogenen Steuern[1] 2007 und Wirkung der Steuerreformvorschläge gegenüber der Belastung 2007.

Brutto-einkommen[2] von ... bis unter ... Tsd. Euro	Steuer-pflichtige	Steuerbelastung[1] 2007	Veränderung der Steuerbelastung[1]					
			CDU	CSU	FDP	Kirchhof	SVR II	CDU/CSU Wahlprogramm 2005
	in 1000		in Prozent des Haushaltsnettoeinkommens					
			Arbeitnehmer und Beamte					
Verlustfälle	0,7	- 9,0	+ 8,7	+ 0,3	+ 8,7	- 0,5	+ 3,4	+ 1,1
0 - 5	1 203,9	- 6,8	+ 0,2	+ 0,3	- 1,6	- 0,1	+ 0,5	+ 0,4
5 - 10	734,2	- 4,4	+ 0,0	+ 0,1	- 1,2	- 0,2	+ 0,2	+ 0,1
10 - 15	1 141,6	- 3,5	- 0,3	- 0,1	- 0,6	- 0,9	+ 0,4	- 0,1
15 - 20	1 403,3	1,0	- 2,0	- 0,4	- 1,8	- 1,7	+ 0,7	- 0,3
20 - 25	1 768,4	6,4	- 2,8	- 0,9	- 1,8	- 2,2	+ 0,4	- 0,4
25 - 30	2 340,2	10,2	- 3,0	- 1,3	- 2,1	- 2,6	+ 0,3	- 0,6
30 - 40	4 500,2	11,8	- 3,8	- 1,4	- 3,1	- 3,1	+ 0,4	- 0,6
40 - 50	2 902,2	15,5	- 4,8	- 1,7	- 3,6	- 4,0	+ 0,3	- 0,6
50 - 75	3 708,1	21,0	- 4,8	- 2,0	- 3,5	- 4,2	+ 0,3	- 0,9
75 - 100	1 252,1	27,9	- 5,9	- 2,7	- 4,7	- 4,9	+ 0,5	- 1,3
100 - 250	809,4	36,6	- 5,5	- 2,2	- 5,0	- 7,9	+ 0,3	- 1,1
250 - 500	59,9	48,8	- 4,7	- 1,3	- 6,6	- 12,9	- 2,2	- 2,7
500 - 750	9,9	53,3	- 4,5	- 0,9	- 7,0	- 15,1	- 4,0	- 3,5
750 - 1 Mill.	4,0	52,2	- 4,0	- 0,7	- 6,8	- 14,7	- 4,0	- 3,8
1 Mill. u. mehr	5,6	51,3	- 2,4	+ 1,5	- 5,7	- 12,8	- 4,0	- 2,4
insgesamt	21 843,8	19,6	- 4,3	- 1,7	- 3,6	- 4,5	+ 0,2	- 0,9
			Selbständige					
Verlustfälle	200,2	1,0	+ 1,3	+ 0,2	+ 2,2	- 0,6	+ 1,0	+ 0,2
0 - 5	176,0	- 189,1	+ 13,0	+ 14,5	- 42,3	+ 7,1	+ 16,6	+ 17,2
5 - 10	249,8	- 10,9	+ 1,2	+ 1,6	- 2,0	+ 1,2	+ 2,1	+ 1,9
10 - 15	280,8	- 6,3	+ 0,5	+ 0,4	- 1,7	+ 0,6	+ 1,3	+ 0,8
15 - 20	265,3	- 3,1	+ 0,7	+ 1,6	- 0,5	+ 2,0	+ 2,8	+ 1,9
20 - 25	238,2	- 0,3	- 0,2	+ 0,6	- 1,2	+ 0,9	+ 1,9	+ 1,1
25 - 30	241,3	1,9	+ 0,3	+ 1,3	- 0,6	+ 1,9	+ 2,4	+ 1,8
30 - 40	357,3	4,3	+ 0,5	+ 1,5	- 0,1	+ 2,1	+ 3,3	+ 2,3
40 - 50	263,4	8,0	+ 0,1	+ 1,8	- 0,1	+ 2,0	+ 3,6	+ 2,9
50 - 75	392,4	14,8	+ 0,5	+ 1,7	- 0,0	+ 2,3	+ 3,8	+ 3,2
75 - 100	236,7	21,2	+ 1,4	+ 2,7	+ 0,6	+ 3,0	+ 4,8	+ 4,2
100 - 250	421,2	32,6	+ 1,7	+ 3,2	+ 0,3	- 0,4	+ 2,8	+ 4,4
250 - 500	97,7	42,6	+ 2,8	+ 4,5	+ 0,0	- 3,4	+ 0,9	+ 4,4
500 - 750	20,0	48,2	+ 1,4	+ 2,6	- 2,6	- 6,2	- 2,2	+ 2,5
750 - 1 Mill.	8,1	51,0	+ 0,5	+ 1,6	- 4,0	- 7,1	- 3,8	+ 1,4
1 Mill. u. mehr	16,3	55,0	- 0,8	- 0,2	- 6,7	- 8,3	- 6,5	+ 0,3
insgesamt	3 464,9	31,8	+ 0,9	+ 2,2	- 1,6	- 1,7	+ 0,7	+ 3,0
			Nichterwerbstätige					
Verlustfälle	7,0	1,9	+ 1,5	- 0,0	+ 2,8	+ 0,6	+ 1,0	- 0,1
0 - 5	1 645,3	- 3,3	- 0,8	+ 0,7	- 1,3	+ 0,1	+ 1,7	+ 1,2
5 - 10	156,0	- 5,0	- 0,2	+ 0,3	- 1,5	- 0,3	+ 0,8	+ 0,4
10 - 15	193,7	- 1,7	+ 0,0	+ 0,6	- 0,3	+ 0,1	+ 1,0	+ 0,6
15 - 20	298,9	- 0,7	- 0,1	+ 0,4	- 0,2	- 0,1	+ 0,7	+ 0,5
20 - 25	329,1	0,3	- 0,3	+ 0,3	+ 0,1	- 0,0	+ 0,6	+ 0,4
25 - 30	308,6	1,6	- 0,3	+ 0,6	+ 0,5	+ 0,2	+ 1,0	+ 0,8
30 - 40	447,2	3,1	- 0,6	+ 0,4	+ 0,4	- 0,0	+ 0,9	+ 0,7
40 - 50	303,9	6,5	- 1,6	+ 0,2	- 0,1	- 0,6	+ 1,1	+ 0,7
50 - 75	268,8	10,1	- 1,3	+ 0,9	+ 0,3	- 0,2	+ 2,0	+ 1,7
75 - 100	72,3	14,6	- 0,5	+ 1,9	+ 0,8	+ 0,8	+ 3,3	+ 2,5
100 - 250	38,0	26,4	- 1,3	+ 0,7	- 1,8	- 3,0	+ 1,6	+ 1,1
250 - 500	3,6	35,4	- 1,1	+ 0,5	- 3,7	- 6,5	- 0,6	- 0,9
500 - 750	0,7	43,8	- 2,0	+ 0,7	- 6,2	- 7,0	- 2,8	- 1,2
750 - 1 Mill.	0,2	45,3	- 2,1	+ 2,1	- 5,6	- 6,8	- 2,3	- 1,5
1 Mill. u. mehr	0,4	50,5	- 1,0	+ 5,7	- 6,2	- 5,4	- 5,2	+ 1,8
insgesamt	4 074,3	7,1	- 0,8	+ 0,7	- 0,1	- 0,4	+ 1,2	+ 1,0

1) Festgesetzte Einkommensteuer u. Solidaritätszuschlag, nicht anrechenbare Körperschaft- u. Kapitalertragsteuern zuzüglich Solidaritätszuschlag, Gewerbesteuer abzüglich Kindergeld.- 2) Summe der Einkünfte zuzüglich steuerfreier Einkünfte, steuerfreier Anteil der Rentenbezüge, Steuervergünstigungen.
Quelle: Einkommensteuer-Simulationsmodell des DIW Berlin.

Tabelle 3. Belastung der Einkommensteuerpflichtigen mit einkommensbezogenen Steuern[1] 2007 und Wirkung der Steuerreformvorschläge gegenüber der Belastung 2007 nach sozialer Stellung.

Abschließend werden die Wirkungen der Steuerreform auf die Einkommensverteilung anhand des Haushaltsnettoäquivalenzeinkommens der Steuerpflichtigen simuliert (Tabelle 4). Dabei wird die Haushaltsgröße der Steuerpflichtigen (Ledige bzw. Verheiratete mit ihren steuerlich relevanten Kindern) berücksichtigt, indem das Nettoeinkommen mit dem Kehrwert der Quadratwurzel der Zahl der Haushaltsmitglieder gewichtet wird.[9] Dabei bleiben die 5% Steuerpflichtigen mit den sehr niedrigen oder negativen Einkommen unberücksichtigt.[10]

	Gegenwärtiges Recht	CDU	CSU	FDP	Kirchhof	SVR II	CDU/CSU Wahlprogramm 2005
	Verteilungsmaß	\multicolumn{6}{c}{Veränderung Verteilungsmaße gegenüber Recht 2007 in %}						
Mittelwerte (in Euro p.a.)							
arithmetisches Mittel	21 942	+ 3,4%	+ 1,0%	+ 3,0%	+ 3,9%	- 0,1%	+ 0,5%
Median	17 815	+ 3,7%	+ 1,3%	+ 2,4%	+ 2,8%	- 0,5%	+ 0,8%
relative Differenz[2)] (in %)	-18,8	- 1,5%	- 1,2%	+ 2,6%	+ 4,6%	+ 1,7%	- 1,3%
Perzentilsverhältnisse[3)]							
90 / 10	5,09	+ 4,9%	+ 2,1%	+ 1,9%	+ 3,8%	- 0,2%	+ 0,8%
90 / 50	1,94	+ 0,9%	+ 0,3%	+ 0,9%	+ 1,0%	- 0,4%	- 0,4%
50 / 10	2,62	+ 4,0%	+ 1,7%	+ 1,0%	+ 2,8%	+ 0,3%	+ 1,2%
80 / 20	2,39	+ 3,2%	+ 1,6%	+ 1,0%	+ 1,7%	+ 0,1%	+ 0,4%
80 / 50	1,51	+ 0,7%	+ 0,4%	+ 0,5%	+ 0,3%	- 0,3%	- 0,1%
50 / 20	1,59	+ 2,5%	+ 1,2%	+ 0,5%	+ 1,4%	+ 0,4%	+ 0,6%
Gini-Koeffizient	0,3871	+ 0,6%	+ 0,1%	+ 1,1%	+ 2,3%	+ 0,9%	- 0,1%
Theil-Maße							
Entropiemaß	0,4207	- 0,1%	- 0,4%	+ 3,6%	+ 6,3%	+ 4,9%	- 0,0%
durchschn. log. Abweich.	0,3896	+ 1,5%	+ 0,6%	+ 2,0%	+ 4,1%	+ 1,9%	+ 0,4%
Atkinson-Index							
ε = 0,5	0,1594	+ 0,6%	- 0,1%	+ 2,2%	+ 4,5%	+ 2,6%	- 0,0%
ε = 1	0,3227	+ 1,2%	+ 0,5%	+ 1,6%	+ 3,3%	+ 1,6%	+ 0,3%
ε = 2	0,9302	+ 1,4%	+ 1,5%	+ 1,5%	+ 2,1%	+ 1,6%	+ 1,4%
Nachrichtlich: Einbezogene Steuerpflichtige[4)] (in %)	\multicolumn{7}{c}{94,7}							

1) Summe der Einkünfte zuzüglich steuerfreie Einkünfte, steuerfreier Anteil der Rentenbezüge, Steuervergünstigungen und Kindergeld abzüglich Einkommen- und Ertragsteuern, Solidaritätszuschlag, Sozialbeiträge der Arbeitnehmer und vergleichbare Vorsorgeaufwendungen der nicht sozialversicherungspflichtigen Steuerpflichtigen; äquivalenzgewichtet mit dem Kehrwert der Quadratwurzel der Zahl der Haushaltsmitglieder.- 2) Differenz zwischen Median und arithmetischen Mittel in Relation zum arithmetischen Mittel.- 3) Relation der Einkommensobergrenzen der jeweiligen Dezile.- 4) Haushalte mit einem Nettoeinkommen über dem Grundfreibetrag der Einkommensteuer (äquivalenzgewichtet).
Quelle: Berechnungen mit dem Einkommensteuer-Simulationsmodell des DIW Berlin.

Tabelle 4. Verteilung des Haushalts-Nettoäquivalenzeinkommens[1)] der Steuerpflichtigen 2007 bei gegenwärtigem Steuerrecht und Steuerreformvorschlägen.

---

[9] Zur Begründung der Verwendung von Nettohaushaltsäquivalenzeinkommen und von unterschiedlichen Gewichtungen vgl. z.B. Becker und Hauser (2003, S. 58ff.).

[10] In die Analyse einbezogen werden nur Steuerpflichtige, deren simuliertes Nettoäquivalenzeinkommen das haushaltsbezogene Existenzminimum übersteigt. So gibt es eine Reihe von Rentnern oder Arbeitnehmern mit geringen Einkünften im Datensatz; daneben gibt es viele Selbständige, die nur geringe Gewinne oder Verluste machen. Diese Steuerpflichtigen bezahlen in der Regel keine oder nur sehr geringe Einkommensteuern.

Eine Auswertung der einschlägigen Verteilungsmaße[11] bestätigt die vorausgehend dargestellten Ergebnisse zu den Belastungswirkungen der Steuerreformmodelle (Tabelle 4). Im Vergleich zur Einkommensverteilung bei gegenwärtigem Steuerrecht nimmt die Einkommensungleichheit unter den Steuerpflichtigen vor allem beim Vorschlag von Kirchhof sowie bei der Dualen Einkommensteuer des Sachverständigenrats und dem Konzept der FDP spürbar zu. Dagegen zeigen die Verteilungsmaße für die Vorschläge der Union, insbesondere für das gemeinsame Konzept des Wahlprogramms 2005, keine nennenswerten Veränderungen der Einkommensungleichheit unter den Steuerpflichtigen. Der Gini-Koeffizient, das Entropiemaß sowie der Atkinson-Index bei geringer Ungleichheitsaversion gehen bei diesen Vorschlägen zum Teil geringfügig zurück.

3.5 „Gewinner" und „Verlierer" der Steuerreform

Mit Blick auf die politische Durchsetzbarkeit von Steuerreformen ist von Bedeutung, wie viele Steuerpflichtige von den einzelnen Reformvorschlägen betroffen und wie stark die Effekte wären. Dazu wird die simulierte Veränderung des Nettohaushaltseinkommens durch die einkommensbezogenen Steuern *abzüglich* Kindergeld (Nr. 24 und 26 in Tabelle 1) nach „Gewinnern" und „Verlierern" für die jeweiligen Steuerreformkonzepte dargestellt (Tabelle 5). Betrachtet wird auch die Höhe der Einkommenswirkungen, indem die Steuerpflichtigen mit Be- oder Entlastungen von mehr als 5% oder 10% des Nettohaushaltseinkommens gesondert ausgewertet werden. Dies ist insoweit relevant, als erfahrungsgemäß hohe Belastungen einzelner Gruppen auf dem „politischen Markt" schwer zu verkaufen sind, denn die Betroffenen haben einen deutlichen Anreiz, sich politisch zu artikulieren, um gegen diese Maßnahmen vorzugehen. Geringfügige Entlastungen breiter Bevölkerungsschichten werden dagegen zumeist kaum wahrgenommen, was zu einer asymmetrischen Rezeption der Steuerreform führen kann.

Der hier angestellte Vergleich ist allerdings insofern „unfair", als bei den Konzepten mit hoher Nettoentlastung – CDU, Kirchhof und vor allem der FDP – die Zahl der „Gewinner" ceteris paribus höher ist im Vergleich zu den Konzepten mit geringerer Entlastung (CSU, Wahlprogramm Union) oder sogar einer Nettobelastung (Sachverständigenrat). So wird beim Vorschlag des Sachverständigenrats die Mehrheit der Steuerpflichtigen belastet, während bei den übrigen Reformkonzepten die Zahl der Gewinner überwiegt. Bei der CDU und bei Kirchhof haben die Gewinner eine Zwei-Drittel-Mehrheit, auch bei der FDP wird diese Größenordnung nahezu erreicht; allerdings entlasten diese Vorschläge die Steuerpflichtigen insgesamt besonders stark.

Der Vorschlag der CDU ist aus politischer Sicht wohl „günstiger" im Vergleich zu den Konzepten der FDP und von Kirchhof, weil er größere Belas-

---

[11] Zur Definition und zum Vergleich der hier verwendeten Verteilungsmaße vgl. Becker und Hauser (2003, S. 61ff. und S. 293f.).

tungen einzelner Steuerpflichtiger vermeidet und zugleich relativ viele Steuerpflichtige deutlich (mit mehr als 5% des Nettohaushaltseinkommens) entlastet, davon aber nur wenige Steuerpflichtige sehr stark. Der Vorschlag der CSU und das gemeinsame Wahlprogramm der Unionsparteien vermeiden größere Be- und Entlastungen einzelner Steuerpflichtiger weitgehend – dies liegt an der nur vorsichtigen Ausweitung der Bemessungsgrundlagen und der zurückhaltenderen Senkung der Steuersätze. Sie entlasten die Steuerpflichtigen insgesamt deutlich weniger stark, was die Budgets der Finanzminister schont.

Hier stellt sich indes erneut die Frage nach der Finanzierung des Staatsbudgets jenseits der Einkommensbesteuerung. So sieht vor allem das Konzept der FDP einen Katalog von Maßnahmen zum Subventionsabbau vor, angefangen von der Eigenheimzulage über die Regionalförderung bis zum Steinkohlebergbau; auch der Sachverständigenrat (2003/04, Tz. 455ff.), legt im Rahmen seines Konzepts zur Haushaltskonsolidierung ähnliche Vorschläge vor. Derartige Maßnahmen belasten vor allem kleinere homogene Gruppen, was erheblichen Widerstand erwarten lässt. Dies gilt namentlich für die Konzepte mit hohen Steuerausfällen, also für die Vorschläge der FDP, der CDU und von Kirchhof.

	CDU	CSU	FDP	Kirchhof	SVR II	CDU/CSU Wahlprogramm 2005
Steuerpflichtige in 1000						
Entlastete ("Gewinner") darunter: Erhöhung des Haushaltsnettoeinkommens	19 374	17 214	18 771	19 350	11 196	17 767
größer als 5%	10 364	1 874	7 356	8 533	1 558	1 320
größer als 10%	1 741	1 248	1 885	2 327	1 285	1 239
Belastete ("Verlierer") darunter: Senkung des Haushaltsnettoeinkommens	10 009	12 169	10 612	10 033	18 187	11 616
größer als 5%	336	498	559	722	1 138	396
größer als 10%	140	162	190	261	335	159
Steuerpflichtige in % aller Steuerpflichtigen						
Entlastete ("Gewinner") darunter: Erhöhung des Haushaltsnettoeinkommens	65,9	58,6	63,9	65,9	38,1	60,5
größer als 5%	35,3	6,4	25,0	29,0	5,3	4,5
größer als 10%	5,9	4,2	6,4	7,9	4,4	4,2
Belastete ("Verlierer") darunter: Senkung des Haushaltsnettoeinkommens	34,1	41,4	36,1	34,1	61,9	39,5
größer als 5%	1,1	1,7	1,9	2,5	3,9	1,3
größer als 10%	0,5	0,6	0,6	0,9	1,1	0,5

Quelle: Einkommensteuer-Simulationsmodell des DIW Berlin.

Tabelle 5. „Gewinner" und „Verlierer" der Steuerreform im Jahre 2007.

4 Arbeitsangebotswirkungen der Reformvorschläge

4.1 Steuer-Transfer Mikrosimulationsmodell STSM

Die geschätzten Arbeitsangebotseffekte der einzelnen Reformvorschläge basieren auf dem Steuer-Transfer-Simulationsmodell (STSM), das mit einem mikroökonometrisch geschätzten Arbeitsangebotsmodell für Haushalte verbunden ist. Im STSM werden die Steuertarife der einzelnen Reformvorschläge sowie die wesentlichen Maßnahmen zur Verbreiterung der Bemessungsgrundlagen abgebildet (Reduzierung bzw. Abschaffung der Entfernungspauschale, Besteuerung der Zulagen für Nacht-, Sonntags- und Feiertagsarbeit).[12] Die Datenbasis des STSM ist das Sozio-ökonomische Panel (SOEP) des DIW Berlin. Das SOEP ist eine repräsentative Stichprobe der in Deutschland lebenden privaten Haushalte (außerhalb von Anstalten) mit detaillierten Angaben zu verschiedenen Einkunftsarten, zur Haushaltsstruktur und zu einer Vielzahl sozio-ökonomischer Merkmale. Für das Befragungsjahr 2002 enthält das SOEP Angaben zu über 11.000 Haushalten, die 38,7 Millionen in Deutschland lebende Haushalte repräsentieren. Diese Erhebungswelle enthält erstmals eine disproportional geschichtete Hocheinkommens-Stichprobe von über 1.200 Haushalten mit monatlichen Nettohaushaltseinkommen von mindestens 3.834 €. Die Erfassung dieser Gruppe in der Datenbasis ist wichtig, da auf diese ein relativ großer Teil des gesamten Einkommensteueraufkommens entfällt [Haan und Steiner (2005a)]. Die Überrepräsentation dieser Gruppe in der Datenbasis wird durch die im SOEP verfügbaren Hochrechnungsfaktoren ausgeglichen [vgl. dazu Schupp et al. (2003)].

4.2 Arbeitsangebotswirkungen

Auf der Basis des STSM können sowohl das in Personen gemessene zusätzliche Arbeitsangebot (Partizipationseffekt) als auch die Effekte der einzelnen Steuerreform-Modelle auf das angebotene Arbeitsvolumen (Stundeneffekt) simuliert werden, woraus sich „Vollzeitäquivalente" bezüglich des Arbeitsangebots berechnen lassen (Tabelle 6), jeweils für die abhängig Beschäftigten. Arbeitsangebotseffekte von Selbständigen können wegen fehlender Informationen nicht geschätzt werden. Aus technischen Gründen konnte das Wahlprogramm der Unionsparteien nicht simuliert werden.[13]

Ferner sind die zusätzlichen Steuereinnahmen ausgewiesen, die sich unter der Annahme ergeben, dass das zusätzliche Arbeitsangebot bei gegebenen Marktlöhnen beschäftigt werden kann. Diese Annahme könnte damit begründet werden, dass die hier untersuchten Steuerreform-Modelle auch mit

---

[12] Vgl. die Dokumentation des STSM in Steiner et al. (2005).
[13] In der Studie von Bach et al. (2004b) wurden Arbeitsangebotseffekte für das steuerpolitische Sofortprogramm von CDU und CSU vom März 2004 berechnet. Das Wahlprogramm der Unionsparteien vom Juli 2005 sieht höhere Steuersätze – insbesondere einen höheren Spitzensteuersatz (39% statt 36%) – sowie eine Abgeltungssteuer für Kapitaleinkünfte vor, so dass die seinerzeit ermittelten Ergebnisse nicht übertragen werden können.

einer teilweise erheblichen Nettoentlastung der Haushalte und damit vermutlich auch mit einer Zunahme der Güternachfrage verbunden sind. Darüber hinaus existiert in Deutschland auch bei relativ schwacher Konjunkturlage eine größere Anzahl offener Stellen, so dass bei einer Zunahme des effektiven Arbeitsangebots die Beschäftigung auch bei konstanten Löhnen ausgeweitet werden kann.

Der geschätzte Anstieg des effektiven Arbeitsangebots fällt beim Kirchhof-Vorschlag mit 485.000 Personen am stärksten aus, gefolgt vom CDU-Vorschlag. Bei den Konzepten der CSU und der FDP sind die geschätzten Arbeitsangebotseffekte nur ungefähr halb so groß; für den Vorschlag des Sachverständigenrats wurden nur sehr geringe Arbeitsangebotseffekte ermittelt. Die Rangfolge der für die einzelnen Reformvorschläge simulierten Arbeitsangebotseffekte entspricht den relativen Nettoentlastungen der Arbeitnehmer, die per saldo aus der Tarifsenkung und den arbeitnehmerbezogenen Elementen der Gegenfinanzierung (z.B. Entfernungspauschale) resultieren.

	CDU	CSU	FDP	Kirchhof	SVR II
Partizipationseffekt in 1 000					
Männer	203	84	102	230	22
Frauen	235	115	126	256	43
Gesamt	437	199	228	485	66
Vollzeitäquivalente in 1 000					
Männer	214	89	108	243	23
Frauen	162	79	89	178	31
Gesamt	377	168	197	421	54
Stundeneffekte in %[2]					
Männer	1,7	0,7	1,0	2,0	0,3
Frauen	2,6	1,3	1,7	2,9	0,5
Gesamt	2,0	1,0	1,3	2,3	0,4
Zusätzliches Einkommensteueraufkommen[3] in Mrd. Euro					
Gesamt	3,7	2,2	3,2	4,4	1,4

1) Nur abhängig Beschäftigte einschließlich Minijobs, ohne Selbständige.
2) Das Arbeitsvolumen der Frauen beträgt 420 Mill. Stunden pro Woche, der Männer 650 Mill. Stunden pro Woche.- 3) Sofern zusätzliches Arbeitsangebot zu gegebenen Löhnen Beschäftigung findet.
Quelle: Steuer-Transfer-Simulationsmodell (STSM) des DIW Berlin.

Tabelle 6. Arbeitsangebotseffekte[1] der Steuerreformvorschläge.

Die Zunahme des effektiven Arbeitsangebots entfällt bei den meisten Reformvorschlägen jeweils etwa zur Hälfte auf Frauen und Männer. Da die Erwerbsquote der Frauen in Deutschland wesentlich niedriger als die der Männer ist, ergibt sich für die Frauen eine entsprechend größere relative Zunahme des

Arbeitsangebots. Bezogen auf Vollzeitäquivalente ist die Zunahme des Arbeitsangebots bei den Männern aber bei allen Reformvorschlägen (außer dem des Sachverständigenrates) größer als bei den Frauen.

Auch hinsichtlich des Arbeitsvolumens (Stundeneffekt) ergeben sich beim Kirchhof-Vorschlag und dem CDU-Modell die mit Abstand größten Arbeitsangebotseffekte. Bei Ersterem würde das Arbeitsvolumen nach den Schätzungen um insgesamt 2,3%, beim CDU-Modell um 2,0% zunehmen. Mit Ausnahme des Sachverständigenratsvorschlags ergibt sich auch für die anderen Reformvorschläge eine merkliche Zunahme des effektiven Stundenangebots.

Falls das gesamte zusätzliche Arbeitsangebot zu den gegebenen Marktlöhnen beschäftigt werden kann,[14] ergeben sich bei einigen Reformvorschlägen auch deutliche indirekte Effekte auf das Steueraufkommen. Bei den Vorschlägen von Kirchhof und der CDU wird das zusätzliche Steueraufkommen auf 4,4 Mrd. € bzw. 3,7 Mrd. € geschätzt. Auch aus den Vorschlägen der CSU und der FDP resultiert noch eine merkliche Zunahme des Steueraufkommens. Allerdings trägt dieses zusätzliche Steueraufkommen bei allen hier untersuchten Reformvorschlägen nur in vergleichsweise geringem Umfang zur Gegenfinanzierung der Tarifentlastung bei.

Da die Reformvorschläge nicht aufkommensneutral sind, stellt sich allerdings die Frage der Anreizwirkungen von Finanzierungsmaßnahmen jenseits der Einkommensbesteuerung. Ferner dürften die Nachfrageimpulse bei Aufkommensneutralität geringer ausfallen, was Auswirkungen auf die Beschäftigungsentwicklung haben dürfte. Diese indirekten Effekte können mittels des STSM zur Zeit aber nicht abgeschätzt werden. Auch müssten dazu die Maßnahmen zur Gegenfinanzierung im Detail abgebildet werden. Dazu enthalten die hier betrachteten Reformvorschläge aber keine oder keine ausreichend spezifizierten Vorschläge.

5 Zusammenfassung und Ausblick

Die Berechnungen mit dem Einkommensteuer-Mikrosimulationsmodell zeigen, dass die weitreichenden Reformkonzepte der CDU, von Kirchhof und der FDP zu Mindereinnahmen in Größenordnungen von 1,1 bis 1,6% des BIP führen. Die Vorschläge von CSU und Sachverständigenrat bedeuten Einnahmenausfälle von 0,7% und 0,5% des BIP, beim gemeinsamen Wahlprogramm der Unionsparteien 0,2% des BIP.

Bei den Vorschlägen von Kirchhof, dem Sachverständigenrat und der FDP werden vor allem die Steuerpflichtigen mit den hohen Einkommen entlastet, nicht nur absolut, sondern auch relativ zum Haushaltseinkommen. Dadurch wird die Einkommensverteilung spürbar ungleicher. Die CDU, vor al-

---

[14] Die Simulationen in Haan und Steiner (2005b) für die Steuerreform 2000 im Rahmen eines Gleichgewichtsmodells des Arbeitsmarktes zeigen, dass ein größerer Anstieg des effektiven Arbeitsangebots mit Lohnsenkungen verbunden sein und nur zum Teil beschäftigungswirksam werden dürfte.

lem die CSU und das gemeinsame Wahlprogramm der Unionsparteien entlasten mit ihren Steuerreformmodellen dagegen die mittleren und höheren Einkommen stärker. Dadurch verändert sich die Einkommensverteilung nur geringfügig. Die weitreichenden Steuerreformvorschläge lösen allerdings eine spürbare Ausweitung des Arbeitsangebots aus. Die möglichen Wachstumsimpulse und die damit verbundenen zusätzlichen Steuereinnahmen bewirken allerdings nur einen kleinen Selbstfinanzierungseffekt, zumal nicht sicher ist, ob das zusätzliche Arbeitsangebot zu den gegebenen Marktlöhnen beschäftigt werden kann. Die deutlichen Unterschiede bei den fiskalischen Wirkungen der Steuerreformkonzepte werfen zudem die Frage der gesamten Budgetwirkung auf. Die Erhöhung anderer Steuern und Abgaben, die Senkung von Staatsausgaben, aber auch eine höhere Staatsverschuldung lösen weitere – hier nicht abgebildete – Wirkungen auf die Einkommensverteilung und die Beschäftigung aus.

Angesichts der anhaltenden Finanzierungsdefizite der öffentlichen Haushalte in Deutschland und der Anforderungen des Europäischen Stabilitätspaktes besteht gegenwärtig und für die nächsten Jahre kein Spielraum für eine größere Nettoentlastung des privaten Sektors der Volkswirtschaft. Eine grundlegende Steuerreform ist nur im Rahmen eines insgesamt aufkommensneutralen Reformpaketes zu realisieren. Erhebliche Ausfälle bei der Einkommens- und Unternehmensbesteuerung, wie sie die Vorschläge von CDU, FDP und Kirchhof mit sich bringen, müssen durch Ausgabenkürzungen oder die Erhöhung anderer Steuern und Abgaben finanziert werden.

Die Senkung der Grenzbelastungen, die Verbesserung der Neutralität und Gleichmäßigkeit der Besteuerung durch eine Bereinigung der Bemessungsgrundlagen sowie eine Vereinfachung des Steuerrechts mögen längerfristig durchaus die Standortbedingungen verbessern und Impulse für Wachstum und Beschäftigung setzen. Kurz- und mittelfristig dürften sie aber keine größeren Selbstfinanzierungseffekte mit sich bringen. Die zu erwartenden Arbeitsangebotswirkungen fallen in Relation zu den Entlastungen gering aus. Deutliche Veränderungen der steuerlichen Rahmenbedingungen können sich zudem kurz- bis mittelfristig eher negativ auf die wirtschaftliche Entwicklung auswirken, soweit sie mit Entwertungen von Investitionen und sonstigen Anpassungskosten verbunden sind. Dies spricht dafür, weiterreichende Maßnahmen, wie eine volle Besteuerung der Zuschläge für Nacht-, Sonntags- und Feiertagsarbeit, Verschärfungen bei der Gewinnermittlung oder die Aufhebung der erheblichen faktischen Steuervergünstigungen für Immobilieninvestitionen, schrittweise einzuführen.

Zu beachten sind Unsicherheiten bei der Abschätzung der fiskalischen Effekte. Während die Wirkungen der Tarifsenkungen noch relativ gut einzuschätzen sind, wirkt die Ausweitung der Bemessungsgrundlagen zum Teil erst verzögert über den Veranlagungsprozess. Außerdem sind die Schätzrisiken hier deutlich größer, da insbesondere zur Unternehmensbesteuerung zur Zeit keine belastbaren Datengrundlagen zur Verfügung stehen und die Steuerpflichtigen auch elastischer auf Änderungen des Steuerrechts reagieren.

Alles in allem sind die Umsetzungschancen weitreichender Reformkonzepte gegenwärtig gering. Die in der politischen Willensbildung dominante Wahrnehmung der unmittelbaren Verteilungswirkungen sowie die teilweise erheblichen Steuerausfälle sprechen eher für eine „evolutionäre" Reform der Einkommensteuer, wie sie der Vorschlag der CSU oder das gemeinsame Konzept der Unionsparteien vorsehen. Allerdings ist nach den aktuellen Koalitionsvereinbarungen zwar ein partieller Abbau von Steuervergünstigungen, aber keine durchgreifende Reduktion der Einkommensteuersätze vorgesehen.

Literaturverzeichnis

Arbeitskreis „Steuerschätzungen" (5/2005). *Ergebnis der 125. Sitzung des Arbeitskreises „Steuerschätzungen" vom 10. bis 12. Mai 2005 in Berlin.*
http://www.bundesfinanzministerium.de/cln_01/nn_3380/DE/
Steuern/Steuerschaetzung__einnahmen/node.html__nnn=true.

Bach, S., Buslei, H., Rudolph, H.-J., Schulz, E., und Svindland, D. (2004a). *Aufkommens- und Belastungswirkungen der Lohn- und Einkommensteuer 2003 bis 2005. Simulationsrechnungen auf Grundlage von fortgeschriebenen Einzeldaten der Einkommensteuerstatistik mit dem Lohn- und Einkommensteuersimulationsmodell des DIW Berlin.* Projektbericht 3 zur Forschungskooperation „Mikrosimulation" mit dem Bundesministerium der Finanzen. Materialien des DIW Berlin Nr. 38.
http://www.diw.de/deutsch/produkte/publikationen/
materialien/docs/papers/diw_rn04-04-38.pdf, Berlin.

Bach, S., Haan, P., Rudolph, H.-J., und Steiner, V. (2004b). Reformkonzepte zur Einkommens- und Ertragsbesteuerung: Erhebliche Aufkommens- und Verteilungswirkungen, aber relativ geringe Effekte auf das Arbeitsangebot. *Wochenbericht des DIW Berlin Nr. 16/2004*, S. 185-204.
http://www.diw.de/deutsch/produkte/publikationen/
wochenberichte/docs/04-16.pdf.

Bach, S. und Schulz, E. (2002). *Fortschreibungs- und Hochrechnungsrahmen für ein Einkommensteuer-Simulationsmodell.* Projektbericht 1 zur Forschungskooperation „Mikrosimulation" mit dem Bundesministerium der Finanzen, Materialien des DIW Berlin, Nr. 26.
http://www.diw.de/deutsch/produkte/publikationen/materialien/
docs/papers/diw_rn03-05-26.pdf, Berlin.

Becker, I. und Hauser, R. (2003). *Anatomie der Einkommensverteilung. Ergebnisse der Einkommens- und Verbrauchsstichproben 1969-1998.* Berlin: edition sigma.

Buslei, H. und Steiner, V. (2006). *Aufkommens- und Verteilungseffekte der Besteuerung von Alterseinkünften – eine Mikrosimulationsanalyse für Deutschland.* In diesem Band.

CDU/CSU (2005). *Deutschlands Chancen nutzen. Wachstum. Arbeit. Sicherheit. Regierungsprogramm 2005 – 2009.* Verabschiedet in einer gemeinsamen Sitzung des Bundesvorstands der CDU und des Parteivorstands der CSU. Berlin, 11. Juli 2005. http://www.regierungsprogramm.cdu.de/ download/regierungsprogramm-05-09-cducsu.pdf, Berlin.

Cnossen, S. (1999). Taxing Capital Income in the Nordic Countries. A Model for the European Union? *Finanzarchiv*, 56:18-50.

Faltlhauser, K. (2003). *Konzept 21 - Steuerreform. Für eine radikale und soziale Steuervereinfachung. 2003.*
http://www2.stmf.bayern.de/imperia/md/content/stmf/4.pdf.

Haan, P. und Steiner, V. (2005a). Distributional Effects of the German Tax Reform 2000. A Behavioral Microsimulation Analysis. *Schmollers Jahrbuch - Journal of Applied Social Science Studies*, 125:39-49.

Haan, P. und Steiner, V. (2005b). *Labor Market Effects of the German Tax Reform 2000.* DIW Berlin Discussion Papers 472.
http://www.diw.de/deutsch/produkte/publikationen/ diskussionspapiere/docs/papers/dp472.pdf.

Kirchhof, P. (2004). *Forschungsgruppe Bundessteuergesetzbuch.*
http://www.bundessteuergesetzbuch.de.

Kommission Steuergesetzbuch (2005). *Kommission Steuergesetzbuch.*
http://www.stiftung-marktwirtschaft.de/.

Merz, F. (2003). *Ein modernes Einkommensteuerrecht für Deutschland. Zehn Leitsätze für eine radikale Vereinfachung und eine grundlegende Reform des deutschen Einkommensteuersystems.* Berlin, den 03. November 2003.
http://www2.friedrich-merz.de/www/downloads/ download.asp?Filename=Ursprungskonzept_Merz.pdf.

Quinke, H. (2001). *Erneuerung der Stichprobe des ESt-Modells des Bundesministeriums der Finanzen auf Basis der Lohn- und Einkommensteuerstatistik 1995.* Unveröffentlichter Projektbericht April 2001, Fraunhofer-Institut für Angewandte Informationstechnik FIT, Sankt Augustin.

Rose, M. (2003). *Vom Steuerchaos zur Einfachsteuer, Der Wegweiser durch die Steuerdebatte.* Schaeffer-Poeschel, Stuttgart.
http://www.einfachsteuer.de/.

Rose, M. (Hrsg.) (2002). *Reform der Einkommensbesteuerung in Deutschland. Konzept, Auswirkungen und Rechtsgrundlagen der Einfachsteuer des Heidelberger Steuerkreises.* Schriften des Betriebs-Beraters, Bd. 122. Verlag Recht und Wirtschaft, Heidelberg.

Sachverständigenrat zur Begutachtung der gesamtwirtschaftlichen Entwicklung (SVR) (2003/04). *Staatsfinanzen konsolidieren - Steuersystem reformieren.* Jahresgutachten 2003/04.
http://www.sachverstaendigenrat-wirtschaft.de/download/ gutachten/03_v.pdf.

Schupp, J., Gramlich, T., Isengard, B., Pischner, R., Wagner, G.G., und von Rosenbladt, B. (2003). *Repräsentative Analyse der Lebenslagen einkommensstarker Haushalte.* Studie des DIW Berlin im Auftrag des Bundesministeriums für Gesundheit und Soziale Sicherung. http://www.diw.de/

deutsch/produkte/publikationen/gutachten/docs/
bmgs_20031001_A320.pdf.

Solms, H.O. (Hrsg.) (2003). *Niedrig – einfach – gerecht. Die neue Einkommensteuer.* http://www.hermann-otto-solms.de/sitefiles/reden/372/1066741545.pdf. vgl. auch FDP-Fraktion: *Entwurf eines Gesetzes zur Einführung einer neuen Einkommensteuer und zur Abschaffung der Gewerbesteuer;* Bundestagsdrucksache 15/2349. http://dip.bundestag.de/btd/15/023/1502349.pdf.

Sørensen, P.B. (1998). Recent Innovations in Nordic Tax Policy: From the Global Income Tax to the Dual Income Tax. In: Sørensen, P.B. (Hrsg.), *Tax Policy in the Nordic Countries*, S. 1-27. Macmillan, Basingstoke-Hampshire.

Steiner, V., Haan, P., und Wrohlich, K. (2005). *Dokumentation des Steuer-Transfer-Mikrosimulationsmodells STSM 1999 - 2002.* Data Documentation 9, DIW Berlin. http://www.diw.de/deutsch/produkte/publikationen/datadoc/docs/diw_datadoc_2005-009.pdf.

Traub, S. (2006). *Steuerreformkonzepte im Überblick.* In diesem Band.

Teil II

VERTEILUNGSWIRKUNGEN UND REFORMKONZEPTE DER SOZIALEN SICHERUNG

AUFKOMMENS- UND VERTEILUNGSEFFEKTE DER BESTEUERUNG VON ALTERSEINKÜNFTEN – EINE MIKROSIMULATIONSANALYSE FÜR DEUTSCHLAND

Hermann Buslei[a] und Viktor Steiner[b]

[a] DIW Berlin
[b] Freie Universität Berlin und DIW Berlin

1	Einleitung	58
2	**Die Reform der Besteuerung der Alterseinkünfte**	60
2.1	Regelungen bis zum Jahr 2004	60
2.2	Neuregelung nach dem Alterseinkünftegesetz	62
3	**Umsetzung der rechtlichen Regelungen im Simulationsmodell**	65
3.1	Regelungen vor Inkrafttreten des Alterseinkünftegesetzes	65
3.2	Umsetzung der Neuregelungen	66
4	**Bevölkerungs- und Einkommensentwicklung**	67
5	**Simulationsergebnisse**	70
5.1	Aufkommenswirkungen	71
5.2	Verteilungswirkungen	74
6	**Zusammenfassung und Schlussfolgerung**	79
7	**Anhang**	81
7.1	Rentenanpassung	81
7.2	Verteilungseffekte der reformierten Leibrentenbesteuerung	83
	Literaturverzeichnis	84

In diesem Beitrag werden auf der Basis des Steuer-Transfer-Simulationsmodells (STSM) die Auswirkungen der Neuregelungen zur Rentenbesteuerung und zur steuerlichen Behandlung der Altersvorsorgeaufwendungen auf das Steueraufkommen und die Einkommensverteilung in Deutschland untersucht. Wegen der langen Einführungsphase der neuen Regelungen werden die Aufkommens- und Verteilungseffekte der Reform bis zum Jahr 2050 simuliert. Veränderungen der Bevölkerung in diesem Zeitraum werden mittels des Ansatzes der „statischen Alterung" („static aging") modelliert. Bei der Fortschreibung der Erwerbseinkommen und Alterseinkünfte wird in einem Szenario auch berücksichtigt, dass unter der geltenden Rentenanpassungsregel die Renten in Zukunft geringer steigen werden als die Bruttoerwerbseinkommen. Auf der Basis der Simulationsergebnisse werden die Aufkommens- und Verteilungseffekte des Alterseinkünftegesetzes in die jeweiligen Effekte differenziert, die sich aus den geänderten Regelungen bei den Vorsorgeaufwendungen einerseits und der Besteuerung der Alterseinkünfte andererseits ergeben. Außerdem werden die für die Zukunft zu erwartenden Änderungen der Einkommensungleichheit auf die bestimmenden Faktoren Bevölkerungsentwicklung, unterschiedliche Entwicklung von Erwerbs- und Renteneinkommen und die Auswirkungen des Alterseinkünftegesetzes zurückgeführt.

1 Einleitung

Durch das Mitte 2004 verkündete Alterseinkünftegesetz wurde die steuerliche Behandlung von Vorsorgeaufwendungen und die Besteuerung von Alterseinkünften grundsätzlich neu geregelt. Nach den bis einschließlich 2004 geltenden Regelungen wurden Altersvorsorgeaufwendungen zusammen mit anderen Vorsorgeaufwendungen bis zu bestimmten Höchstbeträgen als Sonderausgaben berücksichtigt. Diese Regelung hatte zur Folge, dass bei niedrigen Einkommen und entsprechend niedrigen Vorsorgeaufwendungen die gesamten Aufwendungen, bei hohen Einkommen jedoch nur ein geringer Anteil der Aufwendungen als Sonderausgaben abgezogen werden konnte. Andererseits blieben aufgrund der relativ geringen Ertragsanteilsbesteuerung bei Leibrenten diese im Regelfall steuerfrei, sofern nicht hohe weitere Einkünfte vorlagen. Nach dem Alterseinkünftegesetz wird der Umfang der Freistellung von Altersvorsorgeaufwendungen stufenweise erhöht, die volle Freistellung wird im Jahre 2025 erreicht. Andererseits wird der Ertragsanteil für Leibrenten nach der Neuregelung im Jahre 2005 für alle Bezieher auf 50% festgelegt und steigt anschließend für Neurentner bis zum Jahr 2040 auf 100% an.

Durch den vorgesehenen graduellen Übergang auf die nachgelagerte Besteuerung von Altersvorsorgeaufwendungen ist mit deutlichen Veränderungen des Steueraufkommens zu rechnen. Darüber hinaus ergeben sich Verteilungseffekte sowohl innerhalb als auch zwischen Generationen. Die Auswirkungen auf das Steueraufkommen wurden im Vorfeld bzw. während des Gesetzgebungsverfahrens durch die Sachverständigenkommission zur Neuordnung der steuerrechtlichen Behandlung von Altersvorsorgeaufwendungen und Altersbezügen (im Folgenden Sachverständigenkommission, 2003) sowie das Bundesministerium für Finanzen (BMF, 2004) abgeschätzt. Beide Berechnungen erfolgen für den Zeitraum bis zum Jahr 2010, die Sachverständigenkommission gibt darüber hinaus die Auswirkungen der Reform auf das Steueraufkommen nach ihrer vollen Einführung an. Nach diesen Berechnungen ergibt sich sowohl in der kurzen als auch in der langen Frist ein deutliches Steuerminderaufkommen, wobei allerdings eine konstante Bevölkerung und Einkommensverteilung unterstellt wurden. Bach et al. (2002) untersuchen ebenfalls die Steueraufkommenswirkungen eines Übergangs zu einer nachgelagerten Besteuerung, wobei sich jedoch der angenommene Zeitpfad des Übergangs von jenem des Alterseinkünftegesetzes unterscheidet.

Die Verteilungseffekte der Reform sind bisher ebenfalls nur ansatzweise untersucht worden. Ein Teil der Untersuchungen betrachtet für ausgewählte Haushaltstypen *inter*generationale Verteilungswirkungen (Fehr, 2003, Grub, 2004). Von der Sachverständigenkommission (2003, S.74ff.) wurde die Anzahl der be- und entlasteten Steuerpflichtigen sowie deren durchschnittliche Be- und Entlastung für die Jahre bis 2010 bestimmt. Weitergehende *intra*generationale Verteilungsanalysen liegen für die konkreten Regelungen des Alterseinkünftegesetzes unseres Wissens nicht vor. Verteilungsanalysen finden sich lediglich für Teilaspekte sowie für Übergänge zu einer nachgelagerten Besteuerung, deren angenommener Zeitpfad von den Regelungen des Alterseinkünftegesetzes jedoch abweicht. So analysieren Grabka et al. (2003) die Verteilungseffekte einer sofortigen Erhöhung des Ertragsanteils auf 65%, Bork und Müller (1997) diejenigen eines sofortigen Übergangs zu einer nachgelagerten Besteuerung.

In diesem Papier untersuchen wir die Aufkommens- und Verteilungseffekte der Neuregelungen zur Rentenbesteuerung und zur steuerlichen Behandlung der Altersvorsorgeaufwendungen mittels eines Mikrosimulationsmodells. Im Unterschied zur erwähnten Vorgehensweise der Sachverständigenkommission werden entsprechend der langen Einführungsphase der Neuregelung auch die voraussichtliche Bevölkerungsentwicklung bis zum Jahr 2050 und die langfristig zu erwartende Entwicklung der Erwerbseinkommen und Alterseinkünfte modelliert. Insbesondere wird in dem von uns als realistisch betrachteten Szenario berücksichtigt, dass unter der geltenden Rentenanpassungsregel die Renten in Zukunft geringer steigen als die Bruttoerwerbseinkommen. Die Verteilungsanalyse bezieht sich auf die Einkommensverteilung in ausgewählten Eckjahren, intergenerationale Verteilungswirkungen werden vernachlässigt. Dies lässt sich vor allem damit begründen, dass die sozialpolitische Bewertung von Rentenreformen häufig auf Basis der intragenerativen Verteilungswirkungen erfolgt.

Das verwendete Simulationsmodell baut auf dem Steuer-Transfer-Simulationsmodell STMS auf [vgl. Steiner et al. (2005)]. Für die vorliegende Fragestellung wurden die Neuregelungen zur Rentenbesteuerung und zur Freistellung der Vorsorgeaufwendungen im Zeitablauf in das Modell einbezogen.

Veränderungen der Bevölkerung im Zeitablauf wurden durch den Ansatz der „statischen Alterung" (*static aging*) berücksichtigt. Auf der Basis unseres Mikrosimulationsansatzes können zum einen die Aufkommens- und Verteilungseffekte des Alterseinkünftegesetzes in die jeweiligen Effekte, die sich aus den geänderten Regelungen bei den Vorsorgeaufwendungen einerseits und der Besteuerung der Alterseinkünfte andererseits ergeben, identifiziert werden. Zum anderen können in der Verteilungsanalyse die für die Zukunft zu erwartenden Änderungen der Einkommensungleichheit auf die bestimmenden Faktoren Bevölkerungsentwicklung, unterschiedliche Entwicklung von Erwerbs- und Renteneinkommen und die Auswirkungen des Alterseinkünftegesetzes zurückgeführt werden. Zum Vergleich mit den Ergebnissen der Sachverständigenkommission, die auch für die lange Frist von einer konstanten Bevölkerung und konstantem Einkommen ausgeht, werden auch Simulationen unter diesen wenig realistischen Annahmen durchgeführt.

Im folgenden Abschnitt werden zunächst die gegenwärtigen rechtlichen Regelungen und die Neuregelung dargestellt, bevor im Abschnitt 3 auf die Umsetzung dieser Regelungen und im Abschnitt 4 auf die Abbildung der Bevölkerungs- und Einkommensentwicklung im Simulationsmodell eingegangen wird. Im Abschnitt 5 werden die wichtigsten Ergebnisse präsentiert und diskutiert, der Anhang enthält einige ergänzende Berechnungen. Abschnitt 6 fasst die wichtigsten Ergebnisse und Schlussfolgerungen unserer Analyse zusammen.

2 Die Reform der Besteuerung der Alterseinkünfte

Neben der Besteuerung der Alterseinkünfte sind durch das Alterseinkünftegesetz auch die Vorsorgeaufwendungen betroffen. Im Folgenden werden zuerst die bis zum Jahr 2004 gültigen Regelungen hinsichtlich dieser beiden Komponenten skizziert und anschließend die seither gültigen wichtigsten Änderungen dargestellt.

2.1 Regelungen bis zum Jahr 2004

Einkommen, das zur Vorsorge aufgewendet wird, unterliegt der Steuerpflicht, sofern es nicht durch explizite Regelungen im Einkommensteuergesetz hiervon ausgenommen ist. Ohne Nachweis höherer Aufwendungen werden für Personen, die Arbeitslohn bezogen haben, Vorsorgeaufwendungen in Höhe der *Vorsorgepauschale* als Sonderausgaben steuermindernd berücksichtigt. Die Vorsorgepauschale nimmt zunächst mit der Höhe des Arbeitslohns zu und ist für höhere Einkommen konstant. Die Pauschale von zusammenveranlagten Paaren entspricht (bei gleichem Bruttoarbeitsentgelt) unabhängig von der Verteilung der Arbeitseinkommen auf die Partner dem Doppelten der Pauschale eines Alleinstehenden. Nicht rentenversicherungspflichtige Arbeitnehmer (z.B. Beamte) sowie Arbeitnehmer, die Versorgungsbezüge oder Altersrente aus der gesetzlichen Rentenversicherung (GRV) (bei gleichzeitiger Erwerbstätigkeit) erhalten, haben Anspruch auf eine gekürzte Vorsorgepauschale.

Übersteigen die nachgewiesenen Vorsorgeaufwendungen die Vorsorgepauschale, sind sie bis zu bestimmten Höchstbeträgen *(Vorsorgehöchstbetrag)* als Sonderausgaben abziehbar. Die Regelungen zum Vorsorgehöchstbetrag gelten für alle Steuerpflichtigen. Der Vorsorgehöchstbetrag sinkt bei Arbeitnehmern zunächst mit dem Arbeitseinkommen, da eine der Komponenten des Höchstbetrags, der sogenannte Vorwegabzug, um 16% der Summe der Einnahmen aus nichtselbständiger Arbeit ohne Versorgungsbezüge zu kürzen ist. Bei mittleren und höheren Einkommen ist der Vorsorgehöchstbetrag konstant und bei zusammenveranlagten Paaren doppelt so hoch wie bei Alleinstehenden. Bei niedrigen Einkommen konnten die gesamten Vorsorgeaufwendungen steuerlich geltend gemacht werden, bei höheren Einkommen wird dagegen (abhängig vom Familienstand) teilweise nur noch ein geringer Teil des Arbeitnehmerbeitrags angerechnet.[1]

Für verschiedene Arten von Alterseinkünften gelten spezifische steuerliche Regelungen. Die wesentliche Unterscheidung besteht zwischen Leibrenten und Pensionen. *Leibrenten* (u.a. Renten der GRV) zählen zu den sonstigen Einkünften. Steuerpflichtig ist allein der sogenannte Ertragsanteil. Dieser ist umso niedriger, je älter der Rentenberechtigte bei Renteneintritt ist: Bei einem Renteneintrittsalter von 60 (65) Jahren beträgt er bspw. 32 (27)%. Für Werbungskosten und Sonderausgaben können geringe Pauschbeträge abgezogen werden. Eigenbeiträge zur Kranken- und Pflegeversicherung können im Rahmen der Vorsorgehöchstbetragsregelung als Sonderausgaben geltend gemacht werden. Aus diesen Regelungen ergibt sich, dass nur im Fall sehr hoher Renten oder bei gleichzeitigem Vorliegen weiterer Einkünfte Steuern zu leisten sind.

Pensionen (Beamten- und Werkspensionen) stellen nach dem Einkommensteuergesetz Einkünfte aus nichtselbständiger Arbeit dar und unterliegen voll der Besteuerung. Für Einkünfte aus nichtselbständiger Arbeit wird nach dem im Jahre 2004 geltenden Recht ein *Werbungskostenpauschbetrag* gewährt. Eine deutliche Ermäßigung der Steuerlast für Versorgungsbezüge ergibt sich durch den Versorgungsfreibetrag, der bisher 40% der Versorgungsbezüge bis zu einem Höchstbetrag von 3.072 € betragen hat. Für die Bestimmung der Einkommensteuer auf Versorgungsbezüge ist auch von Bedeutung, dass der Vorwegabzug im Rahmen des Vorsorgehöchstbetrages nach § 10 EStG nicht um die Versorgungsbezüge zu kürzen ist.

Steuerpflichtigen, die vor Beginn des Kalenderjahres, in denen sie Einkommen bezogen haben, das 64. Lebensjahr vollendet haben, wird für bestimmte Einkünfte (u.a. Arbeitseinkommen, jedoch nicht Renten) ein sogenannter *Altersentlastungsbetrag* in Höhe von 40% der Einkünfte, jedoch höchstens 1.908 €, gewährt.

---

[1] Die Steuerfreibeträge für Vorsorgeaufwendungen im Rahmen der Riester-Rente sind nicht direkt durch das Alterseinkünftegesetz berührt. Sie wurden noch nicht im Modell abgebildet und werden daher auch hier vernachlässigt.

2.2 Neuregelung nach dem Alterseinkünftegesetz

Die Neuregelungen nach dem Alterseinkünftegesetz umfassen neben den im Mittelpunkt stehenden Veränderungen bei sozialversicherungspflichtigen Arbeitnehmern und GRV-Rentnern auch Veränderungen für die Beamten und andere Gruppen. Sie betreffen sowohl die Vorsorgeaufwendungen als auch die Besteuerung der Alterseinkünfte.

Vorsorgeaufwendungen

Nach der Neuregelung ist zwischen *Altersvorsorgeaufwendungen* und den *übrigen Vorsorgeaufwendungen* zu unterscheiden. Als Sonderausgaben beschränkt abziehbar sind bei den Altersvorsorgeaufwendungen Beiträge zur GRV und bestimmten Versorgungseinrichtungen, die zur GRV vergleichbare Leistungen erbringen sowie laufende Beiträge an Versicherungsunternehmen für Leibrentenversicherungen, bei denen die erworbenen Anwartschaften u.a. nicht vererblich und nicht kapitalisierbar sind. Beibehalten wird die Anwendung einer Vorsorgepauschale und eines Vorsorgehöchstbetrages.

Die Neuregelung bei der *Vorsorgepauschale* wird in Schritten bis zum Jahr 2025 eingeführt. Nach Abschluss der *Übergangsphase* ist diese für einen alleinstehenden rentenversicherungspflichtigen Arbeitnehmer die Summe aus:

a) dem Betrag, der bezogen auf den Arbeitslohn 50% des Beitrags in der Rentenversicherung der Arbeiter und Angestellten entspricht (Altersvorsorge) und

b) 11% des Arbeitslohns, jedoch höchstens 1.500 € (übrige Vorsorgeaufwendungen).

Der erste Betrag gewährleistet, dass die Arbeitnehmerbeiträge zur GRV vollständig steuerfrei gestellt werden. Der zweite Betrag betrifft die übrigen Vorsorgeaufwendungen (Kranken-, Pflege-, Arbeitslosenversicherung). Bezieher von Arbeitslohn, die in der GRV versicherungsfrei oder befreit sind, können unter bestimmten Bedingungen den Betrag für die übrigen Vorsorgeaufwendungen geltend machen. Bei zusammenveranlagten Ehepartnern werden die jeweiligen Beträge der Partner – soweit sie rentenversicherungspflichtig sind – für die Altersvorsorge addiert. Der Höchstbetrag für die übrigen Vorsorgeaufwendungen wird verdoppelt.

Während der Übergangsphase steigt die Vorsorgepauschale von 20% der Arbeitnehmerbeiträge im Jahre 2005 auf 100% bis zum Jahr 2025. Da die Vorsorgepauschale für niedrige Einkommen zunächst geringer als nach altem Recht wäre, erfolgt für die Jahre 2005 bis 2019 eine Günstigerprüfung zwischen dem neuen und dem alten Recht des Jahres 2004, wobei der erste Höchstbetrag für die Vorsorgepauschale ab dem Jahr 2011 bis zum Jahr 2019 jährlich reduziert wird.

Der *Vorsorgehöchstbetrag* ergibt sich als Summe der anrechenbaren Altersvorsorgeaufwendungen und der anrechenbaren übrigen Vorsorgeaufwendungen. Wie bei der Vorsorgepauschale wird die endgültige Regelung erst im Jahre 2025 erreicht. Danach werden Altersvorsorgeaufwendungen bis zu einem Höchstbetrag von 20.000 € bei Alleinstehenden bzw. 40.000 € bei zusammenveranlagten Ehegatten vollständig steuerfrei gestellt.

Zur Bestimmung der als Sonderausgaben abziehbaren Altersvorsorgeaufwendungen ist bei Arbeitnehmern, für die ein steuerfreier Arbeitgeberanteil zur GRV gezahlt wird, das Minimum aus geleisteten Vorsorgeaufwendungen (einschließlich Arbeitgeberbeiträge) und 20.000 € zu bilden und davon die Arbeitgeberbeiträge abzuziehen. Bei Arbeitnehmern, die ganz oder teilweise ohne einen eigenen Beitrag einen Anspruch auf Altersversorgung erwerben (u.a. Beamte), ist der Höchstbetrag um einen fiktiven Beitrag, der dem Gesamtbeitrag (Arbeitgeber- und Arbeitnehmeranteil) zur GRV für das gegebene Arbeitseinkommen entspricht, zu kürzen.

Als übrige Vorsorgeaufwendungen sind eigene Beiträge, insbesondere zu Versicherungen gegen Arbeitslosigkeit, Kranken- und Pflegeversicherungen sowie zu Risikolebensversicherungen, berücksichtigungsfähig. Der Höchstbetrag für die übrigen Vorsorgeaufwendungen beträgt für Alleinstehende (Verheiratete) 1.500 € (3.000 €), wenn entweder Anspruch auf vollständige oder teilweise Erstattung oder Übernahme von Krankheitskosten besteht (im Regelfall bei Beamten), steuerfreie Arbeitgeberbeiträge entrichtet wurden (im Regelfall sozialversicherungspflichtig beschäftigte Arbeitnehmer) oder ein Zuschuss zur Krankenversicherung der Rentner geleistet wurde. Für alle übrigen Gruppen beträgt er 2.400 € (4.800 €).

Zusammen genommen ergeben die beiden Teilregelungen nach Abschluss der Übergangsphase im Jahre 2025 für Arbeitnehmer mit mittleren und höheren Einkommen eine deutliche zusätzliche steuerliche Entlastung im Vergleich zum alten Recht. Diese ist für Alleinstehende mit hohen Einkommen und insbesondere für Selbständige am höchsten.

Während der Übergangsphase stimmt die Berechnung der Vorsorgepauschale und des Vorsorgehöchstbetrages im Grundsatz mit der endgültigen Regelung überein. Für die Berücksichtigung der übrigen Vorsorgeaufwendungen ergeben sich überhaupt keine Unterschiede. Bei den Altersvorsorgeaufwendungen ist der in der Übergangsphase berücksichtigungsfähige Betrag ein bestimmter Prozentsatz der abzugsfähigen Werte (vor Abzug der Arbeitgeberbeiträge) nach der Dauerregelung. Im Jahre 2005 gilt ein Satz von 60%. Dieser Satz wird in den Jahren 2006 bis 2025 um 2 Prozentpunkte pro Jahr angehoben und erreicht damit im Jahre 2025 einen Wert von 100%.

In den Jahren 2005 bis 2019 erfolgt eine Günstigerprüfung gegenüber dem altem Recht. Für die *Günstigerprüfung* wird die geltende Regelung jedoch modifiziert: Während der Grundhöchstbetrag sowie der hälftige Höchstbetrag unverändert bleiben, wird der Vorwegabzug nur bis zum Jahr 2010 auf dem im Jahre 2004 geltenden Niveau von 3.068 € beibehalten. Im Jahre 2011 sinkt der Vorwegabzug um 368 € und anschließend jährlich um 300 €; im Jahre 2019, in dem zum letzten Mal die Günstigerprüfung angewendet wird, erreicht der Vorwegabzug den Wert von 300 €.

Besteuerung der Alterseinkünfte

Nach Abschluss der Übergangsphase unterliegen die meisten *Leibrenten* der vollen Besteuerung.[2] Im Jahre 2005 wird der Ertragsanteil für Bestandsrentner und Neurentner einheitlich auf 50% festgelegt. Bis zum Jahr 2020 erhöht sich der Ertragsanteil für neu in Rente tretende Personen in Schritten von 2 Prozentpunkten auf dann 80%, anschließend in Schritten von einem Prozentpunkt bis auf 100%. Statt jedoch direkt auf den Ertragsanteil abzustellen, bleibt der Unterschiedsbetrag zwischen dem jährlichen Rentenbetrag und dem der Besteuerung unterliegenden Anteil der Rente steuerfrei. Dieser Betrag wird nominal festgesetzt und gilt für die gesamte Laufzeit des Rentenbezugs.

Pensionen unterliegen auch nach der Neuregelung der Besteuerung; langfristig entfallen die besonderen Regelungen zur Werbungskostenpauschale und zum Versorgungsfreibetrag. Nach dem neuen Recht wird der Werbungskostenpauschbetrag für Pensionen ab dem Jahr 2005 auf 102 € reduziert. Die Senkung des Pauschbetrags wird im Jahre 2005 ausgeglichen durch den neu eingeführten Zuschlag zum Versorgungsfreibetrag. Der Zuschlag wird jedoch für neue Versorgungsempfänger in Abhängigkeit vom Jahr des Versorgungsbeginns, beginnend ab 2006, jährlich verringert und entfällt vollständig für Personen, die ab 2040 erstmals eine Pension beziehen.

Der Versorgungsfreibetrag für Beamtenpensionen und Werkspensionen wird schrittweise für jeden ab 2006 neu in den Ruhestand tretenden Jahrgang verringert. Die Absenkung des Versorgungsfreibetrags beträgt zwischen dem Jahr 2005 und dem Jahr 2020 jeweils 1,6 Prozentpunkte und nach dem Jahr 2020 jeweils 0,8 Prozentpunkte. Der Höchstbetrag fällt bis zum Jahr 2020 um 120 € pro Jahr, nach 2020 um 60 € pro Jahr. Der Versorgungsfreibetrag entfällt vollständig für Personen, die ab dem Jahr 2040 erstmals eine Pension beziehen.

Nach der Neuregelung wird der *Altersentlastungsbetrag* im Zeitablauf generationenspezifisch reduziert. Für Jahrgangskohorten, die in den Jahren 2006 bis 2020 das 65. Lebensjahr vollenden, liegt der maßgebliche Anteil der Einkünfte jeweils um 1,6 Prozentpunkte unter dem Wert der Vorgängerkohorte, anschließend bis zum Jahr 2040 um 0,8 Prozentpunkte. Parallel hierzu sinkt der Höchstbetrag ebenfalls auf Null.

---

[2] Dies betrifft Leibrenten aus den gesetzlichen Rentenversicherungen, landwirtschaftlichen Alterskassen, berufsständischen Versorgungseinrichtungen, und nach dem 31.12.2004 abgeschlossene private Renten, die bestimmte im Alterseinkünftegesetz festgelegte Bedingungen erfüllen.

3 Umsetzung der rechtlichen Regelungen im Simulationsmodell

Für die Untersuchung wurde das Steuer-Transfer-Simulationsmodell STSM weiterentwickelt.[3] Die Erweiterungen des Grundmodells betreffen zum einen die im Folgenden beschriebene detailliertere Abbildung der einzelnen Regelungen zur Abzugsfähigkeit von Vorsorgeaufwendungen und zur Besteuerung der Alterseinkünfte. Zum anderen wird anders als im Grundmodell ein langer Zeitraum in der Zukunft betrachtet. Dies erfordert sowohl eine Fortschreibung der Haushalte als auch der Einkommen, die im folgenden Abschnitt beschrieben wird. Verhaltensanpassungen beim Arbeitsangebot, die im STSM modelliert werden können, werden hier nicht berücksichtigt. Daher wird bei der Bestimmung der Steuerbelastung und des Nettohaushaltseinkommens von einem gegebenem Erwerbsumfang der einzelnen Haushalte ausgegangen.

3.1 Regelungen vor Inkrafttreten des Alterseinkünftegesetzes

Das SOEP enthält zwar keine direkten Angaben zu den von den Haushalten steuerlich geltend gemachten Vorsorgeaufwendungen. Da im SOEP aber der Bruttoarbeitslohn relativ genau erhoben wird, können die Rentenversicherungsbeiträge von Arbeitnehmern direkt aus den Daten als Produkt von Arbeitnehmerbeitragssatz und Arbeitslohn unter Berücksichtigung der jeweils gültigen Geringfügigkeitsgrenze und Beitragsbemessungsgrenze berechnet werden. Für Selbständige wurde vereinfachend angenommen, dass sie Altersvorsorgeaufwendungen in Höhe von 150% des Arbeitnehmerbeitrags zur Rentenversicherung tätigen. Private Altersvorsorgeaufwendungen von Beamten werden vernachlässigt. Für Pflichtversicherte in der Kranken- und Pflegeversicherung werden die Beiträge auf der Basis der jeweiligen Einkommen unter Beachtung der Beitragsbemessungsgrenze und Verwendung eines durchschnittlichen Beitragssatzes bestimmt. Für Privatversicherte wird der im Datensatz angegebene Beitrag verwendet. Beiträge zur Arbeitslosenversicherung werden auf der Basis des Lohneinkommens und des Beitragssatzes zur Arbeitslosenversicherung ermittelt.

Die gesetzlichen Regelungen zur Höhe der Vorsorgepauschale in Abhängigkeit von der Höhe des Arbeitseinkommens werden im Modell abgebildet. Die gekürzte Vorsorgepauschale konnte dabei nur den Beamten zugewiesen werden, da für die anderen Arbeitnehmer keine Angaben darüber vorliegen, ob

---

[3] Das STSM basiert auf Daten des Sozio-ökonomischen Panels (SOEP) des DIW Berlin. Die Ausgangsdatenbasis bilden alle erfolgreichen Interviews der Welle S (2002) des SOEP sowie die Kinder unter 16 Jahren in den Haushalten von erfolgreich Befragten, für die ein Haushaltshochrechnungsfaktor und ein Personenhochrechnungsfaktor vorliegen. Damit ergeben sich hochgerechnet etwa 39 Millionen Haushalte mit 81,9 Millionen Personen. Die Grundvariante des STSM simuliert die Nettohaushaltseinkommen unter alternativen steuer- und transferrechtlichen Regelungen sowie unter alternativen Erwerbsumfängen der Haushaltsmitglieder [vgl. die detaillierte Dokumentation des STSM in Steiner et al. (2005)].

sie einen Anspruch auf Altersversorgung ganz oder teilweise ohne eigene Beitragsleistung erwerben. Im Fall der Zusammenveranlagung von Ehepartnern wurden auch die Regelungen für Partner mit einer gekürzten und einer ungekürzten Vorsorgepauschale berücksichtigt. Entsprechend wurden auch die Regelungen zum Vorsorgehöchstbetrag abgebildet, wobei insbesondere auch berücksichtigt wurde, dass bei Selbständigen und Pensionären keine Kürzung des Vorwegabzugs vorgesehen ist.

Die Besteuerung der Alterseinkünfte hängt – wie in Abschnitt 2 beschrieben – von deren Art und dem individuellen Ertragsanteil ab. In der Welle S (2002) des SOEP wird bei den Alterseinkommen des Vorjahres der Befragung nur unterschieden nach Einkünften aus gesetzlicher Altersrente, Invalidenrente oder Beamtenpension (aufgrund eigener Erwerbstätigkeit) und gesetzlicher Witwenrente/-pension bzw. Witwerrente. Daher wurden ergänzend auch Informationen aus der vorhergehenden Welle R (2001) verwendet, in der die einzelnen Quellen der Alterseinkünfte differenziert nach Renten nach eigenem Recht und Hinterbliebenenrenten erhoben wurden. Auf der Basis dieser Angaben wurde die Verteilung der Anteile der einzelnen Rentenarten am Gesamtbetrag der Alterseinkünfte auf die Beobachtungswerte der Welle S übertragen. Vereinfachend lassen sich die Alterseinkünfte dann in drei für die Besteuerung relevante Kategorien unterteilen:

a) *Ertragsanteilsbesteuerung*: Rentenversicherung der Arbeiter und Angestellten, Knappschaft, Altershilfe der Landwirte, Sonstige;
b) *Volle Besteuerung*: Beamtenpensionen, Zusatzversorgung des öffentlichen Dienstes, Betriebliche Altersversorgung;
c) *Steuerfreie Leistungen*: Kriegsopferversorgung, Unfallversicherung.

Da der Ertragsanteil für die individuellen Renteneinkommen im SOEP nicht erfragt wird, wurde bei den Simulationen vereinfachend ein einheitlicher Ertragsanteil von 27% angenommen, was einem Renteneintritt mit 65 Jahren entspricht. Der Ertragsanteil von Renten aus eigenem Recht wird damit wahrscheinlich unterschätzt, da das durchschnittliche Renteneintrittsalter deutlich unter 65 Jahren liegt. Andererseits werden die Ertragsanteile der (meisten) Witwenrenten überschätzt, da sich dieser entsprechend den bis zum Jahr 2004 geltenden Regelungen nach dem Alter der Witwe beim erstmaligen Bezug der Witwenrente richtet.

3.2 Umsetzung der Neuregelungen

Im Modell werden zur rechnerischen Vereinfachung die in Abschnitt 2.2 beschriebenen Neuregelungen für einzelne Eckjahre im Zeitraum 2005 – 2050 abgebildet. Hierzu wurden entsprechend der neuen Rechtslage die gesamten Vorsorgeaufwendungen in Altersvorsorgeaufwendungen und übrige Vorsorgeaufwendungen unterteilt. Für die gegebene Höhe der Vorsorgeaufwendungen werden für jedes Eckjahr und jeden Haushalt die Vorsorgepauschale und der

Vorsorgehöchstbetrag nach neuem Recht unter Beachtung des im jeweiligen Jahr erreichten Einführungsgrades der Reform und für das modifizierte alte Recht ermittelt. Anschließend wird eine Günstigerprüfung zwischen den abzugsfähigen Vorsorgeaufwendungen nach neuem Recht in der Übergangsphase sowie nach modifiziertem alten Recht durchgeführt.

Bei der Abbildung der Neuregelung der Besteuerung der Alterseinkünfte werden sowohl die Veränderungen bei den Leibrenten als auch jene bei der Besteuerung der Beamtenpensionen berücksichtigt. Die Erhöhung des Ertragsanteils für Leibrenten und die Senkung des Versorgungsfreibetrags sowie des Zuschlags zum Versorgungsfreibetrag für Pensionen werden, wie im Gesetz vorgesehen, in Abhängigkeit vom Kalenderjahr des Renteneintritts einer Person vorgenommen. Zur Vereinfachung wurde der in der Übergangsphase bestehende Freibetrag für Leibrenten nach neuem Recht auf der Basis der gesamten Rentenleistungen (gesetzliche und private Renten) gebildet. Die Besteuerung der privaten Renten erfolgt jedoch weiterhin mit dem Ertragsanteil vor der Reform. Der im Zeitverlauf erfolgende Abbau des Altersentlastungsbetrages wird aufgrund der eher geringen quantitativen Bedeutung vereinfachend für alle Berechtigten jährlich (und nicht kohortenspezifisch) bis zum Jahr 2040 auf Null reduziert.

Bei den Berechnungen wird angenommen, dass sich das Vorsorgeverhalten der Bevölkerung durch die Neuregelungen nicht verändert. Zumindest in der Endstufe übersteigen die abzugsfähigen Altersvorsorgeaufwendungen deutlich die Pflichtbeiträge zur GRV, so dass ein Anreiz zu erhöhter Vorsorge gegeben sein dürfte. Hierdurch könnte das tatsächliche Ausmaß des Steuermehraufkommens aufgrund der vollen Abzugsfähigkeit der Altersvorsorgeaufwendungen unterschätzt werden.

4 Bevölkerungs- und Einkommensentwicklung

Da wir in unseren Simulationen einen sehr langfristigen Zeitraum (bis zum Eckjahr 2050) betrachten, muss die zukünftige *Bevölkerungsentwicklung* im Simulationsmodell abgebildet werden. Wir beschränken uns hier auf das relativ einfache Verfahren der *„statischen Alterung"* der Bevölkerungsfortschreibung (*static aging*). Bei diesem Verfahren wird von Verhaltensanpassungen bei der Bevölkerungsentwicklung absehen; die Fortschreibung der Bevölkerung beschränkt sich auf eine Umgewichtung der Hochrechnungsfaktoren der Datenbasis entsprechend einer Bevölkerungsprognose für den gesamten Simulationszeitraum (vgl. dazu z.B. Bach und Schulz 2002). Durch diese Umgewichtung erhalten z.B. Personen einer bestimmten Altersgruppe, deren Anteil an der Gesamtpopulation im Ausgangsjahr der Simulation p_0 und deren Hochrechnungsfaktor x_0 beträgt, im Simulationsjahr t bei einem dann zu erwartenden Bevölkerungsanteil von p_t einen Hochrechnungsfaktor $x_t = x_0 \cdot (\frac{p_t}{p_0})$ zugewiesen. Dadurch repräsentieren Personen, deren Bevölkerungsanteil zwischen dem Basis- und einem gegebenen Eckjahr der Simulation gestiegen (gesunken) ist, bei der Hochrechnung für das betreffende Eckjahr einen entsprechend größeren (geringeren) Teil einer exogen gegebenen Bevölkerung.

Die hier verwendete Bevölkerungsprognose entspricht der Variante 5 der 10. koordinierten Bevölkerungsvorausberechnung (Statistisches Bundesamt, 2003). Da hier auf eine aufwändige Haushaltsprognose verzichtet wird, muss zur Bestimmung der Aufkommens- und Verteilungswirkungen der untersuchten Reform entweder das Haushaltseinkommen und die Steuerbelastung auf die Haushaltsmitglieder aufgeteilt und anschließend auf der Basis der Personenhochrechnungsfaktoren hochgerechnet oder der Haushaltshochrechnungsfaktor in einfacher Weise unter Beachtung der Veränderungen im Niveau und der Altersstruktur der Bevölkerung verändert werden.

Wir folgen hier der zweiten Vorgehensweise und bestimmen im ersten Schritt das Verhältnis der Anzahl der Personen eines Geschlechts und eines Altersjahres in einem Eckjahr des Fortschreibungszeitraums und setzen dieses in Relation zur entsprechenden Anzahl im Jahre 2002 (Basisjahr der Bevölkerungsvorausberechnung). Im zweiten Schritt werden den über 16-jährigen Personen im Datensatz entsprechend ihrem Alter und Geschlecht die im ersten Schritt ermittelten Relationen zugeordnet und mit dem Personenhochrechnungsfaktor aus dem Datensatz multipliziert. Dies ergibt die Anzahl der Personen, die eine Person im Datensatz in einem Fortschreibungsjahr repräsentiert. Im dritten Schritt wird für jeden Haushalt die Anzahl der Personen, die seine Mitglieder repräsentieren, in jedem (Eck-)Jahr des Vorausberechnungszeitraums addiert und in das Verhältnis zur entsprechenden Summe im Basisjahr gesetzt. Diese Relation bildet dann den Anpassungsfaktor für den Haushaltshochrechnungsfaktor.

Die so ermittelte Entwicklung der Haushalte zeigt eine langfristig deutliche Zunahme der Haushalte mit einem Haushaltsvorstand im Alter von 65 Jahren und älter und eine Abnahme der Haushalte mit einem jüngeren Haushaltsvorstand (Tabelle 1). Das beschriebene Verfahren basiert auf der Annahme, dass die Haushaltsstrukturen trotz der Veränderungen in der Bevölkerungsstruktur unverändert bleiben. Wir gehen davon aus, dass die dadurch entstehenden Abweichungen zur tatsächlich zu erwartenden Haushaltsstruktur die unten präsentierten Ergebnisse nur in relativ geringem Umfang beeinflussen. Hinsichtlich der *Einkommensentwicklung* werden in dieser Untersuchung verschiedene Szenarien unterstellt (vgl. unten). In dem von uns als realistisch betrachteten Szenario wird für die Alterseinkünfte aus der GRV eine von der Entwicklung der Erwerbseinkommen abweichende Wachstumsrate angenommen. Diese Annahme ergibt sich aus der zu erwartenden Entwicklung des aktuellen Rentenwerts entsprechend der aktuellen Rentenanpassungsregel. Unter vereinfachenden Annahmen wurden dabei die verschiedenen Komponenten der Rentenanpassungsregel (Veränderung der Bruttolohn- und Gehaltssumme je durchschnittlich beschäftigten Arbeitnehmer, Veränderung des Altersvorsorgeanteils, Nachhaltigkeitsfaktor) berücksichtigt (vgl. 7.1 Rentenanpassung, sowie Anhang 2 zu diesem Band). Da Veränderungen des Beitragssatzes sowie weitere mögliche Einflussfaktoren wie bspw. die Erhöhung des Renteneintrittsalters nicht berücksichtigt wurden, sollte die im unteren Teil von Tabelle 1 dargestellte Entwicklung des aktuellen Rentenwerts als Näherungswert betrachtet werden.

	2005	2010	2020	2030	2040	2050
Haushalte gesamt (in Mio.)	39,64	40,64	41,42	40,80	39,96	38,19
Haushalte mit Haushaltsvorstand unter 65 Jahre (in Mio.)	28,18	28,73	28,38	25,62	24,23	23,00
Haushalte mit Haushaltsvorstand 65 Jahre und älter (in Mio.)	11,46	11,92	13,04	15,18	15,74	15,19
Anstieg der Löhne gegenüber 2005 in %	0,00	7,73	25,02	45,09	68,39	95,42
Angenommene Entwicklung des aktuellen Rentenwerts	26,13	27,42	30,81	33,66	38,30	44,04
Anstieg des aktuellen Rentenwerts (in %)	0	4,9	17,9	28,8	46,6	68,5
Löhne	100	107,73	125,02	145,09	168,39	195,42
Renten	46,4	48,7	54,7	59,8	68,0	78,2
Bruttorentenniveau (in %)	46,40	45,20	43,76	41,19	40,39	40,02

Quelle: Eigene Berechnungen auf Basis der Variante 5 der 10. koordinierten Bevölkerungsvorausberechnung des Statistischen Bundesamtes; zu den Annahmen bezüglich der Einkommensentwicklung vgl. Text.

Tabelle 1. Bevölkerungs- und Einkommensentwicklung.

Aufgrund der im Vergleich zur Zunahme der Bruttolöhne geringeren Steigerung der Renten fällt das Bruttorentenniveau im Zeitablauf. Die Absenkung des Bruttorentenniveaus fällt etwas geringer aus als dies von der Kommission Nachhaltigkeit in der Finanzierung der Sozialen Sicherungssysteme (2003) unter Beachtung des Nachhaltigkeitsfaktors ermittelt wurde. Zur Berücksichtigung der ausgewiesenen Entwicklung des aktuellen Rentenwerts im Simulationsmodell wird den Individuen im Basisjahr eine Entgeltpunktzahl zugeordnet. Die künftigen Renten ergeben sich dann als Produkt aus Entgeltpunktzahl und aktuellem Rentenwert.

Wegen des progressiven Einkommensteuertarifs würde im Fall einer positiven Wachstumsrate der Einkünfte unter Beibehaltung der Parameter dieser Funktion auf dem Niveau des Jahres 2005 das Einkommensteueraufkommen stärker wachsen als die Einkünfte. Es ist jedoch davon auszugehen, dass bei steigenden Einkünften die Parameter der Funktion im Zeitablauf so angepasst werden, dass das Steueraufkommen (annähernd) proportional zu den

Einkünften wächst. Eine solche Anpassung wurde für die Zukunft im Modell unterstellt.

Da die Neuregelungen zur Freistellung der Beiträge und der Besteuerung der Renten für mehrere Größen feste Eurowerte (u.a. Betrag von 20.000 € im Rahmen der Vorsorgehöchstbetragsregelung) vorsehen, stellt sich auch hier die Frage, ob diese in der Zukunft als nominal konstant oder mit dem Einkommenswachstum zunehmend unterstellt werden sollten. Es erscheint plausibel, dass auch diese Größen im Zeitablauf angepasst werden; dies wurde im Simulationsmodell entsprechend umgesetzt.

5 Simulationsergebnisse

Die Aufkommens- und Verteilungswirkungen der Reform sowie ihrer Komponenten „Besteuerung der Alterseinkünfte" und „Vorsorgeaufwendungen" werden für verschiedene Szenarien zur Bevölkerungs- und Einkommensentwicklung ermittelt. In dem von uns als plausibel betrachteten Szenario wird aus dem oben genannten Grund angenommen, dass unter der geltenden Rentenanpassungsregel die Renteneinkommen geringer steigen als die übrigen Einkommen (*Szenario 1*).[4] Um den Effekt der Rentenanpassung zu isolieren, werden die Aufkommens- und Verteilungswirkungen der Reform auch unter der Annahme simuliert, dass die Renteneinkommen gleich wie die übrigen Einkommen mit einer einheitlichen jährlichen Wachstumsrate von 1,5% steigen (*Szenario 2*). Zum Vergleich werden noch zwei weitere Szenarien simuliert: In *Szenario 3* werden die Aufkommens- und Verteilungseffekte des reinen Einkommenswachstums durch Diskontierung mit der in Szenario 2 als einheitlich angenommenen Wachstumsrate der Einkommen herausgerechnet. In *Szenario 4* wird die Bevölkerung als konstant auf dem Niveau des Jahres 2001 angenommen, Einkommenswachstum wird vernachlässigt. Dieses Szenario erlaubt offensichtlich keine realistische Abschätzung der Effekte der Reform, dient aber zwei Zielen: Zum einen erlaubt diese Vorgehensweise einen Vergleich mit den Ergebnissen der Sachverständigenkommission (2003). Zum anderen kann durch den Vergleich der Ergebnisse für diesen Fall mit jenen von Szenario 1 abgeschätzt werden, welche Bedeutung die Bevölkerungs- und Einkommensentwicklung für die Steueraufkommenswirkungen der Reform haben.

---

[4] Nach Abschluss dieser Arbeit schlug der Sachverständigenrat [SVR (2005, S. 334)] die Einführung eines *Nachholfaktors* vor. Mit diesem Faktor sollten wegen der Blockierung von Minderungen des Rentenwertes gemäß § 68 Abs. 5 SBG VI unterbliebene Rentensenkungen gegen eventuelle spätere Rentensteigerungen aufgerechnet werden. Rentensteigerungen könnten bei Geltung eines solchen Nachholfaktors erst dann stattfinden, wenn alle in der Vergangenheit unterbliebenen Rentenminderungen kompensiert werden. Union und SPD haben sich im Koalitionsvertrag auf einen Nachholfaktor verständigt, dessen Einführung aber noch offen gelassen wurde. Sollte ein solcher Nachholfaktor tatsächlich eingeführt werden, könnten die Renteneinkommen noch geringer als von uns angenommen steigen und die Simulationsergebnisse erheblich beeinflussen. Dieses Szenario konnte in der vorliegenden Arbeit leider nicht mehr berücksichtigt werden. Es hätte jedoch dramatische Konsequenzen für die Simulationsergebnisse.

5.1 Aufkommenswirkungen

Im Folgenden werden sowohl die Aufkommenswirkungen der Gesamtreform (Besteuerung der Alterseinkünfte und geänderte Regelungen bei den Vorsorgeaufwendungen) als auch die Effekte, die sich jeweils aus den beiden einzelnen Komponenten ergeben, dargestellt. Diese Effekte werden vor allem für das von uns als realistisch betrachtete Szenario 1 diskutiert; zum Vergleich mit anderen Berechnungen werden auch die Aufkommenswirkungen der Reform und ihrer Komponenten unter der Annahme konstanter Bevölkerung und gegebener Einkommen dargestellt.

Im Jahre 2005 ergibt sich für die *Gesamtreform* bei *Szenario 1* und – da sich die Annahmen zur Bevölkerungs- und Einkommensentwicklung für dieses Ausgangsjahr unserer Simulationen nicht unterscheiden – auch für die übrigen Szenarien ein Defizit von etwa 1,2 Mrd. €. Dieses Defizit ist deutlich höher als nach den Berechnungen der Sachverständigenkommission (2003) und etwas höher als nach den Berechnungen des BMF (2004), die im unteren Teil von Tabelle 2 ausgewiesen sind. Wie die Simulationsergebnisse für die beiden Komponenten *Besteuerung der Alterseinkünfte* und *Freistellung der Vorsorgeaufwendungen* zeigen, beruht das von uns ermittelte höhere Defizit auf höheren Steuerausfällen aufgrund der stärkeren Freistellung der Vorsorgeaufwendungen. Bis zum Jahr 2010 steigt das Defizit nach unserer Berechnung wie auch nach den Berechnungen der Sachverständigenkommission und des BMF deutlich an. Der etwas höhere Anstieg in der Berechnung des BMF dürfte auf der Berücksichtigung der hier vernachlässigten Einführung der Steuerfreiheit für Beiträge zu Direktversicherungen beruhen.

In den Folgejahren ergeben sich in *Szenario 1* weiterhin niedrigere Steuereinnahmen im Vergleich zum Steueraufkommen unter Fortbestand des bis zum Jahr 2004 geltenden Rechts. Bis 2020 steigt das Defizit auf knapp 11 Mrd. € an. Während die Freistellung der Beiträge in diesem Jahr bereits annähernd erreicht ist, wird ein hoher Teil der Renten noch nicht voll besteuert. Nach 2025 geht das Defizit zurück, da in diesem Jahr die Freistellung der Vorsorgeaufwendungen abschlossen ist, die höhere Besteuerung der Renten jedoch noch nicht. Nach dem weitgehenden Abschluss der Übergangsphase im Eckjahr 2050 ergibt sich ein positiver Effekt der Gesamtreform in Höhe von ca. 2 Mrd. €. Dies resultiert aus einem positiven Aufkommenseffekt durch die Reform der Besteuerung der Alterseinkünfte in Höhe von gut 34 Mrd. € und einem negativen Aufkommenseffekt durch die veränderte Abzugsfähigkeit der Vorsorgeaufwendungen von ca. 32 Mrd. € im Jahre 2050.

Auch in *Szenario 2* ergibt sich bis zum Jahr 2030 ein Steuerminderaufkommen durch die Reform. In den Folgejahren ist das Steueraufkommen jedoch höher als unter geltendem Recht. Im Eckjahr 2050 ergibt sich aufgrund der Annahme stärker steigender Renteneinkommen ein im Vergleich zu Szenario 1 deutlich höherer Aufkommenseffekt der Besteuerung der Alterseinkünfte von 46 Mrd. €. Da bei diesem Szenario jedoch unterstellt wird, dass das im Rentenanpassungsgesetz zur Stabilisierung der Rentenbeiträge vorgesehene

	Szenario		2005	2010	2020	2030	2040	2050
Eigene Berechnungen	1	GR	-1,2	-4,9	-10,7	-10,1	-3,2	2,2
		RB	1,6	2,7	8,5	16,7	26,3	34,4
		VA	-2,8	-7,5	-19,3	-26,9	-29,7	-32,3
	2	GR	-1,2	-4,7	-9,6	-5,5	5,4	14,1
		RB	1,6	2,8	9,6	21,1	34,6	46,0
		VA	-2,8	-7,6	-19,3	-26,9	-29,6	-32,3
	3	GR	-1,2	-4,4	-7,7	-3,8	3,2	7,2
		RB	1,6	2,6	7,7	14,6	20,6	23,5
		VA	-2,8	-7,0	-15,5	-18,5	-17,6	-16,5
	4	GR	-1,2	-4,5	-9,2	-9,3	-3,8	-1,2
		RB	1,6	2,5	6,7	11,7	17,1	19,8
		VA	-2,8	-7,0	-16,0	-21,1	-21,1	-21,1
BMF		GR	-0,7	-5,8	(/)	(/)	(/)	(/)
		RB	1,5	1,7	(/)	(/)	(/)	(/)
		VA	-2,1	-7,5	(/)	(/)	(/)	(/)
Sachverständigenkommission		GR	-0,10	-4,60	(/)	(/)	(/)	[-7,8]
		RB	2,00	2,20	(/)	(/)	(/)	[14,2]
		VA	-2,10	-6,80	(/)	(/)	(/)	-22,00

Quellen: Eigene Berechnungen auf der Basis des BMF (2004), Sachverständigenkommission (2003), eigene Berechnungen.

Anmerkungen:
Zur Definition der Szenarien 1 - 4 vgl. Text; GR = Gesamtreform, RB = alleinige Besteuerung der Alterseinkünfte, VA = alleinige Veränderung bei den Vorsorgeaufwendungen; die Summe aus RB und VA muss mit der für die GR ausgewiesenen Größe nicht übereinstimmen, da sich die Veränderung der Regelung zur Abzugsfähigkeit der Vorsorgeaufwendungen unter altem und neuen Recht unterschiedlich auswirken.
(/): Werte nicht verfügbar; [ ]: Werte aufgrund der ausschließlichen Abbildung der Veränderungen bei Leibrenten nur eingeschränkt vergleichbar mit den Ergebnissen der eigenen Berechnungen für die Veränderungen bei Leibrenten *und* Pensionen.
Bundesministerium der Finanzen: Zusammenfassung aus den Effekten folgender Änderungen: Neuregelung der steuerlichen Berücksichtigung von Vorsorgeaufwendungen mit stufenweiser Verbesserung des Abzugs von Altersvorsorgebeiträgen und Abgleich mit dem bisherigen Recht (§ 10 Abs. 1 Nr. 2 und 3, Abs. 3, § 10c EStG), Steuerfreiheit der Beiträge für Direktversicherungen (§ 3 Nr. 63 EStG), § 9a Anpassung des Arbeitnehmerpauschbetrags für Pensionäre an den allgemeinen Werbungskostenpauschbetrag (§ 9a EStG), Einführung eines Zuschlags zum Versorgungsfreibetrag, Stufenplan zur Abschmelzung des Versorgungsfreibetrags und des Zuschlags (§ 19 Abs. 2), Stufenplan zur Besteuerung von Leibrenten (§ 22 Nr. 1 Satz 3 a) aa) EStG), Senkung der Ertragsanteile für Leibrenten, die aus versteuertem Einkommen erworben wurden (§ 22 Nr. 1. Satz 3 a) bb) EStG), stufenweises Abschmelzen des Altersentlastungsbetrags (§ 24a EStG), Senkung der Ertragsanteile für Leibrenten, die auf eine bestimmte Zeit beschränkt sind (§ 55 EStDV); 2005: volle Jahreswirkung, 2010: Kassenaufkommen.

Tabelle 2. Aufkommenswirkungen des Alterseinkünftegesetzes, in Mrd. €.

geringere Wachstum der Renteneinkommen relativ zu den Lohneinkommen nicht realisiert wird, ergeben sich indirekte Aufkommenseffekte, die bei unseren Berechnungen nicht berücksichtigt werden. Entweder müssten die Rentenbeiträge und damit die Vorsorgeaufwendungen erhöht oder die steigenden Defizite der gesetzlichen Rentenversicherung durch einen höheren Bundeszuschuss ausgeglichen werden oder es müsste eine Kombination aus beiden erfolgen. Auf jeden Fall würde sich dadurch der hier für Szenario 2 ausgewiesene Aufkommenseffekt deutlich reduzieren.

Wird die Einkommensentwicklung durch Diskontierung mit der unterstellten Wachstumsrate herausgerechnet (*Szenario 3*), verringern sich sowohl die Werte für die Defizite als auch die Überschüsse, unverändert bleiben jedoch die Vorzeichen.

Die Bedeutung der Bevölkerungsentwicklung für die Aufkommenseffekte der Gesamtreform und deren Komponenten zeigt der Vergleich zwischen *Szenario 3* und *Szenario 4*. Im Eckjahr 2050 ergibt sich bei ersterem nach unserer Berechnung ein Aufkommenseffekt der Gesamtreform von -1,2 Mrd. €, unter Berücksichtigung der zu erwartenden Bevölkerungsentwicklung beträgt dieser 7,2 Mrd. €. Die unterschiedliche zeitliche Entwicklung der Aufkommenseffekte der beiden Reformen resultiert sowohl aus Unterschieden bei der Besteuerung der Alterseinkünfte als auch den Vorsorgeaufwendungen in den einzelnen Eckjahren (vgl. Tabelle 2).

Da in *Szenario 4* Einkommen und Bevölkerung konstant gehalten werden, können die Aufkommenswirkungen, die sich ausschließlich aus der Reform ergeben, isoliert werden.[5] Die in Tabelle 2 ausgewiesenen hypothetischen Aufkommenseffekte zeigen einen Anstieg des zusätzlichen Steueraufkommens aufgrund der veränderten Besteuerung der Alterseinkünfte von etwa 1,6 Mrd. € im Jahre 2005 auf etwa 20 Mrd. € im Jahre 2050. Der deutliche Anstieg des Mehraufkommens bis zum Jahr 2010 resultiert aus der Erhöhung des Ertragsanteils von 50% im Jahre 2005 auf 60% im Jahre 2010 für Personen, die in diesem Zeitraum neu in Rente eintreten. Darüber hinaus sind die in Abschnitt 2.2 beschriebenen Neuregelungen beim Versorgungsfreibetrag und beim Altersentlastungsbetrag von Bedeutung. Die negativen Aufkommenseffekte der veränderten Abzugsfähigkeit der Vorsorgeaufwendungen steigen aufgrund der zunehmenden Freistellung von 2,8 Mrd. € im Jahre 2005 auf etwa 21 Mrd. € im Jahre 2025 und bleiben in den Folgejahren konstant, da die Einführung der Rechtsänderungen mit dem Jahre 2025 abgeschlossen ist. Da das Aufkommen aus der Besteuerung der Alterseinkünfte auch bei konstanter Bevölkerung und konstantem Einkommen aufgrund der Reform weiter zunimmt, sinkt das gesamte Defizit nach 2030 kontinuierlich auf den für das Eckjahr 2050 berechneten Wert von ca. 1 Mrd. €.

Für die Jahre 2005 und 2010 liegen Vergleichswerte zu unserem Szenario 4 aus den Berechnungen des BMF (2004) sowie der Sachverständigenkommis-

---

[5] Bei der Beurteilung der Ergebnisse für alle Szenarien sollte jedoch bedacht werden, dass hier angenommen wurde, dass sich das Vorsorgeverhalten aufgrund der Neuregelungen nicht ändert.

sion (2003) vor. Im Jahre 2005 liegt der Aufkommenseffekt der Reform der Besteuerung der Alterseinkünfte nach der eigenen Berechnung etwas unter dem von der Sachverständigenkommission und geringfügig über dem durch das BMF geschätzten Niveau. Im Jahre 2010 besteht ein geringer Unterschied zwischen den Ergebnissen der eigenen Berechnung und dem Ergebnis der Sachverständigenkommission, jedoch ein deutlicherer Unterschied zum Ergebnis des BMF. Möglicherweise wird das Mehraufkommen in der Simulation etwas überschätzt. Dies könnte durch die Annahme eines zu niedrigen Wertes für den (mittleren) Ertragsanteil im Ausgangszustand bedingt sein.

Die Steuermindereinnahmen aufgrund der veränderten Abzugsfähigkeit der Vorsorgeaufwendungen sind im Jahre 2005 nach unserem *Szenario 4* höher als nach den Berechnungen der Sachverständigenkommission und des BMF, während im Jahre 2010 nur relativ geringe Unterschiede zwischen den Ergebnissen bestehen. Eine Ursache für das höhere Defizit in der Berechnung des BMF dürfte darin bestehen, dass diese auch die Steuerfreiheit für Beiträge zu Direktversicherungen einbeziehen. Im Jahre 2050 zeigt sich nur eine relativ geringe Abweichung zwischen dem Ergebnis der eigenen Berechnung und dem Ergebnis der Sachverständigenkommission.

Diese hat unter der Annahme konstanter Verhältnisse des Jahres 2005 auch die Steueraufkommensänderungen nach der vollen Einführung des Systems berechnet. Allerdings wurden dabei die Neuregelungen bei der Besteuerung der Pensionen nicht berücksichtigt. Darüber hinaus ist die Vergleichbarkeit zur hier erfolgenden Berechnung auch dadurch eingeschränkt, dass im Eckjahr 2050 die Neuregelung zwar überwiegend, aber noch nicht vollständig eingeführt ist. Unter Vernachlässigung dieses Aspekts lassen sich die Ergebnisse der Sachverständigenkommission mit den in *Szenario 4* ermittelten Ergebnissen zur Reform der Alterseinkünfte ohne Berücksichtigung der Änderungen bei den Pensionen vergleichen. In diesem Fall liegt das von uns simulierte Mehraufkommen um etwa 2,5 Mrd. € über dem von der Sachverständigenkommission ermittelten Wert von ca. 14 Mrd. €.

5.2 Verteilungswirkungen

In Tabelle 3 sind für die Gesamtreform und deren Komponenten die auf der Basis von *Szenario 1* simulierte Anzahl der Be- und Entlasteten, die Höhe ihrer Be- bzw. Entlastung und als Maßzahl der Ungleichheit Gini-Koeffizienten[6] ausgewiesen. Um unterschiedliche Haushaltsgrößen zu berücksichtigen, werden die Berechnungen auf der Basis von Nettohaushaltsäquivalenzeinkommen[7] durchgeführt.

---

[6] Der Gini-Koeffizient ist ein zwischen dem Wert Null (Gleichverteilung) und dem Wert Eins (Konzentration der gesamten Merkmalssumme auf eine Person) normiertes Verteilungsmaß (vgl. zum Vergleich mit anderen Verteilungsmaßen Becker und Hauser 2005, Kap. 3.2 und Anhang, S. 293f.).

[7] Das Nettohaushaltsäquivalenzeinkommen wird definiert als Nettohaushaltseinkommen dividiert durch die Quadratwurzel der Anzahl der Haushaltsmitglieder. Für die Be-

Die Gesamtzahl der durch die *Gesamtreform* belasteten Haushalte (einschließlich jener, die bereits unter altem Recht Steuern zahlen) steigt von etwa 3 Millionen im Jahre 2005 auf etwa 12,5 Millionen Haushalte im Jahre 2050 an. Die Gesamtzahl der *belasteten* Haushalte setzt sich zusammen aus den belasteten Haushalten mit Alterseinkünften sowie den Haushalten, die geringere Vorsorgeaufwendungen abziehen können. Zu letzteren zählen Haushalte, die im Wesentlichen nur Beiträge zur Kranken- und Pflegeversicherung leisten. Eine Ausnahme bilden hierbei die Jahre 2005 und 2010. In diesen beiden Jahren setzt sich die Gruppe der Belasteten aufgrund der Günstigerprüfung bei den Vorsorgeaufwendungen allein aus den Betroffenen bei der Reform der Alterseinkünfte zusammen. Die durchschnittliche Belastung je zusätzlich belasteten Haushalt steigt von etwa 600 € im Jahre 2005 auf knapp 2.700 € im Jahre 2050 (vgl. Tabelle 3).

Die Anzahl der *entlasteten* Haushalte steigt von gut 13 Millionen im Jahre 2005 auf zunächst bis knapp 18 Millionen Haushalte im Jahre 2020 an und geht anschließend bis zum Jahr 2050 wieder auf knapp 15 Millionen Haushalte zurück. Die durchschnittliche Entlastung je entlasteten Hauhalt steigt zwischen den Jahren 2005 und 2050 von etwa 220 € auf etwa 2.100 €.

Die durch den Gini-Koeffizienten gemessene Ungleichverteilung der Nettohaushaltsäquivalenzeinkommen nimmt über den gesamten Betrachtungszeitraum unter dem neuen Recht im Vergleich zum alten Recht zu. Wie weiter unten gezeigt wird, ist die wesentliche Ursache dafür die stärkere Freistellung von Vorsorgeaufwendungen bei höheren Einkommen, die nicht durch die zusätzliche Besteuerung insbesondere hoher Alterseinkünfte ausgeglichen wird.

Wie Tabelle 3 zeigt, steigt die Ungleichverteilung des Nettohaushaltsäquivalenzeinkommens, gemessen am Gini-Koeffizienten, bezüglich der *alleinigen Besteuerung der Alterseinkünfte* nach dem Alterseinkünftegesetz weniger als nach der bis Ende des Jahres 2004 geltenden Rechtslage, da die Erhöhung des Ertragsanteils aufgrund der graduellen Einführung zunächst nur Haushalte mit sehr hohen Renteneinkommen sowie weiteren Einkünften betrifft. Im Jahre 2050 erreicht sie jedoch annähernd wieder den Wert, den der Gini-Koeffizient in diesem Jahr nach unserer Simulation auch ohne die Reform erreicht hätte.

Von den etwa 3,0 Millionen zusätzlich belasteten Rentnern im Jahre 2005 haben etwa 400.000 eine zusätzliche Belastung von weniger als 100 € und etwa 500.000 eine zusätzliche Belastung von über 1.000 € zu tragen. Nach 2030 zeigt sich eine Annäherung des Gini-Koeffizienten nach neuem Recht zum Gini-Koeffizienten nach altem Recht, ohne diesen ganz zu erreichen. Offenbar werden ab einer bestimmten Höhe des Ertragsanteils zunehmend auch Haushalte mit einem unterdurchschnittlichen Haushaltsnettoäquivalenzeinkommen steuerpflichtig. Bis zum Jahr 2050 steigt die Anzahl der zusätzlich belasteten Haushalte auf etwa 12,4 Millionen und damit auf etwa ein Drittel aller Haus-

---

gründung der Verwendung von Nettohaushaltsäquivalenzeinkommen und unterschiedlichen Gewichtungen vgl. z.B. Becker und Hauser (2005, Kap. 3.1.2).

	2005	2010	2020	2030	2040	2050
Gesamtreform						
Gesamtzahl der Haushalte	39,64	40,64	41,42	40,80	39,96	38,19
Belastete Haushalte	2,96	3,93	7,86	9,74	11,81	12,53
Durchschnittliche zusätzliche Belastung in €	587,15	665,34	1055,37	1634,86	2161,74	2672,29
Belastung < 100 €	0,36	0,58	0,97	0,47	0,60	0,36
Belastung ≥ 100 € und < 1000 €	2,10	2,46	4,21	4,32	4,32	4,09
Belastung ≥ 1000 €	0,50	0,90	2,68	4,96	6,89	8,07
Entlastete Haushalte	13,30	17,15	17,77	16,61	15,77	14,83
Durchschnittliche Entlastung in €	224,04	437,59	1067,18	1569,01	1818,80	2106,84
Entlastung < 100 €	5,77	2,07	1,05	0,65	0,58	0,48
Entlastung ≥ 100 € und < 1000 €	6,95	13,61	9,45	6,51	5,48	4,51
Entlastung ≥ 1000 €	0,58	1,47	7,26	9,45	9,72	9,84
Gini-Koeffizient altes Recht	0,3031	0,3078	0,3140	0,3179	0,3209	0,3242
Gini-Koeffizient neues Recht	0,3039	0,3095	0,3174	0,3224	0,3262	0,3302
Besteuerung der Alterseinkünfte						
Haushalte mit Alterseinkünften	14,82	15,59	17,24	18,90	19,04	18,48
Belastete Haushalte nach altem Recht	2,81	2,96	3,24	3,22	3,09	2,99
Belastete Haushalte nach neuem Recht	3,93	4,46	7,05	9,72	11,72	12,44
Neu belastete Haushalte	1,17	1,53	3,81	6,50	8,62	9,45
Zusätzlich belastete Haushalte	3,02	4,05	6,92	9,65	11,67	12,40
Durchschnittliche zusätzliche Belastung in €	599,22	691,45	1228,24	1716,28	2248,70	2764,58
Belastung < 100 €	0,40	0,57	0,39	0,50	0,55	0,32
Belastung ≥ 100 € und < 1000 €	2,13	2,64	3,84	3,98	4,05	3,80
Belastung ≥ 1000 €	0,52	0,95	2,83	5,32	7,19	8,40
Gini-Koeffizient altes Recht	0,3031	0,3078	0,3140	0,3179	0,3209	0,3242
Gini-Koeffizient neues Recht	0,3026	0,3071	0,3129	0,3165	0,3201	0,3241
Änderung bei den Vorsorgeaufwendungen						
Gesamtzahl der Haushalte	39,64	40,64	41,42	40,80	39,96	38,19
Entlastete Haushalte	13,22	17,54	18,91	17,84	16,94	15,97
Durchschnittliche Entlastung in €	211,70	430,76	1040,06	1524,26	1768,39	2045,82
Entlastung < 100 €	5,76	2,18	1,25	0,71	0,62	0,53
Entlastung ≥ 100 € und < 1000 €	6,95	13,89	10,16	7,33	6,19	5,19
Entlastung ≥ 1000 €	0,51	1,47	7,49	9,80	10,14	10,25
Zusätzlich belastete Haushalte	0,00	0,00	2,30	1,30	1,26	1,19
Durchschnittliche zusätzliche Belastung in €	0,00	0,00	146,40	223,69	249,56	292,27
Gini-Koeffizient altes Recht	0,3031	0,3078	0,3140	0,3179	0,3209	0,3242
Gini-Koeffizient neues Recht	0,3044	0,3102	0,3185	0,3235	0,3266	0,3299

Quelle: Eigene Berechnungen

Tabelle 3. Verteilungseffekte des Alterseinkünftegesetzes – Szenario 1.

halte bzw. auf etwa zwei Drittel aller Haushalte mit Alterseinkünften. Die im Vergleich zum alten Recht höhere durchschnittliche Steuerbelastung der Haushalte beträgt im Jahre 2005 etwa 600 € und steigt bis zum Jahr 2050 auf etwa 2.800 € an. Ursache dafür ist für die überwiegende Mehrheit der zusätzlich belasteten Haushalte die Erhöhung des Ertragsanteils für Leibrenten.

Hinsichtlich der Auswirkungen der ausschließlichen Neuregelung zur Besteuerung der *Leibrenten* lässt sich ein Teil der Simulationsergebnisse unter der Annahme konstanter Bevölkerung und Einkommen (Szenario 4) mit den Ergebnissen von Berechnungen des BMF [vgl. Brall (2004)] für das Jahr 2005 und der Sachverständigenkommission (2003) für die Jahre 2005 und 2010 vergleichen. Die Anzahl der Haushalte mit positiven Steuerzahlungen unter den Haushalten mit Rentenbezug stimmt im Jahre 2005 nach unseren Berechnungen unter altem und neuem Recht annähernd mit den Ergebnissen des BMF überein (vgl. Tabelle 6 im Anhang). Höher als nach unserer Berechnung und jener des BMF ist dagegen die Anzahl der zusätzlich belasteten Haushalte nach den Angaben der Sachverständigenkommission im Jahre 2005. Andererseits ist die durchschnittliche Belastung je zusätzlich belastetem Haushalt nach unserer Berechnung höher. Möglicherweise erfasst die Berechnung der Sachverständigenkommission in einem höheren Maße Haushalte mit einer sehr geringen zusätzlichen Belastung durch die Erhöhung des Ertragsanteils, was sich erhöhend auf die Zahl der Belasteten, jedoch mindernd auf die durchschnittliche Belastung auswirkt.

Die Anzahl der durch die *geänderte Abzugsfähigkeit der Vorsorgeaufwendungen* entlasteten Haushalte steigt von gut 13 Millionen Haushalten im Jahre 2005 auf knapp 16 Millionen Haushalten im Jahre 2050. Während die Anzahl der entlasteten Haushalte nach unserer Berechnung in den Jahren 2005 und 2010 höher ausfällt als nach der Berechnung der Sachverständigenkommission (2003), ergeben sich annähernd vergleichbare Werte für die durchschnittliche Entlastung je Haushalt. Diese steigt von etwa 200 € je Haushalt und Jahr im Jahre 2005 auf etwa 2.000 € im Jahre 2050.

Andererseits ergeben sich für einen Teil der Haushalte aufgrund der Neuregelungen *Belastungen* spätestens dann, wenn die Günstigerprüfung mit dem alten Recht im Jahre 2019 ausläuft.[8] Diese Gruppe besteht zu einem Teil aus Haushalten, deren Vorsorgeaufwendungen ausschließlich aus Kranken- und Pflegeversicherungsbeiträgen bestehen. Hierzu zählen insbesondere auch die Bezieher von Leibrenten. Der Vorsorgehöchstbetrag für diese Aufwendungen ist nach neuem Recht niedriger als nach altem Recht. Die Bezieher von Leibrenten werden also durch die Reform nicht nur über die oben betrachtete Erhöhung des Ertragsanteils betroffen, sondern – sofern ihre Vorsorgeaufwendungen 1.500 € (Alleinstehende) bzw. 3.000 € (zusammenveranlagte Ehepaare) übersteigen – auch durch die Einschränkung der Abzugsfähigkeit der übrigen Vorsorgeaufwendungen. Unter den hier gewählten Eckjahren ergibt sich

---

[8] Bis zum Jahr 2010 kann keine höhere Belastung eintreten, weil bis zu diesem Jahr alle Werte für Vorsorgepauschale und Vorsorgehöchstbetrag mit jenen nach altem Recht übereinstimmen.

die höchste Anzahl an Belasteten im Jahre 2020, wenn die Freistellung der Altersvorsorgeaufwendungen noch nicht vollständig eingeführt ist. Die durchschnittliche Belastung je belasteten Haushalt ist jedoch mit knapp 300 € im Eckjahr 2050 relativ gering.

Da von der Neuregelung der Abzugsfähigkeit der Vorsorgeaufwendungen (bei Alleinstehenden) zunächst nur Personen mit überdurchschnittlichem Einkommen profitieren, nimmt die Ungleichverteilung des Nettohaushaltsäquivalenzeinkommens durch die Reform mehr zu als nach altem Recht. Dies zeigt sich in einem Anstieg des Gini-Koeffizienten in den einzelnen Eckjahren, wobei die Zunahme der Ungleichheit in den späteren Jahren stärker ist (vgl. Tabelle 3). Die Veränderung des Gini-Koeffizienten für die alleinige Veränderung der steuerlichen Behandlung der Vorsorgeaufwendungen ist deutlich höher als die oben betrachtete Veränderung durch die Neuregelung zur Besteuerung der Alterseinkünfte. Die volle Freistellung der Altersvorsorgeaufwendungen hat daher einen erheblich größeren Einfluss auf die Verteilung des Nettohaushaltsäquivalenzeinkommens als der Übergang zur vollen Besteuerung der Alterseinkünfte.

Die Auswirkungen der Gesamtreform auf die Einkommensverteilung können auf der Basis der Simulationsergebnisse zurückgeführt werden auf das Alterseinkünftegesetz einerseits und die Bevölkerungsentwicklung sowie die unterschiedliche Entwicklung der Renten- und Erwerbseinkommen andererseits. Als Ausgangsbasis für diese *Zerlegung der Verteilungswirkungen* wählen wir das Jahr 2005 und die dort gegebene Verteilung der Einkommen. Die Veränderungen gegenüber dem Jahre 2005 (Gesamtänderung) ergibt sich dann als Differenz des Gini-Koeffizienten in Szenario 1 unter neuem Recht zum Gini-Koeffizienten unter unverändertem Recht im Jahre 2005. Die für die einzelnen Eckjahre in Tabelle 4 ausgewiesene Gesamtänderung setzt sich zusammen aus den Auswirkungen der Bevölkerungsentwicklung, der Veränderung der Renteneinkommen und den Neuregelungen durch das Alterseinkünftegesetz.

Der Beitrag des Alterseinkünftegesetzes zur Veränderung der Einkommensverteilung unter gegebener Veränderung der Bevölkerung und der Renteneinkommen besteht in der Differenz des Gini-Koeffizienten mit und ohne Rechtsänderung in Szenario 1. Der Beitrag der Bevölkerungsentwicklung ergibt sich als Differenz aus den Gini-Koeffizienten in den Szenarien 2 und 4 jeweils ohne Änderung der Rentenleistungen und ohne Alterseinkünftegesetz. Wie Tabelle 4 zeigt, ist der Beitrag der Bevölkerungsentwicklung in den einzelnen Eckjahren größer als der Beitrag des Alterseinkünftegesetzes. Noch größer ist allerdings der Beitrag des verminderten Rentenanstiegs (geringere Entwicklung der Renten relativ zu den Erwerbseinkommen). Dieser ergibt sich als Differenz der Gini-Koeffizienten in den Szenarien 1 und 2, jeweils ohne Berücksichtigung des Alterseinkünftegesetzes (d.h., entsprechend dem alten Recht). So entfällt beispielsweise knapp die Hälfte des gesamten Anstiegs des Gini-Koeffizienten von 0,0271 im Zeitraum 2005 – 2050 auf diese Komponente, während der Beitrag des Alterseinkünftegesetzes nur knapp ein Viertel zum Gesamtanstieg beiträgt.

	2005	2010	2020	2030	2040	2050
Gesamtentwicklung[a]	0,0007	0,0064	0,0143	0,0193	0,0230	0,0271
Beitrag des Alterseinkünftegesetzes (vgl. o.)[b]	0,0007	0,0017	0,0034	0,0046	0,0052	0,0060
Beitrag der Bevölkerungsentwicklung[c]	0,0000	0,0031	0,0068	0,0055	0,0065	0,0085
Beitrag des verminderten Rentenanstiegs[d]	0,0000	0,0016	0,0040	0,0092	0,0113	0,0126

Quelle: Eigene Berechnungen.

[a] Differenz zwischen den Gini-Koeffizienten in Szenario 1 mit Alterseinkünftegesetz in den Eckjahren und dem Gini-Koeffizienten nach Recht ohne Alterseinkünftegesetz im Jahre 2005

[b] Differenz zwischen den Gini-Koeffizienten in Szenario 1 mit Alterseinkünftegesetz und ohne Alterseinkünftegesetz in den Eckjahren

[c] Differenz zwischen den Gini-Koeffizienten in Szenario 2 und 4, jeweils ohne Alterseinkünftegesetz in den Eckjahren

[d] Differenz zwischen den Gini-Koeffizienten in Szenario 1 und 2, jeweils ohne Alterseinkünftegesetz in den Eckjahre

Tabelle 4. Zerlegung der Gesamtentwicklung der Ungleichheit (Gini-Koeffizienten).

6 Zusammenfassung und Schlussfolgerung

Unsere Analyse der Aufkommens- und Verteilungseffekte der Neuregelungen des Alterseinkünftegesetzes zur steuerlichen Behandlung von Altersvorsorgeaufwendungen und zur Besteuerung der Alterseinkünfte mit Hilfe eines Mikrosimulationsmodells für Eckjahre bis zum Jahr 2050 haben gezeigt, dass diese in der mittleren und langen Frist ganz wesentlich von der zu erwartenden Bevölkerungs- und Einkommensentwicklung abhängen. Vernachlässigt man die zu erwartende Bevölkerungsentwicklung, dann führen die Neuregelungen zur Abzugsfähigkeit der Altersvorsorgeaufwendungen und zur Besteuerung von Renten in einem Teil der Übergangsphase zu erheblichen Budgetdefiziten. Das Maximum dieser Defizite wird etwa um das Jahr 2025 erreicht, wenn die Freistellung der Beiträge bereits in vollem Umfang erfolgt, die Besteuerung der Renten jedoch noch nicht voll eingeführt ist. Auch im letzten Jahr des hier berücksichtigten Zeitraums, dem Jahr 2050, besteht ein Defizit. Insoweit bestätigen die durchgeführten Berechnungen frühere Ergebnisse der Sachverständigenkommission (2003).

Unter Berücksichtigung der Bevölkerungsentwicklung ist jedoch langfristig mit einem höheren Steueraufkommen zu rechnen. Das Mehraufkommen fällt allerdings dann relativ gering aus, wenn berücksichtigt wird, dass die Renteneinkünfte unter der geltenden Rentenanpassungsregel in der Zukunft in geringerem Ausmaß steigen dürften als die Lohneinkommen. In diesem von uns als realistisch angesehenen Szenario ergibt sich im Eckjahr 2050, bei dem die Übergangsphase der Reform weitgehend abgeschlossen ist, ein durch die

Gesamtreform resultierender Überschuss von ca. 2 Mrd. €. In der Übergangsphase ergeben sich auch bei diesem Szenario zum Teil erhebliche Defizite, da die Steuerausfälle aufgrund der stärkeren Freistellung der Vorsorgeaufwendungen durch das zusätzliche Aufkommen durch die verstärkte Besteuerung der Alterseinkünfte bei weitem nicht kompensiert werden können. Die zu erwartenden Defizite hängen aber auch davon ab, inwieweit durch die verstärkte Freistellung der Vorsorgeaufwendungen das Sparverhalten der privaten Haushalte beeinflusst wird. Mögliche Verhaltensanpassungen beim Sparverhalten für Vorsorgezwecke konnten hier nicht berücksichtigt werden.

Die Reform hat auch eine größere Ungleichheit in der Verteilung der Nettohaushaltsäquivalenzeinkommen zur Folge. Dies ergibt sich aus gegenläufigen Effekten der beiden Komponenten der Neuregelung: der stärkeren Besteuerung der Renten und der Freistellung der Beiträge. Die stärkere Besteuerung von Renten sowie von Pensionen führt zu einem Rückgang der Ungleichheit. Dieser Rückgang fällt zu Beginn der Einführungsphase stärker aus als gegen deren Ende. Dies ist darauf zurückzuführen, dass zu Beginn der Übergangsphase nur Haushalte mit hohen Einkommen betroffen werden. Mit weiterer Anhebung des Ertragsanteils werden dann auch zunehmend Haushalte mit niedrigeren Einkommen betroffen. Die graduelle Freistellung der Beiträge begünstigt jedoch eindeutig Haushalte mit einem überdurchschnittlichen Nettohaushaltseinkommen und führt damit zu einer ungleicheren Verteilung der Nettohaushaltsäquivalenzeinkommen. Die Auswirkungen der Freistellung der Altersvorsorgeaufwendungen auf die Verteilung des Nettohaushaltsäquivalenzeinkommens sind deutlich höher als jene der stärkeren Besteuerung der Alterseinkünfte, so dass die Gesamtreform zu einer Zunahme der Ungleichheit führt.

Gemessen am Gini-Koeffizienten nimmt die Ungleichheit der Nettohaushaltsäquivalenzeinkommen im Simulationszeitraum deutlich zu. Diese Zunahme ist aber nur zu einem relativ geringen Teil auf das Alterseinkünftegesetz zurückzuführen. Die Bevölkerungsentwicklung und insbesondere die nach dem Rentenversicherungsnachhaltigkeitsgesetz relativ zum Anstieg der Erwerbseinkommen zu erwartende geringere Zunahme der Renteneinkommen tragen wesentlich stärker zur längerfristigen Zunahme der Einkommensungleichheit bei.

Bei der Interpretation der Ergebnisse zu den Verteilungseffekten sollte berücksichtigt werden, dass die Reform der Besteuerung der Alterseinkünfte nicht aufkommensneutral ist. Sofern Defizite nicht durch Schulden gedeckt werden, haben Veränderungen der Steuern oder der Staatsausgaben wiederum einen Einfluss auf die Verteilung der Einkommen. Aber auch bei Schuldenfinanzierung der für die nächsten Jahrzehnte durch die Reform zu erwartenden Defizite ergeben sich Verteilungseffekte, die aber empirisch nur sehr schwer zu ermitteln sind und hier vernachlässigt werden mussten.

7 Anhang

7.1 Rentenanpassung

Aufgrund der gesetzlichen Regelungen über die zukünftige Rentenanpassung nach dem Rentenversicherungsnachhaltigkeitsgesetz gehen wir davon aus, dass insbesondere die GRV-Renten im Simulationszeitraum schwächer steigen als die Lohneinkommen. In dem von uns als realistisch betrachteten Szenario 1 erfolgt daher die Anpassung der Renten nach den Regelungen des Rentenversicherungsnachhaltigkeitsgesetzes. Danach wird der aktuelle Rentenwert im Jahre 2005 auf dem Niveau des Jahres 2004 (26,13 €) festgehalten. Anschließend gilt folgende Anpassungsformel:

$$\text{ARW}_t = \text{ARW}_{t-1} \frac{BE_{t-1}}{BE_{t-2}} \left[\frac{100 - AVA_{t-1} - RVB_{t-1}}{100 - AVA_{t-2} - RVB_{t-2}} \right] \times \left(\left(1 - \frac{RQ_{t-1}}{RQ_{t-2}} \right) \alpha + 1 \right)$$

mit:

ARW_t: zu bestimmender aktueller Rentenwert ab dem 1. Juli
ARW_{t-1}: bisheriger aktueller Rentenwert
BE_{t-1}: Bruttolohn- und Gehaltssumme je durchschnittlich beschäftigten Arbeitnehmer im vergangenen Jahr
BE_{t-2}: Bruttolohn- und Gehaltssumme je durchschnittlich beschäftigten Arbeitnehmer im vorvergangenen Jahr unter Berücksichtigung der Veränderung der beitragspflichtigen Bruttolohn- und Gehaltssumme je durchschnittlich beschäftigten Arbeitnehmer ohne Beamte einschließlich der Bezieher von Arbeitslosengeld
AVA_{t-1}: Altersvorsorgeanteil im vergangenen Kalenderjahr
AVA_{t-2}: Altersvorsorgeanteil im vorvergangenen Kalenderjahr
RVB_{t-1}: durchschnittlicher Beitragssatz in der Rentenversicherung der Arbeiter und Angestellten im vergangenen Kalenderjahr
RVB_{t-2}: durchschnittlicher Beitragssatz in der Rentenversicherung der Arbeiter und Angestellten im vorvergangenen Kalenderjahr
RQ_{t-1}: Rentnerquotient im vergangenen Kalenderjahr
RQ_{t-2}: Rentnerquotient im vorvergangenen Kalenderjahr

Der Parameter α beträgt 0,25. Der Altersvorsorgeanteil steigt bis zum Jahr 2010 auf 4% und bleibt anschließend konstant. Die Bestimmungsweise der einzelnen Komponenten der Rentenanpassungsregel wird im Gesetz genauer festgelegt. Die von BE_{t-1} abweichende Definition von BE_{t-2} soll im Wesentlichen gewährleisten, dass die Höhe der Rentenanpassung von Veränderungen der Beamteneinkommen unberührt bleibt. Der Rentnerquotient (RQ) eines Jahres ist definiert als Verhältnis von „Äquivalenz-Rentnern" und „Äquivalenz-Beitragszahlern". Die Anzahl der „Äquivalenz-Rentner" ergibt sich vereinfacht als Verhältnis der gesamten Rentenausgaben zu einer individuellen Rente unter der Annahme von 45 Entgeltpunkten. Die Anzahl der „Äquivalenz-Beitragszahler" ergibt sich als Verhältnis der Gesamtbeiträge zum Produkt aus dem gesetzlich festgelegten Durchschnittsentgelt und dem Beitragssatz.

Einzelne Komponenten der beschriebenen Rentenanpassungsregel sollen unter bestimmten Bedingungen nicht zur Anwendung kommen: Der Faktor für die Veränderung des durchschnittlichen Beitragssatzes in der Rentenversicherung der Arbeiter und der Angestellten und der Nachhaltigkeitsfaktor sind soweit nicht anzuwenden, als die Wirkung dieser Faktoren in ihrem Zusammenwirken den bisherigen aktuellen Rentenwert verringert oder einen geringer als bisher festzusetzenden aktuellen Rentenwert weiter verringert. Für die Anpassung des aktuellen Rentenwerts in Ostdeutschland sieht § 255a SGB VI besondere Regelungen vor.

Zur Berücksichtigung der Rentenanpassungsregel im Simulationsmodell wird den Individuen im Basisjahr eine Entgeltpunktzahl zugeordnet. Die künftigen Renten ergeben sich dann als Produkt aus Entgeltpunktzahl und aktuellem Rentenwert. Die Fortschreibung des aktuellen Rentenwerts erfolgt (unter vereinfachenden Annahmen u.a. zur Entwicklung des Bundeszuschusses) entsprechend der angegebenen Rentenanpassungsregel. Unter der vorgegebenen Wachstumsrate der Löhne von 1,5% pro Jahr ergeben sich die in Tabelle 5 ausgewiesenen Veränderungen der Löhne und der Renten in den hier betrachteten Eckjahren. Der Beitragssatz wird in den Simulationen konstant gehalten.

	2010	2020	2030	2040	2050
Anstieg der Löhne gegenüber dem Jahr 2005 in %	7,7	25,0	45,1	68,4	95,4
Anstieg der Renten gegenüber dem Jahr 2005 in %	4,9	17,9	28,8	46,6	68,6

Quelle: Eigene Berechnungen.

Tabelle 5. Angenommene Entwicklung der Löhne und des aktuellen Rentenwerts.

7.2 Verteilungseffekte der reformierten Leibrentenbesteuerung

	2005	2010	2020	2030	2040	2050
Szenario 4						
Haushalte mit Alterseinkünften	14,11	14,11	14,11	14,11	14,11	14,11
Belastete HH nach altem Recht	2,16	2,16	2,16	2,16	2,16	2,16
Belastete HH nach neuem Recht	3,30	3,72	5,81	8,20	9,82	10,61
Neu belastete Haushalte	1,19	1,57	3,65	6,04	7,66	8,44
Zusätzlich belastete Haushalte	3,04	3,44	5,71	8,13	9,76	10,54
Durchschnittl. zusätzliche Belastung	604,37	696,15	980,74	1198,92	1470,39	1582,23
Zusätzliche Belastung < 100 €	0,37	0,48	0,52	0,67	0,49	0,56
100 € < Zusätzliche Belastung ≤ 1000 €	2,14	2,17	3,24	4,10	4,56	4,41
Zusätzliche Belastung > 1000 €	0,52	0,79	1,95	3,36	4,71	5,58
Gini-Koeffizient altes Recht	0,3031	0,3031	0,3031	0,3031	0,3031	0,3031
Gini-Koeffizient neues Recht	0,3026	0,3024	0,3022	0,3024	0,3032	0,3039
BMF [nach Brall, (2004, S. 14)]						
Anzahl Rentner	14,2	(/)	(/)	(/)	(/)	(/)
Steuerlich belastete HH nach altem Recht	2,0	(/)	(/)	(/)	(/)	(/)
Steuerlich belastete HH nach neuem Recht	3,3	(/)	(/)	(/)	(/)	(/)
Neu belastete Haushalte	1,3	(/)	(/)	(/)	(/)	(/)
Sachverständigenkommission (2003)						
Mehrbelastete Steuerpflichtige in Mio.	4,0	4,1	(/)	(/)	(/)	(/)
Durchschnittl. Belastung pro Jahr	490	470	(/)	(/)	(/)	(/)

Quelle: Eigene Berechnungen.

Anmerkungen: Die angegebene durchschnittliche zusätzliche Belastung bezieht sich auf alle zusätzlich steuerlich belasteten Haushalte mit Renteneinkünften. Der ausgewiesene Gini-Koeffizient bezieht sich auf das Nettohaushaltsäquivalenzeinkommen [vgl. zur Definition Fußnote 6]. Die ausgewiesenen Werte für den Gini-Koeffizienten geben die Konzentration der Nettohaushaltsäquivalenzeinkommen in der Gruppe aller Haushalte und nicht allein in der Gruppe der Empfänger von Renteneinkünften an.

Tabelle 6. Verteilungseffekte der reformierten Leibrentenbesteuerung bei konstanter Bevölkerung und ohne Einkommensänderung.

Literaturverzeichnis

Bach, S., Bork, C., Krimmer, P., Raffelhüschen, B., und Schulz, E. (2002). *Demographischer Wandel und Steueraufkommen*. Materialien des DIW Berlin, Nr. 20, Berlin.

Bach, S. und Schulz, E. (2002). *Fortschreibungs- und Hochrechnungsrahmen für ein Einkommensteuer-Simulationsmodell*. Projektbericht 1 zur Forschungskooperation „Mikrosimulation" mit dem Bundesministerium der Finanzen. Materialien des DIW Berlin, Nr. 26, Berlin. http://www.diw.de/deutsch/produkte/publikationen/materialien/docs/papers/diw_rn03-05-26.pdf.

Becker, I. und Hauser, R. (2005). *Anatomie der Einkommensverteilung. Ergebnisse der Einkommens- und Verbrauchsstichproben 1969 - 1998*, edition sigma, Berlin.

Bork, C. und Müller, K. (1997). Reformvorschläge zur Rentenbesteuerung und ihre Verteilungswirkungen. *Wirtschaftsdienst*, 5:268-275.

Brall, N. (2004). *Die Neuregelung der Rentenbesteuerung*. Manuskript des Vortrags auf dem Pressekontaktseminar 2004 des Verbands Deutscher Rentenversicherungsträger (VDR) 2004, Wernigerode. http://www.vdr.de.

Bundesministerium der Finanzen (2004). *Finanzielle Auswirkungen der Beschlüsse des Finanzausschusses des Deutschen Bundestages zum Gesetz zur Neuordnung der einkommensteuerrechtlichen Behandlung von Altersvorsorgeaufwendungen und Altersbezügen (Alterseinkünftegesetz)*. 28. April 2004. Deutscher Bundestag, Drucksache 15/3004, S. 27-36, Berlin.

Bundesministerium der Finanzen (2004a). *Materialien zur Neuordnung der einkommensteuerlichen Behandlung von Altersvorsorgeaufwendungen und Altersbezügen*. BMF - I A 5, 23. Januar 2004, Berlin.

Fehr, H. (2003). Die Vorschläge zur Rentenbesteuerung: Eine Bewertung der Verteilungswirkungen. *Wirtschaftsdienst*, 4:238-244.

Grabka, M., Frick, J.R., Meinhardt, V., und Schupp, J. (2003). *Ältere Menschen in Deutschland: Einkommenssituation und ihr möglicher Beitrag zur Finanzierung der gesetzlichen Rentenversicherung*. DIW-Wochenbericht 12/03, Berlin.

Grub, M. (2004). Reform der Rentenbesteuerung. *Wirtschaftsdienst*, 5:299-308.

Kommission für die Nachhaltigkeit in der Finanzierung der Sozialen Sicherungssysteme (2003). *Bericht der Kommission*. Hrsg.: Bundesministerium für Gesundheit und Soziale Sicherung, Berlin.

Sachverständigenkommission zur Neuordnung der steuerrechtlichen Behandlung von Altersvorsorgeaufwendungen und Altersbezügen (2003). *Abschlussbericht, 11. März 2003*. Berlin.

Sachverständigenrat zur Begutachtung der gesamtwirtschaftlichen Entwicklung [SVR] (2005). *Die Chance nutzen – Reformen mutig voranbringen*. Jahresgutachten 2005/06. http://www.sachverstaendigenrat-wirtschaft.de.

Statistisches Bundesamt (2003). *Bevölkerung Deutschlands bis 2050*. 10. koordinierte Bevölkerungsvorausberechnung, Wiesbaden.

Steiner, V., Haan, P., und Wrohlich, K. (2005). *Dokumentation des Steuer-Transfer-Mikrosimulationsmodells STSM 1999-2002*. DIW Berlin Data Documentation No. 9, Berlin.

FINANZIERUNGVORSCHLÄGE VON CDU/CSU UND SPD ZUR GESETZLICHEN KRANKENVERSICHERUNG: MIKROSIMULATIONSERGEBNISSE

Thomas Drabinski

Christian-Albrechts-Universität zu Kiel, Institut für Volkswirtschaftslehre, Abteilung für Finanzwissenschaft und Sozialpolitik und Institut für Mikrodaten-Analyse, Kiel

1	Einleitung	87
2	Darstellung der Reformvorschläge	88
3	Mikrosimulationsergebnisse	94
4	Zusammenfassung	105
5	Anhang: Tabellenergänzung	107
	Literaturverzeichnis	108

1 Einleitung

Die Koalitionsverhandlungen zwischen CDU/CSU und SPD im Oktober/November 2005 haben zu keinem Kompromiss bei der Änderung der Finanzierung der gesetzlichen Krankenversicherung geführt. Ob es überhaupt zu einem Kompromiss kommt, ist ungewiss, nicht zuletzt, weil sich die Reformvorschläge der solidarischen Gesundheitsprämie (CDU/CSU) und der solidarischen Bürgerversicherung (SPD) scheinbar unvereinbar gegenüber stehen. Der Grund für die Unvereinbarkeit liegt in der konzeptionellen Ausgestaltung, in den unterschiedlichen Wirkungsweisen sowie in der Ideologisierung der beiden Reformvorschläge.

Die solidarische Gesundheitsprämie und Bürgerversicherung sind in den Kanon der seit Anfang 2002 formulierten Reformvorschläge eingereiht. Die Reformvorschläge zur Änderung der Finanzierung der gesetzlichen Krankenversicherung (GKV) lassen sich in drei Kategorien einteilen: Vorschläge zur Kopfpauschale/Prämienmodell, Vorschläge zur Bürgerversicherung und Vorschläge zur Kapitaldeckung. Die Chronologie der Reformvorschläge zeigt die folgende Aufzählung:

- Zweifel und Breuer (2002): Vollständige Kapitaldeckung [„risikogerechte Prämie"] (März 2002).
- Henke et al. (Mai 2002): Kopfpauschale [„Beitrag"] (Mai 2002).
- Knappe und Arnold (2002): Kopfpauschale [„Pauschalprämie"] (Dezember 2002).
- Rürup-Kommission (2003) mit 2 Vorschlägen: Bürgerversicherung und Kopfpauschale [„pauschale Gesundheitsprämie"] (August 2003).
- Herzog-Kommission (2003): Kopfpauschale mit teilweiser Kapitaldeckung [„Prämienmodell"] (September 2003).
- CDU (2003): Kopfpauschale mit teilweiser Kapitaldeckung [„Prämienmodell"] (Dezember 2003).
- Wasem und Greß (2004): Einbeziehung der PKV in den Risikostrukturausgleich der GKV (Januar 2004).
- FDP (2004): Vollständige Kapitaldeckung [„die auf Wettbewerb begründete liberale Alternative"] (Juni 2004).
- Rürup und Wille (2004): Kopfpauschale [„kassenspezifische Gesundheitspauschale"] (Juli 2004).
- SPD (2004): Bürgerversicherung [„solidarische Bürgerversicherung"] (August 2004).
- BDA (2004): Kopfpauschale [„Gesundheitsprämie"] (September 2004).
- Bündnis 90/Die Grünen (2004): Bürgerversicherung [„grüne Bürgerversicherung"] (Oktober 2004).
- PDS (2004): Bürgerversicherung [„solidarische Bürgerversicherung"] (Oktober 2004).
- CDU/CSU (2004): „Solidarische Gesundheitsprämie" (November 2004).
- Sachverständigenrat Wirtschaft (November 04): Kopfpauschale [„Bürgerpauschale"] (November 2004).

Auf Beschreibung und Diskussion aller Reformvorschläge soll an dieser Stelle verzichtet werden; vgl. hierzu Beske und Drabinski (2004a).

Die folgenden Ausführungen beschäftigen sich mit der Frage, welche Personengruppen und welche Nettoeinkunftsklassen Gewinner und Verlierer der CDU/CSU-Gesundheitsprämie und der SPD-Bürgerversicherung sind. Die Darstellung eines Kompromisses oder eines dritten Weges zwischen beiden Reformvorschlägen ist nicht Gegenstand dieser Arbeit. Ein dritter Weg wird in Drabinski (2005) aufgezeigt.

2 Darstellung der Reformvorschläge

Die Reformvorschläge von CDU/CSU und SPD sind nicht abschließend formuliert, in dem Sinne, dass einzelne Ausführungen mehrdeutig formuliert sind, auch um den nötigen Interpretationsspielraum zu erhalten. Deshalb werden die beiden Reformvorschläge systematisiert, fehlende inhaltliche Aspekte werden ergänzt, wobei Wert darauf gelegt wird, dass der Intention des jeweiligen Reformvorschlags gefolgt wird.

Von den Reformvorschlägen wird eine Veränderung des versicherungs- und beitragspflichtigen Personenkreises gefordert. Die Ausweitung des versicherungspflichtigen Personenkreises der GKV bedeutet, dass versicherungsfreie Personengruppen in der GKV versicherungspflichtig werden.

In Tabelle 1 sind die Vorstellungen von CDU/CSU und SPD zur Veränderung des *versicherungspflichtigen Personenkreises* in der GKV dargestellt.

Bezeichnung	CDU/CSU	SPD
Zugang zur PKV für neu zu Versichernde	unverändert	versperrt
Jährliche Versicherungspflichtgrenze	unverändert (46.800 €)	aufgehoben

Quelle: Eigene Darstellung.

Tabelle 1. Versicherungspflichtiger Personenkreis nach CDU/CSU und SPD.

CDU/CSU wollen den versicherungspflichtigen Personenkreis der GKV nicht ändern. Die SPD will den Übergang zur Volks-Krankenversicherung, nach der langfristig alle Einwohner in der GKV versichert werden (=Bürgerversicherung).

Die Ausweitung des *beitragspflichtigen Personenkreises* der GKV bedeutet, dass in der GKV beitragsfrei mitversicherte Personen, zu denen vor allem nichterwerbstätige Familienangehörige gehören, in der GKV beitragspflichtig werden.

Die Beitragspflicht kann direkt ausgestaltet sein, wie z.B. bei der Gesundheitsprämie. Die Beitragspflicht kann auch indirekt ausgestaltet sein, wie z.B. bei der SPD, wo Kapitaleinkünfte, die auch dem nicht erwerbstätigen Ehepartner zuzurechnen sind, beitragspflichtig werden.

Die Vorstellungen von CDU/CSU und SPD zur Veränderung des beitragspflichtigen Personenkreises in der GKV sind in Tabelle 2 dargestellt.

Im SPD-Reformvorschlag sollen Krankenkassen keine Beiträge für Kinder erhalten. Dann werden die Gesundheitsausgaben für Kinder über die Solidargemeinschaft der Beitragszahler der Krankenkassen finanziert. Nach CDU/CSU sollen Krankenkassen Kinder-Gesundheitsprämien erhalten, die über Steuern finanziert werden.

Welche Einkünfte beitragspflichtig sein sollen und wie Einkünfte berücksichtigt werden, entscheidet über die Breite der *Beitragsbemessungsgrundlage*. Bei der Frage, wie Einkünfte berücksichtigt werden sollten, werden Brutto- und Nettoprinzip unterschieden.

Bezeichnung	CDU/CSU	SPD
Nichterwerbstätige Ehepartner	Ja	Bedingt[a]
Kinder	Nein[b]	Nein

Quelle: Eigene Darstellung.

[a] Beitragspflicht von Ehepartnern über die Berücksichtigung der Familieneinkünfte über die zweite Säule.
[b] Finanzierung über Steuern (Kinder-Gesundheitsprämie).

Tabelle 2. Veränderung beitragspflichtiger Personenkreis nach CDU/CSU und SPD.

Beim Bruttoprinzip werden Bruttoeinkünfte in voller Höhe zur Beitragsbemessung herangezogen. Aufwendungen zur Erzielung der Einkünfte, z.B. Werbungskosten und Abschreibungen, werden nicht berücksichtigt. Nettoprinzip bedeutet Beitragsbemessung anhand der Nettoeinkünfte. Insbesondere werden beim Nettoprinzip Aufwendungen zur Erzielung der Bruttoeinkünfte abgezogen. Nach dem Nettoprinzip wird z.B. der Gewinn ermittelt.

Tabelle 3 zeigt die beitragspflichtigen Einkünfte nach CDU/CSU und SPD. Die beiden Reformvorschläge unterscheiden sich in den Kategorien II, VII und VIII.

	Kategorie	CDU/CSU	SPD
I.	Nichtselbständige Tätigkeit	AG:[a] Ja, BP;[b] AN:[c] Ja, BP	AG:Ja, BP; AN: Ja, BP
II.	Lohnersatzleistungen bei Arbeitslosigkeit (SGB II und III)	AG: Ja, BP; AN: Ja, BP	AG: Ja, BP; AN: Nein
III.	Renten (Altersrenten, Pensionen und andere Leibrenten)	AG: Ja, BP; AN: Ja, BP	AG: Ja, BP; AN: Ja, BP
IV.	Einkünfte aus Land- und Forstwirtschaft	AG: –; AN: Ja, NP[d]	AG: –; AN: Ja, NP
V.	Einkünfte aus Gewerbebetrieb[e]	AG: –; AN: Ja, NP	AG: –; AN: Ja, NP
VI.	Einkünfte aus selbständiger Arbeit	AG: –; AN: Ja, NP	AG: –; AN: Ja, NP
VII.	Einkünfte aus Kapitalvermögen	AG: –; AN: Ja, BP	AG: –; AN: Bedingt, NP[f]
VIII.	Einkünfte aus Vermietung und Verpachtung	AG: –; AN: Ja, NP	AG: –; AN: Nein

Kategorie	CDU/CSU	SPD
IX. Andere Einkünfte (soweit nicht in I. bis VIII. enthalten)	AG: Ja, BP; AN: Ja, BP	AG: Ja, BP/NP; AN: Nein, BP/NP

Quelle: Eigene Darstellung.

[a] AG = Arbeitgeber, Sozialversicherung und andere Träger.
[b] BP = Bruttoprinzip.
[c] AN = Arbeitnehmer, Selbständige und andere Beitragspflichtige.
[d] NP = Nettoprinzip.
[e] Die Beiträge der landwirtschaftlichen Unternehmer werden grundsätzlich nicht nach den Einkünften, sondern nach Bodenbewirtschaftungsmaßstäben festgelegt.
[f] Es werden nur diejenigen Einkünfte aus Kapitalvermögen berücksichtigt, die 1.370 € im Jahre übersteigen, bei Ehepaaren 2.740 €.

Tabelle 3. Beitragspflichtige Einkünfte nach CDU/CSU und SPD.

Nach dem Vorschlag der SPD trägt in Kategorie II die Zahlstelle der Lohnersatzleistung den Beitrag zur GKV zu 100%, beim CDU/CSU-Vorschlag zu 50%. Kapitalvermögen soll in Kategorie VII nach Ansicht der SPD nur dann mit Beiträgen belastet werden, wenn die Kapitaleinkünfte den Sparer-Freibetrag von 1.370 € (Alleinstehende) bzw. 2.740 € (Ehepaare) übersteigen. Beim CDU/CSU-Vorschlag wird von einem Sparer-Freibetrag abgesehen. Einkünfte aus Vermietung und Verpachtung werden beim CDU/CSU-Vorschlag, nicht aber beim SPD-Vorschlag als beitragspflichtige Einkünfte angesehen. Tabelle 4 zeigt, welche Einkünfte in den Beitragsbemessungsgrundlagen berücksichtigt werden sollen.

Bezeichnung	CDU/CSU	SPD
Bemessungsgrundlage **A**: Person/Familie	I. bis IX.	I., III., IV., V., VI., IX.
Bemessungsgrundlage **B**: Familie	—	VII.
Bemessungsgrundlage **C**: Arbeitgeber, Sozialversicherung und andere Träger.	I., II., III., IX.	I., II., III., IX.

Quelle: Eigene Darstellung; vgl. Tabelle 3

Tabelle 4. Beitragsbemessungsgrundlage nach CDU/CSU und SPD.

Die SPD will drei Bemessungsgrundlagen etablieren: die erste für Personen und Familien, die zweite für Bezieher von Kapitaleinkünften und die dritte für Arbeitgeber. CDU/CSU definieren zwei Bemessungsgrundlagen, eine für Personen und Familien, eine für Arbeitgeber.

Die *Beitragsbemessungsgrenze* ist derjenige Betrag, bis zu dem Einkünfte bei der Beitragsbemessung in der Bemessungsgrundlage herangezogen werden. Die SPD schlägt für jede der drei Bemessungsgrundlagen A bis C eine Beitragsbemessungsgrenze von 42.300 € vor. Bei CDU/CSU sind drei unterschiedliche Beitragsbemessungsgrenzen vorgesehen. Bezogen auf Bemessungsgrundlage A ist die Beitragsbemessungsgrenze für Alleinstehende 18.686 €, für Ehepaare 37.372 €. Diese beiden Beitragsbemessungsgrenzen ergeben sich bei einem Beitragssatz von 7% aus den monatlichen Höchstbeträgen 109 € für Alleinstehende bzw. 218 € für Ehepaare: $18.686\,€ = \frac{109\,€ \times 12}{0{,}07}$, $37.372\,€ = \frac{2 \times 109\,€ \times 12}{0{,}07}$. Die dritte Beitragsbemessungsgrenze gilt für Bemessungsgrundlage C (Arbeitgeber, Sozialversicherung und andere Träger). Sie beträgt 42.300 €. Tabelle 5 zeigt die jährlichen Beitragsbemessungsgrenzen der Reformvorschläge.

Bezeichnung	CDU/CSU	SPD
Bemessungsgrundlage A	18.686 € (Alleinstehende), 37.372 € (Ehepaar)	42.300 €
Bemessungsgrundlage B	—	42.300 €
Bemessungsgrundlage C	42.300 €	42.300 €

Quelle: Eigene Darstellung.

Tabelle 5. Jährliche Beitragsbemessungsgrenzen nach CDU/CSU und SPD.

Aus der Kombination von Bemessungsgrundlage, Bemessungsgrenze und Beitragssatz ergibt sich der *monatliche Höchstbetrag*, der angibt, welcher Beitrag maximal für einen Beitragspflichtigen (Person, Familie) bei einer Krankenkasse gutgeschrieben wird.

Als Beitragssatz sind bei der CDU/CSU-Gesundheitsprämie 7% für Personen und Familien (Bemessungsgrundlage A) vorgesehen. Der Beitragssatz für Arbeitgeber soll auf 6,5% festgeschrieben werden (Bemessungsgrundlage C). Finanzierungsdefizite der GKV werden über Steuern bzw. Steuererhöhungen finanziert. Beim Vorschlag der SPD ergibt sich der Beitragssatz der Krankenkasse wie im derzeitigen Finanzierungssystem. Die monatlichen Höchstbeiträge zur GKV sind für Alleinstehende in Tabelle 6 dargestellt.

Tabelle 6 zeigt, dass der monatliche Höchstbetrag, den eine gesetzliche Krankenkasse für einen alleinstehenden Versicherten erhält, zwischen 338 € + Steuern im CDU/CSU-Vorschlag und 741 € bei der Bürgerversicherung nach SPD schwankt.

Die Kennzeichnung „+ Steuer" bedeutet, dass Finanzierungsdefizite des CDU/CSU-Vorschlags über Steuern finanziert werden. Um die Finanzierungsdefizite in Höhe von 14,0 Mrd. € zu finanzieren, müsste z.B. ein Gesundheitsprämien-Solidaritätszuschlag von 8,8% auf die Einkommensteuerschuld

Bezeichnung	CDU/CSU	SPD
Bemessungsgrundlage **A**	109 €[a]	247 €[b]
Bemessungsgrundlage **B**	—	247 €[c]
Bemessungsgrundlage **C**	229 €[d]	247 €
Steuern **D**[e]	ESt, MwSt, andere Steuern	—
Person **A+B+D**	109 € + Steuer	494 €
Insgesamt **A+B+C+D**	338 € + Steuer	741 €

Quelle: Eigene Darstellung.

[a] $\frac{18.686\,€\times 0{,}07}{12} = 109\,€.$

[b] Ein durchschnittlicher allgemeiner Beitragssatz von 14,0% unterstellt:
$\frac{42.300\,€\times 0{,}14}{2\times 12} = 247\,€.$

[c] Unter der Annahme eines „halben" Beitragssatzes. Diskutiert wird auch ein „voller" Beitragssatz.

[d] $\frac{42.300\,€\times 0{,}065}{12} = 229\,€.$

[e] Zum Ausgleich von Finanzierungsdefiziten in der GKV.

Tabelle 6. Monatlicher Höchstbeitrag für Alleinstehende zur gesetzlichen Krankenversicherung nach CDU/CSU und SPD.

erhoben werden. Diese Option der Steuererhöhung wird in den Simulationsberechnungen unterstellt.

Die monatlichen Höchstbeiträge zur gesetzlichen Krankenversicherung sind für ein Doppelverdiener-(Ehe)Paar in Tabelle 7 dargestellt.

Bezeichnung	CDU/CSU	SPD
Bemessungsgrundlage **A**	218 €[a]	494 €[b]
Bemessungsgrundlage **B**	—	247 €[c]
Bemessungsgrundlage **C**	458 €[d]	494 €
Steuern **D**[e]	ESt, MwSt, andere Steuern	—
Person **A+B+D**	218 € + Steuer	741 €
Insgesamt **A+B+C+D**	676 € + Steuer	1.235 €

Quelle: Eigene Darstellung.

[a] $\frac{2\times 18.686\,€\times 0{,}07}{12} = 218\,€.$

[b] Ein durchschnittlicher allgemeiner Beitragssatz von 14,0% unterstellt:
$\frac{2\times 42.300\,€\times 0{,}07}{12} = 494\,€.$

[c] Unter der Annahme eines „halben" Beitragssatzes. Diskutiert wird auch ein „voller" Beitragssatz.

[d] $\frac{2\times 42.300\,€\times 0{,}065}{12} = 458\,€.$

[e] Zum Ausgleich von Finanzierungsdefiziten in der GKV.

Tabelle 7. Monatlicher Höchstbeitrag für ein Doppelverdiener-(Ehe)Paar zur gesetzlichen Krankenversicherung nach CDU/CSU und SPD.

Tabelle 7 zeigt, dass die Höchstbeiträge für Doppelverdiener-(Ehe)Partner im Intervall von 676 € + Steuern (CDU/CSU) und 1.235 € (SPD) liegen.

Gegenüber den gegenwärtigen Regelungen des fünften Sozialgesetzbuchs (SGB V) sind bei beiden Reformvorschlägen einige Besonderheiten zu beachten.

Nach CDU/CSU ist ein Finanzkraftausgleich zwischen den Krankenkassen vorgesehen. Der Finanzkraftausgleich wird über die Beiträge der Arbeitgeber, Sozialversicherungen und sonstigen Träger sowie über Steuern finanziert. Er ergibt sich aus der Forderung, dass eine Krankenkasse für jeden Erwachsenen 169 € und für jedes Kind 78 € im Monat erhalten soll. Ein Teil des Finanzkraftausgleichs soll über das sogenannte „Sondervermögen" abgewickelt werden. In das Sondervermögen zahlen Arbeitgeber, Sozialversicherungen und andere Träger Beiträge ein. Diese Beiträge belaufen sich auf knapp 65 Mrd. €. Die eingezahlten Beiträge werden auf Antrag im Rahmen des Finanzkraftausgleichs an die Krankenkassen weiter verteilt. Die Finanzmittel des Sondervermögens sollen auch zum Aufbau eines Kapitalstocks eingesetzt werden, wobei nähere Angaben fehlen.

Die SPD plant, die zweite Säule (Beitragsbemessungsgrundlage B) zu einem nicht festgelegten Zeitpunkt durch ein „Kapital-Steuer-Modell" zu ersetzen. Danach sollen Kapitaleinkünfte nicht mehr im Zuständigkeitsbereich der GKV mit Beiträgen, sondern im Steuersystem über eine Abgeltungssteuer belastet werden. Die Abgeltungssteuer soll den Zinsabschlag und die Kapitalertragsteuer des derzeitigen Steuersystems ablösen. Abgeltungssteuerpflichtig wäre die gesamte Bevölkerung. Im SPD-Vorschlag ist weiter vorgesehen, dass niemand eine Vollversicherung in der PKV abschließen darf. Allerdings soll es den privaten Krankenkassen ermöglicht werden, einen „Tarif Bürgerversicherung" nach den Regelungen des SGB V anzubieten, verbunden mit Kontrahierungszwang und Sachleistungsprinzip. Hierdurch sollen private Krankenkassen nicht auf Zusatzversicherungen beschränkt werden. Altverträge der PKV bleiben unangetastet. Ein freiwilliger Wechsel von einer PKV-Vollversicherung in die Bürgerversicherung soll möglich sein. Hierbei soll gewährleistet werden, dass die Wechsler ihre in der PKV gebildete Alterungsrückstellung mitnehmen können. Nähere Angaben fehlen.

3 Mikrosimulationsergebnisse

Die Berechnung der finanziellen Auswirkungen und Umverteilungseffekte erfolgt mit dem „**Ki**eler Steuer-/**T**ransfer-Mikro**s**imulationsmodell" (KiTs).[1] Das Mikrosimulationsmodell KiTs wird seit 1999 an der Universität Kiel entwickelt.[2] Die Berechnungen dieser Arbeit erfolgen durch eine konzeptionelle

---

[1] Die Ergebnisse dieser Arbeit sind ein Resultat des Forschungsprojekts „Einkommensverteilung, Haushaltsbedürfnisse und das deutsche Steuer- und Transfersystem", das am Lorenz-von-Stein-Institut für Verwaltungswissenschaften an der Christian-Albrechts-Universität zu Kiel durchgeführt wird.

[2] Einen Überblick über deutsche Steuer- und Transfer-Mikrosimulationsmodelle gibt Wagenhals (2004).

Weiterentwicklung der Methodik von Drabinski (2004). KiTs ist ein statisches Mikrosimulationsmodell, das die deutschen Steuergesetze und die Gesetze der sozialen Sicherung als Computerprogramm nachbildet. Neben der Simulation von Einkommensverteilungen ermöglichen Hochrechnungen volkswirtschaftliche Auswertungen, auch aus Sicht des Staates (z.B. Steueraufkommen) oder anderer Akteure der Volkswirtschaft (z.B. Arbeitgeber). KiTs ist in Visual-Basic programmiert. Benutzerfreundliche Oberflächen erlauben die Variation zahlreicher Parameter. Gegenwärtig sind in KiTs ca. 90 Benutzeroberflächen verfügbar, die mit 170 Modulen verknüpft sind. Diese 170 Module umfassen ca. 6.500 Seiten Programmcode. In den jeweiligen Modulen werden die Steuer- und Transfergesetze programmiert.

Das Mikrosimulationsmodell KiTs basiert auf der Einkommens- und Verbrauchsstichprobe (EVS) 1998 des Statistischen Bundesamts. Die EVS wird alle fünf Jahre vom Statistischen Bundesamt erhoben. Sie ist eine repräsentative Stichprobe eines Querschnitts der deutschen Bevölkerung, in der Einkommen und Ausgaben verzeichnet sind. Die zur Verfügung stehende EVS 1998 umfasst 128.022 Personen in 49.720 Haushalten. Für jeden Haushalt sind rund 700 Einkommens- und Ausgabenmerkmale verzeichnet. Neben den Einkommens- und Ausgabenmerkmalen sind auch individuelle Merkmale wie Alter, Geschlecht und Art der Erwerbstätigkeit zu finden. Die EVS 1998 stellt die meisten der zur Modellierung des deutschen Steuer- und Transfersystems benötigten Informationen bereit. Zur Simulation des deutschen Gesundheitssystems wird auf weitere Datenquellen zurückgegriffen, z.B. auf Statistiken der gesetzlichen Krankenversicherung, der Privaten Krankenversicherung, der Gesundheitsberichterstattung des Bundes und auf weitere Fachveröffentlichung und -statistiken des Statistischen Bundesamts.

Die EVS 1998 wird an den aktuellen Rand 2005 fortgeschrieben. Fortgeschrieben werden zum einen monetäre Größen wie z.B. Arbeitsentgelt und Arbeitseinkommen. Fortgeschrieben werden aber auch sozio-demografische Kriterien wie z.B. der Erwerbs- und Versicherungsstatus. Die Anpassung der monetären Größen erfolgt durch Berücksichtigung der Wachstumsraten für die jeweiligen Einkunftsaggregate. Die Anpassung an die sozio-demografischen Kriterien erfolgt durch Adaption des Prinzips des minimalen Informationsverlusts.[3]

Zur Simulation der Reformvorschläge von CDU/CSU und SPD wird davon ausgegangen, dass es keine Sonderbehandlung der geringfügigen Beschäftigung mehr gibt (400€-Jobs). Ebenso wird von einer Gleitzone (400 bis 800€) abgesehen, d.h. Arbeitnehmer und Arbeitgeber zahlen aus dem tatsächlichen Zahlbetrag des Arbeitsentgelts Beiträge zur GKV. Ebenfalls wird in beiden Vorschlägen die Beitragsbemessung für Bezieher von Arbeitslosengeld, Ar-

---

[3] Das Prinzip des minimalen Informationsverlusts geht im Wesentlichen auf Arbeiten von Theil (1967) zur Informationstheorie zurück. Die Anwendung für Zwecke der Steuer- und Transfer-Mikrosimulation sind z.B. zu finden in Merz (1986, 1991, 1994). Details zur Fortschreibung sind in den Tabellen 15 bis 18 des Tabellenanhangs sowie in Drabinski (2005) zu finden.

beitslosengeld II und Sozialhilfe einheitlich auf den Zahlbetrag der Leistung umgestellt. Insgesamt wird hierdurch ein Teil der einnahmeseitigen „Verschiebebahnhöfe" geschlossen.[4] Zahlstelle der Beiträge für Empfänger von Arbeitslosengeld und Arbeitslosengeld II sind die Bundesagentur für Arbeit bzw. die regionalen Behörden. Zahlstelle der Beiträge für Empfänger von Sozialhilfe ist der Staat (Steuern). Im SPD-Vorschlag tragen die Zahlstellen die Beiträge zu 100%, im CDU/CSU-Vorschlag zu 50%.

In beiden Konzepten wird der zusätzliche Beitragssatz (0,9%), der zum 1. Juli 2005 in die GKV eingeführt wurde, aufgehoben.

Da beim CDU/CSU-Vorschlag die Personen- und Familien-Gesundheitsprämien sowie die Arbeitgeberbeiträge nicht die gesamten Gesundheitsausgaben der Krankenkassen (143 Mrd. €) decken, muss das Finanzierungsdefizit der GKV über Steuern gedeckt werden (vgl. Tabelle 8). Es wird davon ausgegangen, dass eine neue Steuer zur Finanzierung des Einnahmedefizits implementiert oder eine bestehende Steuer erhöht werden muss. Hier wird eine neue Steuer implementiert. Diese neue Steuer ist – wie der Solidaritätszuschlag – ein Aufschlag auf die Einkommensteuer und wird „Gesundheitsprämien-Solidaritätszuschlag" genannt. In der von CDU/CSU gewählten Spezifikation ist ein Zuschlagssatz von 8,8% nötig, um die Einnahmedefizite der Krankenkassen in Höhe von 13,9 Mrd. € auszugleichen.[5] Der im CDU/CSU-Vorschlag geforderte Aufbau eines gesellschaftlichen Kapitalstocks über das „Sondervermögen" wird nicht modelliert.

Die SPD will die Versicherungspflichtgrenze aufheben und den Zugang zur privaten Vollversicherung für alle neu zu Versichernden versperren. Damit ändern sich die versicherungspflichtigen Personenkreise in der GKV und in der PKV in der Übergangsperiode geringfügig. Langfristig sinken die Versichertenzahlen in der PKV, die der GKV steigen. In dieser Arbeit werden nur die Ergebnisse der Übergangsperiode 2005/2006 dargestellt. Die dauerhaften Auswirkungen der Bürgerversicherung bis 2050 sind nicht Gegenstand dieser Arbeit.

Da in der EVS 1998 keine Angaben zur Krankenkasse und damit zum Beitragssatz aufgeführt sind, wird zur Modellierung der durchschnittliche allgemeine Beitragssatz der GKV für alle Beitragzahler genutzt. Dabei wird der durchschnittliche allgemeine Beitragssatz der Krankenkassen – ähnlich wie der Steuersatz beim CDU/CSU-Vorschlag – über einen Fixpunktalgorithmus derart bestimmt, dass mit dem Beitragssatz die Ausgaben der GKV im Jahre 2005 gedeckt werden (143 Mrd. €). Der Beitragssatz gilt einheitlich für alle drei von der SPD vorgeschlagenen Beitragsbemessungsgrundlagen A, B und C (vgl. Tabelle 5). Um die Ausgaben der SPD-Bürgerversicherung zu decken, ist ein Beitragssatz von 14,0% nötig. Das von der SPD vorgeschlagene „Kapital-Steuer-Modell" wird nicht modelliert. In Tabelle 8 sind die finanzi-

---

[4] Zur inhaltlichen Bedeutung der Verschiebebahnhöfe vgl. Beske und Drabinski (2004b).

[5] Eine alternative Finanzierung über eine Mehrwertsteuererhöhung bleibt hier unberücksichtigt, kann im Mikrosimulationsmodell aber auch simuliert werden. Diese Finanzierung hätte andere Verteilungswirkungen, die weniger progressiv wären.

ellen Auswirkungen der Gesundheitsprämie nach CDU/CSU als makroökonomische Größen dargestellt.

Bezeichnung	Aufkommen [Mrd. €]
GKV-Ausgaben 2005	143,000
Erwachsene [Mio.]	54,930
Kinder [Mio.]	15,596
Summe	**70,526**
Kopfpauschale Erwachsene 169 € im Monat	111,402
Kopfpauschale Kinder 78 € im Monat	14,577
Summe	**125,979**
Ex-ante-Defizit GKV	17,021
Gesundheitsprämie Personen / Familien 7%	64,163
Gesundheitsp. Arbeitgeber u. a. Träger 6,5%	64,833
Summe	**128,996**
Ex-post-Defizit GKV	14,004
Gesundheitsprämien-Solidaritätszuschlag 8,8%	13,839
Gesamteinnahmen GKV	**142,835**
Nettoeinkünfte Haushalte	1.105,507

Quelle: Eigene Berechnung.

Tabelle 8. Makroökonomische Größen der Gesundheitsprämie nach CDU/CSU [2005, Mrd. €].

In Tabelle 8 sind die finanziellen Auswirkungen der Gesundheitsprämie nach dem CDU/CSU-Konzept als makroökonomische Größen dargestellt. Bezogen auf die Gesundheitsprämie von 169 € im Monat würden bei den gesetzlichen Krankenkassen für 54,9 Millionen Erwachsene Gesundheitsprämien in Höhe von gesamtwirtschaftlich 111,4 Mrd. € ankommen. Für 15,6 Millionen Kinder würden die Krankenkassen Gesundheitsprämien in Höhe von 14,6 Mrd. € erhalten, finanziert über Steuern und/oder über das Sondervermögen. Insgesamt betragen die Einnahmen der Krankenkassen ca. 126 Mrd. €. Bezogen auf die voraussichtlichen Ausgaben der GKV im Jahre 2005 von 143 Mrd. € ergibt sich daraus ein Ex-ante-Defizit der GKV von 17 Mrd. €. Die Summe der Gesundheitsprämien von Personen und Familien ist 64,2 Mrd. € (Bemessungsgrundlage A, 7%, maximal 109/218 € im Monat).

Arbeitgeber, Sozialversicherungsträger und andere Träger zahlen bei einem dauerhaft fixierten Beitragssatz von 6,5% insgesamt 64,8 Mrd. € in das Sondervermögen ein (Bemessungsgrundlage C, maximal 229 € monatlich).[6] Die Summe aus Gesundheitsprämien und Arbeitgeberbeiträgen ist 129 Mrd. €.

Das Ex-post-Defizit der GKV beträgt 14 Mrd. € (143 Mrd. € abzüglich 129 Mrd. €).

Es wird davon ausgegangen, dass das Ex-post-Defizit durch einen Aufschlag auf die Einkommensteuerschuld im Sinne eines „Solidaritätszuschlags" finanziert wird (Zuschlagssatz 8,8%). Die Steuereinnahmen belaufen sich auf 13,8 Mrd. €. Mit diesen Steuereinnahmen kann das Ex-post-Defizit der GKV finanziert werden.

Bezeichnung	Aufkommen [Mrd. €]
GKV-Ausgaben 2005	143,000
Beiträge der Personen und Familien 1 Säule	68,277
Beiträge der Personen und Familien 2 Säule	2,769
Summe	**71,046**
Beiträge Arbeitgeber und andere	71,792
Gesamteinnahmen GKV	**142,838**
Nettoeinkünfte Haushalte	1.112,463

Quelle: Eigene Berechnung.

Tabelle 9. Makroökonomische Größen der Bürgerversicherung nach SPD [2005, Mrd. €, Beitragssatz 14,0%].

Tabelle 9 zeigt die finanziellen Auswirkungen der Bürgerversicherung nach dem SPD-Konzept als makroökonomische Größen.

Ausgehend von der Spezifikation der Bürgerversicherung nach dem SPD-Konzept ist zur Finanzierung der Ausgaben der GKV von 143,0 Mrd. € ein durchschnittlicher allgemeiner *Beitragssatz von 14,0%* notwendig. Im Einzelnen setzt sich dieser Betrag wie folgt zusammen: Personen und Familien zahlen über die 1. Säule (Bemessungsgrundlage A) 68,3 Mrd. €, über die 2. Säule (Bemessungsgrundlage B: vor allem Kapitaleinkünfte) 2,8 Mrd. €, insgesamt rund 71 Mrd. €. Arbeitgeber, Sozialversicherungen und andere Träger zahlen für Mitglieder und Versicherte der GKV gesamtwirtschaftlich 71,8 Mrd. € (Bemessungsgrundlage C).

In Tabelle 10 sind die Pro-Haushalt-Nettoeinkünfte nach Haushaltstyp dargestellt.

---

[6] Die durch den fixierten Beitragssatz von 6,5% reduzierte Beitragslast bei Arbeitgebern, Sozialversicherungsträgern und anderen Trägern werden im Mikrosimulationsmodell nicht weiter modelliert. Bei einer vollständigen und abschließenden Betrachtung müsste berücksichtigt werden, dass bei Arbeitgebern zusätzliche Gewinne entstehen, die ausgeschüttet oder einbehalten werden und zusätzlich der Gewinnbesteuerung unterliegen. Bei den Sozialversicherungsträgern und anderen Trägern würde es insbesondere zu einer Stabilisierung der eigenen Beitragssätze kommen, bei den öffentlichen Haushalten zu geringeren Ausgaben. Diese zusätzlichen Aufkommenseffekte fehlen daher in den Simulationsergebnissen für das CDU/CSU-Konzept.

Haushaltstyp	Nettoeinkünfte [€ je Kopf/Familie/Haushalt]		
	Status quo	CDU/ CSU	SPD
Deutschland	30.200	30.063	30.251
Alleinstehende Frau	17.401	17.354	17.363
Alleinstehender Mann	20.918	20.886	20.896
Alleinerziehend mit 1 Kind	22.510	22.198	22.506
Alleinerziehend mit 2 oder mehr Kindern	27.259	26.794	27.257
Ehepaare			
Ohne Kinder, Einzelverdiener	29.401	29.172	29.389
Ohne Kinder, Doppelverdiener	45.075	45.347	45.284
1 Kind, Einzelverdiener	34.695	34.237	34.876
1 Kind, Doppelverdiener	42.551	42.454	42.725
2 Kinder, Einzelverdiener	37.138	36.836	37.426
2 Kinder, Doppelverdiener	45.520	45.438	45.667
3 Kinder, Einzelverdiener	41.237	40.991	41.523
3 Kinder, Doppelverdiener	51.851	51.738	52.007
4 oder mehr Kinder, Einzelverdiener	44.592	44.180	44.806
4 oder mehr Kinder, Doppelverdiener	55.862	55.554	55.761
Andere Haushalte	40.603	40.186	40.590
Unverheiratete Paare			
Ohne Kind, Einzelverdiener	27.307	26.865	27.353
Ohne Kind, Doppelverdiener	39.760	39.961	39.846
1 Kind, Einzelverdiener	27.585	26.796	27.819
1 Kind, Doppelverdiener	38.105	37.938	38.148
2 Kinder, Einzelverdiener	30.463	29.635	30.662
2 Kinder, Doppelverdiener	42.027	41.657	41.954
3 oder mehr Kinder, Einzelverdiener	30.504	29.424	30.523
3 oder mehr Kinder, Doppelverdiener	58.387	58.012	58.313

Quelle: Eigene Berechnung.

Tabelle 10. Deutschland: Pro-Haushalt-Nettoeinkünfte nach Haushaltstyp [2005].

Die Spalte status quo zeigt Pro-Kopf- bzw. Pro-Haushalt-Nettoeinkünfte für das Finanzierungssystem der GKV im Jahre 2005. Die Ergebnisse des status quo sind der Vergleichsmaßstab für die Reformvorschläge von CDU/CSU und SPD.

Ausgehend von Tabelle 10 zeigt Tabelle 11 die prozentuale Veränderung der Pro-Haushalt-Nettoeinkünfte gegenüber dem status quo.

Zur Vereinfachung wird von „Gewinnern" und „Verlierern" gesprochen. *Gewinner* sind Personen und Familien (=Haushalte), die durch einen Reformvorschlag höhere Nettoeinkünfte haben. *Verlierer* sind Haushalte, die durch einen Reformvorschlag geringere Nettoeinkünfte haben.

Haushaltstyp	%-tuale Veränderung der Pro-Haushalt-Nettoeinkünfte	
	CDU/CSU	SPD
Deutschland	-0,45	0,17
Alleinstehende Frau	-0,27	-0,22
Alleinstehender Mann	-0,15	-0,10
Alleinerziehend mit 1 Kind	-1,39	-0,02
Alleinerziehend mit 2 oder mehr Kindern	-1,70	-0,01
Ehepaare		
Ohne Kind, Einzelverdiener	-0,78	-0,04
Ohne Kind, Doppelverdiener	0,60	0,46
1 Kind, Einzelverdiener	-1,32	0,52
1 Kind, Doppelverdiener	-0,23	0,41
2 Kinder, Einzelverdiener	-0,81	0,78
2 Kinder, Doppelverdiener	-0,18	0,32
3 Kinder, Einzelverdiener	-0,60	0,69
3 Kinder, Doppelverdiener	-0,22	0,30
4 oder mehr Kinder, Einzelverdiener	-0,92	0,48
4 oder mehr Kinder, Doppelverdiener	-0,55	-0,18
Andere Haushalte	-1,02	-0,03
Unverheiratete Paare		
Ohne Kind, Einzelverdiener	-1,62	0,17
Ohne Kind, Doppelverdiener	0,51	0,22
1 Kind, Einzelverdiener	-2,86	0,85
1 Kind, Doppelverdiener	-0,44	0,11
2 Kinder, Einzelverdiener	-2,72	0,65
2 Kinder, Doppelverdiener	-0,88	-0,17
3 oder mehr Kinder, Einzelverdiener	-3,54	0,06
3 oder mehr Kinder, Doppelverdiener	-0,64	-0,13

Quelle: Eigene Berechnung.

Tabelle 11. Prozentuale Veränderung der Pro-Haushalt-Nettoeinkünfte gegenüber dem status quo [2005].

Beim CDU/CSU-Vorschlag gibt es nur zwei Haushaltstypen, die „Gewinner" sind: Für Doppelverdiener-Ehepaare ohne Kind steigen die Nettoeinkünfte um 0,6%, für Doppelverdiener-Paare ohne Kind um 0,51%.

Bei allen anderen Haushalten sinken die Nettoeinkünfte („Verlierer"), von 0,15% bei alleinstehenden Männern bis zu 3,54% bei Einzelverdiener-Paaren mit 3 oder mehr Kindern. Der Grund für das Absinken der Nettoeinkünfte liegt in der Festschreibung des Arbeitgeber-/Sozialversicherungs-Beitragssatzes auf 6,5%, durch den Personen und Familien gesamtwirtschaftlich rund 5 Mrd. € mehr belastet werden als im status quo. Gegenüber dem status quo sinken im Aggregat „Deutschland" die Nettoeinkünfte um 0,45% je Haushalt.

Gemäß des SPD-Vorschlags zählen nach Tabelle 11 folgende Haushaltstypen zu den „Verlierern": Alleinstehende Frauen und Männer (Nettoeinkünfte sinken um 0,22 bzw. 0,1%), Alleinerziehende (Nettoeinkünfte sinken um 0,01 bis 0,02%), Einzelverdiener-Ehepaare ohne Kind (Nettoeinkünfte sinken um 0,04%), Doppelverdiener-Ehepaare mit 4 oder mehr Kindern (Nettoeinkünfte sinken um 0,18%), Doppelverdiener-Paare mit 2 oder mehr Kindern (Nettoeinkünfte sinken um 0,17 bzw. 0,13%) sowie Mehrgenerationen-Haushalte (Nettoeinkünfte sinken um 0,03%). „Gewinner" sind nach SPD: alle Doppelverdiener-Ehepaare mit weniger als 4 Kindern (Nettoeinkünfte steigen um 0,3 bis 0,46%), alle Einzelverdiener-Ehepaare mit Kindern (Nettoeinkünfte steigen um 0,48 bis 0,78%), alle Einzelverdiener-Paare sowie alle Doppelverdiener-Paare mit weniger als zwei Kindern (Nettoeinkünfte steigen um 0,06 bis 0,85%). Im Aggregat „Deutschland" steigen die Nettoeinkünfte der Personen und Familien um 0,17%.

Tabelle 12 zeigt für Deutschland die Pro-Haushalt-Nettoeinkünfte nach Nettoeinkunftsklasse.

Nettoeinkunftsklasse	Nettoeinkünfte [€ je Haushalt]		
	Status quo	CDU/ CSU	SPD
0 - 5.000 €	2.972	3.228	3.032
5.000 - 10.000 €	8.284	8.183	8.293
10.000 - 15.000 €	12.685	12.675	12.682
15.000 - 20.000 €	17.426	17.426	17.411
20.000 - 25.000 €	22.450	22.486	22.436
25.000 - 30.000 €	27.450	27.452	27.465
30.000 - 35.000 €	32.372	32.377	32.372
35.000 - 40.000 €	37.400	37.389	37.388
40.000 - 45.000 €	42.349	42.355	42.346
45.000 - 50.000 €	47.311	47.354	47.339
50.000 - 55.000 €	52.413	52.397	52.432
55.000 - 60.000 €	57.331	57.287	57.327
60.000 - 65.000 €	62.372	62.426	62.449
65.000 - 70.000 €	67.331	67.326	67.276
70.000 - 75.000 €	72.417	72.459	72.355
75.000 - 100.000 €	85.353	85.279	85.097
100.000 - 150.000 €	118.023	117.866	117.909
150.000 - 200.000 €	170.100	170.988	170.236
200.000 - 250.000 €	217.404	217.548	217.309
ab 250.000 €	301.874	299.079	301.747
Summe	30.200	30.063	30.251

Quelle: Eigene Berechnung.

Tabelle 12. Deutschland: Pro-Haushalt-Nettoeinkünfte [2005].

Die aus Tabelle 12 durch die Reformvorschläge resultierenden prozentualen Veränderungen sind in Tabelle 13 gegenüber dem status quo dargestellt.

Nettoeinkunftsklasse	%-tuale Veränderung der Pro-Haushalt-Nettoeinkünfte	
	CDU/CSU	SPD
0 - 5.000 €	8,61	2,03
5.000 - 10.000 €	-1,21	0,12
10.000 - 15.000 €	-0,08	-0,02
15.000 - 20.000 €	0,00	-0,08
20.000 - 25.000 €	0,16	-0,06
25.000 - 30.000 €	0,00	0,05
30.000 - 35.000 €	0,01	0,00
35.000 - 40.000 €	-0,03	-0,03
40.000 - 45.000 €	0,02	-0,01
45.000 - 50.000 €	0,09	0,06
50.000 - 55.000 €	-0,03	0,04
55.000 - 60.000 €	-0,08	-0,01
60.000 - 65.000 €	0,09	0,12
65.000 - 70.000 €	-0,01	-0,08
70.000 - 75.000 €	0,06	-0,09
75.000 - 100.000 €	-0,09	-0,30
100.000 - 150.000 €	-0,13	-0,10
150.000 - 200.000 €	0,52	0,08
200.000 - 250.000 €	0,07	-0,04
ab 250.000 €	-0,93	-0,04
Summe	-0,45	0,17

Quelle: Eigene Berechnung.

Tabelle 13. Deutschland: Prozentuale Veränderung der Pro-Haushalt-Nettoeinkünfte gegenüber dem status quo [2005].

Beim CDU/CSU-Reformvorschlag zählen folgende Nettoeinkunftsklassen zu den „Gewinnern": Personen und Familien mit jährlichen Nettoeinkünften von nicht mehr als 5.000 € (Pro-Haushalt-Nettoeinkünfte steigen um 8,61%). Gewinner sind auch Haushalte mit Nettoeinkünften von 20.000 - 25.000 € (Pro-Haushalt-Nettoeinkünfte steigen um 0,16%), von 30.000 - 35.000 € (Pro-Haushalt-Nettoeinkünfte steigen um 0,01%), von 40.000 - 50.000 € (Pro-Haushalt-Nettoeinkünfte steigen um 0,02 bis 0,09%), von 60.000 - 65.000 € (Pro-Haushalt-Nettoeinkünfte steigen um 0,09%) und von 150.000 - 250.000 € (Pro-Haushalt-Nettoeinkünfte steigen um 0,52 bzw. 0,07%). Keine prozentuale Veränderung der Nettoeinkünfte gibt es in den Nettoeinkunftsklassen 15.000 - 20.000 € und 25.000 - 30.000 €. „Verlierer" des CDU/CSU-Reformvorschlags sind Personen und Familien mit Nettoeinkünften von 5.000 - 15.000 € (Pro-Haushalt-Nettoeinkünfte sinken um 1,21 und 0,08%), von 35.000 - 40.000 € (Pro-Haushalt-Nettoeinkünfte sinken um 0,03%), von 50.000 - 60.000 € (Pro-

Haushalt-Nettoeinkünfte sinken um 0,03 und 0,08%), von 65.000 - 70.000 €
(Pro-Haushalt-Nettoeinkünfte sinken um 0,01%), von 75.000 - 150.000 € (Pro-Haushalt-Nettoeinkünfte sinken um 0,09 bis 0,13%) und ab 250.000 € (Pro-Haushalt-Nettoeinkünfte sinken um 0,93%). Gesamtwirtschaftlich gehen die Pro-Haushalt-Nettoeinkünfte um 0,45% zurück.

Die „Gewinner"-Nettoeinkunftsklassen nach SPD sind Personen und Familien mit jährlichen Nettoeinkünften von nicht mehr als 10.000 € (Pro-Haushalt-Nettoeinkünfte steigen um 2,03 bzw. 0,12%). Gewinner sind auch Haushalte mit jährlichen Nettoeinkünften von 25.000 - 35.000 € (Pro-Haushalt-Nettoeinkünfte steigen um 0,05%), von 45.000 - 55.000 € (Pro-Haushalt-Nettoeinkünfte steigen um 0,06 bzw. 0,04%), von 60.000 - 65.000 € (Pro-Haushalt-Nettoeinkünfte steigen um 0,12%) und von 150.000 - 200.000 € (Pro-Haushalt-Nettoeinkünfte steigen um 0,08%). Folgende Nettoeinkunftsklassen sind „Verlierer" beim SPD-Vorschlag: 10.000 - 25.000 € (Pro-Haushalt-Nettoeinkünfte sinken um 0,02 bis 0,08%), 35.000 - 45.000 € (Pro-Haushalt-Nettoeinkünfte sinken um 0,03 bzw. 0,01%), 55.000 - 60.000 € (Pro-Haushalt-Nettoeinkünfte sinken um 0,01%), 65.000 - 150.000 € (Pro-Haushalt-Nettoeinkünfte sinken um 0,08, 0,09, 0,3 und 0,1%) und ab 250.000 € (Pro-Haushalt-Nettoeinkünfte sinken um jeweils 0,04%). Keine prozentuale Veränderung der Pro-Haushalt-Nettoeinkünfte gibt es in Nettoeinkunftsklasse 30.000 - 35.000 € (0%). Insgesamt steigen die Nettoeinkünfte gesamtwirtschaftlich um 0,17%.

Um die Umverteilungseffekte der Reformvorschläge von CDU/CSU und SPD zu messen, werden verschiedene Umverteilungsmaße berechnet. Der hier dargestellte Gini-Koeffizient ist einer der gebräuchlichsten Maße. Die Gini-Koeffizienten der Reformvorschläge sind in Tabelle 14 dargestellt.

Nach Sen (1973) ist der Gini-Koeffizient für Einkommensverteilung $D(y)$ definiert als: $G_y = \frac{I+1}{I} - \frac{2}{\mu_y \times I^2} \times \sum_{i=1}^{I}(I + 1 - i) \times y_i$, mit y_i als aufsteigend geordnete Einkünfte der $i = 1, \ldots, I$ betrachteten Haushalte und μ_y als Durchschnittseinkommen.

Ein „+" hinter dem Wert des Gini-Koeffizient in Tabelle 14 beschreibt einen Zustand nach dem durch einen Reformvorschlag Nettoeinkünfte gleichmäßiger verteilt sind. In diesem Fall sinkt der Gini-Koeffizient. Gleichmäßiger verteilte Nettoeinkünfte bedeuten, dass gegenüber dem status quo Einkünfte von „Oben nach Unten", d.h. von hohen Einkünften zu niedrigen Einkünften umverteilt werden. Je nach individuellem Werturteil kann ein solcher Zustand als „gerechter" bezeichnet werden. Dagegen bedeutet ein „−" hinter dem Gini-Koeffizienten, dass durch einen Reformvorschlag Nettoeinkünfte ungleichmäßiger verteilt sind. Dann werden gegenüber dem status quo Einkünfte von „Unten nach Oben" umverteilt. Dann steigt der Gini-Koeffizient.

Beide Reformvorschläge führen für das Aggregat „Deutschland" zu einer ungleichmäßigeren Verteilung der Nettoeinkünfte. Demnach werden durch die Reformvorschläge Einkünfte von „Arm" zu „Reich" umverteilt. So steigt beim CDU/CSU-Vorschlag der Gini-Koeffizient auf 0,3314, beim SPD-Vorschlag auf 0,3283.

Haushaltstyp	Status quo Gini	CSU/CSU Gini	#	SPD Gini	#
Deutschland	0,3274	0,3314	−	0,3283	−
Alleinstehende Frauen	0,2727	0,2789	−	0,2720	+
Alleinstehende Männer	0,3200	0,3268	−	0,3200	+
Alleinerziehend mit 1 Kind	0,2592	0,2711	−	0,2586	+
Alleinerziehend mit 2 oder mehr Kindern	0,2530	0,2637	−	0,2512	+
Ehepaare					
Ohne Kind, Einzelverdiener	0,2652	0,2690	−	0,2651	+
Ohne Kind, Doppelverdiener	0,2548	0,2570	−	0,2556	−
1 Kind, Einzelverdiener	0,2480	0,2555	−	0,2500	−
1 Kind, Doppelverdiener	0,2306	0,2346	−	0,2318	−
2 Kinder, Einzelverdiener	0,2347	0,2424	−	0,2376	−
2 Kinder, Doppelverdiener	0,2272	0,2307	−	0,2283	−
3 Kinder, Einzelverdiener	0,2168	0,2239	−	0,2191	−
3 Kinder, Doppelverdiener	0,2512	0,2517	−	0,2515	−
4 oder mehr Kinder, Einzelverdiener	0,2425	0,2513	−	0,2450	−
4 oder mehr Kinder, Doppelverdiener	0,2790	0,2802	−	0,2778	+
Andere Haushalte	0,2726	0,2753	−	0,2714	+
Unverheiratete Paare					
Ohne Kind, Einzelverdiener	0,2593	0,2643	−	0,2561	+
Ohne Kind, Doppelverdiener	0,2219	0,2255	−	0,2237	−
1 Kind, Einzelverdiener	0,2501	0,2525	−	0,2464	+
1 Kind, Doppelverdiener	0,2227	0,2303	−	0,2238	−
2 Kinder, Einzelverdiener	0,2118	0,2237	−	0,2135	−
2 Kinder, Doppelverdiener	0,2149	0,2208	−	0,2146	+
3 oder mehr Kinder, Einzelverdiener	0,2057	0,2165	−	0,2004	+
3 oder mehr Kinder, Doppelverdiener	0,2606	0,2677	−	0,2648	−

Quelle: Eigene Berechnung.
#: + Nettoeinkünfte sind gleichmäßiger verteilt
− Nettoeinkünfte sind ungleichmäßiger verteilt.

Tabelle 14. Gini-Koeffizienten nach Haushaltstypen [2005].

Allerdings zeigen sich für einzelne Haushaltstypen Unterschiede bei den Umverteilungseffekten. Eine eindeutige Richtung der Umverteilung gibt es beim CDU/CSU-Vorschlag: Bei allen Haushaltstypen kommt es zu einer ungleichmäßigeren Verteilung der Einkünfte, d.h. zu einer Umverteilung von Unten nach Oben. Der SPD-Vorschlag führt dagegen für die folgenden Haushaltstypen zu einer gleichmäßigeren Verteilung der Nettoeinkünfte: Alleinstehende Frauen und Männer, Alleinerziehende, Einzelverdiener-Ehepaare ohne Kinder, Einzelverdiener-Paare ohne Kinder, Ehepaare mit vier oder mehr Kindern, Einzelverdiener-Paare mit einem Kind oder mit drei und mehr Kindern sowie Doppelverdiener-Paare mit zwei Kindern. Mit Ausnahme der Einzelverdiener-Ehepaare ohne Kinder und der Ehepaare mit vier oder mehr Kindern kommt es bei allen anderen Ehepaaren bei der SPD-Bürgerversicherung zu einer Umverteilung der Einkünfte von „Arm" nach „Reich". Ungleichmäßiger sind die

Einkünfte auch für Doppelverdiener-Paare mit bis zu einem Kind sowie für Doppelverdiener-Paare mit drei oder mehr Kindern verteilt.

4 Zusammenfassung

Von den Regierungsparteien CDU/CSU und SPD werden zwei Konzepte zur Neugestaltung der Finanzierung der gesetzlichen Krankenversicherung vorgeschlagen, von CDU/CSU eine solidarische Gesundheitsprämie, von der SPD eine solidarische Bürgerversicherung.

Die Gesundheitsprämie ist – mit Ausnahme der Gesundheitsprämie für Kinder – keine Kopfpauschale, sondern ein primär beitragsfinanziertes Umlageverfahren. Im Unterschied zur derzeitigen Finanzierung der GKV wird gefordert: Aufhebung der beitragsfreien Mitversicherung von Ehepartnern durch einheitliche Gesundheitsprämien für jeden Erwachsenen einer Krankenkasse; Gesundheitsprämien von Einkommensschwachen werden über Steuern und über die Allgemeinheit finanziert; Finanzierungsdefizite der GKV werden über Steuerzuschüsse gedeckt; Krankenkassen erhalten einheitliche Gesundheitsprämien für jedes versicherte Kind (über Steuern finanziert); Beiträge der Arbeitgeber, Sozialversicherungen und anderer Träger werden einmalig und dauerhaft auf 6,5% festgeschrieben; ein volkswirtschaftlicher Kapitalstock soll aufgebaut werden.

Die SPD-Bürgerversicherung ist ein beitragsfinanziertes Umlageverfahren. Im Unterschied zur derzeitigen Finanzierung der GKV wird gefordert: Verbreiterung der Beitragsbemessungsgrundlage mit Ausnahme der Einkünfte aus Vermietung und Verpachtung und der Einkünfte aus Kapitalvermögen unterhalb des Sparerfreibetrags; Veränderung der Beitragsbemessungsgrenze durch Einführung eines „Zwei-Säulen"-Modells; Veränderung des versicherungspflichtigen Personenkreises durch Schließung des Zugangs zur privaten Vollversicherung; Veränderung des beitragspflichtigen Personenkreises durch (indirekte) Beitragspflicht der Ehepartner.

Finanzielle Auswirkungen

Bei der Gesundheitsprämie müssen ca. 14 Mrd. € über Steuern finanziert werden. Eine Möglichkeit der Finanzierung ist ein „Gesundheitsprämien-Solidaritätszuschlag" mit einem Steuersatz von 8,8% der individuell zu zahlenden Einkommensteuer. Personen und Familien müssten beim CDU/CSU-Vorschlag jährliche Gesundheitsprämien und Steuererhöhungen in Höhe von rund 78,0 Mrd. € tragen. Arbeitgeber, Sozialversicherungen und andere Träger wären mit 64,8 Mrd. € an der Finanzierung beteiligt. Das für Konsumzwecke zur Verfügung stehende Einkommen würde um durchschnittlich 0,45% je Haushalt sinken (-137 € jährlich).

Die SPD-Bürgerversicherung würde zu einem durchschnittlichen allgemeinen Beitragssatz der GKV von 14,0% führen. Über die „Erste Säule" würden

Personen und Familien in Höhe von 68,3 Mrd. €, über die „Zweite Säule" mit 2,8 Mrd. € zur Finanzierung herangezogen. Arbeitgeber, Sozialversicherungen und andere Träger zahlen zusammen 71,8 Mrd. €. Das für Konsumzwecke zur Verfügung stehende Einkommen würde je Haushalt um 0,17% steigen (+51 € jährlich).

Umverteilungseffekte

Welche Personen und Familien und welche Nettoeinkunftsklassen sind „Gewinner" und „Verlierer" der Reformvorschläge? Gewinner des CDU/CSU-Vorschlags sind: Doppelverdiener-Ehepaare ohne Kinder und Doppelverdiener-Paare ohne Kinder. Gewinner sind aber auch Haushalte mit jährlichen Nettoeinkünften von nicht mehr als 5.000 €, von 20.000 - 25.000 €, von 30.000 - 35.000 €, von 40.000 - 50.000 €, von 60.000 - 65.000 €, von 70.000 - 75.000 € und von 150.000 - 250.000 €.

Gewinner des SPD-Vorschlags sind: alle Doppelverdiener-Ehepaare mit weniger als vier Kindern, alle Einzelverdiener-Ehepaare mit Kindern, alle Einzelverdiener-Paare, alle Doppelverdiener-Paare mit weniger als zwei Kindern. Haushalte mit jährlichen Nettoeinkünften von nicht mehr als 10.000 €, von 25.000 - 35.000 €, von 45.000 - 55.000 €, von 60.000 - 65.000 € und von 150.000 - 200.000 € zählen ebenfalls zu den Gewinnern des Reformvorschlags.

Verlierer des CDU/CSU-Vorschlags sind: Alleinstehende, Alleinerziehende, alle Einzelverdiener-Ehepaare, alle Einzelverdiener-Paare, alle Doppelverdiener-Ehepaare mit Kindern, alle Doppelverdiener-Paare mit Kindern, Mehrgenerationen-Haushalte sowie Haushalte mit jährlichen Nettoeinkünften von 5.000 - 15.000 €, von 35.000 - 40.000 €, von 50.000 - 60.000 €, von 65.000 - 70.000 €, von 75.000 - 150.000 € und ab 250.000 €.

Verlierer des SPD-Vorschlags sind: Alleinstehende Frauen, alleinstehende Männer, Alleinerziehende, Einzelverdiener-Ehepaare ohne Kind, Doppelverdiener-Ehepaare mit vier oder mehr Kindern, alle Doppelverdiener-Paare mit zwei oder mehr Kindern, Mehrgenerationen-Haushalte. Verlierer sind auch Haushalte mit jährlichen Nettoeinkünften von 10.000 - 25.000 €, von 35.000 - 45.000 €, von 55.000 - 60.000 €, von 65.000 - 150.000 € und ab 250.000 €.

Insgesamt kennt keiner der beiden Reformvorschläge nur Gewinner oder nur Verlierer. Wird der Mittelstand (Nettoeinkünfte 15.000 bis 50.000 €) als gesellschaftlicher Maßstab genommen, so ist der CDU/CSU-Vorschlag dem SPD-Vorschlag vorzuziehen. Werden dagegen die derzeit bestehenden Umverteilungswirkungen (z.B. von Doppelverdiener-Ehepaaren zu Einzelverdiener-Ehepaaren) als angemessen angesehen, so ist der SPD-Vorschlag dem CDU/CSU-Vorschlag vorziehen, denn dort werden die bestehenden Umverteilungswirkungen manifestiert.

Über alle Haushaltstypen und Einkunftsklassen hinweg kann weder der CDU/CSU-Vorschlag, noch der SPD-Vorschlag als überlegen bezeichnet werden. Die berechneten Umverteilungsmaße zeigen, dass keiner der beiden Reformvorschläge „gerechter" als der andere ist. Darüber hinaus müssen neben den finanziellen Auswirkungen und Umverteilungseffekten zusätzlich arbeitsmarkt- und ordnungspolitische Erwägungen berücksichtigt werden.

5 Anhang: Tabellenergänzung

	1998	1999	2000	2001	2002	2003	2004	2005[a]
Registrierte Arbeitslose								
Deutschland	4,2806	4,1005	3,8897	3,8526	4,0613	4,3768	4,381	4,9852
Alte Bundesländer	2,7515	2,6047	2,381	2,3205	2,4984	2,7531	2,7813	3,2734
Neue Bundesländer	1,5291	1,4958	1,5087	1,5321	1,563	1,6237	1,5997	1,7118
Sozialversicherungspflichtig Beschäftigte								
Deutschland	27,237	27,356	27,882	27,901	27,629	27,007	26,561	26,086
Alte Bundesländer		22,312	22,913	22,344	22,226	21,774	21,447	21,144
Neue Bundesländer		5,045	4,969	5,557	5,403	5,233	5,114	4,937
Geringfügig Beschäftigte								
Deutschland							4,742	4,778
Alte Bundesländer							4,058	4,116
Neue Bundesländer							0,684	0,662
Erwerbstätige								
Deutschland	37,911	38,424	39,144	39,316	39,096	38,722	38,868	38,638
Abhängig Beschäftigte	34,046	34,567	35,229	35,333	35,093	34,65	34,65	34,293
Selbständige	3,865	3,857	3,915	3,983	4,003	4,072	4,218	4,345

Quelle: IAB (2005). Eigene Darstellung.

[a] Zahlen aus dem 1. Halbjahr bzw. Prognose mit linearem Trend.

Tabelle 15. Erwerbsbeteiligung 1998 bis 2005 [Mio. Personen].

	1998	1999	2000	2001	2002	2003	2004	2005[a]
Demografie								
Einwohner	82,029	82,087	82,188	82,340	82,482	82,520	82,501	82,591
Saldo Wanderungen[b]	0,047	0,202	0,167	0,273	0,219	0,143	0,083	0,083
Haushalte in Deutschland								
Ein-Personen-Haushalte	13,297	13,485	13,750	14,056	14,225	14,426	14,566	14,751
Mehr-Personen-Haushalte	24,235	24,310	24,374	24,400	24,495	24,518	24,566	24,570
Insgesamt	37,532	37,795	38,124	38,456	38,720	38,944	39,132	39,321

Quelle: Statistisches Bundesamt (2005). Eigene Darstellung.

[a] Zahlen aus dem 1. Halbjahr bzw. Prognose mit linearem Trend.
[b] Saldo aus Ein- und Auswanderungen Deutschland ⇔ Ausland in Personen.

Tabelle 16. Bevölkerung und Haushalte 1998 bis 2005 [Mio. Personen].

	1998	1999	2000	2001	2002	2003	2004	2005[a]
Bruttoinlandsprodukt[b]	1.965,4	2.012,0	2.062,5	2.113,2	2.145,0	2.163,4	2.215,7	2.231,2
Private Konsumausgaben	1.107,7	1.142,7	1.180,3	1.224,3	1.230,9	1.250,0	1.274,7	1.311,0
Volkseinkommen	1.466,1	1.487,3	1.524,4	1.560,9	1.581,2	1.600,0	1.658,3	1.676,7
Arbeitnehmerentgelt	1.032,3	1.059,5	1.100,1	1.120,6	1.128,7	1.131,1	1.134,5	1.146,8
Bruttolöhne und -gehälter	830,5	855,4	884,6	903,7	910,4	909,4	912,3	922,4
Unternehmens- und Vermögenseinkommen	433,8	427,8	424,4	440,2	452,5	468,9	523,8	529,9
Volkseinkommen / BIP [%]	74,60	73,92	73,91	73,86	73,72	73,96	74,85	75,15
Bruttolohn und -gehalt [€ je Kopf & Monat]	2.033	2.062	2.092	2.131	2.162	2.187	2.194	2.241
Lohnquote[b] [%]	70,41	71,24	72,16	71,79	71,38	70,70	68,41	68,40
Sparquote[b] [%]	10,3	9,8	9,8	10,3	10,6	10,8	10,9	10,9
Staatsquote[b] [%]	48,0	48,1	45,1[c]	47,6	47,9	48,1	46,9	46,9

Quelle: Statistisches Bundesamt (2004), Bundesfinanzministerium (2005). Eigene Darstellung.

[a] BIP Zahlen aus Prognose mit linearem Trend.
[b] Zur begrifflichen Abgrenzung vgl. Statistisches Bundesamt (2004).
[c] Einschließlich der Erlöse der UMTS-Versteigerung.

Tabelle 17. Volkswirtschaftliche Gesamtrechnung 1998 bis 2005 [Mrd. €].

	1998	1999	2000	2001	2002	2003	2004	2005[a]
Mitglieder in der gesetzlichen Krankenversicherung								
Allgemeine Krankenversicherung	35.470	35.668	35.734	35.680	34.740	34.074	33.809	33.572
Krankenversicherung der Rentner	15.215	15.259	15.302	15.314	16.230	16.681	16.816	16.908
Insgesamt	50.685	50.927	51.036	50.994	50.970	50.755	50.625	50.480
Beitragsfrei Mitversicherte in der gesetzlichen Krankenversicherung								
Allgemeine Krankenversicherung	19.204	19.043	18.897	18.724	18.343	18.201	18.194	18.617
Krankenversicherung der Rentner	1.426	1.380	1.328	1.277	1.470	1.498	1.452	1.461
Insgesamt	20.630	20.423	20.225	20.001	19.813	19.699	19.646	20.078
Versicherte in der gesetzlichen Krankenversicherung								
Allgemeine Krankenversicherung	54.674	54.711	54.631	54.404	53.083	52.275	52.003	52.189
Krankenversicherung der Rentner	16.641	16.639	16.630	16.591	17.700	18.179	18.268	18.369
Insgesamt	71.315	71.350	71.261	70.995	70.783	70.454	70.271	70.558
Versicherte in der Privaten Krankenversicherung								
Vollversicherung	7,206	7,356	7,494	7,710	7,924	8,110	8,400	8,400
Zusatzversicherung	7,600	7,500	7,500	7,600	7,700	7,900	7,831	7,831

Quelle: BMGS (2005). PKV (2004). Eigene Darstellung.

[a] Zahlen aus dem 1. Halbjahr bzw. Prognose mit linearem Trend.

Tabelle 18. Versicherte in der Krankenversicherung 1998 bis 2005 [Mio. Personen].

Literaturverzeichnis

BDA [Bundesvereinigung der Deutschen Arbeitgeberverbände] (2004). *BDA-Finanzierungskonzept für das Gesundheitsprämienmodell.* Berlin, 13. September 2004.

Beske, F. und Drabinski, T. (2004a). *Veränderungsoptionen in der gesetzlichen Krankenversicherung: Bürgerversicherung, Kopfpauschale und andere*

Optionen im Test. Band 102, IGSF [Fritz Beske Institut für Gesundheits-System-Forschung Kiel].
Beske, F. und Drabinski, T. (2004b). *Zu Lasten der gesetzlichen Krankenversicherung. Politische Entscheidungen 1977–2004 und andere Tatbestände*. Band 101, IGSF [Fritz Beske Institut für Gesundheits-System-Forschung Kiel].
BMGS (2005). *Gesetzliche Krankenversicherung. Kennzahlen und Faustformeln 2005*.
Bundesfinanzministerium (2005).
http://www.bundesfinanzministerium.de.
Bündnis 90/Die Grünen (2004). *Leistungsfähig – solidarisch – modern. Die grüne Bürgerversicherung*. Beschluss. 23. Ordentliche Bundesdelegiertenkonferenz. Kiel, 2./3. Oktober 2004.
CDU-Bundesvorstand (2003). *Deutschland fair ändern. Ein neuer Generationenvertrag für unser Land. – Programm der CDU zur Zukunft der sozialen Sicherungssysteme – Antrag des Bundesvorstandes der CDU Deutschlands an den 17. Parteitag am 1./2. Dezember 2003 in Leipzig, zugleich Beschluss des 17. Parteitages der CDU Deutschlands 2003 „Deutschland fair ändern."* Leipzig, 01.12.2003.
CDU/CSU (2004). *Reform der gesetzlichen Krankenversicherung – Solidarisches Gesundheitsprämien-Modell vom 15.11.2004*.
Drabinski, T. (2004). *Umverteilungseffekte des deutschen Gesundheitssystems: Eine Mikrosimulationsstudie*. Schriftenreihe Institut für Mikrodaten-Analyse, Band 2, Kiel.
Drabinski, T. (2005). *Finanzielle Auswirkungen und Umverteilungseffekte von solidarischer Gesundheitsprämie und solidarischer Bürgerversicherung*. Schriftenreihe Institut für Mikrodaten-Analyse, Band 4, Kiel.
FDP (2004). *Beschluss des 55. Ord. Bundesparteitages der FDP, Dresden, 5.-6. Juni 2004. Privater Krankenversicherungsschutz mit sozialer Absicherung für alle – die auf Wettbewerb begründete Alternative*.
Henke, K.-D., Johannßen, W., Neubauer, G., Rumm, U., und Wasem, J. (2002). *Zukunftsmodell für ein effizientes Gesundheitswesen in Deutschland*. Vereinte Krankenversicherung AG, München.
Herzog-Kommission (2003). *Zur Zukunft der sozialen Sicherungssysteme*. Bericht der Kommission „Soziale Sicherheit" des CDU Bundesvorstands, Berlin.
IAB [Institut für Arbeitsmarkt- und Berufsforschung der Bundesagentur für Arbeit] (2005). *Daten zur kurzfristigen Entwicklung von Wirtschaft und Arbeitsmarkt. Ausgabe Nr. 10, Oktober 2005*.
Knappe, E. und Arnold, R. (2002). *Pauschalprämie in der Krankenversicherung – Ein Weg zu mehr Effizienz und mehr Gerechtigkeit*. Vereinigung der bayerischen Wirtschaft e.V., München.
Merz, J. (1986). Structural Adjustment in Static and Dynamic Microsimulation Models. In: Orcutt, G.H., Merz, J., und Quinke, H. (Hrsg.), *Microana-

lytic Simulation Models to Support Social and Financial Policy, S. 423-446. Gesellschaft für Mathematik und Datenverarbeitung mbH, Bonn.

Merz, J. (1991). *Microsimulation – A Survey of Principles, Developments and Applications. International Journal of Forecasting*, 7:77-104.

Merz, J. (1994). *Microdata Adjustment by the Minimum Information Loss Principle*. Universität Lüneburg, Fachbereich Wirtschafts- und Sozialwissenschaften. Discussion Paper No. 10.

PDS (2004). *Die solidarische Bürgerversicherung. Ein Vorschlag der PDS. Initiativen für eine andere Politik*. Projektgruppe Solidarische Bürgerversicherung beim Parteivorstand der PDS.

PKV (2004). *Die private Krankenversicherung, Zahlenbericht 2003/2004*. Verband der privaten Krankenversicherung, Köln.

PKV (2005). *Zahlen zur PKV*. Verband der privaten Krankenversicherung, Köln. http://www.pkv.de.

Rürup, B. und Wille, E. (2004). *Finanzierungsreform in der Krankenversicherung. Gutachten vom 15.07.2004*. Vorgestellt auf der wissenschaftlichen Tagung „Zur Reform der gesetzlichen und privaten Krankenversicherung" von der Gesellschaft für Recht und Politik im Gesundheitswesen (GRPG), Berlin.

Rürup-Kommission (2003). *Nachhaltigkeit in der Finanzierung der Sozialen Sicherungssysteme. Bericht der Kommission*. Bundesministerium für Gesundheit und Soziale Sicherung, Berlin.

Sachverständigenrat Wirtschaft (2004). *Sachverständigenrat zur Begutachtung der gesamtwirtschaftlichen Entwicklung. Jahresgutachten 2004/05. Erfolge im Ausland – Herausforderungen im Inland*. Statistisches Bundesamt, Wiesbaden.

Sen, A. (1973). *On Economic Inequality*. Clarendon Press, London.

SPD-Parteivorstand (2004). *Modell einer solidarischen Bürgerversicherung*. Bericht der Projektgruppe Bürgerversicherung des SPD-Parteivorstandes, September 2004, Berlin.

Statistisches Bundesamt (2004). *Volkswirtschaftliche Gesamtrechnungen. Wichtige Zusammenhänge im Überblick*. Wiesbaden.

Statistisches Bundesamt (2005). http://www.destatis.de, Wiesbaden.

Theil, H. (1967). *Economics and Information Theory*. North-Holland Publishing Company, Amsterdam.

Wagenhals, G. (2004). *Tax-Benefit Microsimulation Models for Germany: A Survey*. Hohenheimer Diskussionsbeiträge Nr. 235/2004.

Wasem, J. und Greß, S. (2004). Zur Integration der Privaten Krankenversicherung in den Risikostrukturausgleich der Gesetzlichen Krankenversicherung. In: Engelen-Kefer, U. (Hrsg.), *Reformoption Bürgerversicherung. Wie das Gesundheitssystem solidarisch finanziert werden kann*, S. 78-84. VSA-Verlag, Hamburg.

Zweifel, P. und Breuer, M. (2002). *Weiterentwicklung des deutschen Gesundheitssystems*. Gutachten im Auftrag des Verbands Forschender Arzneimittelhersteller e.V., Sozialökonomisches Institut, Universität Zürich.

SOZIALE PFLEGEVERSICHERUNG: STATUS QUO UND REFORMVORSCHLÄGE

Katharina Schulte[a] und Carsten Schröder[b]

[a] Christian-Albrechts-Universität zu Kiel, Institut für Volkswirtschaftslehre, Abteilung für Finanzwissenschaft und Sozialpolitik
[b] Freie Universität Berlin, Fachbereich Wirtschaftswissenschaft, Institut für öffentliche Finanzen und Sozialpolitik, Lehrstuhl für öffentliche Finanzen

1	Einleitung	111
2	Pflegeversicherung in der BR Deutschland	112
2.1	Status quo	112
2.2	Probleme	115
3	Gestaltungsoptionen	117
4	Reformvorschläge	118
4.1	Fortentwicklung des Umlageverfahrens	118
4.2	Umstieg auf das Kapitaldeckungsverfahren	121
4.3	Steuerfinanziertes Bundesleistungsgesetz	125
4.4	Zusammenlegung von GKV und SPV	126
5	Zusammenfassung und Ausblick	128
	Literaturverzeichnis	133

1 Einleitung

Am 1. Januar 1995 ist die umlagefinanzierte Soziale Pflegeversicherung (SPV) als obligatorische „fünfte Säule" der Sozialversicherung in Kraft getreten. Das Hauptargument ihrer Einführung war es, die Kommunen von den enorm gestiegenen Ausgaben im Zusammenhang mit der „Hilfe zur Pflege" zu entlasten [vgl. Blinkert und Klie (1999)]. Da mit dem Pflegeversicherungsgesetz auch die Private Pflegepflichtversicherung eingeführt wurde, ist nahezu die gesamte Bevölkerung gegen das Pflegerisiko abgesichert [§ 1 Abs. 1 SGB XI]. Sie hat als sogenannte Teilversicherung die Aufgabe „Pflegebedürftigen Hilfe zu leisten, die wegen der Schwere der Pflegebedürftigkeit auf solidarische Unterstützung angewiesen sind" (§ 1 Abs. 4 SGB XI).

In den letzten Jahren hat sich abgezeichnet, dass die SPV in ihrer derzeitigen Ausgestaltung finanziell nicht mehr tragfähig ist. Auf der Ausgabenseite bewirken u.a. steigende Preise für Pflegeleistungen, ein Trend zur kostenintensiven stationären Pflege und die Alterung der Bevölkerung einen erhöhten Finanzbedarf. Gleichzeitig führt eine fast unveränderte Zahl von Pflichtversicherten und die schwache Entwicklung der beitragspflichtigen Einkommen zu stagnierenden Versicherungseinnahmen. Die Folge ist ein sich ausweitendes Finanzierungsdefizit.

Vor diesem Hintergrund wurden verschiedene Reformkonzepte entwickelt. Ziel des Beitrags ist es, diese Konzepte vorzustellen, voneinander abzugrenzen und kritisch zu hinterfragen. Dazu werden in Abschnitt 2 der status quo der SPV dargestellt und die Probleme des derzeitigen Systems aufgezeigt. Auf Grundlage dieser Ausführungen werden in Abschnitt 3 mögliche Gestaltungsoptionen herausgearbeitet und erläutert. In Abschnitt 4 werden die alternativen Reformkonzepte vorgestellt, voneinander abgegrenzt und kritisch hinterfragt. Anschließend wird überprüft, inwieweit die Konzepte den Gestaltungsoptionen aus Abschnitt 3 gerecht werden. Abschnitt 5 fasst die Ergebnisse zusammen.

2 Pflegeversicherung in der BR Deutschland

2.1 Status quo

Kernziel der Pflegeversicherung ist die soziale Absicherung des Risikos der Pflegebedürftigkeit (§ 1 Abs. 1 und 6 SGB XI), die Minderung der pflegebedingten Sozialhilfeabhängigkeit, sowie der Aufbau einer adäquaten Pflegeinfrastruktur [vgl. Pfaff und Stapf-Finé (2005, S. 111)]. Wie die amtliche Sozialhilfestatistik [vgl. Statistisches Bundesamt (2003b, S. 38)] zeigt, ist es seit Einführung der Pflegeversicherung zu einer erheblichen Verringerung der pflegebedingten Sozialhilfeabhängigkeit gekommen. So ist zwischen 1994 und 2002 die Zahl der Sozialhilfeempfänger in der häuslichen (stationären) Pflege um etwa zwei (ein) Drittel zurückgegangen und hat sich seitdem bei rund 60.000 (185.000) Empfängern stabilisiert. Damit benötigen nur noch rund 5% (25%) der Pflegebedürftigen in häuslicher (stationärer) Pflege zusätzlich Sozialhilfe [vgl. BMGS (2004, S. 67)]. Auch die Zahl der Einrichtungen zur Pflege hat seit 1995 stark zugenommen [vgl. Statistisches Bundesamt (2005, S. 11ff.)].

Träger der SPV sind die Pflegekassen, deren Aufgaben von den Krankenkassen wahrgenommen werden. Der Versichertenkreis umfasst als Pflichtversicherte alle gesetzlich krankenversicherten Personen bis zur Versicherungspflichtgrenze von 3.900 € (§ 1 Abs. 2, § 20 SGB XI).[1] Freiwillig gesetzlich

---

[1] Zudem gelten Sonderregelungen. Pflichtversichert sind auch sogenannte Weiterversicherte, also Personen, die keinen Krankenversicherungsschutz besitzen, aber in den letz-

Versicherte können sich befreien lassen, wenn sie eine private Pflegeversicherung nachweisen (§ 22 SGB XI).

Die SPV ist als Versicherung mit Teilkaskocharakter konzipiert, d.h. vom Versicherungsträger werden Leistungspauschalen gestaffelt nach Versorgungsart und Pflegebedürftigkeit getragen. Die Differenz zwischen den tatsächlich entstehenden Pflegekosten und den Leistungspauschalen ist dann vom Versicherten oder dem Sozialhilfeträger zu übernehmen.

Die Leistungen der SPV lassen sich in jene zur häuslichen und zur stationären Pflege unterscheiden. Im Rahmen der häuslichen Pflege werden insbesondere Sach- und Geldleistungen gezahlt, deren Höhe in drei Stufen mit dem Grad der Pflegebedürftigkeit variiert (vgl. § 15 SGB XI). Zusätzlich existieren Härtefallregelungen.[2] Im Rahmen der nachrangigen stationären Pflege (§ 43 Abs. 1 SGB XI) werden insbesondere Kosten der Unterbringung in Pflegeheimen bis zu gewissen Höchstgrenzen übernommen. Zudem werden sonstige Leistungen, wie z.B. Tages- und Nachtpflege oder Pflege in vollstationären Einrichtungen der Behindertenhilfe, erbracht. Die einkommens- und vermögensunabhängige Gewährung sämtlicher Leistungen der SPV impliziert einen Erbenschutz. Einen umfassenden Überblick über die Leistungen gibt Tabelle 1.

		Pflegestufe I Erheblich Pflegebedürftige	Pflegestufe II Schwerpflegebedürftige	Pflegestufe III Schwerstpflegebedürftige (in Härtefällen)
Häusliche Pflege	Pflegesachleistung bis € monatlich	384	921	1.432 (1.918)
	Pflegegeld € monatlich	205	410	665
Pflegevertretung - durch nahe Angehörige - durch sonstige Personen	Pflegeaufwendungen für bis zu vier Wochen im Kalenderjahr bis €	205[a] 1.432	410[a] 1.432	665[a] 1.432
Kurzzeitpflege	Pflegeaufwendungen bis zu € monatlich	1.432	1.432	1.432
Teilstationäre Tages- und Nachtpflege	Pflegeaufwendungen bis zu € monatlich	384	921	1.432

---

ten 5 Jahren mindestens 24 Monate oder unmittelbar vor dem Ausscheiden mindestens 12 Monate versichert waren, sowie Personen, deren Familienversicherung erloschen ist (§ 26 Abs. 1 SGB XI).

[2] Diese Regelung kann allerdings nur für 3% aller Fälle innerhalb einer Pflegekasse der Stufe III, die häuslich versorgt werden, geltend gemacht werden (§ 36 Abs. 4 SGB XI).

		Pflegestufe I Erheblich Pflegebedürftige	Pflegestufe II Schwerpflegebedürftige	Pflegestufe III Schwerstpflegebedürftige (in Härtefällen)
Ergänzende Leistungen für Pflegebedürftige mit erheblichem allgemeinem Betreuungsbedarf	Leistungsbetrag bis € jährlich	460	460	460
Vollstationäre Pflege	Pflegeaufwendungen pauschal € monatlich	1.023	1.279	1.432 (1.688)
Pflege in vollstationären Einrichtungen für behinderte Menschen	Pflegeaufwendungen in Höhe von	10% des Heimentgelts, höchstens 256 € monatlich		
Hilfsmittel die zum Verbrauch bestimmt sind	Aufwendungen bis € monatlich	31		
Technische Hilfsmittel	Aufwendungen in Höhe von	90% der Kosten unter Berücksichtigung von höchstens 25 € Eigenbeteiligung je Hilfsmittel		
Maßnahmen zur Verbesserung des Wohnumfeldes	Aufwendungen in Höhe von bis zu	2.557 € je Maßnahme unter Berücksichtigung einer angemessenen Eigenbeteiligung		
Zahlungen von Rentenversicherungsbeiträgen für Pflegepersonen	Je nach Umfang der Pflegetätigkeit[b] bis € monatlich (Beitrittsgebiet)	125 (105)	251 (211)	376 (316)

[a] Auf Nachweis werden den ehrenamtlichen Pflegepersonen notwendige Aufwendungen, wie z.B. Verdienstausfall oder Fahrtkosten, bis zum Gesamtbetrag von 1.432 € erstattet.
[b] Bei wenigstens 14 Stunden Pflegetätigkeit pro Woche, wenn die Pflegeperson keiner Beschäftigung von über 30 Stunden nachgeht und sie noch keine Vollrente aufgrund ihres Alters bezieht.

Quelle: BMGS (2005a, S. 3), eigene Darstellung.

Tabelle 1. Leistungen in der Pflegeversicherung.

Die Finanzierung der SPV erfolgt im Umlageverfahren. Der paritätisch finanzierte Beitragssatz liegt derzeit bei 1,7% des Bruttoarbeitsentgelts und wird bis zur Beitragsbemessungsgrenze von 3.525 € pro Monat erhoben (§ 55 Abs. 1f. SGB XI). Die paritätische Finanzierung wurde in den letzten Jahren allerdings aufgeweicht. So tragen die Rentner seit 1. April 2004 den vollen Beitragssatz alleine (§ 59 Abs. 1 SGB XI), und kinderlose Erwerbstätige müssen seit 1. Januar 2005 einen Beitragszuschlag von 0,25% zahlen.[3] Familienangehörige sind beitragsfrei mitversichert, so ein Anspruch auf Familienversicherung besteht. Erreicht wird der vom Gesetzgeber geforderte einheitliche Beitragssatz über einen kassenübergreifenden Finanzausgleich.

2.2 Probleme

Finanzierungsdefizit

Nach Finanzüberschüssen in den Jahren 1995 bis 1998 verzeichnet die SPV ein strukturelles Defizit. Hierdurch ist es zu einem fortlaufenden Abschmelzen des Kapitalstocks gekommen, der insbesondere durch eine schrittweise Einführung der Pflegeleistungen im Jahre 1995 aufgebaut werden konnte (siehe Tabelle 2). Trotz Einführung des „Kinder-Berücksichtigungsgesetzes" ist auch im Jahre 2005 mit einem Defizit zu rechnen, so dass der Kapitalstock voraussichtlich im Jahre 2007 aufgezehrt sein wird [vgl. Rothgang (2005, S. 114)]. Ursache hierfür ist vor allem die demografische Entwicklung, also der doppelte Alterungsprozess infolge eines kontinuierlichen Anstiegs der Lebenserwartung bei sinkender Geburtenrate.

	1995	1996	1997	1998	1999	2000	2001	2002	2003	2004
Einnahmen	8,41	12,04	15,94	16,00	16,32	16,55	16,81	16,98	16,86	16,87
Ausgaben	4,97	10,86	15,14	15,88	16,35	16,67	16,87	17,36	17,56	17,69
Überschuss	3,44	1,18	0,8	0,13	-0,03	-0,13	-0,06	-0,38	-0,69	-0,82
Investititionsdarlehen an den Bund	0,56						-0,56			
Mittelbestand	2,87	4,05	4,86	4,99	4,95	4,82	4,76	4,93	4,24	3,42

Quelle: BMGS ULR:http://www.bmgs.de hier unter Menü
Pflege→Statistiken Pflege→Zeitreihen→Finanzentwicklung der sozialen
Pflegeversicherung – Ist-Ergebnisse ohne Rechnungsabgrenzung.
Eigene Darstellung.

Tabelle 2. Finanzierungsergebnis der Sozialen Pflegeversicherung in Mrd. €.

Ausgabenwirksam wird dieser Trend insbesondere dadurch, dass sich die Pflegewahrscheinlichkeit im Lebensalter erhöht [vgl. Arentz et al. (2004, S. 56) und Frohwitter (1999, S. 205ff.)]. Nach Knappe und Rubart (2001, S. 98ff.)

---

[3] Ausgenommen von dieser Regelung sind Mitglieder, die vor dem 01.01.1940 geboren sind, Versicherte bis zur Vollendung des 23. Lebensjahres sowie Bezieher von Arbeitslosengeld II und Wehr- und Ersatzdienstleistende. Der erhöhte Beitrag ist nicht zu zahlen, wenn die Elterneigenschaft des Mitgliedes der Stelle, die den Pflegeversicherungsbeitrag abzuführen hat, nachgewiesen wird bzw. bekannt ist (§ 1 Abs. 1 „Kinder-Berücksichtigungsgesetz").

ist heute bereits jeder vierte Mensch im Alter von über 80 Jahren ein Pflegefall. Die 10. Koordinierte Bevölkerungsvorausberechnung[4] prognostiziert einen Anstieg der Über-80-jährigen bis 2030 um 94% und fortschreitend bis 2050 sogar auf fast das Dreifache des Wertes von 2000 [vgl. Statistisches Bundesamt (2003a, S. 31)]. Die Anzahl der Leistungsempfänger erhöhte sich bereits zwischen 1997 und 2003 um durchschnittlich 2,1% p.a. Bis 2040 wird mit einem Anstieg der Fallzahl von 1,9 Millionen im Jahre 2000 auf etwa 3,4 Millionen gerechnet [vgl. Rothgang (2002) und Rürup-Kommission (2003, S. 189)].

Für die Ausgabenentwicklung ist neben der Anzahl der Pflegefälle auch der in Anspruch genommene Leistungsumfang pro Fall von Bedeutung. Empirisch lässt sich ein Trend hin zur teureren stationären Pflege beobachten.[5] Die Rürup-Kommission (2003, S. 189) erwartet, dass sich der Anteil der Pflegebedürftigen in stationärer Pflege von 32% im Jahre 2000 auf etwa 43% im Jahre 2030 erhöhen wird.

Die Alterung der Bevölkerung wirkt sich auch auf die Einnahmen der SPV aus. Zwar sind auch Rentner beitragspflichtig, ihre Einkommen – und damit die von ihnen zu entrichtenden Beiträge – liegen im Durchschnitt allerdings unter denjenigen von Erwerbstätigen [vgl. Färber (2004, S. 193)]. Die schlechte Arbeitsmarktsituation führt zu weiteren Einnahmeausfällen. Ausfälle ergeben sich aber auch aus sozialrechtlichen Veränderungen, wie z.B. der Absenkung der Beitragszahlungen der Arbeitslosenhilfeempfänger, der Absenkung der beitragspflichtigen Einkommen aufgrund der Möglichkeit von Gehaltsumwandlungen im Zusammenhang mit den sogenannten Eichel-Renten[6] und aus weiteren Arbeitsmarktreformen [vgl. Rothgang (2005, S. 114)].

Leistungsdefizite

Leistungsdefizite resultieren aus der gesetzlich bisher nicht vorgesehenen Dynamisierung der Pauschalen und der mangelhaften Berücksichtigung bestimmter Gruppen von Pflegebedürftigen. So führen die Preissteigerungen im Bereich Pflege langfristig zu einer realen Entwertung der Pflegeleistungen. Hiervon betroffen ist insbesondere die jüngere Generation. Auch die Belange von

---

[4] Dieser Prognose ist die Variante 5 „mittlere" Bevölkerung zu Grunde gelegt, d.h. mittlere Wanderungsannahme (jährlicher Saldo 200.000 Personen) und mittlere Lebenserwartungsannahme (durchschnittliche Lebenserwartung, die im Jahre 2050 81 Jahre für Männer und 87 Jahre für Frauen erreicht). Für eine detailliertere Darstellung der verschiedenen Annahmen und Bevölkerungswachstumsvarianten siehe Statistisches Bundesamt (2003a, S. 15).

[5] Dieser liegt vor allem in der zunehmenden Frauenerwerbsquote und damit steigenden Opportunitätskosten der häuslichen Pflege, geringeren Geburtenzahlen von Mädchen (als die vornehmlichen Pflegepersonen) und einer steigenden Anzahl von Einpersonenhaushalten begründet [vgl. Schulz et al. (2001, S. 21f.) und Rothgang (2005, S. 115)].

[6] Die Möglichkeit der Gehaltsumwandlung und die damit einhergehende Verringerung der beitragspflichtigen Einkommen wurde im Zuge der Rentenreform 2000/2001 mit dem Altersvermögensgesetz eingeführt und bewirkt Beitragsrückstellungen in noch nicht vorhersehbarer Höhe [vgl. Rothgang (2004, S. 586f.)].

geistig Behinderten und Demenzkranken werden zur Zeit gesetzlich nicht ausreichend berücksichtigt [vgl. SVRG (2005, S. 48) und SVR (2004, S. 420)]: Da der Pflegebegriff verrichtungsbezogen ist und damit nur Defizite einschließt, die sich auf körperliche Einschränkungen beziehen, geht er auf die spezifischen Fähigkeitsstörungen von Demenzkranken und geistig Behinderten nicht ausreichend ein [vgl. Deutscher Bundestag (2002, S. 232)].

Anreizprobleme und negative externe Effekte

Der Finanzausgleich und ein bundeseinheitlicher Beitragssatz verhindern einen effizienten Wettbewerb zwischen den Kassen [vgl. Donges et al. (2005, S. 8)] und nehmen den Versicherten die Möglichkeit, im Sinne der Konsumentensouveränität eigenverantwortlich eine Pflegekasse auszuwählen. Die Anreize der Pflegekassen wirtschaftlich zu handeln sind eingeschränkt, da die Leistungsausgaben und Verwaltungskosten gemeinschaftlich von allen Pflegekassen getragen werden, also externalisiert werden können [vgl. Breyer et al. (2004) und IGES et al. (2001b)]. Durch die lohnbezogenen Beiträge verursacht die SPV auch negative externe Effekte auf andere volkswirtschaftliche Bereiche, insbesondere auf den Arbeitsmarkt [vgl. Donges et al. (2005, S. 17)], da jeder Anstieg des Beitragssatzes zu einer Verteuerung des Faktors Arbeit führt.

3 Gestaltungsoptionen

Eine Reform des status quo steht im Spannungsverhältnis der Notwendigkeit einer nachhaltigen Finanzierung einerseits und der Sicherung einer angemessenen Versorgung der Pflegebedürftigen andererseits.

Eine erfolgreiche Reform der Finanzierung muss insbesondere der demografischen Entwicklung Rechnung tragen. Die Finanzierung sollte dabei zudem intergenerativ gerecht[7] erfolgen und zu keiner weiteren Erhöhung der Lohnnebenkosten führen. Als Finanzierungsoptionen werden in diesem Zusammenhang eine Fortentwicklung der bestehenden umlagefinanzierten Pflegeversicherung, der Umstieg auf ein kapitalgedecktes System, ein steuerfinanziertes System sowie eine Zusammenlegung von gesetzlicher Krankenversicherung (GKV) und SPV diskutiert.[8]

---

[7] Für eine ausführliche Diskussion der Definitionen von Generationengerechtigkeit siehe Leisering (2000, S. 614f.) und Tremmel (2003, S. 30ff.).

[8] Eine Fortentwicklung des bestehenden umlagefinanzierten Systems kann dabei direkt an den Beitragssätzen – mit entsprechenden Negativeffekten auf dem Arbeitsmarkt –, an der Bemessungsgrundlage, und am versicherungspflichtigen Personenkreis ansetzen. Eine Ausweitung des versicherungspflichtigen Personenkreises kann dabei direkt, z.B. über eine Einbeziehung von Beamten und Selbständigen, erfolgen oder indirekt über eine Anhebung der Beitragsbemessungs- bzw. Versicherungspflichtgrenze. Diese Maßnahmen führen zwar zu direkten Mehreinnahmen, gleichzeitig aber auch zu zukünftigen Mehrausgaben, da ein erweiterter Personenkreis Leistungsansprüche erwirbt.

Daneben kann auch eine Ausschöpfung bisher bestehender Wirtschaftlichkeitsreserven zur Finanzierungssicherheit beitragen. So eliminiert der derzeit geltende bundeseinheitliche Beitragssatz in Kombination mit dem kassenartenübergreifenden Finanzausgleich die Anreize für eine effektive und effiziente Wirtschaftsweise der Pflegekassen. Eine Neuausrichtung der SPV sollte daher Anreize für wirtschaftliches Verhalten setzen [vgl. Donges et al. (2004)].

Grundsätzlich sind auch steuerfinanzierte Zuschüsse denkbar. Im Jahre 2005 betrug der Bundeszuschuss zur Pflegeversicherung 1,5 Mrd. €. Ein höherer Bundeszuschuss ist gerechtfertigt, wenn steigende versicherungsfremde Leistungen unzureichend über den Bund abgesichert werden. Gegen steuerfinanzierte Elemente sprechen das daraus resultierende mangelnde Kostenbewusstsein bei den Pflegekassen sowie die Zusatzlast für den Staatshaushalt.

Auf der Leistungsseite wird Reformbedarf insbesondere hinsichtlich der bisher fehlenden Leistungsdynamisierung angemahnt. Daneben wird eine Ausweitung des Pflegebegriffes auf Demenzkranke gefordert, da diese Personengruppe derzeit in der SPV keine Berücksichtigung findet. Auch eine Besserstellung der Familien wird angestrebt: Diese Maßnahme wurde mit dem Urteil vom Bundesverfassungsgericht vom 3. April 2001 (1 BvR 1629/94) mittels Einführung des „Kinder-Berücksichtigungsgesetzes" zum 01.01.2005 bereits umgesetzt. Leistungsausweitungen könnten durch die Einhaltung des Grundsatzes des Vorrangs der häuslichen vor der stationären Pflege gegenfinanziert werden, dem derzeit nicht adäquat Rechnung getragen wird [vgl. Lauterbach et al. (2005, S. 224)]. Weitere Leistungsausweitungen würden allerdings zu einer weiteren Verschärfung der finanziellen Situation führen.[9]

4 Reformvorschläge

4.1 Fortentwicklung des Umlageverfahrens

Pauschalisierte Gesundheitsprämie der Rürup-Kommission

Die Rürup-Kommission sieht zur Beitragsstabilisierung und zur Erreichung von Generationengerechtigkeit eine ergänzende temporäre Kapitaldeckung des Umlageverfahrens vor.[10] Den Mittelpunkt dieses Vorschlags stellt ein „intergenerativer Lastenausgleich" dar, der eine zusätzliche Belastung der Rentner vorsieht. Diese sollen ab 2010 neben dem SPV-Beitragssatz einen zusätzlichen generativen Ausgleichsbeitragssatz von bis zu 2,6% im Jahre 2030 entrichten. Hierdurch soll der SPV-Beitragssatz im Jahre 2010 für die Erwerbstätigen

---

[9] Eine Leistungsdynamisierung von 2,25% pro Jahr würde bei einer Inflationsrate von 1,5% und einer Lohnsteigerung von 3,0% [vgl. Rürup-Kommission (2003, S. 193)] bereits zu einer Ausgabensteigerung von über 300 Mio. € pro Jahr führen [vgl. Rürup-Kommission (2003, S. 202)]. Für einen Zeitzuschlag von 30 Minuten täglich bei der Begutachtung von Fähigkeitsstörungen bei Demenzkranken ist von einer Kostensteigerung von rund 750 Mio. € pro Jahr auszugehen [vgl. Lauterbach (2005, S. 96)].

[10] Für eine detaillierte Darstellung des Entwurfs siehe Rürup-Kommission (2003, S. 191ff.).

auf 1,2% sinken. Die Beitragsermäßigung soll auf ein privates Vorsorgekonto eingezahlt werden. Der so aufgebaute Kapitalstock soll langfristig zu einer Glättung des Beitragssatzes, insbesondere ab 2030, führen.

Zu den vorgesehenen Korrekturen auf der Leistungsseite zählen die Leistungsdynamisierung um 2,25% p.a.,[11] eine bessere Versorgung von Demenzkranken, sowie die Gleichstellung häuslicher und stationärer Pflege. Die Leistungen sollen einheitlich 400 € in Pflegestufe I, 1.000 € in Pflegestufe II bzw. 1.500 € in Pflegestufe III betragen. Das Pflegegeld soll als zusätzlicher Anreiz für die häusliche Pflege bestehen bleiben.

Umlagefinanziertes Pauschalbeitragssystem des Sachverständigenrates

Das Pauschalbeitragssystem des Sachverständigenrates löst sich von der einkommensabhängigen Beitragsbemessung der Rürup-Kommission. Statt dessen wird eine Finanzierung im Umlageverfahren über kassenspezifische Pauschalbeiträge angestrebt.[12] Als ergänzende Finanzierung für Einkommensschwache sind steuerfinanzierte Zuschüsse vorgesehen. Ein weiterer Unterschied zur Rürup-Kommission besteht darin, dass die Möglichkeit einer ergänzenden Kapitaldeckung lediglich angesprochen wird, aber nicht explizit in das Modell integriert ist. Der Sachverständigenrat plädiert dabei für eine „externe individuelle Lösung", z.B. in Form von „Zwangssparen", ähnlich einer obligatorischen Riester-Rente.

Das bisherige Nebeneinander gesetzlicher und privater Versicherungen sollte aus Sicht des Sachverständigenrates aufgehoben und ein einheitliches Pflegeversicherungssystem aufgebaut werden.

Um Anreize für den sparsamen Umgang mit den Einnahmen zu setzen, wird zudem vorgeschlagen, den Finanzausgleich durch einen Risikostrukturausgleich bei Kontrahierungszwang zu ersetzen.

Bürgerversicherung von Lauterbach

Der Vorschlag von Lauterbach sieht wie der Sachverständigenrat eine umlagefinanzierte Bürgerversicherung vor,[13] um auch Beamte, Selbständige und Freiberufler voll in die SPV einzubeziehen [vgl. Lauterbach et al. (2005, S. 225)]. Die Beitragsbemessungsgrundlage soll alle Einkunftsarten mit Ausnahme derjenigen aus Vermietung und Verpachtung umfassen [vgl. Lauterbach et al. (2005, S. 225)]. Es gilt eine Beitragsbemessungsgrenze von 3.525 € pro Monat. Hinsichtlich der Beitragsgestaltung ist ein Zwei-Säulen-Modell vorgesehen, das zwischen Kapitaleinkünften und sonstigen Einkünften differenziert.

---

[11] Der Wert ergibt sich als Durchschnitt aus langfristig unterstellter Inflationsrate von 1,5% p.a. und einer Lohnsteigerung von 3% p.a. Vorausgesetzt wird dabei, dass die Pflegedienstanbieter vorhandene Einsparungspotenziale ausnutzen [vgl. Rürup-Kommission (2003, S. 193)].

[12] Für eine ausführliche Darstellung des Konzepts siehe SVR (2004, S. 218ff).

[13] Für eine ausführliche Darstellung des Konzepts siehe Lauterbach et al. (2005, S. 221ff.).

Bei Kapitaleinkünften soll ein monatlicher Freibetrag von 111,67 € [vgl. Lauterbach et al. (2005, S. 229)] gelten. Beiträge aus Erwerbseinkünften sollen weiterhin paritätisch finanziert werden.

Die durch die Ausweitung der Beitragsmessungsgrundlage erzielten Mehreinnahmen sollen die Finanzierbarkeit der SPV sicherstellen und zudem zur Gleichstellung von häuslicher und stationärer Pflege eingesetzt werden. Konkret ist in diesem Zusammenhang vorgesehen, die häuslichen Sachleistungen der Pflegestufe I von 384 € auf 704 € und die der Pflegestufe II von 921 € auf 1.100 € anzuheben. Hierdurch käme es nach Lauterbach et al. (2005, S. 226) im Jahre 2006 zu Mehrausgaben von ca. 1,4 Mrd. €. Änderungen bei Pflegestufe III sind nicht vorgesehen.

Lauterbach et al. (2005, S. 227) prognostizieren, dass der Beitragssatz bei Umsetzung ihres Vorschlags zunächst auf 1,5% abgesenkt werden könnte und sich dieser im Jahre 2025 bei etwa 2% stabilisieren würde.

Kritik

Ein weiterentwickeltes System der Umlagefinanzierung hat im Vergleich zum Kapitaldeckungssystem den Vorteil, dass kein radikaler Systemwechsel erfolgen muss. Die Grundprinzipien der Pflegeversicherung bleiben erhalten und zusätzliche Umstiegskosten werden vermieden. Die allgemeinen Probleme der dargestellten Ansätze liegen darin, dass sie die Demografieanfälligkeit nicht überwinden und somit keine nachhaltige Finanzierung gewährleistet ist. So wird im Vorschlag der Bürgerversicherung von Lauterbach zwar eine Stabilisierung des Beitragssatzes prognostiziert, dies setzt aber eine positive Einnahmenentwicklung nach Umsetzung des Vorschlags voraus. Problematisch erscheint die langfristige Finanzierbarkeit zudem deshalb, weil den durch die Ausweitung des Versichertenkreises heute erzielbaren Mehreinnahmen in der Zukunft zusätzliche Leistungsansprüche und damit Mehrausgaben gegenüberstehen. Gerade in den Jahren, in denen die Baby-Boom-Generationen das pflegeintensive Alter erreichen, sind Finanzierungsprobleme zu erwarten. Auch die nachhaltige Finanzierbarkeit des Vorschlags der Rürup-Kommission ist unsicher. Nach Modellrechnungen ergibt sich zwar bis zum Jahre 2040 eine gleichmäßige Belastung aller Rentnergenerationen, die Konstruktion mit Beitragsstaffelung und der Einführung von privaten Pflegekonten stellt aber nur eine zeitlich begrenzte Lösung dar. So leisten die nachfolgenden Generationen einen sich aus allgemeinem Beitrag und Ausgleichsbeitrag zusammensetzenden höheren Beitrag, von dem sie über die Auszahlung von den Pflegekonten länger zehren können. Ab 2030 werden aber keine weiteren Ersparnisse gebildet und ab 2040 wird mit rückläufigen Auszahlungen von den Pflegekonten gerechnet. Damit stehen sinkenden Auszahlungen aus den individuellen Pflegekonten steigende Ausgleichsbeiträge gegenüber [vgl. Rothgang (2004, S. 605)]. Hinzu kommt, dass der Vorschlag eine stabile demografische Entwicklung unterstellt [vgl. Ottnad (2003, S. 67)].

Hinsichtlich der Beitragsbemessung trägt der Sachverständigenrat mit einkommensunabhängigen Pauschalbeiträgen der Forderung einer Abkopplung von den Löhnen Rechnung. Der konstante Beitragssatz im Vorschlag der Rürup-Kommission soll zwar ebenfalls zusätzliche Lohnnebenkosten vermeiden, dies setzt aber voraus, dass die den Berechnungen zugrunde liegenden optimistischen Erwartungen bezüglich der zukünftigen Lohnentwicklung auch eintreffen.[14]

In Bezug auf die Wettbewerbssteuerung heben sich die Konzepte des Sachverständigenrats und Lauterbachs mit der wettbewerblichen Gleichstellung von privaten und gesetzlichen Versicherern positiv von dem der Rürup-Kommission ab. Der Sachverständigenrat sieht im Unterschied zum Lauterbach-Vorschlag zudem die Einführung eines Risikostrukturausgleichs bei Kontrahierungszwang vor.

Hinsichtlich der Reform der Leistungsseite enthält der Vorschlag des Sachverständigenrates nur wenige Anregungen. Gerade das Konzept der Rürup-Kommission geht auf diesen Aspekt besonders ein. Vorgesehen ist hier – unter Beachtung der finanziellen Lage der Pflegeversicherung – eine regelgebundene Leistungsdynamisierung [vgl. Rothgang (2004, S. 604)]. Der notwendige finanzielle Spielraum ist aber nur dann gegeben, wenn sich, wie unterstellt, ein jährliches Rationalisierungspotenzial (0,75 Prozentpunkte) realisieren lässt.[15] Die Kommission entwickelt aber keinen ausreichenden Ansatz, wie die Leistungsanbieter zur Ausschöpfung der unterstellten Rationalisierungsreserven angehalten werden könnten.

4.2 Umstieg auf das Kapitaldeckungsverfahren

Kapitalgedecktes Prämiensystem der Herzog-Kommission

Der Übergang zur vollständigen Kapitaldeckung soll aus Sicht der Herzog-Kommission über den Aufbau eines kollektiven Kapitalstocks bis zum Jahr 2030 erfolgen, der danach aufgelöst und für individualisierte Alterungsrückstellungen eingesetzt werden soll.[16] Um in der Übergangsphase ausreichende Mittel für den Aufbau dieses Kapitalstocks zu generieren, sind zwei Maßnahmen vorgesehen. Zum einen sollen die Beitragsbemessungsgrundlage auf alle Einkünfte ausgeweitet werden und Ehepartner im Rahmen eines Ehegattensplittings zur Finanzierung beitragen, sofern sie weder Kinder erziehen noch Angehörige pflegen [vgl. Herzog-Kommission (2003, S. 33f.)]. Zum anderen soll der paritätisch finanzierte Beitragssatz bis auf 3,2% angehoben werden. Die aus dem Beitragssatzanstieg resultierende Mehrbelastung der Arbeitgeber soll durch den Wegfall eines Urlaubs- oder Feiertages kompensiert werden.

---

[14] So unterstellt der Vorschlag eine Entwicklung der Nettolohn- und Gehaltssumme entsprechend dem Zeitraum von 1995 bis 2004 [vgl. BMGS (2005b)].
[15] Dieses würde bedeuten, dass bei einem Zeithorizont von 30 Jahren etwa ein Viertel der heutigen Ausgaben auf Ineffizienzen zurückzuführen wären [vgl. Rürup-Kommission (2003, S. 222)].
[16] Für eine ausführliche Darstellung des Konzepts siehe Herzog-Kommission (2003, S. 28ff.).

Ab 2030 sieht die Herzog-Kommission dann kohortenspezifische Pauschalbeiträge vor. Diese sollen sich am Eintrittsalter der Versicherten, nicht aber an individuellen Pflegerisiken, orientieren. Für einen 20-jährigen Versicherungsnehmer wird bei Neueintritt eine lebenslange monatliche Prämie von 52 € kalkuliert, ältere Versicherte zahlen entsprechend höhere Beiträge bis zu 66 €. Für alle 45-jährigen und Älteren im Jahre 2030 wird die Prämie über den kollektiven Kapitalstock gedeckt, um Versicherungsnehmer mit geringeren Einkommen nicht zu überfordern [vgl. Herzog-Kommission (2003, S. 32)]. Zusätzlich ist für den Umstieg ein jährlicher sozialer steuerfinanzierter Ausgleich in Höhe von 9 Mrd. € vorgesehen [vgl. Herzog-Kommission (2003, S. 34)].

Die Herzog-Kommission plädiert für eine Dynamisierung der Pflegeleistungen [vgl. Herzog-Kommission (2003, S. 31)], um die Entwertung der Pflegeleistungen aufgrund eines Preisanstiegs in diesem Sektor auszugleichen. Erwartet wird ein realer Anstieg der Pflegekosten von 1,5% p.a., ein konservativeres Szenario im Vergleich zur Rürup-Kommission, die von 0,75% ausgeht.[17] Des Weiteren sollen die Maßnahmen zur Prävention und die geriatrische Rehabilitation verbessert werden. Im Hinblick auf den Grundsatz „Vorrang der häuslichen Pflege" spricht sich die Kommission für eine aufwandsneutrale Angleichung der Zuschüsse in den Pflegestufen I und II aus [vgl. Herzog-Kommission (2003, S. 30)].

Kohortenmodell des Sachverständigenrats

Der Sachverständigenrat motiviert die Einführung seines Kohortenmodells damit, dass die SPV erst seit kurzer Zeit besteht, und infolge dessen die bisher transferierten Finanzvolumina und distribuierten Einführungsgewinne gering seien.[18] Im Mittelpunkt des Vorschlags steht der sofortige Ausstieg aus dem Umlageverfahren für alle Geburtsjahrgänge ab 1951. Damit unterscheidet sich das Reformkonzept von dem der Herzog-Kommission dadurch, dass der Umstieg sofort erfolgt, wobei aber nur ein Teil der gesetzlich Pflegeversicherten in diesen Wechsel einbezogen wird. Die Versicherten im Kapitaldeckungsverfahren sollen bei Verzicht auf die paritätische Finanzierung kohortenspezifische einkommensunabhängige Pauschalbeiträge zahlen. Sie sollen in einem einheitlichen System zusammengeführt werden, so dass die Tarife bei Kontrahierungszwang und Risikostrukturausgleich sowohl von privaten als auch gesetzlichen Versicherern angeboten werden können. Ein Wechsel zwischen unterschiedlichen Versicherungsanbietern soll durch Portabilität der Alterungsrückstellungen erleichtert werden. Die Geburtsjahrgänge bis 1950 sollen im umlagefinanzierten System verbleiben. Für diese sind monatliche Pauschalbeiträge von 50 € vorgesehen, die sich jährlich um einen Euro erhöhen sollen. Da diese Beiträge nicht kostendeckend sind, sollen die Versicherten im Kapitaldeckungsverfahren zusätzlich eine „Altenpauschale" entrichten.

---

[17] Häcker et al. (2004) gehen allerdings davon aus, dass realistischerweise sogar ein Anstieg von 2,5% p.a. unterstellt werden müsste.
[18] Für eine ausführliche Darstellung des Konzepts siehe SVR (2004, S. 413ff.).

Durch die Umstellung werden insbesondere Rentner und einkommensschwache Haushalte deutlich mehr belastet. Daher schlägt der Sachverständigenrat einen steuerfinanzierten sozialen Ausgleich vor, der bewirken soll, dass die Versicherungsbeiträge einen bestimmten Prozentsatz des Haushaltseinkommens nicht überschreiten.

Bei einem Eigenanteilssatz für Geburtsjahrgänge bis 1950 von 2% ergibt sich für das unterstellte Umstiegsjahr 2005 ein Zuschussbedarf von 10,5 Mrd. €, wovon 2 Mrd. € durch die Versteuerung des Arbeitgeberanteils gegenfinanziert werden könnten. Bei einem Eigenanteilssatz von 3,5% läge das benötigte Zuschussvolumen bei 7 Mrd. € [vgl. Jacobs und Dräther (2005, S. 26)].

Auslaufmodell von Raffelhüschen

Auch im Modell von Raffelhüschen ist ein vollkommener Übergang in eine private kapitalgedeckte Versicherung vorgesehen. Dieser soll bis zum Jahr 2046 erfolgen.[19]

In der Übergangszeit sollen die Über-60-jährigen (im Jahre 2005)[20] im alten System ohne Einschränkung des derzeitigen Leistungskatalogs verbleiben (Vertrauensschutz). Sie sind allerdings angehalten, eine nicht mehr paritätisch finanzierte Ausgleichspauschale in Höhe von 50 € zu zahlen.

Der Übergang der Unter-60-jährigen (in 2005) in das kapitalgedeckte System soll sofort erfolgen. Sie sind verpflichtet, einer privaten Pflegeversicherung beizutreten. Leistungszusagen werden nicht gemacht. Zusätzlich zu einem vorgesehenen Pauschalbeitrag von 40 bis 60 € [vgl. Häcker und Raffelhüschen (2004, S. 171)], werden sie mit einem einkommensabhängigen Solidarbeitrag belastet. Dieser soll eine ausgeglichene Bilanz in der umlagefinanzierten Pflegeversicherung der Älteren sicherstellen. Der Solidarbeitrag soll sich auf durchschnittlich 1,2% belaufen und bis 2046 sukzessive auf Null reduziert werden [vgl. Häcker und Raffelhüschen (2004, S. 169ff.)].[21]

Kronberger Kreis

Den radikalsten Vorschlag mit einem sofortigen Umstieg der gesamten Bevölkerung in ein kapitalgedecktes System sieht der Kronberger Kreis vor. Dieser Ansatz fordert auch hinsichtlich Wettbewerbssteuerung, Beitragsgestaltung

---

[19] Für eine ausführliche Darstellung des Konzepts siehe Häcker und Raffelhüschen (2004, S. 158ff.).

[20] Die Altersgrenze von 60 Jahren ist nicht als exakte unumstößliche Grenze anzusehen. Vielmehr erfolgt eine exakte Bestimmung der Ausscheidegrenze oder eines Ausscheideintervalls nach Maßgabe des bereits bestehenden Bestands- und Vertrauensschutzes. Danach müsste diese Größe umso höher liegen, je stärker die zurückliegenden Zahlungen durch eine Staatsschuld bedient werden [vgl. Häcker und Raffelhüschen (2004, S. 169)].

[21] Zu Prognosen der Beitragssatzentwicklung unter alternativen Annahmen vgl. Häcker und Raffelhüschen (2004, S. 171) und Rothgang (2004, S. 600).

und der Veränderungen des Leistungsniveaus die deutlichsten Korrekturen im Vergleich zum status quo.[22]

Mit der Versicherungspflicht für jeden Bürger wird auch die derzeitige Familienmitversicherung abgeschafft [vgl. Donges et al. (2005, S. 23)]. Die Versicherungsprämien sollen einkommensunabhängig und über den Lebenszyklus insgesamt risikoäquivalent sein [vgl. Donges et al. (2005, S. 24)], wobei auf die paritätische Finanzierung verzichtet wird. Statt dessen soll der bisherige Arbeitgeberanteil mit dem Bruttolohn ausgezahlt werden [vgl. Donges et al. (2005, S. 26)]. Zudem ist die Bildung von individuellen Alterungsrückstellungen vorgesehen, um eine Beitragsglättung im Lebenszyklus zu erreichen und extreme Beitragsbelastungen im Alter aufzufangen [vgl. Donges et al. (2005, S. 27)]. Die in jungen Jahren aufgebauten Alterungsrückstellungen sollen individuell ausgewiesen werden und übertragbar sein, so dass sie als wettbewerbliches Instrument genutzt werden können [vgl. Donges et al. (2005, S. 28)]. Ein weiterer Wettbewerbsanreiz soll durch die Aufhebung der Trennung zwischen privaten und gesetzlichen Versicherern erreicht werden, die dadurch unter gleichen marktwirtschaftlichen Bedingungen agieren müssen [vgl. Donges et al. (2005, S. 32)].

In der Einführungsphase der Kapitaldeckung ist für die Versicherten ein monatlicher Höchstbeitrag von 50 € vorgesehen [vgl. Donges et al. (2005, S.34f.)]. Für die Umstellungsphase gilt Vertrauensschutz. Allerdings kann dies mit einer höheren Eigenbeteiligung der Pflegebedürftigen einhergehen. Eine staatliche Unterstützung wird sozial Schwachen gewährt [vgl. Donges et al. (2005, S. 31)].

Die Leistungen der Pflegeversicherung sollen lediglich eine Mindestabsicherung garantieren, die durch eine individuelle Zusatzversicherung ergänzt werden kann [vgl. Donges et al. (2005, S. 23)]. Der Teilkaskocharakter der Pflichtversicherung soll erhalten bleiben, wobei ein nach oben begrenzter Selbstbehalt vorgesehen ist [vgl. Donges et al. (2005, S. 29)].

Langfristig sieht dieses Konzept, ebenso wie die Vorschläge vom Sachverständigenrat und von der Gemeinschaftsinitiative Soziale Marktwirtschaft, zudem eine Integration der Pflegeversicherung in die Krankenversicherung vor [vgl. Donges et al. (2005, S. 33)]. Dies ist Gegenstand von Abschnitt 4.4.

Kritik

Ein Umstieg auf das Kapitaldeckungsverfahren erkauft eine geringere Demografieanfälligkeit mit einzugehenden Kapitalmarktrisiken. Zudem ist der Systemwechsel mit Umstellungskosten verbunden, die je nach Vorschlag zwangsläufig zu Mehrbelastungen entweder der älteren und/oder der jüngeren Generation führen. Daher ist es unsicher, ob der Umstieg auf ein kapitalgedecktes System überhaupt politisch durchsetzbar ist [vgl. Jacobs und Dräther (2005, S. 26)]. Nur der Kronberger Kreis und der Sachverständigenrat sehen eine

---

[22] Für eine ausführliche Darstellung des Konzepts siehe Donges et al. (2005, S. 23ff.).

Entlastung der jüngeren Kohorten vor. Im Modell des Sachverständigenrats stellt der Eigenanteilssatz die intergenerative Stellschraube dar; beim Kronberger Kreis wird die Finanzierung der älteren Kohorten zum Teil auf diese selbst, zum Teil auf alle Steuerzahler, abgewälzt.

Hinsichtlich der Prämiengestaltung sehen der Kronberger Kreis und der Sachverständigenrat eine vollständige Entkopplung der Beiträge von den Löhnen vor. In der Übergangsphase wird der Steuercharakter der bisherigen Pflegeversicherung bei Raffelhüschen durch den einkommensabhängig erhobenen Solidarbeitrag und bei der Herzog-Kommission durch die höheren Beitragssätze und durch die Ausweitung der Beitragsbemessungsgrundlage sogar noch verschärft. Aussagen über eine konkrete Ausgestaltung der Prämien oder die Einführung von Alterungsrückstellungen werden bei diesen beiden Konzepten ebensowenig gemacht, wie zur Einführung wettbewerblicher Steuerungselemente. Letzte werden im Vorschlag des Kronberger Kreises mit risikoäquivalenten Prämien und mit individuellen portablen Alterungsrückstellungen hervorgehoben. Aber auch der Sachverständigenrat korrigiert mit dem Nebeneinander von privaten und gesetzlichen Versicherern mit Risikostrukturausgleich und Kontrahierungszwang das Fehlen wettbewerblicher Anreize im bisherigen System.

Mit den Defiziten auf der Leistungsseite setzt sich nur die Herzog-Kommission dezidierter auseinander. Bei den Konzepten des Sachverständigenrats und von Raffelhüschen finden sich nur allgemeine Aussagen.

4.3 Steuerfinanziertes Bundesleistungsgesetz

Das wesentliche Merkmal eines steuerfinanzierten Bundesleistungsgesetzes[23] besteht in einer bedarfs- und einkommensabhängigen Finanzierung der SPV. Dabei soll die administrative Koordination von den Pflegekassen auf die Kommunen übertragen werden. Dafür sind steuerfinanzierte Bundeszuschüsse an die Kommunen vorgesehen. Diese sollen die Differenz zwischen den anfallenden Kosten und dem bisher geleisteten Eigenanteil in Form der „Hilfe zur Pflege" decken [vgl. Rürup-Kommission (2003, S. 210ff.)].

Auch der Pflegebegriff und die Höhe der Leistungserstattung sollen modifiziert werden. So soll dem Pflegegesetz ein erweiterter, ganzheitlicher Pflegebegriff mit bedarfsgedeckten Leistungen zugrunde liegen. Des Weiteren soll das Bundespflegeleistungsgesetz nur dann zur Anwendung kommen, wenn das eigene Einkommen und Vermögen unterhalb einer bestimmten Freigrenze liegen. In diesem Fall würden die Leistungen in vollem Umfang erstattet. Der Anteil der Bevölkerung, für den das Gesetz nicht greift, ist dazu angehalten, sich privat gegen Pflegebedürftigkeit abzusichern bzw. die Kosten im Pflegefall selbst zu tragen.

---

[23] Für eine konkrete Darstellung der Vorschläge siehe Paritätischer Wohlfahrtsverband (2003).

Kritik

Der Vorschlag eines Bundespflegeleistungsgesetzes widerspricht dem Ziel der generellen Absicherung des Pflegerisikos bei gleichzeitiger Entlastung der Kommunen. Zudem ist zweifelhaft, ob die vom Paritätischen Wohlfahrtsverband aufgeführten Vorteile tatsächlich realisiert werden können. Hierzu zählen insbesondere die steuerfinanzierte Entlastung der Lohnnebenkosten, Einsparungen von Verwaltungsausgaben durch eine Verwaltungsreform, sowie ein wirtschaftlicher Ressourceneinsatz, der über einen Eigenfinanzierungsanteil der Kommunen erreicht werden soll. So wird die Verringerung der Lohnnebenkosten durch die steuerbasierte Gegenfinanzierung abgeschwächt und die Leistungsausweitung führt zu weiteren Ausgaben. Finanzierungsprobleme könnten sich auch dadurch ergeben, dass der Eigenfinanzierungsanteil der Kommunen nicht exakt definiert wird. Es ist daher fraglich, ob seitens der Kommunen hinreichende Anreize für einen sparsamen Mitteleinsatz entstehen [vgl. Rothgang (2004, S. 595f.)].

Ganz allgemein kann festgestellt werden, dass steuerfinanzierte Fürsorgesysteme unter einem Finanzierungsvorbehalt stehen, ein verlässlicher Mittelzufluss also nicht gewährleistet werden kann. Mit der Abgrenzung von Vollkaskobeziehern und Einkommensstärkeren sind sie zudem leistungsfeindlich und bestrafen Eigenvorsorge [vgl. Rothgang (2004, S. 596f.)].

4.4 Zusammenlegung von GKV und SPV

Im Kern spricht sich sowohl der Sachverständigenrat zur Begutachtung der Entwicklung im Gesundheitswesen als auch die Gemeinschaftsinitiative Soziale Marktwirtschaft um Breyer et al. (2004) für die langfristige Aufhebung der Trennung von GKV und SPV und für deren Überführung in ein wettbewerblich organisiertes System aus. So sollen Schnittstellenprobleme überwunden, Synergien erzielt und eine qualitative Verbesserung der Versorgung erreicht werden.[24]

Gemeinschaftsinitiative Soziale Marktwirtschaft

Im Mittelpunkt dieses Vorschlags steht ein Grundleistungskatalog im Krankheits- und Pflegefall, der eine obligatorische Mindestversorgung für alle Versicherten garantiert.[25] Dieser Grundleistungskatalog, der um kapitalgedeckte Zusatzprodukte ergänzt werden kann, soll von den gesetzlichen und den privaten Versicherern angeboten werden. Kontrahierungszwang, Risikostrukturausgleich und kassenspezifische einkommensunabhängige Grundbeiträge sollen einen effizienten Wettbewerb zwischen den Kassen fördern. Erwartet werden

---

[24] Für einen Überblick über die Schnittstellenproblematik und die daraus resultierenden Ineffizienzen siehe Breyer et al. (2004, S. 101f.).

[25] Für eine detaillierte Darstellung des Vorschlag siehe Breyer et al. (2004, S. 115ff.).

durchschnittliche monatliche Grundbeträge in Höhe von 190 € für Erwachsene und 75 € für Kinder [vgl. Breyer et al. (2004, S. 118)]. Mit dieser Differenzierung soll der Wegfall der kostenfreien Familienmitversicherung kompensiert werden.

Auch der Leistungskatalog soll modifiziert werden. So soll die Pflegestufe I abgeschafft und Bestandteil der Zusatzversicherung werden. Die bisherigen Geldleistungen sollen durch ein Punktesystem ersetzt werden, das den Pflegebedürftigen die Zusammenstellung individueller Sachleistungspakete erlaubt.

Sachverständigenrat zur Begutachtung der Entwicklung im Gesundheitswesen

Eine Zusammenlegung des gemeinsamen Zweiges von GKV und SPV empfiehlt auch der Sachverständigenrat zur Begutachtung der Entwicklung im Gesundheitswesen[26]. Dabei soll die Beitragsbemessungsgrundlage auf alle Einkunftsarten ausgeweitet werden. Die Beiträge aus Erwerbseinkünften sollen weiterhin paritätisch finanziert werden. Es wird zudem empfohlen, ein Ehegattensplitting bei Erhalt der Familienversicherung einzuführen [vgl. SVRG (2005, S. 479f.)].

Um wettbewerbliche Anreize zu schaffen, soll der bisherige Finanzausgleich durch einen Risikostrukturausgleich ersetzt werden [vgl. SVRG (2005, S. 479)] und den Pflegekassen die Möglichkeit eröffnet werden, direkte Verträge mit den Pflegeheimen abzuschließen [vgl. SVRG (2005, S. 482)].

Besonderer Reformbedarf wird im Leistungsbereich bezüglich der Belange von Demenzkranken [vgl. SVRG (2005, S. 486f.)] und bezüglich eines Ausbaus von Prävention und Rehabilitation angemahnt [vgl. SVRG (2005, S. 483f.)]. Zudem wird eine Anhebung der häuslichen sowie die leichte Absenkung der stationären Leistungen empfohlen. Im stationären Bereich soll eine aufkommensneutrale Umschichtung von Mitteln der Pflegestufe I (-50,43 €) zu Pflegestufe III (+200 €) erfolgen [vgl. SVRG (2005, S. 480f.)]. Auch eine Leistungsdynamisierung entsprechend der Preisentwicklung im Pflegebereich ist vorgesehen [vgl. SVRG (2005, S. 481)].

Kritik

Die direkten Vorteile einer Zusammenlegung von GKV und SPV liegen in den damit erzielbaren Synergien sowie der Vermeidung von Reibungskosten und Fehlanreizen. Dabei kann die SPV auch von den wettbewerblichen Elementen profitieren, die bei der GKV bereits eingeführt wurden. Auch die bei einem Systemwechsel anfallenden Umstiegskosten können vermieden werden.

Nachteilig an den Vorschlägen ist, dass sie sich vorrangig auf die Versorgungssteuerung konzentrieren und Finanzierungsaspekte fast vollständig aus-

---

[26] Für eine detaillierte Darstellung des Konzepts siehe SVRG (2005, S. 476ff.).

blenden.[27] Eine nachhaltige Finanzierung erfordert daher Korrekturen, die über die in den Reformansätzen gemachten hinausgehen.

Die beiden vorgestellten Konzepte unterscheiden sich insbesondere in ihrer Beitragsgestaltung. Während die Initiative Soziale Marktwirtschaft eine Kopfprämie vorsieht und damit eine Entkoppelung von der Lohnentwicklung und eine Verringerung der Lohnnebenkosten anstrebt, hält der Sachverständigenrat im Gesundheitswesen an der paritätischen Finanzierung fest.

Ein weiteres Problem resuliert aus dem Vollkaskocharakter der GKV einerseits und dem Teilkaskocharakter der SPV andererseits. Bei einer Zusammenlegung ergäben sich für die Versicherer Anreize, bisherige GKV- als SPV-Leistungen zu deklarieren,[28] während sich die Versicherten und ihre Vertreter wohl für eine allgemeine Vollkaskoversicherung aussprechen würden. Letzteres würde aber alle Bemühungen zur Kostensenkung konterkarieren.

5 Zusammenfassung und Ausblick

In ihrer derzeitigen Ausgestaltung leidet die SPV unter drei Problemen. Ihre Finanzierung ist, insbesondere aufgrund der demografischen Entwicklung, nicht nachhaltig, es fehlen Anreize für effizientes Wirtschaften, und es bestehen Defizite im Leistungsbereich. Die Finanzierungsprobleme des derzeitigen umlagefinanzierten Systems sind jedoch nicht neu. Bereits 1994 hat der Sachverständigenrat zur Beurteilung der gesamtwirtschaftlichen Entwicklung in einem Sondergutachten auf die Notwendigkeit einer Ausgaben- und Beitragsdynamisierung hingewiesen. Dabei stehen im Umlagesystem durchaus Möglichkeiten zur finanziellen Stabilisierung zur Verfügung, wie z.B. die Ausweitung des Beitragszahlerkreises, die Einführung eines demografischen Faktors oder eine ergänzende Kapitaldeckung. Nachteilig an der Umlagefinanzierung bleibt aber insbesondere die Belastung des Faktors Arbeit.

Der Systemwechsel auf ein kapitalgedecktes System in einer konjunkturell schwachen Phase mit hohen Sozialbeiträgen, geringer Konsumnachfrage und hohen Arbeitskosten verursacht hohe Umstellungskosten und ist damit politisch kaum durchsetzbar. Die demografischen Risiken werden durch Kapitalmarktrisiken substituiert, die Schnittstellenprobleme zwischen GKV und SPV ausgeblendet.

Ein über Steuern finanziertes System steht stets unter einem Finanzierungsvorbehalt. Zu befürchten sind Leistungen nach Kassenlage des Staates.

Bei einer Zusammenlegung von SPV und GKV können Schnittstellenprobleme vermieden und Synergien erzielt werden. Die Probleme einer Finanzierung im Umlageverfahren bleiben ohne weitere Korrekturen dabei aber

---

[27] Eine Ausnahme stellt die Ausweitung der Finanzierungsbasis durch die Aufhebung der Familienmitversicherung im Konzept der Initiative Soziale Marktwirtschaft [vgl. Breyer et al. (2004)] dar. Diese wird aber durch eine Erhöhung des Kindergeldes wieder ausgeglichen.

[28] Hierfür spricht auch die geringe Größe der SPV im Vergleich zur GKV.

ungelöst. In den Tabellen 3-5 sind sämtliche Vorschläge noch einmal übersichtsartig zusammengefasst.

	Fortentwicklung des Umlageverfahrens		
	Rürup-Kommission „Pauschalisierte Gesundheitsprämie"	Lauterbach-Modell „Bürgerversicherung"	Sachverständigenrat „Pauschalbeitragssystem"
System			
Finanzierungsverfahren	Umlagefinanzierung mit vorübergehender Kapitaldeckung	Beibehaltung der Umlagefinanzierung mit einer Option auf eine ergänzende temporäre kollektive Kapitaldeckung	Umlagefinanzierung mit der Option auf ergänzende „externe individuelle" Kapitaldeckung
Intergenerative Gerechtigkeit	Ja, die Rentner tragen erhöhte Lasten	Keine Veränderungen zum status quo	Kann über einen erhöhten Beitrag für Rentner eingeführt werden, ist aber nicht weiter spezifiziert
Lohnnebenkosten	Konstant, da zwar weiterhin paritätische Finanzierung aber Beitragssatz auf Arbeitseinkommen wird eingefroren	Steigen langfristig, da weiterhin paritätische Finanzierung der Beiträge in der Säule der Erwerbseinkommen	Arbeitgeberanteile entfallen, werden mit dem Bruttoentgelt ausgezahlt und versteuert
Wettbewerbssteuerung	Keine Angaben	Keine Angaben	Wettbewerblich mit Kontrahierungszwang und Risikostrukturausgleich
Entlastung der Familien	Ist vorgesehen	Ist vorgesehen	Keine Angaben
Finanzierung			
Langfr. Finanzierung	Nach 2040 nicht mehr gesichert	Abhängig von der Ausgestaltung der ergänzenden Kapitaldeckung, aber nicht weiter spezifiziert	Abhängig von der Ausgestaltung der ergänzenden Kapitaldeckung
Beitragssatz	Bleibt für Arbeitseinkommen konstant bei 1,7%, für die Rentner zusätzlicher „integrativer Lastenausgleich" bis zu 2,8%, damit steigt der Gesamtbeitragssatz für Rentner bis zu 4,5%	Differenzierung der Beiträge in zwei Säulen: Beiträge auf Erwerbs- und Vermögenseinkommen Beitragssatz sinkt mit Einführung umgehend auf 1,5% und steigt bis 2025 auf 2%	Für die Jahrgänge ab 1951: kohortenspezifische Pauschalbeiträge; für die Jahrgänge bis 1950: monatl. 50 € zzgl. 1 € Erhöhung in jedem Jahr - steigt, wenn Zuschüsse nicht gewährt werden
Lastenausgleich	Keine Angaben	Keine Angaben	Steuerfinanzierte Zuschüsse
Beitragszahlerkreis	Wie bisher	Alle Bürger in ein einheitliches System mit gesetzlichen und privaten Versicherern	Alle Bürger in ein einheitliches System mit gesetzlichen und privaten Versicherern

	Fortentwicklung des Umlageverfahrens		
	Rürup-Kommission „Pauschalisierte Gesundheitsprämie"	Lauterbach-Modell „Bürgerversicherung"	Sachverständigenrat „Pauschalbeitragssystem"
Leistungen			
Dynamisierung	Ja (2,25%)	Ja, proportional zu den Einkommen der Versicherten	Ja (2,25%)
Demenzkranke	Ja	Ja	Ja
Anreize für häusliche Pflege	Ja	Ja	Ja

Quelle: Eigene Darstellung.

Tabelle 3. Gegenüberstellung der Reformkonzepte „Fortentwicklung des Umlageverfahrens"

	Übergang zum Kapitaldeckungsverfahren			
	Raffelhüschen „Auslaufmodell"	Herzog-Kommission „Kapitalgedecktes Prämiensystem"	Sachverständigenrat „Kohortenspezifisches Kapitaldeckungsverfahren"	Kronberger Kreis
System				
Finanzierungsverfahren	Sofortiger Umstieg in die Kapitaldeckung für alle unter 60-jährigen, für die älteren Jahrgänge läuft die soziale Pflegeversicherung weiter	Überführung in ein System mit vollständiger Kapitaldeckung bis 2030 über den Aufbau eines kollektiven Kapitalstocks	Sofortiger Umstieg in die Kapitaldeckung für die Jahrgänge ab 1951, für die älteren Jahrgänge läuft die soziale Pflegeversicherung weiter	Vollständiger sofortiger Umstieg für alle Versicherten zum Kapitaldeckungsverfahren
Intergenerative Gerechtigkeit	Aktuelle Generation finanziert über den Solidarbeitrag die Kosten der älteren	Aktuelle Generation wird doppelt belastet	Aktuelle Generation finanziert über die Altenpauschale die Kosten der älteren; zusätzlich aber justierbar über die Stellschraube eines steuerfinanzierten Zuschusses in Abhängigkeit eines bestimmten Prozentsatzes vom Haushaltseinkommen	Aktuelle Generation wird belastet, aber geringer als in den drei anderen Kapitaldeckungsverfahrenskonzepten, da Steuerzuschüsse für ältere sukzessive abgeschmolzen werden. Ältere Generationen werden stärker belastet, da sie Leistungskürzungen hinnehmen müssen

	\multicolumn{4}{c}{Übergang zum Kapitaldeckungsverfahren}
	Raffelhüschen „Auslaufmodell"	Herzog-Kommission „Kapitalgedecktes Prämiensystem"	Sachverständigenrat „Kohortenspezifisches Kapitaldeckungsverfahren"	Kronberger Kreis
Lohnnebenkosten	Fallen bis 2046, danach entfallen die Arbeitgeberanteile	Steigen bis 2030, da weiterhin paritätische Finanzierung, und steigender Beitragssatz, nach 2030 entfallen die Arbeitgeberanteile	Arbeitgeberanteile entfallen, werden mit dem Bruttoentgelt ausgezahlt und versteuert	Arbeitgeberanteile entfallen, werden mit dem Bruttoentgelt ausgezahlt und versteuert
Wettbewerbssteuerung	Keine Angaben	Keine Angaben	Wettbewerblich mit Mitnahme der durchschnittlichen Altersrückstellungen bei Versicherungswechsel und Kontrahierungszwang sowie Risikostrukturausgleich	Wettbewerblich mit Mitnahme der individuellen Altersrückstellungen bei Versicherungswechsel; langfristiges Ziel ist Übergang in die GKV
Entlastung der Familien	Keine Angaben	Ist vorgesehen	Familienmitversicherung beibehalten und über Kinderpauschale finanzieren	Familienmitversicherung entfällt
Finanzierung				
Langfristige Finanzierung	Gesichert	Gesichert	Gesichert	Gesichert
Beitragssatz	Für unter 60-jährige Prämien zwischen 40 - 60 € sowie ein einkommensabhängiger Beitrag von durchschnittlich 1,2%; für die über 60-jährigen eine monatl. Ausgleichspauschale von 50 €	Bis 2030 Anstieg auf 3,2% auf alle Einkommen, ggf. höherer Beitragssatz für Rentner; Nach 2030 kohortensspezifische Pauschalbeiträge zwischen monatl. 52 und 66 €	Kassenspezifischer Pauschalbeitrag - steigt, wenn Zuschüsse nicht gewährt werden	Risikoäquivalent und ohne Solidarkomponente, anfangs auf ca. 50 € im Monat begrenzt
Lastenausgleich	Steuerfinanzierte Zuschüsse	Steuerfinanzierte Zuschüsse	Steuerfinanzierte Zuschüsse	Steuerfinanzierte Zuschüsse
Beitragszahlerkreis	Wie bisher	Wie bisher	Alle Bürger in ein einheitliches System mit gesetzlichen und privaten Versicherern	Alle Bürger in ein einheitliches System mit ausschließlich privaten Versicherern
Leistungen				

	Übergang zum Kapitaldeckungsverfahren			
	Raffelhüschen „Auslaufmodell"	Herzog-Kommission „Kapitalgedecktes Prämiensystem"	Sachverständigenrat „Kohortenspezifisches Kapitaldeckungsverfahren"	Kronberger Kreis
Dynamisierung	Ja	Ja	Ja (2,25%)	Keine Angaben
Demenzkranke	Ja	Ja	Ja	Keine Angaben
Anreize für häusliche Pflege	Ja	Ja	Ja	Keine Angaben

Quelle: Eigene Darstellung.

Tabelle 4. Gegenüberstellung der Reformkonzepte „Übergang zum Kapitaldeckungsverfahren"

	Zusammenlegung von GKV und SPV		Bundespflegeleistungsgesetz
	Stiftung Soziale Marktwirtschaft (Breyer et al.)	Sachverständigenrat im Gesundheitswesen	Paritätischer Wohlfahrtsverband
System			
Finanzierungsverfahren	SPV wird in die GKV integriert, das Umlageverfahren beibehalten, Kopfprämie	SPV wird in die GKV integriert, das paritätische Umlageverfahren beibehalten, Gesundheitspauschale oder Bürgerversicherung [noch zu entscheiden]	Abschaffung der SPV und Einführung eines Bundespflegeleistungsgesetzes, bedarfs- und einkommensabhängige Finanzierung aller Pflegeleistungen durch Steuermittel
Intergenerative Gerechtigkeit	Keine Veränderungen zum status quo	Keine Veränderungen zum status quo	Keine Veränderung zum status quo
Lohnnebenkosten	Arbeitgeberanteile entfallen, da eine Kopfprämie erhoben wird	Effekt abhängig von Finanzierungsform (siehe Beitragssatz)	Arbeitgeberanteile entfallen, da Beitragssatzprinzip entfällt
Wettbewerbssteuerung	Wettbewerblich, da SPV in die GKV (Beitragssatz und Risikostrukturausgleich)	Wettbewerblich, da SPV in die GKV (Beitragssatz und Risikostrukturausgleich)	Keine Angaben
Entlastung der Familien	Erhöhung des Kindergeldes	Familienmitversicherung beibehalten	Hinfällig, da SPV als eigenständiges System abgeschafft wird
Finanzierung			
Langfr. Finanzierung	Nicht gesichert, da weiterhin demografieabhängig	Nicht gesichert, da weiterhin demografieabhängig	Unsicher, Finanzierungsvorbehalt

	Zusammenlegung von GKV und SPV		Bundespflegeleistungsgesetz
	Stiftung Soziale Marktwirtschaft (Breyer et al.)	Sachverständigenrat im Gesundheitswesen	Paritätischer Wohlfahrtsverband
Beitragssatz	Kopfprämien	Gesundheitspauschale oder Bürgerversicherung [noch zu entscheiden]	Beitragssatzprinzip wird durch Finanzierung durch Steuermittel substituiert, ob die Belastung aber sinkt oder steigt, ist von Ausgestaltung abhängig (Leistungsumfang, Einkommens- und Vermögensgrenzen)
Lastenausgleich	Keine Angaben	Keine Angaben	Vollständige Finanzierung durch Steuermittel
Beitragszahlerkreis	Kostenlose Familienmitversicherung wird aufgelöst	Keine Angaben	Steuerzahler
Leistungen			
Dynamisierung	Keine Angaben	Ja, mit speziellem Preisindex [= Inflationsrate + 1%]	Nein, aber Vollkaskoprinzip für einen Teil der Bevölkerung, dafür erhält der andere Teil keine Leistungen mehr
Demenzkranke	Keine Angaben	Ja	Ja
Anreize für häusliche Pflege	Keine Angaben	Ja	Entfällt

Quelle: Eigene Darstellung.

Tabelle 5. Gegenüberstellung der Reformkonzepte „Zusammenlegung von GKV und SPV" und dem Bundespflegeleistungsgesetz

Literaturverzeichnis

Arentz, O., Eekhoff, J., Roth, S., und Streibel, V. (2004). *Pflegevorsorge – Vorschlag für eine finanzierbare, soziale und nachhaltige Reform der Pflegeversicherung*. Vereinigung der Bayrischen Wirtschaft e.V.

Blinkert, B. und Klie, T. (1999). *Pflege im sozialen Wandel: eine Untersuchung über die Situation von häuslich versorgten Pflegebedürftigen nach Einführung der Pflegeversicherung*. Untersuchung im Auftrag des Sozialministeriums Baden-Württemberg.

BMGS (2004). *Dritter Bericht über die Entwicklung der Pflegeversicherung*. http://www.bmgs.bund.de/download/broschueren/A503.pdf, Bonn.

BMGS (2005a). *Statistisches Taschenbuch, Arbeits- und Sozialstatistik*. Bundesministerium für Gesundheit und Soziale Sicherung, Bonn.

BMGS (2005b). *Zahlen und Fakten zur Pflegeversicherung (04/05).* http://www.bmgs.bund.de/downloads/ZahlenFakten04.pdf, Bonn.

Breyer, F., Franz, W., Homburg, S., Schnabel, R., und Wille, E. (2004). *Reform der Sozialen Sicherung.* Springer, Berlin. (Gemeinschaftsinitiative Soziale Marktwirtschaft).

Deutscher Bundestag (2002). *Enquête-Kommission Demografischer Wandel – Herausforderungen unserer älter werdenden Gesellschaft an den Einzelnen und die Politik.* Bundes-Drucksache 14/8800, http://dip.bundestag.de/btd/14/088/1408800.pdf.

Donges, J.B., Eekhoff, J., Franz, W., Fuest, C., Möschel, W., und Neumann, M.J.M. (2005). *Tragfähige Pflegeversicherung.* Stiftung Marktwirtschaft, Frankfurter Institut, Band 42. (Kronberger Kreis).

Färber, G. (2004). Möglichkeiten einer verfassungskonformen Reform der Gesetzlichen Pflegeversicherung. *Zeitschrift für Wirtschaftspolitik*, 53(2):192-202.

Frohwitter, I. (1999). Die gesetzliche Pflegeversicherung unter dem Einfluß der Altersstrukturverschiebung. In: Wille, E. (Hrsg.), *Entwicklung und Perspektiven der Sozialversicherung*, S. 199-229. Nomos, Baden-Baden.

Häcker, J., Höfer, M.A., und Raffelhüschen, B. (2004). *Wie kann die gesetzliche Pflegeversicherung nachhaltig reformiert werden?* Institut für Finanzwissenschaft der Albert-Ludwigs-Universität Freiburg im Breisgau, Discussion Paper, 119/04.

Häcker, J. und Raffelhüschen, B. (2004). Denn sie wussten, was sie taten: Zur Reform der sozialen Pflegeversicherung. *DIW Vierteljahreshefte zur Wirtschaftsforschung*, 73(1):158-174.

Herzog-Kommission (2003). *Endbericht der Kommission zur Reform der sozialen Sicherungssysteme.* http://www.uvb-online.de/aufgaben/arbeitsmarkt/positionen/Herzog-Bericht.pdf, Berlin. (Kommission „Soziale Sicherheit" im Auftrag des CDU-Bundesvorstandes).

IGES [Institut für Gesundheits- und Sozialforschung GmbH], Igl, G., und Wasem, J. (2001). *Potentiale und Grenzen der Integration von Gesetzlicher Krankenversicherung (SGB V) und Sozialer Pflegeversicherung (SGB XI).* R.V. Deckers Verlag, Heidelberg.

Jacobs, K. und Drähter, H. (2005). Reform-Vorschläge im Vergleich: Wer bezahlt die Pflege? *Gesundheit und Gesellschaft*, 8(9):22-29.

Knappe, E. und Rubart, T. (2001). Auswirkungen des demografischen Wandels – Gesetzliche Pflege- und Krankenversicherung im Vergleich. In: Schmähl, W. und Ulrich, V. (Hrsg.), *Soziale Sicherungssysteme und demografische Herausforderungen*, S. 95-120. Mohr Siebeck, Tübingen.

Lauterbach, K.W. (2005). Stabile Beiträge trotz mehr Leistungen in den nächsten Jahren: Auswirkungen einer Bürgerversicherung in der Pflegeversicherung. *Soziale Sicherheit*, 3:93-101.

Lauterbach, K.W., Lüngen, M., Stollenwerk, B., Gerber, A., und Klever-Deichert, G. (2005). Auswirkungen einer Bürgerversicherung in der Pflegeversicherung. *Gesundheitsökonomie & Qualitätsmanagement: Klinik und Praxis, Wirtschaft und Politik*, 10(4):221-230.

Leisering, L. (2000). „Regeneration" des Sozialstaats? Die Legitimationskrise der Gesetzlichen Rentenversicherung als Wechsel „sozialstaatlicher Generationen". *Deutsche Rentenversicherung*, 9:608-621.

Ottnad, A. (2003). *Die Pflegeversicherung: Ein Pflegefall. Wege zu einer solidarischen und tragfähigen Absicherung des Pflegerisikos*. Olzog Verlag, München.

Paritätischer Wohlfahrtsverband (2003). *Von der Pflegeversicherung zum Bundespflegeleistungsgesetz – Agenda für eine nachhaltige Weiterentwicklung der Absicherung des Pflegerisikos*. Paritätisches Diskussionspapier, http://www.paritaet.org/pflegekongress/ergebnisse/ PARI-PflegVG-Diskussion.pdf.

Pfaff, M. und Stapf-Finé, H. (2005). Kernfragen zur Reform der Pflegeversicherung. *Soziale Sicherheit*, 4:110-113.

Rothgang, H. (2002). Finanzwirtschaftliche und strukturelle Entwicklungen in der Pflegeversicherung bis 2040 und mögliche alternative Konzepte. In: Enquête-Kommission „Demografischer Wandel" (Hrsg.), *Herausforderungen unserer älter werdenden Gesellschaft an den Einzelnen und die Politik*, S. 1-254. R.V. Decker, Heidelberg.

Rothgang, H. (2004). Reformoptionen zur Finanzierung der Pflegeversicherung: Darstellung und Bewertung. *Zeitschrift für Sozialreform*, 50(6):584-616.

Rothgang, H. (2005). Finanzbedarf und Finanzierungsoptionen für eine Reform der Pflegeversicherung. *Soziale Sicherheit*, 4:114-121.

Rürup-Kommission (2003). *Nachhaltigkeit in der Finanzierung der Sozialen Sicherungssysteme*. http://www.bmas.bund.de/BMAS/Redaktion/Pdf/ Publikationen/Ruerup-Bericht/deutsch-fassung,property=pdf, bereich=bmas,sprache=de,rwb=true.pdf, Berlin. (Kommission für die Nachhaltigkeit in der Finanzierung der Sozialen Sicherungssysteme).

Schulz, E., Leidl, R., und König, H.-H. (2001). *Auswirkungen der demografischen Entwicklung auf die Zahl der Pflegefälle. Vorausschätzungen bis 2020 mit Ausblick auf 2050*. DIW Diskussionspapier Nr. 240.

SGB XI. *Sozialgesetzbuch XI: Soziale Pflegeversicherung*.

Statistisches Bundesamt (2003a). *Bevölkerung Deutschlands bis 2050 – Ergebnisse der 10. koordinierten Bevölkerungsvorausberechnung*. Wiesbaden.

Statistisches Bundesamt (2003b). *Sozialhilfe in Deutschland: Entwicklung, Umfang, Strukturen*. Wiesbaden.

Statistisches Bundesamt (2005). *Bericht: Pflegestatistik 2003 – Pflege im Rahmen der Pflegeversicherung*. Bonn.

SVR [Sachverständigenrat zur Begutachtung der gesamtwirtschaftlichen Entwicklung] (1994). *Sondergutachten: Zur aktuellen Diskussion um die Pflegeversicherung*. Metzler-Poeschel, Stuttgart.

SVR [Sachverständigenrat zur Begutachtung der gesamtwirtschaftlichen Entwicklung] (2000). *Jahresgutachten 2000/01: Chancen auf einen höheren Wachstumspfad.* Metzler-Poeschel, Stuttgart.

SVR [Sachverständigenrat zur Begutachtung der gesamtwirtschaftlichen Entwicklung] (2004). *Jahresgutachten 2004/05: Erfolge im Ausland – Herausforderungen im Inland.* Metzler-Poeschel, Stuttgart.

SVRG [Sachverständigenrat zur Begutachtung der Entwicklung im Gesundheitswesen] (2005). *Gutachten 2005: Koordination und Qualität im Gesundheitswesen.* Bundes-Drucksache 15/5670, http://dip.bundestag.de/btd/15/056/1505670.pdf.

Tremmel, J. (2003). Generationengerechtigkeit – Versuch einer Definition. In: Stiftung für die Rechte zukünftiger Generationen (Hrsg.), *Handbuch Generationengerechtigkeit*, S. 27-79. Ökom Verlag, München.

VERTEILUNGSEFFEKTE DER FAMILIENFÖRDERUNG

Jens Hogrefe

Christian-Albrechts-Universität zu Kiel, Institut für Statistik und Ökonometrie

1	**Einleitung**	138
2	**Instrumente der Familienförderung**	139
3	**Finanzierung der Familienförderung**	141
3.1	Steuern	142
3.2	Beiträge zur gesetzlichen Krankenversicherung	143
3.3	Beiträge zur Sozialen Pflegeversicherung	144
3.4	Beiträge zur Arbeitslosenversicherung	144
4	**Das Mikrosimulationsmodell zur Familienförderung**	144
4.1	Methode der Mikrosimulation	144
4.2	Datengrundlage	145
4.3	Konstruktion der Leistungen	145
4.4	Konstruktion der Lasten	146
4.5	Konstruktion der Nettohaushaltseinkommen	147
5	**Leistungen und Lasten nach Haushaltstypen**	147
6	**Leistungen und Lasten nach Einkommensdezilen**	151
6.1	Dezile nach Nettohaushaltseinkommen	151
6.2	Dezile nach äquivalenten Einkommen	154
7	**Einkommensungleichheit**	159
7.1	Ordinale Maße der Einkommensungleichheit	159
7.2	Kardinale Maße der Einkommensungleichheit	163
8	**Zusammenfassung**	170
Literaturverzeichnis		172

1 Einleitung

Familienpolitisch motivierte Maßnahmen finden sich in vielen Bereichen der Steuer- und Sozialpolitik. Neben originär familienpolitischen Instrumenten, wie dem Kindergeld, existiert eine Vielzahl familienpolitischer Komponenten in anderen Bereichen, wie zum Beispiel die kostenfreie Mitversicherung von Familienangehörigen in der gesetzlichen Krankenversicherung (GKV) oder die Kinderkomponente in der Eigenheimzulage. Das Jahresgutachten 2001/2002 des Sachverständigenrates zur Begutachtung der gesamtwirtschaftlichen Entwicklung beziffert den Umfang der gesamten Familienförderung für das Jahr 2000 auf ca. 148,8 Mrd. € Dies entspricht mehr als 20% des Sozialbudgets desselben Jahres.

Dieses finanzielle Volumen lässt vermuten, dass familienpolitisch motivierte Maßnahmen in erheblichem Maße in die Einkommensverteilung eingreifen. Im Rahmen einer formalen Inzidenzanalyse auf Haushaltsebene werden in diesem Beitrag die Verteilungseffekte der Familienförderung des Jahres 1998 für die Bundesrepublik Deutschland abgebildet.

Die Inzidenzanalyse besteht in einem Vergleich der familienpolitischen Situation des Jahres 1998 mit zwei Referenzszenarien. In dem einen Referenzszenario entfallen sämtliche kindbezogenen Maßnahmen, im anderen zusätzlich die ehebezogenen Maßnahmen. Basierend auf der Einkommens- und Verbrauchsstichprobe des Jahres 1998 des Statistischen Bundesamtes (EVS 1998) wird zu diesem Zweck ein Mikrosimulationsmodell konstruiert, das die Analyse auf der Haushaltsebene ermöglicht. Es handelt sich um ein statisches Modell, in dem Verhaltensanpassungen ausgeschlossen sind. Eventuelle ökonomische Verhaltensänderungen durch den Wegfall der Familienförderung in den Referenzszenarien werden folglich nicht berücksichtigt. Die Referenzszenarien dienen nicht als eigenständige Politikalternativen, sondern ausschließlich zur Beschreibung der Familienförderung. Das Erhebungsjahr der Datenbasis wird als Untersuchungszeitpunkt gewählt, um Probleme der zeitlichen Fortschreibung von Mikrodaten zu umgehen.

Mit Hilfe des Mikrosimulationsmodells werden für die Szenarien mit und ohne Familienförderung Einkommensverteilungen bestimmt, indem die jeweiligen Nettoeinkommen der einzelnen Haushalte ermittelt werden. Entsprechend der Szenarien werden dabei die Leistungen und die Lasten der Familienförderung, die der einzelne Haushalt erhält bzw. zu tragen hat, berechnet. Die Lasten der Familienförderung sind die zur Finanzierung derselben notwendigen Steuern und Abgaben. Aus diesen Größen werden die Veränderungen der Durchschnittseinkommen verschiedener Haushaltstypen durch die Familienförderung ermittelt. Die verschiedenen Haushaltstypen werden dabei nach Kinderzahl und Familienstand des Haushaltsvorstandes differenziert.

Um die Inzidenz der Familienförderung entsprechend den Einkommensklassen darzustellen, werden die Haushalte in Dezilen nach den Nettohaushaltseinkommen bzw. den äquivalenten Einkommen erfasst. Außerdem werden die Einkommensverteilungen mit und ohne Familienförderung über Lorenzdominanzverhältnisse und absolute sowie relative S-Gini-Maße für Einkommensungleichheit verglichen.

Dieser Artikel gliedert sich im Weiteren wie folgt. Abschnitt 2 thematisiert die Definition von Familienförderung und quantifiziert die im Jahre 1998 durch die Familienförderung entstandenen finanziellen Aufwendungen für die öffentlichen Haushalte. In Abschnitt 3 werden die Annahmen erläutert, die zur Modellierung der Finanzierung getroffen werden. Abschnitt 4 stellt das Mikrosimulationsmodell zur Familienförderung und die Konstruktionsannahmen dar. Im darauf folgenden Abschnitt 5 werden die Ergebnisse des Mikrosimulationsmodells nach Haushaltstypen differenziert. Abschnitt 6 bietet die Inzidenzergebnisse für die Einkommensdezile, wobei die Dezile der Ist-Situation wie des Referenzszenarios ohne Familienförderung betrachtet werden. Darauf folgt Abschnitt 7, der die Effekte der Familienförderung auf die Einkommensungleichheit behandelt. Abschnitt 8 beschließt den Beitrag.

2 Instrumente der Familienförderung

Zur Familienförderung im Sinne dieser Arbeit werden alle Maßnahmen der öffentlichen Haushalte gezählt, die wegen Kindern oder Familienstand gewährt werden, wobei zwischen kind- und ehebezogenen Maßnahmen unterschieden wird. Entsprechend werden Realtransfers in den Bereichen Erziehung, Bildung und Gesundheit ebenso berücksichtigt wie die Steuerfreibeträge im Rahmen des Familienleistungsausgleichs. Eine umfassende Darstellung der Instrumente der Familienförderung bietet Rosenschon (2001) für das Jahr 2000. Eine ähnliche Auflistung ist beim Sachverständigenrat zur Begutachtung der gesamtwirtschaftlichen Entwicklung (2001) zu finden. In beiden Darstellungen wird darauf verzichtet, Witwen- und Waisenrenten zur Familienförderung zu zählen. Dieser Abgrenzung wird auch hier gefolgt.

Basierend auf der Arbeit von Rosenschon (2001) bietet Hogrefe (2005) eine erweiterte Beschreibung und Quantifizierung der Instrumente der Familienförderung für das Jahr 1998. Die folgenden Angaben sind davon übernommen. Abweichend von dieser Arbeit wird der Sozialhilfe im vorliegenden Beitrag keine familienpolitische Komponente zugerechnet.

Die Instrumente der Familienförderung lassen sich in vier Kategorien gliedern. Tabelle 1 quantifiziert die Instrumente der Steuergesetzgebung[1] und Tabelle 2 die Instrumente der Sozialversicherungen. Ferner sind in Tabelle 3 die

---

[1] In Tabelle 1 ist als ehebezogene Maßnahme der zusätzliche Progressionsverlust aufgenommen. Seine Berücksichtigung ist notwendig, da alle ausgewiesenen Maßnahmen mit ihren marginalen Werten angenommen werden. Es ist also, ausgehend vom Nettoeinkommen, angegeben, welche finanzielle Wirkung eintritt, wenn das entsprechende Instrument abgeschafft wird. Wegen der Steuerprogression führt die Abschaffung sämtlicher Instrumente daher zu einer größeren Wirkung als die Summe der marginalen Beträge. Bezogen auf die kindbezogenen Instrumente allein ist dieser Effekt gering und kann vernachlässigt werden. Werden diese und das Ehegattensplitting zusammen betrachtet, kommt es zur angegebenen, progressionsbedingten Wirkung von 362 Mio. € [vgl. Hogrefe (2005)].

	Alle Angaben in Mio. €	
	kindbezogene	ehebezogene
	Ausgaben	
Kinderfreibetrag	131	–
Kindergeld	25.554	–
Ausbildungsfreibetrag	654	–
Haushaltsfreibetrag	946	–
Unterhaltsfreibetrag	598	–
Freibetrag für Beschäftigung einer Haushaltshilfe oder Heimunterbringung	123	–
Kinderbetreuungskosten	102	–
Kinderkomponente der Eigenheimförderung	2.122	–
Realsplitting	–	373
Ehegattensplitting	–	20.426
zusätzlicher Progressionsverlust	–	362
Summe	30.230	21.161

Quellen: [a] Bundesministerium der Finanzen (2003); [b] Hogrefe (2005)

Tabelle 1. Familienförderung im Bereich der Steuergesetzgebung.

	Alle Angaben in Mio. €	
	kindbezogene	ehebezogene
	Ausgaben	
Familienversicherung in der GKV	13.795	7.814
Beitragsfreie Erziehungszeiten	1.634	–
Krankengeld bei Erkrankung eines Kindes	97	–
Mutterschaftsgeld	664	–
Familienversicherung in der Sozialen Pflegeversicherung (SPV)	754	737
Rentenzahlungen in Folge der Anerkennung von Kindererziehungszeiten	3.709	–
Anteil von Müttern an der Rente nach Mindesteinkommen	1.787	–
Kinderkomponente beim Arbeitslosengeld	563	–
Kinderkomponente bei anderen Lohnersatzleistungen	153	–
Summe	23.156	8.551

Quellen: [a] Beske und Kern (2000); [b] Hogrefe (2005); [c] Rosenschon (2001)

Tabelle 2. Familienförderung im Bereich der Sozialversicherungen.

monetären Transferleistungen von Bund, Ländern und Kommunen abgebildet, während Tabelle 4 die Ausgaben für Realtransfers in den Bereichen Bildung und Erziehung darstellt. Insgesamt wurden im Jahre 1998 140.187 Mio. € für kindbezogene und 35.674 Mio. € für ehebezogene Maßnahmen der Familienförderung verausgabt. Das Gesamtvolumen der Familienförderung betrug 175.861 Mio. €

	Alle Angaben in Mio. €	
	kindbezogene	ehebezogene
	Ausgaben	
Kindergeld	83	–
Mutterschaftsgeld des Bundes	3	–
Bundeserziehungsgeld	3.653	–
Unterhaltsvorschussleistungen	853	–
Kinderkomponente bei der Arbeitslosenhilfe	131	–
Erziehungsgeld der Länder	311	–
Familienkomponente Sozialer Wohnungsbau	1.770	355
Familienkomponente des Wohngeldes	841	348
Familienzuschläge im öffentlichen Dienst	3.400	3.424
Familienkomponente bei der Beihilfe	1.244	1.835
Stiftung „Mutter+Kind"	92	–
BAföG	1.201	
Summe	13.582	5.962

Quellen:[a] Bundesministerium der Finanzen (2003); [b] Hogrefe (2005); [c] Bundesministerium für Arbeit und Sozialordnung (2002); [d] Statistisches Bundesamt (2000)

Tabelle 3. Monetäre Transferleistungen der Familienförderung.

	Alle Angaben in Mio. €	
	kindbezogene	ehebezogene
	Ausgaben	
Kindergärten und -krippen	7.285	–
Jugendhilfe	7.277	–
Schulen	44.559	–
Schülerbeförderung	1.627	–
Studentenwohnraumförderung	95	–
Hochschulen	12.386	–
Summe	73.229	–

Quellen: [a] BLK (2001); [b] Bundesministerium für Arbeit und Sozialordnung (2002)

Tabelle 4. Realtransfers in den Bereichen Bildung und Erziehung.

3 Finanzierung der Familienförderung

Die Maßnahmen der Familienförderung werden durch Steuern, zu denen hier auch Zölle gerechnet werden, und Beiträge an die Sozialversicherungen finanziert. Steuern und Beiträge decken die Leistungen der Familienförderung, so dass der gesamtwirtschaftliche Saldo der Familienförderung gleich null ist. Vereinfachend wird dabei angenommen, dass keine Finanzierung durch den Kapitalmarkt stattfindet. Außerdem gilt das Non-Affektationsprinzip für einzelne Teilhaushalte, wobei Bund, Länder und Kommunen zu einem Haushalt zusammengefasst werden und die unterschiedlichen Sozialversicherungen ebenfalls zu einem Haushalt zusammengefasst werden. Da innerhalb des öffentlichen Budgets Querfinanzierungen, zum Beispiel durch Beitragszahlungen aus Steuermitteln, bestehen, werden diese, sofern sie familienbezogene Belange berühren, im Folgenden dargestellt. Dies dient dazu, die tatsächliche Zahllast des Steuerbürgers bzw. des Beitragszahlers zu identifizieren. Das angenommene Zusammenspiel der öffentlichen Haushalte wird in Tabelle 5 abgebildet.

	Alle Angaben in Mio. €	
	kind-	familien-
	bezogen	
Durch Steuermittel finanzierte Ausgaben		
Leistungen von Bund, Ländern und Gemeinden	117.041	144.164
Bundeszuschuss an die GRV	5.496	5.496
Beiträge zur GKV	207	307
Beiträge zur SPV	10	19
Steuermittel	*122.754*	*149.986*
Beitragszahlungen zur GKV		
Leistungen durch die GKV	16.190	24.004
Beiträge aus Steuermitteln	-207	-307
Beiträge der Bundesanstalt für Arbeit	-447	-663
Beiträge der Versicherten	*15.536*	*23.034*
Beitragszahlungen zur SPV		
Leistungen der SPV	754	1.491
Beiträge aus Steuermitteln	-10	-19
Beiträge der Bundesanstalt für Arbeit	-21	-41
Beiträge der Versicherten	*723*	*1.431*
Beitragszahlungen zur Arbeitslosenversicherung		
Leistungen der Arbeitslosenversicherung	716	716
Beiträge zur GKV	447	663
Beiträge zur SPV	21	41
Beiträge der Versicherten	*1.184*	*1.420*

Quelle: Eigene Berechnungen

Tabelle 5. Finanzierung der Familienförderung 1998.

3.1 Steuern

Die Ausgaben für die Maßnahmen in der Steuergesetzgebung für familienpolitische Transfers und für Realtransfers zur Betreuung und Ausbildung werden über Steuermittel finanziert und werden ungeachtet der Aufteilung auf Bund, Länder oder Kommunen in einem Haushalt zusammengefasst. Außerdem werden Zweckbindungen von Steuern, zum Beispiel der europäische Anteil an der Umsatzsteuer, vernachlässigt. Für familienbezogene Leistungen betragen die Ausgaben der Gebietskörperschaften 147.033 Mio. €; davon entfallen 119.315 Mio. € auf kindbezogene Leistungen. Darüber hinaus existieren familienbezogene Leistungen, die von den Sozialversicherungen getragen werden. Über die Rentenversicherungsträger werden kindbezogene Leistungen im Wert von 5.496 Mio. € verausgabt. Dabei wird die Annahme getroffen, dass diese Mittel vollständig durch den Bundeszuschuss getragen werden.[2] Entsprechend werden die kindbezogenen Ausgaben der gesetzlichen Rentenversicherung durch Steuern finanziert. Außerdem werden über Beitragszahlungen für Arbeitslosenhilfeempfänger familienbezogene Maßnahmen in der GKV und der SPV durch Steuern mitfinanziert.

3.2 Beiträge zur gesetzlichen Krankenversicherung

In der gesetzlichen Krankenversicherung wurden im Jahre 1998 16.190 Mio. € kindbezogene bzw. 24.004 Mio. € familienbezogene Leistungen erbracht, die annahmegemäß durch Beiträge der Mitglieder finanziert wurden. Die verschiedenen gesetzlichen Krankenkassen werden zu einem Haushalt zusammengefasst. Weiter wird die Annahme getroffen, dass der Arbeitgeberanteil an den Beiträgen eine Lohnleistung ist. Durch eine Beitragssatzsenkung steigt also der Nettolohn nicht nur durch den eingesparten Arbeitnehmeranteil, sondern auch durch den Arbeitgeberanteil, da dieser als unabhängig von der Verwendung angenommene Lohnleistung weiterhin gezahlt wird, aber nicht mehr an die Sozialversicherung, sondern an den Arbeitnehmer. Entsprechend werden die familienbezogenen Maßnahmen durch die Versicherten finanziert. Unter diesen sind neben Arbeitnehmern auch Rentner, Arbeitslose und sonstige Versicherte. Bei Rentnern wird der Beitrag hälftig vom Rentenversicherungsträger und vom Rentner getragen. Die gleiche Annahme, die für die Arbeitnehmer getroffen wird, wird auch für die Rentner unterstellt, so dass im Fall einer Beitragssatzsenkung beide Beitragsteile die Nettorente erhöhen.

Die Beitragszahlungen für Empfänger von Arbeitslosengeld und Arbeitslosenhilfe werden vom jeweiligen Träger der Entgeltersatzleistung, also der Arbeitslosenversicherung bzw. dem Bund, in voller Höhe übernommen. Da keine Eigenbeteiligung des Arbeitslosen vorliegt, wird die Beitragszahlung nicht als Teil der Entgeltersatzleistung aufgefasst. Wird diese variiert, ändert sich annahmegemäß nicht die Auszahlung an den Arbeitslosen, sondern die Finanzierungsseite wird in gleichem Maße variiert. In diesem Modell führt also die Senkung des Beitragssatzes zur gesetzlichen Krankenkasse ceteris paribus zu einer Senkung des Beitrags zur Arbeitlosenversicherung.

Als beitragspflichtiges Einkommen eines Beziehers von Arbeitslosengeld zählen 80% des Arbeitsentgelts, das bei der Feststellung des Arbeitslosengeldes zugrunde gelegt wurde. Im Bereich der Arbeitslosenhilfe wird die Arbeitslosenhilfe selbst als beitragspflichtiges Einkommen unterstellt.[3] Die auf dieser Grundlage errechneten Beiträge der Bundesanstalt für Arbeit machen für 1998 etwa 2,76% und die des Bundes 1,28% der gesamten Beitragseinnahmen der GKV aus. Folglich werden 447 Mio. € der von der Bundesanstalt für Arbeit an die GKV geleisteten Beiträge für kindbezogene und 663 Mio. € für alle familienbezogenen Maßnahmen in der GKV verausgabt. Eine Abschaffung dieser

---

[2] Für das Jahr 1999 betrug der Bundeszuschuss 49,76 Mrd. € Vgl. Bundesministerium für Arbeit und Sozialordnung (2002), S. 246.
[3] Vgl. § 232a Abs. 1 SGB V.

Maßnahmen würde zu einer entsprechenden Reduktion des Beitragssatzes in der Arbeitslosenversicherung führen. Die Leistungen des Bundes für Beiträge der Bezieher von Arbeitslosenhilfe werden aus Steuermitteln gedeckt. Der Anteil aufgrund kindbezogener Maßnahmen beträgt 207 Mio. € und der für alle familienbezogenen Maßnahmen 307 Mio. €. Sonstige Versicherte werden, sofern sie keine direkten Beiträge an die GKV entrichten, bei der Finanzierung familienbezogener Leistungen nicht berücksichtigt.[4]

Zieht man die Zahlungen der anderen öffentlichen Haushalte ab, zahlen die Versicherten 23.034 Mio. € familienbezogene Beiträge, wovon 15.536 Mio. € kindbezogen sind.

3.3 Beiträge zur Sozialen Pflegeversicherung

Die Annahmen über die GKV gelten analog für die Soziale Pflegeversicherung (SPV). Von den 754 Mio. € kindbezogenen bzw. 1.491 Mio. € familienbezogenen Leistungen werden 10 Mio. € bzw. 19 Mio. € durch Beitragszahlungen aus Steuermitteln und 21 Mio. € bzw. 41 Mio. € durch Beitragszahlungen der Bundesanstalt für Arbeit, die letztlich aus Beiträgen der Versicherten in der Arbeitslosenversicherung stammen, finanziert.[5]

Zieht man die Zahlungen der anderen öffentlichen Haushalte ab, zahlen die übrigen Beitragszahler der SPV 1.431 Mio. € familienbezogene Beiträge, wovon 723 Mio. € kindbezogen sind.

3.4 Beiträge zur Arbeitslosenversicherung

Die Arbeitslosenversicherung leistet 716 Mio. € für familienbezogene Maßnahmen, die annahmegemäß aus Beiträgen finanziert werden. Ebenso werden aus Beiträgen zur Arbeitslosenversicherung die Beitragszahlungen der Bundesanstalt für Arbeit an die SPV und GKV finanziert.

4 Das Mikrosimulationsmodell zur Familienförderung

4.1 Methode der Mikrosimulation

Die Methode der Mikrosimulation in den Wirtschafts- und Sozialwissenschaften geht auf den Beitrag von Orcutt (1957) zurück. In Mikrosimulationsmodellen werden durch Anwendung eines Systems von Aussagen auf eine Mikrodatenbasis neue Informationen über die Mikroeinheiten gewonnen bzw. wird ein neuer Mikrodatensatz geschaffen. Bei der Anwendung auf sozio-ökonomische Fragestellungen wird das Mikrosimulationsmodell entsprechend des zu betrachtenden Systems oder Teilsystems, zum Beispiel des Steuer- und

---

[4] Quelle: Statistisches Bundesamt (2000), S. 450 und S. 458. Eigene Berechnungen.
[5] Quelle: Statistisches Bundesamt (2000), S. 450. Eigene Berechnungen.

Transfersystems, konstruiert. Es stellt eine Nachbildung dessen dar. Die Mikroeinheit hat ihre Entsprechung in der kleinsten zu betrachtenden Einheit des realen Systems. So wie das Steuer- und Transfersystem auf einen Haushalt wirkt, soll das Mikrosimulationsmodell auf die Mikroeinheit wirken.[6]

4.2 Datengrundlage

Als Mikrodatenbasis dient die Einkommens- und Verbrauchsstichprobe des Jahres 1998 [EVS (1998)].[7] Dieses Jahr ist zugleich der Untersuchungszeitpunkt, um Probleme der zeitlichen Fortschreibung der Mikrodatenbasis zu vermeiden. Die EVS 1998 erfasst 49.720 Haushalte, von denen mehrere hundert Merkmale über Einkommen, Ausgaben und Demografie erhoben wurden. Die EVS 1998 wurde am Mikrozensus hochgerechnet und bildet somit eine Bevölkerung von ca. 79,8 Millionen Personen ab. Die tatsächliche Wohnbevölkerung der Bundesrepublik Deutschland betrug 1998 über 82 Millionen Personen. Die Differenz erklärt sich neben statistischen Fehlern aus der Vernachlässigung von Personen in Einrichtungen und Beziehern sehr hoher Einkommen, was bei der Interpretation der Ergebnisse zu berücksichtigen ist. Tabelle 6 gibt die Besetzungszahlen der verschiedenen Haushaltstypen und die entsprechenden Hochrechnungen auf die Grundgesamtheit an.

Die EVS 1998 erfasst nicht alle für die Inzidenzanalyse der Familienförderung notwendigen Merkmale, so dass für einige Merkmale, wie das Bewohnen einer Sozialwohnung, das Sozio-ökonomische Panel [SOEP (2002)] für Datenimputationen genutzt wird, um die Mikrodatenbasis anzureichern. In anderen Fällen werden notwendige Merkmale, ausgehend von aggregierten Statistiken wie der Lohn- und Einkommensteuerstatistik 1995 [vgl. Statistisches Bundesamt (1999)] oder der 16. Sozialerhebung des Deutschen Studentenwerks [vgl. Schnitzer et al. (2001)], durch zusätzliche Verteilungsannahmen imputiert.

4.3 Konstruktion der Leistungen

Viele Bestandteile der Nettohaushaltseinkommen und viele monetäre Leistungen der Familienförderung, wie zum Beispiel das Kindergeld oder das Erziehungsgeld, sind in der EVS 1998 erhoben worden. Verschiedene Leistungen der Familienförderung – dies gilt insbesondere für Realtransfers und Maßnahmen der Steuergesetzgebung – sind nicht direkt aufgeführt. In manchen Fällen ermöglichen andere Merkmale eine deduktive Imputation des Förderbetrags. Zum Beispiel ist die Anzahl der Schüler in einem Haushalt in der EVS 1998 identifizierbar, so dass auf einen entsprechenden Realtransfer unter Berücksichtigung der Angaben im Bildungsfinanzbericht [BLK (2001)] durch

---

[6] Vgl. Nelissen (1994), S. 25.

[7] Die Einkommens- und Verbrauchsstichprobe wird alle fünf Jahre vom Statistischen Bundesamt erhoben. Die aktuelle EVS 2003 lag zum Zeitpunkt der Untersuchung noch nicht vor.

Haushaltstyp	Anzahl in EVS 1998	Anzahl hochgerechnet	Personenzahl hochgerechnet
Alleinstehend	10.891	12.990.376	12.990.376
Alleinerziehend 1 Kind	1.618	1.176.143	2.352.286
Alleinerziehend 2 Kinder	884	443.762	1.331.286
Alleinerziehend 3 Kinder	191	91.123	364.492
Alleinerziehend 4 Kinder oder mehr	45	16.832	86.863
Ehepaar ohne Kind	13.540	9.529.233	19.058.466
Ehepaar 1 Kind	6.331	3.894.401	11.683.203
Ehepaar 2 Kinder	8.837	4.021.156	16.084.624
Ehepaar 3 Kinder	2.499	976.868	4.884.340
Ehepaar 4 Kinder	569	229.276	1.375.656
Ehepaar 5 Kinder oder mehr	145	44.748	325.854
Paar ohne Kind[a]	1.585	1.188.922	2.377.844
Paar 1 Kind	400	268.678	806.034
Paar 2 Kinder	218	119.059	476.236
Paar 3 Kinder oder mehr	55	25.994	137.565
sonstige Haushalte	1.912	1.766.050	5.437.759
Summe	49.720	36.782.621	79.772.884

Quelle: EVS 1998.
[a] Nicht verheiratetes, aber zusammenlebendes Paar.

Tabelle 6. Anzahl der Haushalte nach Haushaltstypen.

die Schule geschlossen werden kann. Auf weitere Ausführungen für die einzelnen Instrumente der Familienförderung wird an dieser Stelle verzichtet. Eine detaillierte Darstellung findet sich bei Hogrefe (2005).

4.4 Konstruktion der Lasten

Die Beiträge zu den Sozialversicherungen sind in der EVS 1998 erhoben. Proportional zu diesen Größen wird der Anteil der Familienförderung für jeden Beitragszahler ermittelt. Die Steuerlast der Haushalte wird durch das Mikrosimulationsmodell Kiel Tax Benefit Microsimulation Model (KiTs) ermittelt. Indirekte Steuern und Unternehmenssteuern werden durch dieses Mikrosimulationsmodell den privaten Haushalten zugerechnet. Da über die Überwälzung von Unternehmenssteuern keine Informationen verfügbar sind, wird eine Sensitivitätsanalyse durchgeführt, die drei Szenarien errechnet:

1. Ein Szenario mit vollständiger Selbsttragung ($s = 0$), in dem sämtliche Unternehmenssteuern als Gewinnreduktion die Eigentümer belasten.
2. Ein Szenario mit hälftiger Selbsttragung und hälftiger Vorwärtswälzung ($s = 0,5$).

3. Ein Szenario mit vollständiger Vorwärtswälzung, welches unterstellt, dass alle Unternehmenssteuern durch Preiserhöhungen auf die Konsumenten überwälzt werden ($s = 1$) [vgl. Drabinski (2004)].

4.5 Konstruktion der Nettohaushaltseinkommen

Durch das Mikrosimulationsmodell werden die Nettohaushaltseinkommen der beiden Referenzszenarien und der Ist-Situation für die einzelnen Haushalte in der EVS 1998 errechnet. Die einzelnen Einkommensbestandteile – im Falle der Ist-Situation auch die einzelnen Leistungen der Familienförderung – werden dabei addiert. Eine Ausnahme bilden die Maßnahmen der Steuergesetzgebung, die in der Berechnung der Einkommensteuer berücksichtigt werden und dort die Belastung der Haushalte mindern.

Von der Summe der Einkommensbestandteile werden Steuern und Beiträge abgezogen, um zu den Nettohaushaltseinkommen zu gelangen. Die Höhe der Steuern und Beiträge variiert dabei für die verschiedenen Arten der Familienförderung. Für die Belastung durch die Einkommensteuer werden dabei zwei Effekte berücksichtigt. Zum einen variiert das Gesamtaufkommen, da in der Situation ohne Familienförderung ein geringerer Finanzbedarf der öffentlichen Haushalte herrscht, und zum anderen werden kind- und ehebezogene Freibeträge sowie Splittingregelungen je nach der Art der Familienförderung zur Errechnung der Einkommensteuerlast auf die entsprechenden Haushalte angewandt.

5 Leistungen und Lasten nach Haushaltstypen

Die Tabelle 7 bildet die Leistungen pro Haushalt sowie pro Kind ab, wobei in diesem Fall die Mittel auf die dem Haushalt zuordenbaren Kindergeldkinder und nicht auf die im Haushalt wohnenden Kinder bezogen werden. Dabei werden auch auswärts untergebrachte Kinder berücksichtigt, was die kindbezogenen Leistungen für Haushalte, in denen keine Kinder wohnen, zum Teil erklärt. Neben den auswärts untergebrachten Kindern sind Rentenleistungen infolge der Anrechnung von Kindererziehungszeiten zu nennen, die insbesondere bei Alleinstehenden, Ehepaaren ohne Kind und sonstigen Haushalten eine Rolle spielen.[8] Ehebezogene Leistungen bei nicht als Ehepaare ausgewiesenen Haushalten sind durch das Realsplitting und die Tatsache, dass die Haushaltsabgrenzung der EVS 1998 nicht vollständig deckungsgleich mit dem Familienstand ist, zu erklären.

---

[8] Rentenzahlungen infolge der Anerkennung von Kindererziehungszeiten sowie ein Teil der Rentenleistungen entsprechend der Mindesteinkommen werden zur Familienförderung gezählt; vgl. Tabelle 2. Annahmegemäß werden diese Leistungen durch den Bundeszuschuss zur Rentenversicherung finanziert. Die entsprechenden Leistungen werden bei den Rentnern des Jahres 1998 identifiziert und führen in dieser Zurechnung dazu, dass auch Alleinstehende und Ehepaare ohne Kind kindbezogene Leistungen erhalten.

	pro Haushalt			pro Kind[a]
	familien-	kind-	ehe-	kind-
		bezogen		bezogen
Alle Haushalte	4.781	3.811	970	7.204
Alleinstehend	318	299	19	16.331
Alleinerziehend 1 Kind	6.900	6.888	12	7.635
Alleinerziehend 2 Kinder	14.251	14.230	21	7.503
Alleinerziehend 3 Kinder	20.733	20.721	12	7.291
Alleinerziehend 4 Kinder o.m.	30.429	30.422	7	7.768
Ehepaar ohne Kind	2.070	511	1.559	10.995
Ehepaar 1 Kind	8.257	6.299	1.958	6.992
Ehepaar 2 Kinder	14.864	12.720	2.144	6.611
Ehepaar 3 Kinder	22.598	19.929	2.669	6.795
Ehepaar 4 Kinder	29.343	26.614	2.729	7.180
Ehepaar 5 Kinder o.m.	40.973	38.090	2.883	7.235
Paar ohne Kind	309	277	32	6.866
Paar 1 Kind	7.466	7.407	59	7.419
Paar 2 Kinder	13.980	13.950	30	7.087
Paar 3 Kinder o.m.	22.907	22.901	6	7.015
Sonstiger Haushalt	4.481	3.975	506	9.743

Quelle: Eigene Berechnungen.
[a] Kind, für das der Haushalt Kindergeld erhält.

Tabelle 7. Leistungen der Familienförderung pro Jahr in €.

Die Leistungen der Familienförderung pro Haushalt steigen proportional zur Anzahl der Kinder im Haushalt an. Die Spanne der Leistungen reicht dabei von 309 € für Paare ohne Kind bis 40.973 € für Ehepaare mit fünf oder mehr Kindern. Die kindbezogene Förderung ist dabei bei gleicher Anzahl an Kindern bei den unverheirateten Paaren und den Alleinerziehenden größer als bei den Ehepaaren. Auch bei den ehebezogenen Leistungen findet sich ein positiver Zusammenhang zwischen Kinderzahl und Leistungsvolumen, allerdings kein so ausgeprägter. Dies ist durch den Einfluss der Erwerbsbeteiligung auf viele ehebezogene Instrumente, wie zum Beispiel der Mitversicherung in der GKV, zu erklären. Es ist anzunehmen, dass die Erwerbsbeteiligung selbst negativ von der Anzahl der Kinder abhängt. Ehepaare ohne Kind erhalten im Mittel 1.559 € und Ehepaare mit fünf oder mehr Kindern 2.883 € ehebezogene Förderung.

Bezogen auf die Kinder im Sinne des Einkommensteuergesetzes (EStG) zeigt sich, dass die Leistungen der Familienförderung relativ homogen zwischen den Haushaltstypen mit Kindern verteilt sind, wobei, bedingt durch die ehebezogene Förderung, Ehepaare im Vergleich zu anderen Haushalten mit der gleichen Kinderzahl mehr Leistungen erhalten. Betrachtet man ausschließlich kindbezogene Leistungen, schneiden Alleinerziehende und unverheiratete Paare (die im Schnitt weniger Leistungen als Alleinerziehende erhalten) besser als die Ehepaare ab. Die ehebezogenen Leistungen kompensieren bzw. überkompensieren folglich diesen Effekt.

	familienbezogen			kindbezogen		
	$s=1$	$s=\frac{1}{2}$	$s=0$	$s=1$	$s=\frac{1}{2}$	$s=0$
Alle Haushalte	4.781	4.781	4.781	3.811	3.811	3.811
Alleinstehend	2.851	2.753	2.663	2.269	2.189	2.116
Alleinerziehend 1 Kind	3.389	3.198	3.023	2.707	2.550	2.406
Alleinerziehend 2 Kinder	3.451	3.178	2.927	2.767	2.544	2.338
Alleinerziehend 3 Kinder	3.754	3.523	3.311	3.015	2.826	2.652
Alleinerziehend 4 Kinder o.m.	3.608	3.159	2.744	2.914	2.547	2.207
Ehepaar ohne Kind	5.142	5.163	5.181	4.099	4.116	4.131
Ehepaar 1 Kind	6.668	6.677	6.685	5.316	5.323	5.330
Ehepaar 2 Kinder	6.970	7.103	7.226	5.563	5.671	5.772
Ehepaar 3 Kinder	7.109	7.564	7.986	5.687	6.060	6.405
Ehepaar 4 Kinder	6.756	7.336	7.871	5.403	5.878	6.316
Ehepaar 5 Kinder o.m.	7.453	8.475	9.421	5.977	6.813	7.587
Paar ohne Kind	6.686	6.548	6.425	5.325	5.212	5.111
Paar 1 Kind	5.498	5.473	5.456	4.377	4.356	4.342
Paar 2 Kinder	5.869	5.958	6.046	4.687	4.761	4.833
Paar 3 Kinder o.m.	5.794	6.282	6.732	4.645	5.044	5.413
Sonstiger Haushalt	6.126	6.353	6.561	4.870	5.056	5.226

Quelle: Eigene Berechnungen.

Tabelle 8. Lasten der Familienförderung pro Jahr in €.

Den Leistungen der Familienförderung steht die Finanzierung durch Steuern und Beiträge gegenüber. Diese von den Haushalten zu tragenden Lasten der Familienförderung sind in Tabelle 8 abgetragen. Sie bewegen sich zwischen 2.116 € bei vollständiger Selbsttragung der Unternehmenssteuern ($s=0$) als mittlere Last der Alleinstehenden zur Finanzierung der kindbezogenen Leistungen und 9.421 € bei vollständiger Überwälzung der Unternehmenssteuern ($s=1$) als mittlere Last der Ehepaare mit fünf oder mehr Kindern. Bei gleicher Kinderzahl im Haushalt tragen Ehepaare mehr Lasten als Alleinerziehende und Paare. Eine Ausnahme bilden die Ehepaare ohne Kind, die weniger für die Familienförderung aufbringen müssen als unverheiratete Paare ohne Kind. Dies lässt sich zum einen durch den Splittingvorteil erklären, den die Ehepaare genießen, und zum anderen dadurch, dass die Anzahl der Rentnerhaushalte bei Ehepaaren ohne Kind relativ höher ist als bei Paaren ohne Kind. Die Ehepaare mit Kindern bilden, bezogen auf die Lasten pro Haushalt, eine relativ homogene Gruppe, ebenso jeweils die Alleinerziehenden und die Paare mit Kindern. Die Alleinstehenden und die Ehepaare ohne Kind tragen dabei jeweils weniger Lasten als die entsprechenden Haushaltstypen mit Kindern, die unverheirateten Paare hingegen mehr, was teilweise durch das Fehlen des Splittingvorteils erklärt wird. Bemerkenswert ist, dass mit zunehmender Steuerüberwälzung Alleinstehende bzw. Alleinerziehende mehr Lasten tragen und Ehepaare weniger, wobei sich beide Effekte mit zunehmender Kinderzahl tendenziell verstärken.[9] Paare ohne Kind folgen im Bezug auf die Steuerüberwälzung den Alleinerziehenden und Paare mit Kindern den Ehepaaren.

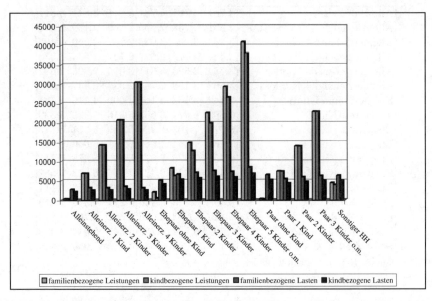

Abb. 1. Leistungen und Lasten der Familienförderung in € pro Jahr ($s = 0.5$).

Die Leistungen und Lasten der Familienförderung, die exemplarisch für das Überwälzungsszenario $s = 0,5$ in Abb. 1 graphisch dargestellt sind, werden in Tabelle 9 zu Salden zusammengefasst. Alle Haushalte mit Kindern haben positive Salden. Sie gewinnen durch die Familienförderung, wobei der positive Saldo fast proportional mit der Kinderzahl ansteigt. Vergleicht man Haushalte mit gleichen Kinderzahlen, haben die Alleinerziehenden stärkere Zugewinne als die unverheirateten Paare. Diese wiederum haben stärkere Zugewinne als die Ehepaare.

Alle Haushalte ohne Kinder und die sonstigen Haushalte haben negative Salden. Sie sind die Nettozahler der Familienförderung. Die unverheirateten Paare ohne Kind erfahren im Mittel die höchste Belastung, gefolgt von den Ehepaaren ohne Kind, den Alleinstehenden und den sonstigen Haushalten. Ferner ist ein positiver Saldo für die äquivalenten Einkommen (vgl. Fußnote 12 unten) aller Haushalte festzustellen. Dies ist dadurch zu erklären, dass durch

---

[9] Es ist anzumerken, dass Ehepaare im Mittel höhere Einkommen als andere Haushalte haben [siehe Abb. 2]. Entsprechend kann man annehmen, dass der Anteil der Konsumausgaben geringer ist und somit eine geringere Beeinträchtigung durch die Vorwärtswälzung der Steuern vorliegt. Außerdem kann man annehmen, dass bei Ehepaaren höhere Gewinneinkommen vorliegen als bei Alleinstehenden.

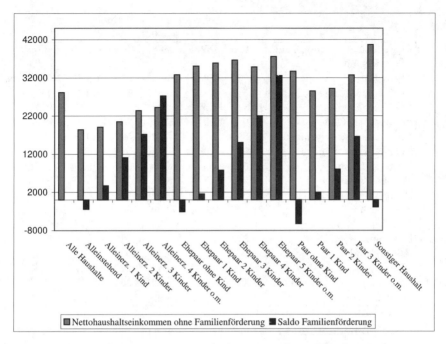

Abb. 2. Salden der Familienförderung in € pro Jahr ($s = 0.5$).

die Familienförderung Geld von kleinen zu großen Haushalten transferiert wird.

Die Salden der Familienförderung haben insbesondere bei großen Haushalten eine wesentliche Bedeutung für das Nettohaushaltseinkommen. Exemplarisch ist dies in Abb. 2 für den Saldo der Familienförderung, also einschließlich ehebezogener Maßnahmen, für das Überwälzungsszenario $s = 0,5$ dargestellt. Der Saldo ist hier zusammen mit dem Nettohaushaltseinkommen des Referenzszenarios ohne Familienförderung abgetragen. Das Nettohaushaltseinkommen der Ist-Situation ergibt sich, indem die Werte beider Balken addiert werden. Bei Alleinerziehenden mit vier oder mehr Kindern wird das Nettohaushaltseinkommen sogar mehr als verdoppelt. Bei Ehepaaren mit zwei Kindern macht der Saldo der Familienförderung ca. 18% des Nettohaushaltseinkommens in der Ist-Situation bzw. ca. 22% des Nettohaushaltseinkommens des Referenzszenarios aus.

6 Leistungen und Lasten nach Einkommensdezilen

6.1 Dezile nach Nettohaushaltseinkommen

Im Folgenden wird die Inzidenz nicht nach Haushaltstypen, sondern nach den Haushaltseinkommen geordnet dargestellt. Dazu werden Einkommensde-

	familienbezogen			kindbezogen		
	$s=1$	$s=\frac{1}{2}$	$s=0$	$s=1$	$s=\frac{1}{2}$	$s=0$
Alle Haushalte äquiv. Eink.	603	590	578	591	528	466
Alle Haushalte	0	0	0	0	0	0
Alleinstehend	-2.533	-2.435	-2.345	-1.970	-1.890	-1.816
Alleinerz. 1 Kind	3.515	3.707	3.882	4.186	4.343	4.486
Alleinerz. 2 Kinder	10.819	11.092	11.344	11.481	11.705	11.911
Alleinerz. 3 Kinder	16.980	17.210	17.422	17.708	17.896	18.069
Alleinerz. 4 Kinder o.m.	26.859	27.308	27.723	27.547	27.914	28.254
Ehepaar ohne Kind	-3.073	-3.094	-3.112	-3.589	-3.606	-3.620
Ehepaar 1 Kind	1.592	1.583	1.575	986	979	973
Ehepaar 2 Kinder	7.902	7.769	7.645	7.165	7.056	6.956
Ehepaar 3 Kinder	15.502	15.047	14.625	14.256	13.884	13.538
Ehepaar 4 Kinder	22.616	22.036	21.500	21.239	20.765	20.326
Ehepaar 5 Kinder o.m.	33618	32596	31650	32212	31376	30602
Paar ohne Kind	-6.376	-6.238	-6.115	-5.048	-4.935	-4.834
Paar 1 Kind	1.968	1.993	2.009	3.030	3.050	3.064
Paar 2 Kinder	8.120	8.030	7.942	9.272	9.198	9.126
Paar 3 Kinder o.m.	17.111	16.623	16.172	18.255	17.855	17.486
Sonstiger Haushalt	-1.644	-1.872	-2.080	-894	-1.080	-1.250

Quelle: Eigene Berechnungen.

Tabelle 9. Salden der Familienförderung pro Jahr in €.

zile gebildet, die die Haushalte bzw. Personen mit ähnlichen Einkommen in gleich große Klassen ordnen. Es werden verschiedene Einkommensbegriffe verwandt. Zum einen sind die Nettohaushaltseinkommen ohne Familienförderung zu nennen. Die Ergebnisse werden in Tabelle 10 exemplarisch unter der Annahme des Überwälzungsszenarios $s = 0,5$ dargestellt.[10] Zum anderen sind die Nettohaushaltseinkommen der Ist-Situation mit Familienförderung zu nennen (siehe Tabelle 11). Die Situation ohne Familienförderung wird herangezogen, um eventuelle Rangumkehr-Effekte aufzufangen.[11] Die Situation, in welcher ausschließlich die kindbezogene Förderung entfällt, wird an dieser Stelle nicht berücksichtigt. Ferner werden im Abschnitt 6.2 als ordnendes Kriterium äquivalente Einkommen herangezogen, wiederum für die Situation ohne Familienförderung (siehe Tabelle 12) und die Ist-Situation (siehe Tabelle 13). Als Bezugspunkte dienen dabei nicht die Haushalte, sondern Personen (vgl. Fußnote 12 unten).

Ordnet man die Haushalte nach den Nettohaushaltseinkommen ohne Familienförderung (Tabelle 10), zeigt sich, dass die Kinderzahl in den Haushalten mit dem Nettoeinkommen (ohne Familienförderung) zunimmt. Entsprechend

---

[10] Da sich die Ergebnisse qualitativ nicht bzw. kaum zwischen den Überwälzungsszenarien unterscheiden, wird auf eine tabellarische Darstellung für die anderen Überwälzungsszenarien verzichtet. Die gilt für alle Einkommensbegriffe.

[11] Rangumkehr bedeutet, dass durch die zu bewertende Maßnahme die Rangordnung der Einkommenspositionen der Haushalte geändert wird.

nehmen die Leistungen der Familienförderung pro Haushalt mit der Dezilordnungsnummer zu. Die kindbezogenen Leistungen nehmen pro Kind mit der Ordnungsnummer des Dezils mit Ausnahme des zehnten Dezils ab, während die Summe aus kind- und ehebezogenen Leistungen pro Kind relativ konstant in Bezug auf die Dezile ist. Insbesondere ehebezogene Leistungen führen dazu, dass das oberste Dezil die höchsten Leistungen, verglichen mit der Anzahl der Kinder, erhält. Die Salden der Familienförderung sowie der kindbezogenen Förderung sind im unteren Dezil positiv und nehmen mit der Ordnungsnummer des Dezils ab. Nur die obersten beiden Dezile haben negative Salden, sowohl bei der kindbezogenen wie auch der familienbezogenen Förderung. Die obersten Dezile erhalten die meisten Leistungen, finanzieren diese und tragen zusätzlich Lasten für die anderen Dezile. Berechnungen für $s = 0$ und $s = 1$ zeigen, dass diese Ergebnisse unabhängig von der Art der Steuerüberwälzung sind. Mit zunehmender Steuerüberwälzung sinkt jedoch die Belastung der oberen Dezile.

Die Ergebnisse deuten auf progressive Umverteilungseffekte der Familienförderung im Bezug auf die Nettohaushaltseinkommen hin. Allerdings verändert die Familienförderung die Einkommen und somit vermutlich auch die Einkommensposition insbesondere großer Familien. Entsprechend bietet sich eine ähnliche Ergebnisdarstellung mit der Ordnung nach den Nettohaushaltseinkommen mit Familienförderung (Ist-Situation) an (Tabelle 11). Die Verteilung der Kinder auf die Dezile ist extremer geworden. Während im ersten Dezil weniger als drei Kinder auf 100 Haushalte kommen, sind es im obersten 138. Haushalte mit Kindern haben in der Situation mit Familienförderung die unteren Dezile fast vollständig verlassen. Entsprechend erhalten die Haushalte der oberen Dezile mehr Leistungen als die der unteren. Pro Kind hingegen sinken die Leistungen mit der Ordnungsnummer der Dezile. Eine Ausnahme bildet wiederum das höchste Dezil. Die relativ hohen kindbezogenen Leistungen pro Kind in den unteren Dezilen lassen sich zum Teil auf Rentenleistungen infolge der Anrechnung von Erziehungszeiten zurückführen. Bezogen auf alle Leistungen der Familienförderung ist zusätzlich anzumerken, dass ehebezogene Leistungen, die den unteren Dezilen zufließen, angesichts der Besetzungszahlen mit Kindern die Pro-Kind-Zahlen stark beeinträchtigen.

Bei den Salden der Familienförderung hat sich das Bild im Vergleich zur Tabelle 10 umgekehrt. Die sechs Dezile mit den geringsten Haushaltseinkommen haben negative Salden und finanzieren die positiven Salden der oberen vier Dezile. Berechnungen für $s = 0$ und $s = 1$ zeigen, dass dies unabhängig von den Steuerüberwälzungsszenarien und der Art der Familienförderung gilt. Fast durchgängig steigt der Saldo mit der Ordnungsnummer des Dezils. Ausnahmen bilden der Übergang vom neunten zum zehnten Dezil und der Übergang vom ersten zum zweiten Dezil.

Eine Aussage über die Progressivität der Familienförderung lässt sich aus der Betrachtung der Dezile der Nettohaushaltseinkommen nicht ableiten, da die Ergebnisse davon abhängen, ob der Saldo der Familienförderung zum Nettohaushaltseinkommen gezählt wird oder nicht. Durch die Familienförderung verlassen Haushalte mit Kindern die unteren Dezile. Es kommt in erheblichem Maße zu Rangumkehr.

6.2 Dezile nach äquivalenten Einkommen

Angesichts der Heterogenität der betrachteten Haushalte werden die neuen Äquivalenzskalen der OECD herangezogen, um eine bessere Vergleichbarkeit herzustellen.[12] Dabei gelten nicht mehr die Haushalte, sondern die in ihnen lebenden Personen als Bezugspunkt. Rechnet man die Nettohaushaltseinkommen ohne Familienförderung auf äquivalente Nettoeinkommen (ohne Familienförderung) um, zeigt sich bei der resultierenden Aufteilung in Dezile eine umgekehrte Kinderverteilung wie bei den Nettohaushaltseinkommen (siehe Tabelle 12). Die meisten Kinder sind in den unteren Dezilen anzutreffen. Entsprechend sinken die Leistungen pro Person mit der Ordnungsnummer des Dezils. Die kindbezogenen Leistungen pro Kind sind hingegen homogen zwischen den Dezilen und die familienbezogenen Leistungen steigen mit der Ordnungsnummer der Dezile. Die Salden der Familienförderung liegen im untersten Dezil über 2.000 € und sinken mit steigender Ordnungsnummer der Dezile unabhängig von der Art der Familienförderung und, wie Berechnungen für $s = 0$ und $s = 1$ zeigen, auch der Überwälzungsszenarien. Die obersten vier Dezile haben negative Salden der Familienförderung.[13]

Die äquivalenten Einkommen werden ebenfalls in der Situation mit Familienförderung gebildet und geordnet (siehe Tabelle 13). Die Anzahl der Kinder nimmt mit der Ordnungszahl des Dezils zu. Am stärksten ist der Anstieg vom ersten zum zweiten Dezil. Nach dem siebten Dezil nimmt die Kinderzahl wieder ab. Die familienbezogenen Leistungen nehmen mit der Ordnungsnummer des Dezils zu, die kindbezogen steigen pro Person zur Mitte an und sinken nach dem siebten Dezil wieder. Pro Kind bedeutet dies eine relativ homogene Verteilung der Leistungen über die Dezile. Abgesehen vom ersten Dezil steigen die Lasten, kind- wie familienbezogen, mit der Ordnungsnummer der Dezile an. Die Salden der Familienförderung sind zwischen dem zweiten und siebten Dezil positiv, die der kindbezogenen Förderung zwischen dem zweiten

---

[12] Äquivalenzskalen dienen dazu, Haushalte verschiedener Größen und Zusammensetzungen vergleichbar zu machen. Dabei soll im Gegensatz zu einem einfachen Pro-Kopf-Ansatz berücksichtigt werden, dass große Haushalte bei gewissen Lebenshaltungskosten relative Vorteile gegenüber kleinen Haushalten haben. Es gibt eine Vielzahl verschiedener Äquivalenzskalenkonzepte. Die neuen Äquivalenzskalen der OECD bieten sich wegen ihrer relativ leichten Handhabung und weiten Verbreitung an. Entsprechend der neuen Äquivalenzskalen der OECD erhält der Haushaltsvorstand ein Gewicht von 1, weitere Personen über 14 Jahren erhalten ein Gewicht von 0,5 und Personen unter 15 Jahren ein Gewicht von 0,3. Der dem Haushalt entsprechende Äquivalenzskalenwert ergibt sich aus der Summe der persönlichen Gewichte. Jeder Person eines Haushalts wird dann ein Nettoeinkommen unterstellt, das gleich dem Haushaltseinkommen geteilt durch den Äquivalenzskalenwert ist.

[13] Im hier nicht als Tabelle erfassten Überwälzungsszenario $s = 1$ haben die obersten fünf Dezile negative Salden der Familienförderung.

	mittleres Einkommen	Kinder-anteil	familienbez. Leistungen pro HH	kindbez. Leistungen pro HH	familienbez. Lasten pro HH	kindbez. Lasten pro HH	kindbez. Leistungen pro Kind	familienbez. Saldo pro HH	kindbez. Saldo pro HH
Dezil 1	8.347	0,29	2.535	2.337	1.445	1.155	8.025	1.090	1.182
Dezil 2	12.552	0,34	2.972	2.600	1.865	1.476	7.626	1.107	1.124
Dezil 3	15.782	0,36	3.302	2.765	2.501	1.978	7.753	801	787
Dezil 4	18.773	0,43	3.837	3.130	3.052	2.415	7.341	785	715
Dezil 5	21.960	0,47	4.230	3.404	3.563	2.822	7.290	667	582
Dezil 6	25.565	0,53	4.773	3.828	4.185	3.317	7.265	589	511
Dezil 7	30.017	0,63	5.433	4.348	5.124	4.070	6.943	309	278
Dezil 8	35.709	0,70	6.046	4.790	6.266	4.987	6.859	-220	-197
Dezil 9	44.152	0,76	6.761	5.276	7.820	6.243	6.957	-1.059	-966
Dezil 10	69.019	0,80	7.903	5.614	11.991	9.653	7.030	-4.088	-4.039

Quelle: Eigene Berechnungen.

Tabelle 10. Familienförderung nach Einkommensdezilen der Nettohaushaltseinkommen ohne Familienförderung des Überwälzungsszenarios $s = 0,5$.

	mittleres Einkommen	Kinder-anteil	familienbez. Leistungen pro HH	kindbez. Leistungen pro HH	familienbez. Lasten pro HH	kindbez. Lasten pro HH	kindbez. Leistungen pro Kind	familienbez. Saldo pro HH	kindbez. Saldo pro HH
Dezil 1	7.772	0,02	387	285	1.741	1.391	11.484	-1.354	-1.106
Dezil 2	12.148	0,03	589	428	2.155	1.702	12.496	-1.566	-1.273
Dezil 3	15.396	0,11	1.244	920	2.643	2.090	8.537	-1.399	-1.170
Dezil 4	18.667	0,19	2.011	1.468	3.086	2.446	7.837	-1.076	-978
Dezil 5	22.241	0,28	2.883	2.181	3.613	2.864	7.775	-730	-683
Dezil 6	26.211	0,46	4.212	3.284	4.376	3.474	7.170	-163	-189
Dezil 7	30.864	0,70	6.006	4.848	5.137	4.079	6.880	869	769
Dezil 8	36.577	0,94	7.899	6.533	6.252	4.975	6.986	1.647	1.558
Dezil 9	44.658	1,18	9.936	8.259	7.600	6.067	6.999	2.336	2.193
Dezil 10	67.408	1,38	12.627	9.885	11.210	9.028	7.174	1.417	857

Quelle: Eigene Berechnungen.

Tabelle 11. Familienförderung nach Einkommensdezilen der Nettohaushaltseinkommen mit Familienförderung (Ist-Situation) des Überwälzungsszenarios $s = 0, 5$.

	mittleres Einkommen	Kinder-anteil	familienbez. Leistungen pro Pers.	kindbez. Leistungen pro Pers.	familienbez. Lasten pro Pers.	kindbez. Lasten pro Pers.	kindbez. Leistungen pro Kind	familienbez. Saldo pro Pers.	kindbez. Saldo pro Pers.
Dezil 1	6.053	0,42	3.399	3.062	916	733	7.245	2.483	2.329
Dezil 2	9.225	0,32	2.690	2.323	1.077	854	7.224	1.613	1.469
Dezil 3	11.312	0,29	2.445	2.051	1.297	1.029	7.163	1.147	1.022
Dezil 4	13.218	0,25	2.194	1.810	1.517	1.202	7.201	676	608
Dezil 5	15.080	0,23	2.059	1.676	1.708	1.353	7.247	351	323
Dezil 6	16.992	0,22	1.966	1.580	1.959	1.552	7.191	7	28
Dezil 7	19.300	0,20	1.827	1.415	2.285	1.813	7.140	-458	-398
Dezil 8	22.285	0,18	1.756	1.327	2.666	2.119	7.211	-910	-792
Dezil 9	26.783	0,17	1.752	1.204	3.343	2.667	7.117	-1.590	-1.463
Dezil 10	41.679	0,16	1.950	1.117	5.278	4.253	7.191	-3.328	-3.136

Quelle: Eigene Berechnungen.

Tabelle 12. Familienförderung nach Einkommensdezilen der äquvalenten Nettoeinkommen ohne Familienförderung des Überwälzungsszenarios $s = 0,5$.

	mittleres Einkommen	Kinder-anteil	familienbez. Leistungen pro Pers.	kindbez. Leistungen pro Pers.	familienbez. Lasten pro Pers.	kindbez. Lasten pro Pers.	kindbez. Leistungen pro Kind	familienbez. Saldo pro Pers.	kindbez. Saldo pro Pers.
Dezil 1	8.077	0,10	963	702	1.445	1.154	7.195	-481	-451
Dezil 2	11.518	0,19	1.710	1.385	1.358	1.075	7.192	353	310
Dezil 3	13.362	0,23	2.029	1.685	1.489	1.177	7.186	540	508
Dezil 4	14.885	0,25	2.172	1.816	1.618	1.280	7.238	554	536
Dezil 5	16.324	0,27	2.326	1.953	1.757	1.391	7.176	569	563
Dezil 6	17.857	0,29	2.473	2.096	1.936	1.534	7.144	537	562
Dezil 7	19.649	0,30	2.532	2.137	2.151	1.708	7.155	381	429
Dezil 8	22.016	0,28	2.475	2.010	2.523	2.008	7.204	-49	3
Dezil 9	25.691	0,27	2.544	1.954	3.036	2.426	7.198	-492	-472
Dezil 10	38.441	0,25	2.814	1.824	4.734	3.821	7.328	-1.920	-1.998

Quelle: Eigene Berechnungen.

Tabelle 13. Familienförderung nach Einkommensdezilen der äquivalenten Nettoeinkommen mit Familienförderung (Ist-Situation) des Überwälzungsszenarios $s = 0,5$.

und achten Dezil.[14] Dies deutet auf eine Umverteilung von den Flanken der Einkommensverteilung in die Mitte hin.

Die Darstellung nach äquivalenten Einkommen lässt vermuten, dass die Familienförderung progressive Umverteilungswirkungen mit sich bringt. Die Ergebnisse für die äquivalenten Nettoeinkommen ohne Familienförderung zeigen dies an, während die Ergebnisse mit Familienförderung (der Ist-Situation) keine vollständige Verkehrung des Bildes liefern. Rangumkehrungseffekte sind allerdings auch bei der Betrachtung der äquivalenten Einkommen unverkennbar. Die Einkommensungleichheitsmaße, die im folgenden Abschnitt angewandt werden, umgehen dieses Problem und bieten somit eine validere Darstellung des Einflusses der Familienförderung auf die Einkommensungleichheit.

7 Einkommensungleichheit

7.1 Ordinale Maße der Einkommensungleichheit

Um den Einfluss der Familienförderung auf die Einkommensungleichheit darzustellen, werden ordinale wie kardinale Ungleichheitsmaße angewandt, wobei relative wie absolute Einkommensungleichheit berücksichtigt wird.[15] Als ordinale Maße werden Lorenzdominanzrelationen herangezogen. Lorenzkurven tragen die kumulierten Einkommensanteile gegen die kumulierten Bevölkerungsanteile ab. Eine vollständige Gleichverteilung ist durch die diagonale 45-Grad-Linie charakterisiert. Liegt eine Lorenzkurve vollständig näher an dieser Linie als eine andere, heißt dies, dass eine relativ gleichmäßigere Einkommensverteilung vorliegt. Sie lorenzdominiert die andere Einkommensverteilung.

Einfache Lorenzdominanzen bilden relative Einkommensungleichheit ab. Eine Modifikation der Lorenzkurve von Moyes (1987) ermöglicht die Abbildung von absoluten Dominanzrelationen. Indem von den kumulierten Einkommensanteilen die kumulierten Bevölkerungsanteile abgezogen werden und das Ergebnis mit dem Durchschnittseinkommen multipliziert wird, erhält man absolute Lorenzkurven. Sie verlaufen vollständig unterhalb der Abszisse. Eine Dominanzrelation zwischen zwei Verteilungen liegt vor, wenn die dominierende vollständig näher an der Abszisse liegt.

Verallgemeinerte Lorenzkurven, die durch Multiplikation der Lorenzkurve mit dem Durchschnittseinkommen der Verteilung entstehen und häufig im Zusammenhang mit Lorenzkurven verwandt werden, stellen kein Maß für Einkommensungleichheit, vielmehr ein ordinales Maß für soziale Wohlfahrt dar, da das Niveau der Verteilung explizit berücksichtigt wird.[16]

---

[14] Im Überwälzungsszenario $s = 1$ ist ebenfalls der Saldo der Familienförderung des achten Dezils positiv.
[15] Relative Einkommensungleichheit bezieht sich auf die Einkommensanteile, absolute auf die Differenzen zwischen Einkommen [vgl. Kolm (1976)].
[16] Vgl. Shorrocks (1983).

	$y^{mf} \prec / \succ y^{of}$			$y^{mf} \prec / \succ y^{ok}$		
	$s=1$	$s=0,5$	$s=0$	$s=1$	$s=0,5$	$s=0$
Alle HH äquiv. Eink.	–	–	$\succ$	–	–	$\succ$
Alle Haushalte	–	–	–	–	–	–
Alleinstehende	$\prec$	–	–	$\prec$	–	–
Alleinerz. 1 Kind	–	–	$\succ$	–	–	$\succ$
Alleinerz. 2 Kinder	$\succ$	$\succ$	$\succ$	$\succ$	$\succ$	$\succ$
Alleinerz. 3 Kinder	$\succ$	$\succ$	$\succ$	$\succ$	$\succ$	$\succ$
Alleinerz. 4 Kinder o.m.	$\succ$	$\succ$	$\succ$	$\succ$	$\succ$	$\succ$
Ehepaar ohne Kind	$\prec$	–	–	$\prec$	–	–
Ehepaar 1 Kind	–	–	$\succ$	–	–	$\succ$
Ehepaar 2 Kinder	$\succ$	$\succ$	$\succ$	$\succ$	$\succ$	$\succ$
Ehepaar 3 Kinder	$\succ$	$\succ$	$\succ$	$\succ$	$\succ$	$\succ$
Ehepaar 4 Kinder	$\succ$	$\succ$	$\succ$	$\succ$	$\succ$	$\succ$
Ehepaar 5 Kinder o.m.	$\succ$	$\succ$	$\succ$	$\succ$	$\succ$	$\succ$
Paar ohne Kind	$\prec$	–	–	$\prec$	–	–
Paar 1 Kind	–	$\succ$	$\succ$	–	$\succ$	$\succ$
Paar 2 Kinder	–	$\succ$	–	–	$\succ$	–
Paar 3 Kinder o.m.	$\succ$	$\succ$	$\succ$	$\succ$	$\succ$	$\succ$
Sonstige Haushalte	–	–	–	–	–	–

Quelle: Eigene Berechnungen.

y^{mf}: Nettohaushaltseinkommen mit Familienförderung (Ist-Situation).

y^{of}: Nettohaushaltseinkommen ohne Familienförderung.

y^{ok}: Nettohaushaltseinkommen ohne kindbez. Förderung.

$y^a \succ y^b$: y^a lorenzdominiert y^b.

Tabelle 14. Lorenzdominanzbeziehungen.

In Tabelle 14 sind die Dominanzrelationen zwischen der Ist-Situation und den Referenzszenarien für die verschiedenen Haushaltstypen und die Gesamtheit der Haushalte angegeben. Für Letztere werden neben den Nettohaushaltseinkommen die äquivalenten Nettoeinkommen entsprechend den neuen OECD-Skalen angegeben. Bei allen Haushalten mit Kindern zeigen sich Lorenzdominanzrelationen zugunsten der Situation mit Familienförderung, wobei dies bei Alleinerziehenden, Ehepaaren und Paaren mit einem Kind sowie Paaren mit zwei Kindern nicht für alle Überwälzungsszenarien gilt. Die Ergebnisse gelten in gleicher Weise für die Verteilungen ohne Familienförderung und ohne kindbezogene Maßnahmen der Familienförderung. Bei den sonstigen Haushalten liegen keine Dominanzrelationen vor. Bei den Haushaltstypen ohne Kind liegt für das Überwälzungsszenario $s=1$ Lorenzdominanz zugunsten der Situation ohne Familienförderung vor. Bezogen auf alle Haushalte finden sich für die Haushaltseinkommen keine Dominanzrelationen und für die äquivalenten Einkommen jeweils im Überwälzungsszenario $s=0$.

	$y^{mf} \prec / \succ y^{of}$			$y^{mf} \prec / \succ y^{ok}$		
	$s=1$	$s=0,5$	$s=0$	$s=1$	$s=0,5$	$s=0$
Alle HH äquiv. Eink.	—	—	≻	—	—	≻
Alle Haushalte	—	—	—	—	—	—
Alleinstehende	≺	≺	—	≺	≺	—
Alleinerz. 1 Kind	—	—	≻	—	—	≻
Alleinerz. 2 Kinder	≻	≻	≻	≻	≻	≻
Alleinerz. 3 Kinder	≻	≻	≻	≻	≻	≻
Alleinerz. 4 Kinder o.m.	≻	≻	≻	≻	≻	≻
Ehepaar ohne Kind	≺	≺	—	≺	≺	—
Ehepaar 1 Kind	—	—	≻	—	—	≻
Ehepaar 2 Kinder	≻	≻	≻	≻	≻	≻
Ehepaar 3 Kinder	≻	≻	≻	≻	≻	≻
Ehepaar 4 Kinder	≻	≻	≻	≻	≻	≻
Ehepaar 5 Kinder o.m.	≻	≻	≻	≻	≻	≻
Paar ohne Kind	≺	≺	≺	≺	≺	≺
Paar 1 Kind	≻	≻	≻	≻	≻	≻
Paar 2 Kinder	—	≻	—	≻	≻	—
Paar 3 Kinder o.m.	≻	≻	≻	≻	≻	≻
Sonstige Haushalte	≺	—	—	≺	—	—

Quelle: Eigene Berechnungen.

y^{mf}: Nettohaushaltseinkommen mit Familienförderung (Ist-Situation).

y^{of}: Nettohaushaltseinkommen ohne Familienförderung.

y^{ok}: Nettohaushaltseinkommen ohne kindbez. Förderung.

Tabelle 15. Verallgemeinerte Lorenzdominanzbeziehungen.

Bei Betrachtung der verallgemeinerten Lorenzdominanzen in Tabelle 15 werden die Ergebnisse der Lorenzdominanzen zugunsten der Familienförderung bei den Haushalten mit Kindern und den äquivalenten Einkommen bestätigt. Zusätzlich tritt bei Paaren mit einem Kind im Überwälzungsszenario $s = 1$ verallgemeinerte Lorenzdominanz zugunsten der Familienförderung, sowohl im Vergleich zur Situation ohne Familienförderung als auch ohne kindbezogene Maßnahmen der Familienförderung, auf. Bei all diesen Einkommensverteilungen steigt das Durchschnittseinkommen durch die Familienförderung.[17] Bei den Haushalten ohne Kind, deren Durchschnittseinkommen durch die Familienförderung sinkt, finden sich bei den Haushalten mit Lorenzdominanzen zugunsten der Verteilungen ohne Familienförderung sowie ohne kindbezogene Familienförderung die gleichen Dominanzverhältnisse auch für die verallgemeinerten Lorenzkurven. Zusätzlich zeigen sich Dominanzrelationen bei Alleinstehenden, Ehepaaren und Paaren ohne Kind im Überwälzungsszenario $s = 0, 5$, bei Paaren ohne Kind ebenfalls im Überwälzungsszenario $s = 0$,

---

[17] Lorenzdominanz impliziert bei höherem Durchschnittseinkommen der dominierenden Einkommensverteilung verallgemeinerte Lorenzdominanz [vgl. Shorrocks (1983)].

so dass hier verallgemeinerte Lorenzdominanz zugunsten der Verteilungen ohne Familienförderung sowie ohne kindbezogene Familienförderung unabhängig von den Überwälzungsszenarien gilt. Außerdem tritt im Überwälzungsszenario $s = 0$ verallgemeinerte Lorenzdominanz bei den sonstigen Haushalten auf.

	$y^{mf} \prec / \succ y^{of}$			$y^{mf} \prec / \succ y^{ok}$		
	$s=1$	$s=0,5$	$s=0$	$s=1$	$s=0,5$	$s=0$
Alle HH äquiv. Eink.	−	−	−	−	−	−
Alle Haushalte	−	−	−	−	−	−
Alleinstehende	−	−	$\succ$	−	−	$\succ$
Alleinerz. 1 Kind	−	−	$\succ$	−	−	$\succ$
Alleinerz. 2 Kinder	−	−	−	−	−	−
Alleinerz. 3 Kinder	−	−	−	−	−	−
Alleinerz. 4 Kinder o.m.	−	−	−	−	−	−
Ehepaar ohne Kind	−	−	−	−	−	−
Ehepaar 1 Kind	−	−	$\succ$	−	−	$\succ$
Ehepaar 2 Kinder	−	−	−	−	−	−
Ehepaar 3 Kinder	−	$\succ$	−	−	$\succ$	−
Ehepaar 4 Kinder	−	−	$\succ$	−	−	−
Ehepaar 5 Kinder o.m.	−	−	−	−	−	−
Paar ohne Kind	−	$\succ$	−	−	$\succ$	−
Paar 1 Kind	−	$\succ$	$\succ$	−	$\succ$	$\succ$
Paar 2 Kinder	−	$\succ$	−	−	$\succ$	−
Paar 3 oder mehr Kinder	−	$\succ$	$\succ$	−	$\succ$	$\succ$
Sonstiger Haushalt	−	−	−	−	−	$\succ$

Quelle: Eigene Berechnungen.

y^{mf}: Nettohaushaltseinkommen mit Familienförderung (Ist-Situation).

y^{of}: Nettohaushaltseinkommen ohne Familienförderung.

y^{ok}: Nettohaushaltseinkommen ohne kindbez. Förderung.

Tabelle 16. Absolute Lorenzdominanzbeziehungen.

Absolute Lorenzdominanzen finden sich ausschließlich zugunsten der Familienförderung, jedoch nur in wenigen Fällen und divergierend mit den Überwälzungsannahmen (siehe Tabelle 16). Im Überwälzungsszenario $s = 0$ finden sich einzelne Dominanzrelationen bei Alleinstehenden, Alleinerziehenden mit einem Kind und Ehepaaren mit einem Kind. Bei allen Paaren, unabhängig von der Kinderzahl, finden sich im Überwälzungsszenario $s = 0,5$ und bei Paaren mit einem bzw. drei oder mehr Kindern ebenfalls im Überwälzungsszenario $s = 0$ absolute Lorenzdominanzen zugunsten der Familienförderung. Im Überwälzungsszenario $s = 1$ finden sich keine Dominanzrelationen. Bemerkenswert ist, dass bei unverheirateten Paaren ohne Kind im Überwälzungsszenario $s = 0,5$ eine Dominanzrelation zugunsten der Familienförderung vorliegt. Aus Sicht der absoluten Einkommensungleichheit wirkt die Familienförderung auf diesen Haushaltstyp progressiv, aus Sicht der relativen regressiv.[18] Die Ergebnisse hängen mit Ausnahme einer absoluten Lorenzdominanz bei den sonstigen Haushalten, die nur für die kindbezogene Förderung auftritt, nicht davon ab, ob ehebezogene Maßnahmen zur Familienförderung gezählt werden.

7.2 Kardinale Maße der Einkommensungleichheit

Wenn keine Rangordnung entsprechend der ordinalen Maße ermittelt werden kann oder Aussagen über die Intensität der Verteilungsunterschiede gemacht werden sollen, werden kardinale Ungleichheitsmaße angewandt. Sie haben allerdings den Nachteil, dass sie weitreichende Annahmen über die Nutzenperzeption des Einkommens implizieren. Für die vorliegende Untersuchung wird als Maß der S-Gini-Koeffizient herangezogen. Er stellt eine parametrisierte Verallgemeinerung des Gini-Koeffizienten dar. Wie der Gini-Koeffizient hat auch seine verallgemeinerte Form, in der der „klassische" Gini-Koeffizient für den Wert des Ungleichheitsaversionsparameters $\gamma = 2$ als Spezialfall auftritt, die Eigenschaft, dass durch Multiplikation des relativen und skaleninvarianten Maßes mit dem Durchschnittseinkommen die translationsinvariante, absolute Form des S-Gini-Koeffizienten entsteht. Die Werte des absoluten Maßes sind in Geldeinheiten interpretierbar. Sie geben den Betrag an, um den das Durchschnittseinkommen sinken kann, welches bei vollkommener Gleichverteilung die gleiche soziale Wohlfahrt generiert wie die vorliegende Einkommensverteilung.

Formal lassen sich absoluter S-Gini-Koeffizient ($I^a_{\text{S-Gini}}$) und relativer S-Gini-Koeffizient ($I^r_{\text{S-Gini}}$) wie folgt darstellen, wobei n die Populationsgröße, μ das Durchschnittseinkommen und $\{y_i\}_{i=1}^n$ den nach der Einkommenshöhe absteigend geordneten Einkommensvektor symbolisieren:[19]

$$I^a_{\text{S-Gini}} = \mu - \frac{1}{n^\gamma} \sum_{i=1}^n (i^\gamma - (i-1)^\gamma) y_i;$$

$$I^r_{\text{S-Gini}} = 1 - \frac{1}{\mu \cdot n^\gamma} \sum_{i=1}^n (i^\gamma - (i-1)^\gamma) y_i.$$

Der Zusammenhang zwischen sozialer Wohlfahrt und Einkommensungleichheit wird beim S-Gini-Koeffizienten anhand der Rangordnung i deutlich. Weichen die unteren Einkommen stark vom Mittelwert μ ab, führt dies zu einem hohen Wert des Ungleichheitsmaßes. Die implizite soziale Bewertung der Einkommen hängt folglich von ihrem Rang in der Einkommensverteilung ab. Der

---

[18] Dabei ist zu bedenken, dass unverheiratete Paare ohne Kind zu den Nettozahlern des Systems zählen. Bei sinkenden Nettoeinkommen können absolute Ungleichheitsmaße zu Ergebnissen kommen, die intuitiven Ungleichheitsvorstellungen zuwider laufen [vgl. Fußnote 21 unten].

[19] Vgl. Donaldson und Weymark (1980, S. 69 und 74).

Ungleichheitsaversionsparameter γ bietet dabei eine Möglichkeit, die Ränge zusätzlich zu gewichten. Je höher der Wert für γ ist, desto stärker gehen die unteren Einkommen in die Bewertung ein und desto höher ist die Ungleichheitsaversion.

In Tabelle 17 werden die Werte des absoluten und in Tabelle 18 die des relativen S-Gini-Koeffizienten für drei verschiedene Grade von Ungleichheitsaversion, $\gamma = \{1,5; 2; 4\}$, bezogen auf die Situation mit Familienförderung (Ist-Situation) sowie die beiden Situationen ohne Familienförderung bzw. ohne kindbezogene Familienförderung, angegeben.

In allen Haushaltstypen liegen die Werte der absoluten S-Gini-Koeffizienten für die Situation mit Familienförderung niedriger als in der Situation ohne Familienförderung sowie ohne kindbezogene Familienförderung.[20] Die Differenzen zwischen der Situation mit Familienförderung (Ist-Situation) und ohne Familienförderung sind in den Abbildungen 3, 5 und 7 dargestellt. Die Differenzen zur Situation ohne kindbezogene Förderung ähneln diesen und sind nicht gesondert abgebildet. Die Differenz steigt in fast allen Fällen mit der Ungleichheitsaversion. Eine Ausnahme bilden die Alleinerziehenden mit vier oder mehr Kindern beim Vergleich der Ungleichheitsaversion $\gamma = 2$ und $\gamma = 4$. Eine weitere Ausnahme bilden Ehepaare mit fünf oder mehr Kindern für das Überwälzungsszenario $s = 0$. Hier sinkt ebenfalls die Differenz beim Übergang von $\gamma = 2$ zu $\gamma = 4$. Die Differenzen hängen nicht eindeutig von der Kinderzahl ab. Ein ähnliches Bild wie für die einzelnen Haushaltstypen zeigt sich auch für die Grundgesamtheit, sofern äquivalente Einkommen betrachtet werden. Berücksichtigt man die tatsächlichen Nettohaushaltseinkommen, ergeben sich nur für den niedrigsten Grad der Ungleichheitsaversion $\gamma = 1,5$ in den Überwälzungsszenarien $s = 0,5$ und $s = 0$ positive Differenzen. In den anderen Fällen zeigen sich negative Differenzen. Sämtliche Werte sind allerdings relativ gering. Bezogen auf die Nettoeinkommen aller Haushalte beeinflusst die Familienförderung die absolute Einkommensungleichheit folglich kaum. Bezogen auf die äquivalenten Einkommen zeigen sich progressive Effekte.

Die relativen S-Gini-Koeffizienten bieten, bezogen auf alle Haushalte, ein ähnliches Bild wie die absoluten. Für die einfachen Nettohaushaltseinkommen zeigt sich wiederum kein eindeutiges Bild. Die Beträge der Differenzen sind relativ gering und die Vorzeichen divergieren mit den Annahmen über Ungleichheitsaversion und Steuerüberwälzung. Bezogen auf die äquivalenten Einkommen deuten die Ergebnisse wiederum auf eine progressive Umverteilungswirkung (siehe die Abbildungen 4, 6 und 8).

Für die einzelnen Haushaltstypen weichen die Ergebnisse der relativen S-Gini-Koeffizienten qualitativ von denen der absoluten in einigen Punkten ab. Die Differenzen der Ungleichheitsmaße steigen mit der Kinderzahl an, mit

---

[20] Trotz dieser Ergebnisse für die einzelnen Haushaltstypen bleibt die absolute Einkommensungleichheit bezogen auf alle Haushaltstypen unverändert, da dem Absinken der Ungleichheit innerhalb der Kohorten der Anstieg der Ungleichheit zwischen den Kohorten gegenübersteht.

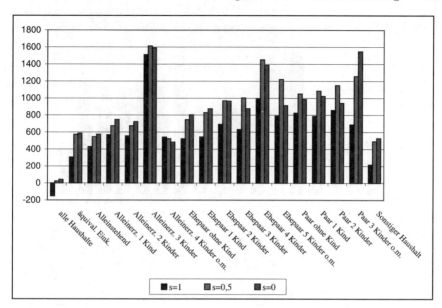

Abb. 3. Differenzen der absoluten S-Gini-Koeffizienten der Situation ohne und mit Familienförderung für $\gamma = 1,5$.

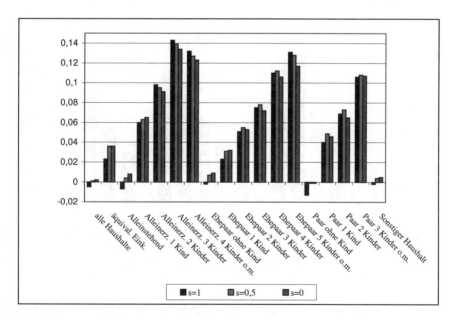

Abb. 4. Differenzen der relativen S-Gini-Koeffizienten der Situation ohne und mit Familienförderung für $\gamma = 1,5$.

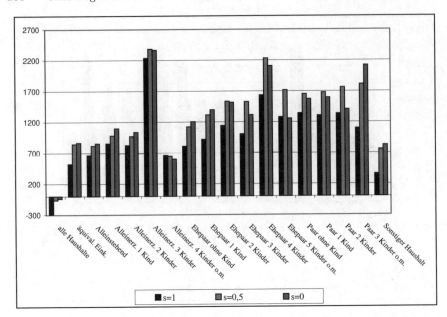

Abb. 5. Differenzen der absoluten S-Gini-Koeffizienten der Situation ohne und mit Familienförderung für $\gamma = 2$.

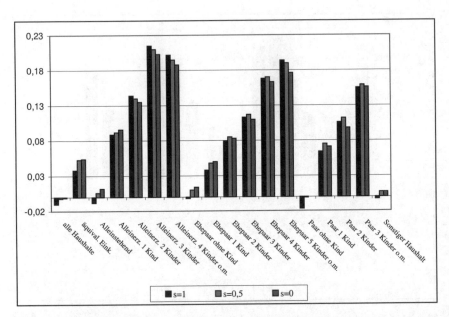

Abb. 6. Differenzen der relativen S-Gini-Koeffizienten der Situation ohne und mit Familienförderung für $\gamma = 2$.

Verteilungseffekte der Familienförderung 167

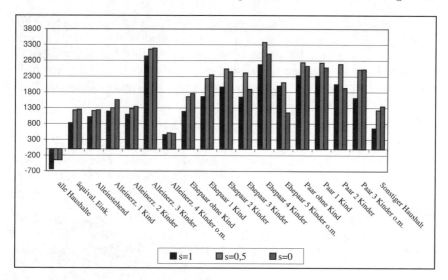

Abb. 7. Differenzen der absoluten S-Gini-Koeffizienten der Situation ohne und mit Familienförderung für $\gamma = 4$.

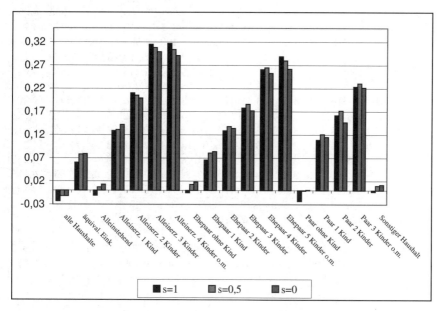

Abb. 8. Differenzen der relativen S-Gini-Koeffizienten der Situation ohne und mit Familienförderung für $\gamma = 4$.

Ausnahme des Übergangs von Alleinerziehenden mit drei zu Alleinerziehenden mit vier oder mehr Kindern. Innerhalb der kinderreichen Familien wirkt die Familienförderung also progressiver als innerhalb der kinderarmen. Bei den kinderlosen Haushalten und den sonstigen Haushalten zeigen sich insbesondere im Fall des Überwälzungsszenarios $s = 1$ negative Differenzen, die allerdings betragsmäßig gering sind.

	γ	$I(y^{of})$			$I(y^{ok})$			$I(y^{mf})$		
		$s=1$	$s=\frac{1}{2}$	$s=0$	$s=1$	$s=\frac{1}{2}$	$s=0$	$s=1$	$s=\frac{1}{2}$	$s=0$
Alle	1,5	6.445	6.097	5.850	6.498	6.115	5.848	6.597	6.074	5.808
Haushalte	2	9.674	9.223	8.899	9.749	9.252	8.899	9.968	9.286	8.938
	4	14.922	14.381	14.003	15.047	14.451	14.026	15.560	14.727	14.350
Alle HH	1,5	3,592	3,484	3,319	4,264	3,522	3,367	3,286	2,912	2,733
äquivalente	2	5,440	5,250	5,031	6,131	5,317	5,113	4,915	4,406	4,165
Einkommen	5	8,566	8,287	8,022	9,305	8,413	8,164	7,743	7,059	6,772
Allein-	1,5	3.826	3.637	3.503	3.741	3.531	3.389	3.397	3.092	2.928
stehend	2	5.646	5.405	5.237	5.509	5.241	5.062	4.983	4.589	4.384
	4	8.590	8.315	8.144	8.365	8.058	7.877	7.576	7.109	6.912
Alleinerz.	1,5	4.099	3.897	3.748	3.993	3.774	3.615	3.531	3.223	3.001
1 Kind	2	5.981	5.748	5.586	5.814	5.565	5.392	5.128	4.767	4.488
	4	8.910	8.696	8.597	8.643	8.434	8.333	7.723	7.397	7.036
Alleinerz.	1,5	4.523	4.299	4.119	4.432	4.186	3.992	3.968	3.626	3.397
2 Kinder	2	6.646	6.379	6.166	6.505	6.210	5.980	5.822	5.408	5.129
	4	9.930	9.625	9.401	9.721	9.381	9.135	8.834	8.348	8.060
Alleinerz.	1,5	5.652	5.486	5.380	5.508	5.327	5.219	4.142	3.874	3.791
3 Kinder	2	8.598	8.349	8.179	8.380	8.109	7.932	6.363	5.968	5.815
	4	13.022	12.687	12.467	12.706	12.342	12.115	10.083	9.529	9.279
Alleinerz.	1,5	5.306	5.361	5.430	5.205	5.266	5.346	4.765	4.838	4.947
4 Kinder	2	8.268	8.321	8.393	8.124	8.183	8.267	7.604	7.670	7.789
oder mehr	4	13.464	13.424	13.415	13.269	13.229	13.226	13.005	12.912	12.921
Ehepaar	1,5	6.249	5.867	5.596	6.279	5.855	5.562	5.727	5.122	4.793
ohne Kind	2	9.300	8.789	8.423	9.316	8.744	8.345	8.492	7.667	7.218
	4	14.233	13.554	13.087	14.166	13.391	12.871	13.046	11.895	11.327
Ehepaar	1,5	6.906	6.455	6.143	6.881	6.378	6.045	6.363	5.627	5.269
1 Kind	2	10.474	9.882	9.474	10.398	9.736	9.299	9.556	8.568	8.078
	4	16.788	16.041	15.544	16.572	15.734	15.208	15.124	13.809	13.195
Ehepaar	1,5	7.063	6.549	6.222	7.071	6.505	6.158	6.372	5.579	5.257
2 Kinder	2	10.716	10.021	9.578	10.683	9.917	9.446	9.574	8.486	8.060
	4	17.016	16.098	15.543	16.834	15.821	15.241	15.049	13.559	13.094
Ehepaar	1,5	8.102	7.315	6.786	8.182	7.320	6.771	7.471	6.311	5.910
3 Kinder	2	12.102	11.047	10.341	12.195	11.035	10.299	11.097	9.518	9.027
	4	18.880	17.519	16.655	18.939	17.426	16.519	17.232	15.103	14.757
Ehepaar	1,5	8.685	7.750	7.070	8.717	7.703	6.983	7.688	6.299	5.684
4 Kinder	2	13.039	11.770	10.823	13.072	11.705	10.711	11.404	9.540	8.716
	4	20.097	18.491	17.316	20.133	18.426	17.233	17.423	15.115	14.306
Ehepaar	1,5	10.299	8.925	7.854	10.464	8.971	7.844	9.510	7.705	6.942
5 Kinder	2	15.166	13.386	12.001	15.394	13.469	12.016	13.888	11.669	10.747
oder mehr	4	22.498	20.236	18.603	22.802	20.331	18.620	20.497	18.127	17.450

	γ	$I(y^{of})$			$I(y^{ok})$			$I(y^{mf})$		
		$s=1$	$s=\frac{1}{2}$	$s=0$	$s=1$	$s=\frac{1}{2}$	$s=0$	$s=1$	$s=\frac{1}{2}$	$s=0$
Paar	1.5	6.165	5.829	5.623	5.996	5.619	5.404	5.341	4.778	4.637
ohne Kind	2	9.481	9.045	8.771	9.201	8.710	8.420	8.141	7.393	7.200
	4	15.487	14.943	14.584	14.987	14.376	13.992	13.158	12.202	11.956
Paar	1.5	6.224	5.707	5.330	6.109	5.541	5.141	5.438	4.622	4.306
1 Kind	2	9.318	8.696	8.242	9.115	8.430	7.952	8.015	7.017	6.646
	4	14.597	13.885	13.389	14.229	13.447	12.938	12.282	11.155	10.810
Paar	1.5	6.272	5.682	5.327	6.130	5.481	5.129	5.415	4.532	4.385
2 Kinder	2	9.523	8.702	8.157	9.296	8.390	7.846	8.189	6.941	6.754
	4	14.527	13.524	12.796	14.160	13.039	12.295	12.473	10.836	10.860
Paar	1.5	9.218	8.032	7.036	9.061	7.756	6.672	8.530	6.775	5.489
3 Kinder	2	13.339	11.837	10.600	13.073	11.420	10.077	12.240	10.025	8.481
oder mehr	4	19.198	17.466	16.013	18.707	16.802	15.234	17.578	14.950	13.491
sonstiger	1,5	7.630	7.140	6.795	7.514	6.973	6.612	7.413	6.649	6.268
Haushalt	2	11.728	11.057	10.569	11.539	10.797	10.281	11.367	10.297	9.741
	4	18.934	18.047	17.396	18.604	17.621	16.927	18.276	16.818	16.042

Quelle: Eigene Berechnungen.
Tabelle 17. Absolute S-Gini-Koeffizienten.

	γ	$I(y^{of})$			$I(y^{ok})$			$I(y^{mf})$		
		$s=1$	$s=\frac{1}{2}$	$s=0$	$s=1$	$s=\frac{1}{2}$	$s=0$	$s=1$	$s=\frac{1}{2}$	$s=0$
Alle	1,5	0,229	0,216	0,208	0,231	0,217	0,207	0,234	0,216	0,206
Haushalte	2	0,343	0,327	0,316	0,346	0,328	0,316	0,354	0,330	0,317
	4	0,529	0,510	0,497	0,534	0,513	0,498	0,552	0,523	0,509
Alle Haushalte	1,5	0,198	0,191	0,182	0,227	0,193	0,185	0,175	0,155	0,146
äquivalente	2	0,299	0,287	0,276	0,327	0,292	0,281	0,261	0,235	0,222
Einkommen	5	0,471	0,453	0,439	0,496	0,462	0,449	0,411	0,376	0,361
Alleinstehend	1,5	0,210	0,197	0,188	0,212	0,197	0,188	0,216	0,193	0,180
	2	0,310	0,293	0,282	0,312	0,293	0,280	0,317	0,287	0,269
	4	0,471	0,451	0,438	0,473	0,451	0,436	0,482	0,445	0,425
Alleinerz.	1,5	0,219	0,204	0,193	0,221	0,205	0,192	0,159	0,141	0,128
1 Kind	2	0,320	0,301	0,288	0,322	0,302	0,287	0,231	0,209	0,192
	4	0,476	0,456	0,443	0,479	0,457	0,443	0,347	0,325	0,301
Alleinerz.	1,5	0,226	0,210	0,196	0,229	0,210	0,195	0,129	0,115	0,105
2 Kinder	2	0,333	0,311	0,294	0,337	0,312	0,293	0,189	0,171	0,159
	4	0,497	0,469	0,448	0,503	0,472	0,447	0,287	0,264	0,249
Alleinerz.	1,5	0,246	0,234	0,226	0,248	0,235	0,225	0,104	0,095	0,092
3 Kinder	2	0,375	0,357	0,344	0,377	0,357	0,342	0,159	0,147	0,141
	4	0,567	0,542	0,524	0,572	0,543	0,523	0,253	0,235	0,225
Alleinerz.	1,5	0,227	0,221	0,217	0,230	0,223	0,218	0,095	0,094	0,094
4 Kinder	2	0,354	0,343	0,335	0,358	0,346	0,337	0,151	0,149	0,148
oder mehr	4	0,576	0,554	0,536	0,585	0,560	0,540	0,259	0,251	0,245
Ehepaar	1,5	0,190	0,179	0,171	0,188	0,176	0,167	0,192	0,172	0,161
ohne Kind	2	0,283	0,268	0,257	0,279	0,262	0,251	0,285	0,258	0,243
	4	0,433	0,413	0,399	0,424	0,402	0,387	0,438	0,400	0,381

		$I(y^{of})$			$I(y^{ok})$			$I(y^{mf})$		
	γ	$s=1$	$s=\frac{1}{2}$	$s=0$	$s=1$	$s=\frac{1}{2}$	$s=0$	$s=1$	$s=\frac{1}{2}$	$s=0$
Ehepaar	1,5	0,197	0,184	0,175	0,193	0,179	0,169	0,173	0,153	0,144
1 Kind	2	0,298	0,282	0,270	0,291	0,273	0,261	0,260	0,234	0,220
	4	0,478	0,457	0,443	0,464	0,441	0,426	0,412	0,377	0,359
Ehepaar	1,5	0,196	0,183	0,175	0,192	0,178	0,170	0,145	0,128	0,121
2 Kinder	2	0,297	0,279	0,269	0,290	0,271	0,260	0,218	0,195	0,186
	4	0,471	0,449	0,436	0,457	0,433	0,420	0,342	0,311	0,302
Ehepaar	1,5	0,216	0,200	0,189	0,211	0,194	0,183	0,141	0,122	0,117
3 Kinder	2	0,323	0,301	0,289	0,315	0,292	0,279	0,209	0,184	0,179
	4	0,503	0,478	0,465	0,488	0,461	0,447	0,325	0,292	0,292
Ehepaar	1,5	0,241	0,222	0,209	0,233	0,213	0,200	0,131	0,111	0,103
4 Kinder	2	0,362	0,338	0,320	0,350	0,324	0,306	0,195	0,168	0,158
	4	0,559	0,530	0,512	0,539	0,510	0,492	0,297	0,266	0,259
Ehepaar	1,5	0,261	0,238	0,220	0,256	0,231	0,213	0,130	0,110	0,103
5 Kinder	2	0,384	0,356	0,336	0,376	0,347	0,327	0,190	0,166	0,160
oder mehr	4	0,569	0,539	0,521	0,557	0,524	0,506	0,280	0,258	0,259
Paar	1,5	0,184	0,173	0,166	0,187	0,173	0,165	0,197	0,174	0,166
ohne Kind	2	0,283	0,268	0,258	0,286	0,269	0,258	0,301	0,269	0,258
	4	0,463	0,443	0,429	0,466	0,443	0,428	0,486	0,444	0,429
Paar	1,5	0,218	0,200	0,186	0,222	0,201	0,187	0,178	0,151	0,141
1 Kind	2	0,327	0,304	0,288	0,332	0,306	0,289	0,263	0,230	0,217
	4	0,512	0,486	0,468	0,518	0,489	0,470	0,403	0,365	0,353
Paar	1,5	0,213	0,194	0,183	0,217	0,195	0,184	0,144	0,122	0,119
2 Kinder	2	0,324	0,298	0,281	0,329	0,299	0,282	0,218	0,186	0,183
	4	0,494	0,463	0,440	0,501	0,465	0,441	0,333	0,291	0,294
Paar	1,5	0,274	0,245	0,221	0,279	0,246	0,218	0,168	0,137	0,114
3 Kinder	2	0,396	0,362	0,333	0,402	0,363	0,330	0,241	0,203	0,177
oder mehr	4	0,570	0,534	0,503	0,575	0,533	0,499	0,346	0,303	0,281
Sonstiger	1,5	0,186	0,176	0,169	0,186	0,175	0,168	0,188	0,171	0,164
Haushalt	2	0,285	0,272	0,262	0,286	0,271	0,261	0,288	0,265	0,255
	4	0,460	0,444	0,432	0,461	0,442	0,429	0,463	0,433	0,420

Quelle: Eigene Berechnungen.

Tabelle 18. Relative S-Gini-Koeffizienten.

8 Zusammenfassung

Im Jahre 1998 betrugen die Leistungen der Familienförderung 140.187 Mio. € für kindbezogene und 35.674 Mio. € für ehebezogene Maßnahmen. Alle Haushalte mit Kindern gewinnen durch die Familienförderung. Alleinerziehende und Paare stehen sich bei gleicher Kinderzahl besser als Ehepaare, selbst wenn ehebezogene Maßnahmen berücksichtigt werden, was allerdings im Wesentlichen durch höhere Einkommen von Ehepaaren und daher höhere Beiträge und (progressive) Steuern erklärt wird. Die Salden zwischen der Situation mit und ohne Familienförderung steigen nahezu proportional mit der Kinderzahl an.

Die Haushalte ohne Kind und die sonstigen Haushalte sind die Nettoverlierer der Familienförderung. Am stärksten verlieren unverheiratete Paare ohne Kind, insbesondere bei Berücksichtigung der ehebezogenen Maßnahmen.

Die Einkommensungleichheit innerhalb der Haushalte mit Kindern sinkt durch die Familienförderung relativ wie absolut. Die relative Einkommensungleichheit sinkt in großen Haushalten stärker als in kleinen. Bei fast allen Haushalten mit Kindern lassen sich Lorenzdominanzen der Situation mit Familienförderung zu den Situationen ohne Familienförderung sowie ohne kindbezogene Familienförderung feststellen. Die relative Einkommensungleichheit innerhalb der Haushaltstypen ohne Kind hängt von den Überwälzungsszenarien ab. Im Fall vollständiger Steuerüberwälzung zeigen sich Lorenzdominanzen zugunsten der Situationen ohne Familienförderung (mit Ausnahme der absoluten Lorenzdominanz), und die Differenzen der S-Gini-Koeffizienten der Situationen ohne und mit Familienförderung sind negativ. In den anderen Überwälzungsszenarien sind, abgesehen von den Paaren ohne Kind, die Differenzen positiv und keine Dominanzverhältnisse auszumachen. Die Familienförderung hat einen kaum messbaren Einfluss auf die relative Einkommensungleichheit dieser Haushaltstypen.

Die absolute Einkommensungleichheit sinkt innerhalb aller Haushaltstypen durch die Familienförderung. Sämtliche Differenzen der absoluten S-Gini-Koeffizienten sind positiv. Absolute Lorenzdominanzen zugunsten der Situation mit Familienförderung finden sich sowohl bei Haushaltstypen mit Kindern wie ohne Kinder. Zu den Haushalten ohne Kinder sei allerdings angemerkt, dass bei sinkenden Durchschnittseinkommen das Absinken des Wertes eines Maßes absoluter Einkommensungleichheit intuitiven Ungleichheitsvorstellungen zuwider laufen kann.[21]

Nimmt man die Ergebnisse der relativen Einkommensungleichheit und der Salden zusammen, zeigt sich, dass innerhalb der Haushalte mit Kindern die soziale Wohlfahrt durch die Familienförderung steigt und sie innerhalb der Haushalte ohne Kind sinkt.

Die Inzidenz der Familienförderung im Bezug auf die Gesamtheit aller Haushalte wird für die Nettohaushaltseinkommen und die äquivalenten Nettoeinkommen betrachtet. Bezogen auf die Nettohaushaltseinkommen hat die Familienförderung de facto keinen Einfluss auf das Niveau der Einkommensungleichheit, weder absolut noch relativ. So zeigen sich keine Lorenzdominanzen (vgl. Tabellen 14 und 16) und die Differenzen der S-Gini-Koeffizienten sind betragsmäßig für alle abgebildeten Ungleichheitsaversionsparameter und Überwälzungsszenarien gering (vgl. Abbildungen 3, 4, 5, 6, 7 und 8, jeweils die ersten Balken). Betrachtet man äquivalente Nettoeinkommen, sinken beide Arten der Einkommensungleichheit gemäß der verwendeten kardinalen Maße. Bei vollständiger Selbsttragung der Unternehmenssteuern durch die Eigner zeigt sich zusätzlich Lorenzdominanz der Situation mit Familienförderung

---

[21] Man stelle sich eine Einkommensverteilung vor, bei der alle Einkommen um denselben Betrag reduziert werden. Beispiel: Es wird eine Kopfsteuer von 100 € eingeführt. Absolute Ungleichheitsmaße zeigen eine unveränderte Einkommensungleichheit an.

(Ist-Situation) gegenüber den Situationen ohne Familienförderung [vgl. Tabelle 14].

Der Familienförderung kann unabhängig von ihrer Definition ein progressiver Umverteilungseffekt zugesprochen werden. Diesem Befund sei jedoch entgegengestellt, dass sich die kindbezogenen Leistungen der Familienförderung kaum von den Einkommen der Empfänger unterscheiden. Werden ehebezogene Maßnahmen zur Familienförderung gezählt, erhalten die Kinder im obersten Dezil der äquivalenten Einkommen die meisten Leistungen, unabhängig von den Annahmen zur Steuerüberwälzung. Angesichts des großen finanziellen Volumens, das durch die Familienförderung bewegt wird, und der Leistungsverteilung sind progressivere Verteilungswirkungen bzw. gleiche Verteilungswirkungen bei geringerem Mitteleinsatz denkbar. Schließlich bewegen sich viele Mittel der Familienförderung nur innerhalb der höheren Einkommensschichten.

Literaturverzeichnis

Beske, F. und Kern, A.O. (2000). *Zum Stand der Fremdleistungen in der Gesetzlichen Krankenversicherung*. Schriftenreihe des Instituts für Gesundheits-System-Forschung Kiel, Band 81, Würzburg.

BLK (2001). *BLK-Bildungsfinanzbericht 1999/2000*. Bund-Länder-Kommission für Bildungsplanung und Forschungsförderung (Hrsg.), Heft 89-I und Heft 89-II, Bonn.

Bundesministerium der Finanzen (2003). Kosten der staatlichen kindbezogenen Leistungen. *Monatsbericht des BMF, Juni 2003*, S. 49-55.

Bundesministerium für Arbeit und Sozialordnung (2002). *Sozialbericht 2001*. Bundestagsdrucksache 14/8700, Berlin.

Donaldson, D. und Weymark, J.A. (1980). A Single-Parameter Generalization of the Gini Indices of Inequality. *Journal of Economic Theory*, 22:67-86.

Drabinski, T. (2004). *Umverteilungseffekte des deutschen Gesundheitssystems: Eine Mikrosimulationsstudie*. Institut für Mikrodaten-Analyse, Schriftenreihe, Band 2, Kiel.

EVS (1998). *Einkommens- und Verbrauchsstichprobe 1998*. Statistisches Bundesamt, Wiesbaden.

Hogrefe, J. (2005). *Umverteilungswirkungen der Familienförderung – Eine Inzidenzanlyse für die Bundesrepublik Deutschland*. Lorenz-von-Stein-Institut für Verwaltungswissenschaften an der Christian-Albrechts-Universität zu Kiel, Arbeitspapier Nr. 69.

Kolm, S.-C. (1976). Unequal Inequalities I. *Journal of Economic Theory*, 12:416-442.

Moyes, P. (1987). A New Concept of Lorenz Domination. *Economics Letters*, 23:203-207.

Nelissen, J.H.M. (1994). *Income Redistribution and Social Security*. Chapman & Hall, London.

Orcutt, G.H. (1957). A New Type of Socio-Economic System. *The Review of Economics and Statistics*, 39:116-123.

Rosenschon, A. (2001). *Familienförderung in Deutschland – eine Bestandsaufnahme*. Kieler Arbeitspapiere Nr. 1071.

Sachverständigenrat zur Begutachtung der gesamtwirtschaftlichen Entwicklung (2001). *Für Stetigkeit – gegen Aktionismus, Jahresgutachten 2001/ 2002*. Metzler-Poeschel, Stuttgart.

Schnitzer, K., Isserstedt, W., und Middendorff, E. (2001). *Die wirtschaftliche und soziale Lage der Studierenden in der Bundesrepublik Deutschland 2000*. 16. Sozialerhebung des Deutschen Studentenwerks, Bonn.

Shorrocks, A.F. (1983). Ranking Income Distributions. *Economica*, 50:3-17.

SOEP (2002). *Das Sozio-ökonomische Panel – SOEP 1984-2001 und Cross-National Equivalent Files*. DIW, Berlin.

Statistisches Bundesamt (1999). *Lohn- und Einkommensteuer 1995*. Finanzen und Steuern, Fachserie 14, Reihe 7.1, Metzler-Poeschel, Stuttgart, Wiesbaden.

Statistisches Bundesamt (2000). *Statistisches Jahrbuch 2000*. Metzler-Poeschel, Stuttgart, Wiesbaden.

Teil III

SIMULTANE REFORM VON STEUER- UND SOZIALEM SICHERUNGSSYTEM

EINE UMFASSENDE STEUER- UND ABGABENREFORM FÜR DEUTSCHLAND: EINE FLAT TAX MIT SOZIALKOMPONENTE[1]

Christian Seidl

Christian-Albrechts-Universität zu Kiel, Institut für Volkswirtschaftslehre,
Abteilung für Finanzwissenschaft und Sozialpolitik

1	Der Reformbedarf der deutschen Volkswirtschaft	178
2	Das Reformkonzept im Überblick	181
3	Die Komponenten des Reformkonzeptes	186
3.1	Die proportionale Einkommensteuer	186
3.2	Die Sozialkomponente N	188
3.3	Die Administration des Reformkonzepts	199
3.4	Abschottung gegen eine soziale Hängematte	203
4	Flankierung des Reformkonzepts durch eine wachstumsorientierte Wirtschaftspolitik	206
4.1	Senkung der Staatsausgaben	207
4.2	Privatisierung	208
4.3	Humankapital und Bildungspolitik	208
4.4	Beseitigung der Behinderung der Kapitalströme	209
5	Übergangsprobleme: Die Kosten des Vertrauensschutzes	209
6	Anhang	211
Literaturverzeichnis		214

---

[1] Diese Arbeit ist eine stark revidierte Version meines ursprünglich vorgelegten Sanierungskonzepts für die Bundesrepublik Deutschland [siehe Seidl (2003)]. Dieses Konzept wurde in zahlreichen Vorträgen vorgestellt. In den anschließenden Diskussionen wurde wiederholt angeregt, es zu einer umfassenden Steuer- und Abgabenreform zu erweitern. Längeres Abwiegen der Für und Wider eines Konzepts einer umfassenden Abgabenreform führte schließlich zu der gegenwärtig vorgelegten Fassung. Sie erhebt keinen Anspruch auf Finalität, sondern versteht sich als weiterführender Diskussionsbeitrag zu Wegen der Gesundung der deutschen Volkswirtschaft.

1 Der Reformbedarf der deutschen Volkswirtschaft

Deutschland ist zum kranken Mann Europas geworden.[2] In Teilen der Bevölkerung grassiert nackte Existenzangst. Ohne durchgreifendes Sanierungskonzept wird kein Weg aus der Krise führen.

Was hat die Bundesrepublik Deutschland in die gegenwärtige Krise getrieben? Dies ist erstens die hohe Abgabenbelastung. Die Abbildungen 1-4 im Anhang vermitteln ein Bild der gegenwärtigen durchschnittlichen und marginalen Abgabenbelastung des Bruttoeinkommens für verschiedene Haushaltstypen. Beispielsweise bezahlt ein lediger Arbeitnehmer im Westen, der gerade das Durchschnittseinkommen von 30.000 € pro Jahr verdient, im Jahre 2005 rund 37% seines Einkommens an Steuern und Abgaben. [Verdient er 60.000 € pro Jahr, erhöht sich seine durchschnittliche Abgabenbelastung auch nach der letzten Stufe der Einkommensteuerreform noch immer auf rund 46%.] Seine Grenzbelastung liegt mit gut 53% [rund 57% für ein Einkommen von 60.000 €] noch höher.[3] Die Flucht aus dem ersten Arbeitsmarkt[4] zur Einsparung dieser immensen Abgabenbelastung kommt den Interessen von Anbietern und Nachfragern entgegen.

Wegen der hohen effektiven Steuerbelastung der Unternehmen nutzen diese ihrerseits die Chancen der Globalisierung, ihre inländische Besteuerung zu verringern oder sich ihr ganz zu entziehen. Immer mehr betriebliche Aktivitäten werden in Niedrigsteuerländer verlagert, was, über die geringeren Arbeitskosten in diesen Ländern hinaus, einen zusätzlichen Anreiz ausübt, Produktivitätsaktivitäten in diese Länder auszulagern.[5] Neben der geringe-

---

[2] Demgegenüber sieht der *Economist*, No. 8427, Vol. 375 (21.-27. Mai 2005) Italien als „*The real sick man of Europe*".

[3] Vor der jüngsten Einkommensteuerreform lagen die Sätze deutlich höher [vgl. z.B. Stern (2000); Sinn (2002, S. 18)]. Die österreichische Steuerreform 2005 weist vergleichbare Grenzbelastungen auf. Infolge mangelnder Koordination kann die gemeinsame marginale Abgaben- und Transferentzugsrate in Österreich auch weit über 100% liegen. Beispielsweise erzielt eine Alleinerziehende mit einem Kind (wegen des Wegfalls des Kindergeldes ab 14.600 € Jahreseinkommen) für ein Bruttoeinkommen von 14.600 € dasselbe Nettoeinkommen wie für ein Bruttoeinkommen von 22.800 € [Pichler (2005, S. 402)].

[4] Dabei soll die positive Gegensteuerung der Arbeitsmarktreform nicht verkannt werden. Gegenwärtig existieren einige Millionen Minijobs, welche das Ausmaß der Schattenwirtschaft reduzierten und seit ihrer Einführung im April 2003 mindestens 1,1 Mrd. € (FAZ vom 31.12.2004) zusätzlich in die öffentlichen Kassen spülten. Allerdings verdrängten die Minijobs im gewerblichen Bereich teilweise auch Arbeitsplätze auf dem ersten Arbeitsmarkt.

[5] Untersuchungen von Jacobs et al. (2004) zeigten, dass die effektive nominelle Besteuerung von Kapitalgesellschaften in der Bundesrepublik Deutschland 39,35% beträgt, wogegen sie in den zehn EU-Beitrittsländern von 15% [Lettland und Litauen] bis 35% [Malta] variiert (S. 43). Die nach der Methode von King und Fullerton (1984), modifiziert durch Devereux und Griffith (1999), ermittelten effektiven Steuersätze für Kapitalgesellschaften betrugen für die Bundesrepublik Deutschland 36,01%, in den EU-Beitrittsländern variierten sie von 12,82% [Litauen] bis 32,81% [Malta] (S.47). Unter Einbeziehung von Steuervergünstigungen (S. 32-35) in den EU-Beitrittsländern variieren deren effektive Steuersätze von 6,65% [Litauen] bis 24,64% [Malta] (S. 48). Weitere Steuersenkungen in den nächsten Jahren stehen auf der Agenda einiger EU-Beitrittsländer (S. 39-40) [vgl.

ren Besteuerung der Gewinne der Kapitalgesellschaften üben auch die niedrigen Einkommensteuersätze überwiegend linearer Steuertarife in Osteuropa erhebliche Attraktivität aus [vgl. Schwarz (2005)].

Der zweite Grund liegt in der exorbitanten Höhe der Staatsausgaben, welche das an sich schon hohe Volumen von Steuern und Abgaben seit Jahren überstiegen und die hohe Verschuldung der öffentlichen Hand verursachten.[6] Diese bedeutet ihrerseits einen enormen Zinsaufwand für die öffentliche Schuld,[7] was das Defizit der öffentlichen Haushalte weiter vergrößerte. Gegenwärtig wendet der Bund rund die Hälfte seiner Einnahmen für die Alterssicherung und den Zinsendienst auf.[8]

Die im internationalen Maßstab viel zu hohen Kosten des Faktors Arbeit[9] führten einerseits zum Wachstum der Schattenwirtschaft und damit zum Aus-

---

auch Overesch (2005)]. Verstärkend kommt dazu noch die 95%-ige Steuerfreistellung ausländischer Dividenden von der deutschen Besteuerung. Für deutsche Muttergesellschaften lohnt es sich daher umso mehr, über die Gründung von Tochterfirmen in den Niedrigsteuerländern von deren niedrigen Steuertarifen zu profitieren.

Während ausgeschüttete Dividenden in Lettland, Estland und der Slowakischen Republik von der Einkommensteuer überhaupt ausgenommen sind, in Malta noch das Anrechnungsverfahren gilt, haben Litauen, Polen, Slowenien, die Tschechische Republik, Ungarn und Zypern erhebliche Minderungen der Einkommensteuer für ausgeschüttete Dividenden eingeführt [Jacobs et al. (2004, S. 10)]. Auch Rumänien hat zum 1. Januar 2005 eine flat tax in Höhe von 16% eingeführt (FAZ vom 30.12.2004). Das System der deutschen Unternehmensbesteuerung übt daher per se einen erheblichen Anreiz aus, Betriebsstätten und damit Arbeitsplätze in Billiglohn- und Niedrigsteuerländer zu verlagern. [Vgl. auch das Votum von Dr. Kemmet auf S. 257.]

[6] Der Löwenanteil wurde hierbei von den stark steigenden Sozialausgaben verursacht; vgl. Dornbusch (2000). Im Gegensatz zu den Steuern sind diese nicht gesunken, was für Ledige und Alleinverdienerehepaare ohne Kinder jenseits von Jahreseinkommen von 60.000 € sogar zu einer Degressionswirkung der Abgaben führt; vgl. die Abbildungen 1 und 3 im Anhang.

Die hohen Staatsausgaben sind natürlich auch vereinigungbedingt. Die Kosten der deutschen Wiedervereinigung wurden teilweise auch auf die sozialen Sicherungssysteme abgewälzt. Von Dohnanyi (2005) führt die ökonomische Schwäche Deutschlands auf die deutsche Wiedervereinigung zurück. Vgl. auch Ragnitz (2005).

[7] Vgl. die *Finanzberichte* des Bundesministeriums der Finanzen für die letzten 10 Jahre.

[8] Die osteuropäischen Länder finanzieren ihren Niedrigsteuerwettbewerb hingegen damit, dass sie ihre Nichtleistungsträger, d.h. ihre Alten und Kranken, auf extrem geringen Versorgungsniveaus halten, die teilweise sogar unter dem Existenzminimum liegen. Speziell die Alten werden dadurch mit einer doppelten Negativdividende belastet: In der Zeit ihres aktiven Arbeitslebens mussten sie sich wegen der hochgradigen Ineffizienz der Planwirtschaft mit einem geringen Lebensstandard begnügen; jetzt wird ihnen die Partizipation am Aufschwung verwehrt, weil sie nicht mehr zur Gruppe der Leistungsträger zählen. Die Europäische Union hat bisher versäumt, das Sozialdumping der osteuropäischen Beitrittsländer, basierend auf der Verelendung von deren Altenbevölkerung, zu verhindern. Nötig wäre eine Europäische Sozialcharta, welche alle Mitgliedsstaaten verpflichtet, jedem ihrer Bürger ein Alter in Würde zu gewährleisten. Die bisherigen Mitgliedsstaaten der Europäischen Union geraten jedenfalls durch dieses Sozialdumping der osteuropäischen Beitrittsländer zusätzlich in die Bredouille.

[9] Vgl. Managementkompass Kosteneffizienz (2002); Sinn (2002, S. 14-17). Die *Arbeitskostenerhebung* des Statistischen Bundesamtes weist für Deutschland West für das Jahr 2000 für das produzierende Gewerbe Durchschnittskosten je effektiver Arbeitsstunde von 25,10 € für Arbeiter und 37,28 € für Angestellte aus.

fall von Steuer- und Abgabenaufkommen, andererseits zur massiven Verlagerung von Arbeitsplätzen in Niedriglohnländer (seit der Wende besonders in die ehemals kommunistischen Länder). Vereinzelte Arbeitszeiterhöhungen, Lohnverzichte und Streichung von Sonderzahlungen in der jüngsten Vergangenheit konnten diesen Trend etwas verlangsamen, wenngleich nicht umkehren. Die Anspannung der öffentlichen Haushalte führte zu einschneidenden Sparprogrammen sowie zu Abgabenerhöhungen und Erhöhungen indirekter Steuern, welche die Arbeitskosten (über Tariflohnerhöhungen zum Ausgleich der Inflation) weiter verteuerten.

Diese Faktoren verursachten einen *circulus vitiosus* der deutschen Volkswirtschaft. Die im Vergleich zu den Arbeitskosten eher bescheidenen Nettolöhne in Deutschland[10] und die von der grassierenden Arbeitsplatzunsicherheit ausgehende Angst veranlassen die Arbeitnehmer zur Konsumzurückhaltung, was die Wirtschaft weiter in Bedrängnis bringt. Die Unternehmen reagieren hierauf mit weiterem Personalabbau, wenn sie nicht ihren Betrieb überhaupt schließen müssen. Das ständige Herumdoktern am Rentensystem führt gleichermaßen zur Unsicherheit der Aktiven und der Rentner und verstärkt deren Konsumzurückhaltung. Dies treibt den Teufelskreis weiter. Das durch Steuerausfälle und den hohen Kapitaldienst erzwungene Sparen der öffentlichen Hand und die Abgabenerhöhungen bewirken einen weiteren empfindlichen Ausfall der volkswirtschaftlichen Nachfrage, was die Fahrt in die Rezession beschleunigte.

Die Wirtschafts- und Fiskalpolitik der Bundesregierung war nicht in der Lage, die prekäre Lage Deutschlands nachhaltig zu bessern. Mit ihrer unablässigen Abfolge kleiner Reförmchen, deren Wirkung alsbald verpufft, gleicht sie eher einem Herumdoktern an Symptomen, dessen Maßnahmen die Wirtschaft immer tiefer in die Rezession verstrickt.

Aber auch die zahlreichen Reformvorschläge des Steuersystems und des sozialen Sicherungssystems vermögen nicht zu befriedigen, weil sie zentrale Gebote außer Acht lassen, nämlich die *Optimalität* des Gesamtsystems und – innerhalb der Komponenten – die *Verträglichkeit* mit dem jeweils komplementären System. Die Optima von Teilsystemen müssen keineswegs das Optimum des Gesamtsystems ergeben. Wenn ein wohldurchdachtes Steuerreformkonzept mit wohldurchdachten Reformkonzepten des sozialen Sicherungssystems als ganzem oder seiner Teile (Krankenversicherung, Pflegeversicherung, Rentenversicherung) kombiniert wird, ist nicht gewährleistet, dass die Suboptima in ihrer Gesamtheit auch die Optimallösung des Gesamtsystems darstellen. Mehr noch, es ist nicht einmal die Verträglichkeit der Teilkonzepte gewährleistet, da sie sich als gemeinsam unfinanzierbar erweisen können. Es verhält sich ebenso wie mit einem aus Kindertagen bekannten Puzzle: Dieses

---

[10] Einem ledigen Arbeitnehmer mit einem Durchschnittsverdienst von 2.500 € verbleiben nach rund 37% Abzug für Sozialabgaben und Steuern 1.575 €. Wegen des ca. 20%-igen Arbeitgeberanteils zur sozialen Sicherung entstehen Arbeitskosten im Ausmaß von 3.000 €. Das bedeutet, dass die Arbeitskosten nahezu doppelt so hoch sind wie der Nettolohn. Diese Relation steigt noch für höhere Einkommen.

erfordert das Ausgehen von einem Gesamtbild, welches erst danach in kleine Stücke zerschnitten wird. Mischt man hingegen Stücke aus zwei in sich integralen Bildern, wird man daraus kein integrales Gesamtbild erhalten, sondern bestenfalls die beiden ursprünglichen Bilder, die nicht notwendig kompatibel sind. Stattdessen wird ein Reformkonzept einer radikalen, umfassenden und in ihren Teilen aufeinander abgestimmten Abgaben- und Steuerreform für Deutschlands Wirtschaft benötigt, welches alte Zöpfe endgültig abschneiden müsste. Ein solches Reformkonzept wird in diesem Beitrag vorgetragen.

Das Grundprinzip eines solchen radikalen und umfassenden Reformkonzepts ist mehr als einfach: Es muss den Staatsbürgern einerseits signalisieren, dass die staatlichen Leistungen nicht Manna sind, welches vom Himmel fällt, sondern über Steuern und Abgaben finanziert werden müssen; es muss aber auch den Staatsbürgern genügend Geld in der Tasche lassen, um die staatlichen Leistungen individuell nachfragen und bezahlen zu können. Dieses Grundkonzept muss von zwei Postulaten flankiert werden. Einerseits muss die *Sozialverträglichkeit* gewahrt bleiben und andererseits muss sich *Leistung lohnen*, was in Klartext eine deutliche Senkung sowohl der marginalen Abgabenbelastung als auch der Transferzahlungen erfordert. Wegen des Finanzbedarfs der überkommenen Strukturen scheint dagegen eine Senkung der durchschnittlichen Abgabenbelastung kurzfristig nicht möglich. Als Fernziel sollte sie jedoch anvisiert werden.

2 Das Reformkonzept im Überblick

Diese Desiderata werden von einer Proportionalsteuer (auch Einheitssteuer oder flat tax rate[11]) im Verein mit der individuellen Beteiligung an den Kosten staatlicher Leistungen bei Wahrung der Sozialverträglichkeit in vorzüglicher Weise erfüllt. Dieses Grundmodell wird als Norm betrachtet und als *Sozialkomponente N* bezeichnet.

Konkret wird für Deutschland eine Proportionalsteuer mit einem Satz τ vorgeschlagen, welcher zunächst im Bereich von 25% bis 30% liegen sollte.[12]

---

[11] Eine flat tax rate wurde in den USA u.a. von den Ökonomen Hall und Rabushka (1983, 1995, 1996) und von den Politikern Armey (1995, 1996) und Shelby (U.S. Department of the Treasury, 1996) propagiert. Im Wesentlichen hatten amerikanische Autoren den Ersatz von Sales Tax, Körperschaftsteuer und Einkommensteuer durch eine Art Netto-Allphasenumsatzsteuer nach europäischem Muster im Auge. Vgl. dazu insbesondere Jorgenson und Wilcoxen (2002), sowie Zodrow (2002). Während ein solches Vorhaben im Niedrigsteuerland USA realisierbar wäre, scheidet es aber für das Hochsteuerland Deutschland aus. Die hier vorgeschlagene flat tax hat mit der amerikanischen nicht viel mehr als den Namen gemeinsam. Der Wissenschaftliche Beirat (2004; 2005) spricht sich mehrheitlich für eine flat tax für die Bundesrepublik Deutschland aus, die sich nicht grundsätzlich von dem Vorschlag von Seidl (2003) und der Steuerkomponente des hier vorgestellten Reformkonzepts unterscheidet. Die osteuropäischen Staaten haben überwiegend Proportionalsteuern mit bescheidenen Sätzen eingeführt [vgl. Schwarz (2005)].

[12] Marsden (1983) hat in einer sorgfältigen ökonometrischen Querschnittsanalyse gezeigt, dass eine höhere Steuerquote (Quotient aus Steueraufkommen und BIP) um einen Pro-

Diese Proportionalsteuer ersetzt die Lohnsteuer, veranlagte Einkommensteuer, Kapitalertragsteuer, Zinsabschlagsteuer, den Solidaritätszuschlag, die Gewerbesteuer und die Körperschaftsteuer des gegenwärtigen Steuersystems.

Der Arbeitgeberanteil der Sozialversicherungsbeiträge wird gemeinsam mit dem Lohn ausbezahlt, was eine Erhöhung der Bruttolöhne um bis zu 20% bedeutet.[13] Die Rentenversicherung wird auf ein Kapitaldeckungsverfahren umgestellt, zu welchem jeder Haushalt einen Mindestbeitrag von 600 € pro Monat zu leisten hat. Die Finanzierung der Krankenversicherung erfolgt über ein Prämienmodell, dessen Beitrag für jedes erwachsene Haushaltsmitglied 190,80 € und für jedes Kind 78,44 € pro Monat beträgt. Jedes erwachsene Haushaltsmitglied entrichtet 25 € Pflegeversicherung. Das Arbeitslosengeld I bleibt in der gegenwärtigen Form bestehen. Die Inanspruchnahme staatlicher Leistungen wird pretial über ein Preissystem gesteuert. Die Summe aus der Existenzsicherung der Haushalte (700 € für die erste, 350 € für die zweite erwachsene Person im Haushalt und 300 € für jedes Kind), der Kosten für die Sozialversicherungsprämien einschließlich der Beiträge für die Arbeitslosenversicherung und der Kosten für die Inanspruchnahme spezifischer öffentlicher Leistungen ergibt die *Sozialkomponente*. Erhaltene Alimente und Schenkungen sind steuerfrei, mindern jedoch die Sozialkomponente; der Schuldner von Alimenten kann diese bis zur maximalen Höhe der entsprechenden Pauschbeträge für das Existenzminimum in seiner Sozialkomponente berücksichtigen. Der Sozialverträglichkeit wird dergestalt Rechnung getragen, dass die öffentliche Hand die Sozialkomponente in dem Ausmaß trägt, in dem sie den Anteil σ des Bruttoeinkommens eines Haushaltes übersteigt [σ kann im Bereich von 25% bis 50% liegen, wobei ein höheres σ die Progressionswirkung des Steuer- und Abgabensystems deutlich erhöht, was besonders die mittleren Einkommensschichten trifft].

Damit ist gesichert, dass im unteren Einkommensbereich die marginale Belastung eines Haushaltes durch Steuern und Abgaben, sowie durch Transferentzug für die Inanspruchnahme öffentlicher Leistungen und durch das Abschmelzen der Übernahme der Existenzsicherung durch die öffentliche Hand bei steigendem Einkommen das Ausmaß von $(\tau + \sigma)$ nicht überschreitet,[14]

---

zentpunkt mit einem um 0,36 Prozentpunkte niedrigeren Wirtschaftswachstum einhergeht. Eine höhere Steuerquote ist regelmäßig mit stärkerer Steuerprogression verbunden. Hier wird die Auffassung vertreten, dass die wachstumshemmende Wirkung der Steuern in erster Linie vom *Progressivitätsgrad* des Tarifs bestimmt wird und erst in zweiter Linie durch die Höhe der Steuerquote. Die gute empirische Evidenz der Ergebnisse Marsdens scheint dadurch erklärt, dass die Steuerquote sowohl einen guten Indikator für die Steuerprogression als auch für den Grad staatlicher wirtschaftspolitischer Interventionen darstellt.

[13] Vgl. dazu genauer Abschnitt 4 des Beitrags von Seidl, Drabinski und Bhatti in diesem Band.

[14] Breyer et al. (2004, S. 28f.) weisen zu Recht darauf hin, dass eine Senkung der Transferentzugsquote auf 70% wegen der Erhöhung des Nettoarbeitsentgeltes, bei welchem noch ein Sozialhilfeanspruch besteht, den Kreis der Anspruchsberechtigten praktisch verdoppeln würde. Dies aber stoße an Finanzierungsgrenzen. Sie schlagen daher (S. 40ff.) für erwerbsfähige Sozialhilfeempfänger eine Senkung des Sockelbetrages vor, um die Trans-

also geringer ausgestaltet werden kann als die Summe aus marginaler Abgabenbelastung und marginalem Transferentzug des gegenwärtigen Sozialrechts, welche schon bei geringem Hinzuverdienst 85% und bei etwas höherem Hinzuverdienst 100% erreicht.[15] Wenn das Einkommen die $(1/\sigma)$-fache Sozialkomponente überschreitet, reduziert sich die steuerliche Marginalbelastung des Haushaltseinkommens auf τ; allerdings muss dieser Haushalt die Sozialkomponente zur Gänze tragen. Dies bringt gewissermaßen eine doppelte Dividende: Einerseits bedeutet das Reformkonzept für die Haushalte einen Anreiz, mehr als die $(1/\sigma)$-fache Sozialkomponente zu verdienen, andererseits bedeutet es einen Anreiz, die Sozialkomponente möglichst gering zu halten.

Eine eingeschränkte Reformvariante [*Sozialkomponente E*] sieht vor, die Humankapitalbildung, die im Wesentlichen die Inanspruchnahme staatlicher Leistungen ausmacht, wie auch bisher aus dem öffentlichen Haushalt zu finanzieren und ihre Kosten nicht zu privatisieren. Obwohl ein solcher Zwischenschritt nicht der Intention des vorgelegten Reformkonzepts entspricht, kann er als sinnvoller erster Schritt auf dem Weg zu seiner Verwirklichung gesehen werden. Zum Zweck der zahlenmäßigen Vergleichbarkeit mit dem geltenden System wird im Folgenden stets auf diese Variante Bezug genommen [insbesondere im Beitrag von Seidl, Drabinski und Bhatti in diesem Band].

Ein ausgeweiteter Reformvorschlag [*Sozialkomponente A*] sieht vor, die Löhne nicht mehr pro Woche oder Monat, sondern *pro tatsächlich geleisteter Arbeitsstunde* festzusetzen. Dazu wird der Jahresbruttolohn (einschließlich des im Grundkonzept vorgesehenen ausbezahlten Arbeitgeberanteils der Sozialabgaben) durch die tatsächlich nach Tarif zu leistenden Stunden dividiert und der so ermittelte Stundenlohn nochmals um 40% erhöht. Die Kosten von Krankheit, Urlaub, Feiertagen, usw. hat der Arbeitnehmer aus eigener Tasche zu bezahlen, bzw. sich dafür entsprechend privat zu versichern.

Exkurs: Die Vorteile einer Proportionalsteuer. *Die größten Vorteile einer Proportionalsteuer bestehen in ihrer extremen Einfachheit und in ihrer Additionseigenschaft, das heißt, dass die Summe der Steuern auf die Einkommenskomponenten gleich der Steuer auf das Gesamteinkommen ist. Dies erlaubt die unbürokratische und rasche Erhebung des Großteils der Einkommensteuer als definitive Quellensteuer.*[16]

Damit entfällt für den Großteil der Steuerpflichtigen die Notwendigkeit der Abgabe einer Steuererklärung überhaupt. Ein Teil des in den Finanzämtern bisher

---

ferentzugsquote auf 50% senken zu können. Dieses Konzept erfordert eine Trennung von Erwerbsfähigen und Erwerbsunfähigen, was Breyer et al. (2004, S. 40) als zwar problematisch, dennoch aber als praktikabel ansehen. Diese Problematik ist für das vorgelegte Reformkonzept von geringerer, wenngleich nicht ohne, Relevanz.

[15] Die Hartz IV-Reformen haben daran kaum etwas geändert. Vgl. dazu die Berechnungen von Boss und Elendner (2005a,b). Paradoxerweise sind davon 2€-Jobs (für die 1€-Jobs kann bis 2€ pro Stunde gezahlt werden) ausgenommen, so dass zusätzliche Monatseinkommen bis 261€ von der Anrechnung verschont werden, wogegen 400€-Jobs voll der Anrechnung unterliegen.

[16] Der Steuerreformentwurf der FDP [Solms (2005, S. 19)] sieht für Zinsen und Dividenden eine Abgeltungssteuer von 25% bei Entfall des Sparerfreibetrags vor.

eingesetzten Personals kann in die Abteilungen, die sich mit der Wahrnehmung der (administrativ leider sehr aufwendigen) Sozialkomponente zu beschäftigen hätten, umgesetzt werden. Wegen der Additionseigenschaft einer Proportionalsteuer wäre auch die leidige Diskussion um die Lohnsteuerklassen und die Steuervorteile des Ehegattensplittings vom Tisch, da sie im Falle einer Proportionalsteuer automatisch verschwinden. Korrekturen der Steuerbemessungsgrundlagen vergangener Perioden können einfach durch Nachversteuerung oder Steuerentlastung in der laufenden Periode ohne Aufrollung früherer Steuerveranlagungen erfolgen. Allerdings kann sie eine Aufrollung erfordern, wenn sie durch die Nachversteuerung oder die Steuerentlastung die σ-Grenze des Bruttoeinkommens über- oder unterschreitet. Jedenfalls beschränkt sich die Marginalbelastung bzw. -erstattung lediglich auf die beiden Sätze τ bzw. $(\tau + \sigma)$. Der Anreiz, Einkommen bestimmten Personen oder Perioden zuzuordnen, entfällt weitgehend.

Der gegenwärtige Solidaritätszuschlag entfällt. Die Körperschaftsteuer wird überflüssig, da auch die Gewinne von Körperschaften im Jahre ihrer Entstehung mit τ belastet werden und ihre Ausschüttung deshalb einkommensteuerfrei ist. Analog wird mit den Gewinnen von Personengesellschaften verfahren. Diese Vorwegsteuer auf Unternehmensgewinne wird unter dem Namen „*Betriebsteuer*" zusammengefasst und stellt eine Komponente der Einkommensteuer dar. Die vorgeschlagene Steuer ersetzt auch die Gewerbesteuer.

Gleichfalls werden die Kapitalertragsteuer (auf die Zinsen von Schuldverschreibungen) und die Zinsabschlagsteuer zu einer definitiven Komponente der Einkommensteuer, deren Höhe ebenfalls τ beträgt. Dieses Verfahren ist auch mit einer Steueramnestie kompatibel. Repatriierte Schwarzgelder aus dem Ausland werden mit dem Satz von τ nachversteuert.

All diesen Vorteilen einer proportionalen Einkommensteuer steht als einziger Einwand entgegen, dass sie keine Progressivsteuer ist. Eine wissenschaftliche Begründung einer progressiven Besteuerung beruht auf derart restriktiven Annahmen, dass sie dadurch nicht legitimiert werden kann.[17] Vielmehr scheint sie besser durch Sozialneid erklärbar.[18] Sozialneid ist aber dann wenig hilfreich, wenn durch ihn alle schlechter gestellt werden: Wenn eine Progressivsteuer die Bruttoeinkommen in hinreichendem Ausmaß senkt, müssen letztlich auch die unteren Einkommensschichten

---

[17] Seit den grundlegenden Arbeiten von Cohen-Stuart (1889) und Edgeworth (1925, S. 100ff.) wurde eine Progressivsteuer mit Opfergleichheitsprinzipien im Verein mit einer konkaven Nutzenfunktion des Einkommens begründet, um sie mit dem Gleichheitsgrundsatz rechtfertigen zu können. Diese Argumentation setzt voraus, dass erstens eine Nutzenfunktion des Einkommens empirisch erhoben werden kann, dass sie zweitens kardinal ist, dass sie drittens für alle Steuerpflichtigen identisch ist und dass sie viertens einen inflationsresistenten Steuertarif generiert. Zudem muss sie in Abhängigkeit vom angewandten Opfergleichheitsprinzip noch bestimmten Elastizitätseigenschaften genügen, um einen progressiven Steuertarif zu generieren. Frühe Versuche empirischer Erhebungen von Nutzenfunktionen des Einkommens von Fisher (1927) und Frisch (1926; 1932; 1936) wurden von Allen (1933) und Bergson (1936) widerlegt. Auch ein späterer Versuch von van Praag (1971) wurde von Seidl (1994) falsifiziert. Young (1987) zeigte, dass nur lineare bzw. exponentielle Transformationen einer logarithmischen Nutzenfunktion oder einer Potenzfunktion als Nutzenfunktion des Einkommens einen inflationsneutralen Steuertarif gewährleisten.

[18] Vgl. dazu ausführlich Bös und Tillmann (1983; 1984; 1985; 1989a,b; 1998) sowie Tillmann (1989).

höhere (direkte und/oder indirekte) Steuern entrichten, um den Ausfall an Steueraufkommen auszugleichen.

Zudem scheint die Politik übersehen zu haben, dass Progressionswirkungen des Abgabensystems auch und besser durch die Verlagerung von der Einnahmen- auf die Ausgabenseite der privaten Haushalte erreicht werden können. Damit können die schwachen Schultern etwas entlastet werden, ohne dass dadurch die Erzielung eines hohen Sozialprodukts als unverzichtbare Basis des Volkswohlstandes beeinträchtigt wird. Der hier unterbreitete Vorschlag ist im Besonderen auch durch seine Sozialverträglichkeit geeignet, Sozialneid nicht aufkommen zu lassen. Er vermindert negative Leistungsanreize durch die Besteuerung und fördert die Artikulierung der wahren Präferenzen der Haushalte nach öffentlichen Leistungen.

Exkurs: Andere Steuerreformalternativen. *Neben dem Konzept einer flat tax wurden auch andere Steuerreformalternativen vorgeschlagen, die hier in ihren Grundzügen charakterisiert werden sollen.*[19]

Konsumsteuer: Der Gedanke, den Konsum anstelle des Einkommens zu besteuern, findet sich erstmals in Hobbes' Leviathan [Hobbes (1651, S. 181)]. Man findet ihn wieder bei J.S. Mill (1869, S. 121ff.), als Aufwandsteuer bei Elster (1913), als Verbrauchseinkommensteuer bei Schumpeter (1929/30), bei Fisher (1938) [der ihn durch die von ihm propagierte Methode der indirekten Konsumermittlung[20] erst realistisch erscheinen ließ] und bei Kaldor (1955) als expenditure tax. Viele Steuerreformkommissionen, beispielsweise die britische Meade-Kommission (1978), die amerikanischen Blueprints (1977) und die schwedische Lodin-Kommission (1978), würdigten diesen Vorschlag als ernsthafte Reformalternative. In Deutschland hat sich besonders Rose für die Konsumsteuer engagiert.[21] Neuerdings ist Mietschke (2004) für sie eingetreten. Abgesehen davon, dass die Konsumsteuer die Nachfrage mindert, was konjunkturpolitisch nachteilig ist, erfordert sie eine enorme Steueradministration [vgl. besonders Seidl (1990)] und kann nur dann klaglos funktionieren, wenn alle Staaten sie einführen. Andernfalls sind flankierende Maßnahmen, analog zu der zu Recht verfemten Reichsfluchtsteuer, unabdingbar.

Duale Einkommensteuer: Die Duale Einkommensteuer wurde in Dänemark, Schweden, Norwegen und Finnland zu Beginn der 90er Jahre eingeführt (in Dänemark wurde sie inzwischen wieder abgeschafft). In der Bundesrepublik Deutschland wurde sie vom Sachverständigenrat (2003, S. 22f.) propagiert. Nach diesem Konzept sollen Einkünfte aus Gewerbebetrieb und Kapitalvermögen proportional zu maximal 30% besteuert werden, wogegen Einkünfte aus Arbeitseinkommen (Löhne, Gehälter, kalkulatorische Unternehmerlöhne, Pensionen, Renten, staatliche Transferleistungen) nach wie vor einem progressiven Steuertarif unterworfen sein sollten. Die Duale Einkommensteuer stellt eine Rückkehr zur analytischen oder Scheduleneinkommensteuer dar, welche unterschiedliche Einkünfte unterschiedlich belastet.[22]

---

[19] Daneben existieren zahlreiche andere Steuerreformvorschläge, die kein grundlegend anderes Steuersystem zum Gegenstand haben, sondern das herrschende Steuersystem modifizieren möchten. Vgl. dazu ausführlich Bach et al. (2004), Bhatti (2005), sowie den Beitrag von Traub in diesem Band.

[20] Vor ihm hatte bereits Elster (1913) Wege einer indirekten Konsumermittlung aufgezeigt.

[21] Vgl. z.B. den Tagungsband des Heidelberger Konsumsteuerkongresses, herausgegeben von Rose (1990).

[22] Für jüngere Diskussionen vgl. z.B. Boadway (2004), Christiansen (2004), Eggert und Genser (2005), Schratzenstaller (2004), Spengel und Wiegard (2004). Auch der Steuerre-

Der Autor des hier vorgelegten Reformkonzepts vertrat einst selbst ein Konzept der analytischen Einkommensteuer,[23] ist aber aus ähnlichen Gründen, wie sie der Wissenschaftliche Beirat (2004, S. 11-18 und S. 23-27; 2005) erwogen hat, von ihm abgekommen. Ein Kernproblem der Dualen Einkommensteuer ist der Anreiz zur Steuerarbitrage, d.h. der Ausweis von Einkommen unter der günstigeren Steuerkategorie. Ein zweites Problem stellt die Trennung von Arbeits- und Kapitaleinkommen (insbesondere von kalkulatorischem Unternehmerlohn und Unternehmensgewinn) dar. Ein drittes Problem bildet der Verlustausgleich zwischen den beiden Einkunftsarten. Ein viertes Problem schließlich bildet die unterschiedliche Behandlung unterschiedlicher Einkommenskomponenten. Der Wissenschaftliche Beirat akzeptiert daher die Duale Einkommensteuer nur unter der einschränkenden Bedingung, dass sich die Bundesrepublik Deutschland im Steuerwettbewerb in der Europäischen Union nicht anders behaupten könne. Die Duale Einkommensteuer basiert zentral auf der Annahme der hohen Mobilität des Faktors Kapital und der geringen Mobilität des Faktors Arbeit. Dies ermöglicht die stärkere steuerliche Belastung des Faktors Arbeit für höhere Einkommen, eine Annahme, die der Wissenschaftliche Beirat für hoch qualifizierte Kräfte wegen derer höheren Mobilität durchaus in Frage stellt.

3 Die Komponenten des Reformkonzeptes

Das vorgeschlagene Reformkonzept umfasst die Komponenten einer proportionalen Einkommensteuer und einer Sozialkomponente. Es integriert die Reform der sozialen Alterssicherung und Krankenversicherung und sieht eine weitgehende Privatisierung bisheriger öffentlicher Aufgabenbereiche vor.

Insofern ist das vorgeschlagene Reformkonzept singulär. Die anderen für die Bundesrepublik Deutschland unterbreiteten Reformkonzepte sind dichotom, indem sie sich entweder ausschließlich auf das Steuersystem oder auf Teile des sozialen Sicherungssystems beziehen. Regelmäßig werden jedoch Finanzierungsdefizite dem jeweils anderen System angelastet, indem beispielsweise eine Erhöhung der Umsatzsteuer oder eine Abschaffung der Eigenheimzulage als Lückenbüßer dienen sollten. Damit erscheinen die entsprechenden Reformvorschläge weniger kostenintensiv als sie sich im Rahmen eines Gesamtkonzepts, in welchem eine Externalisierung der Finanzierungslasten nicht möglich ist, darstellen würden. Das vorgelegte Reformkonzept integriert die Steuerseite und die Seite der sozialen Sicherung in einem einheitlichen Konzept.

3.1 Die proportionale Einkommensteuer

Die proportionale Einkommensteuer beträgt den Anteil τ des inländischen Bruttoeinkommens. Sie ersetzt damit die Lohnsteuer, die veranlagte Einkom-

---

formentwurf der FDP sieht eine Duale Einkommensteuer vor [vgl. Solms (2005, S. 16-19); FAZ vom 05.01.2005].

[23] Vgl. Seidl (1979a,b; 1980).

mensteuer, die Kapitalertragsteuer, die Zinsabschlagsteuer und den Solidaritätszuschlag. Ausländische Einkommen sind im Inland steuerfrei, sofern Gegenseitigkeit gewährt wird. Alle Sonderausgaben (einschließlich Kirchensteuer) entfallen als Steuerabsetzungsposten.[24]

Alle Unternehmensgewinne werden bei ihrer Entstehung unabhängig von der Rechtsform des Unternehmens mit einem Anteil von τ als Betriebsteuer, die als entrichtete Einkommensteuer gilt, besteuert. Die Körperschaftsteuer und die Gewerbesteuer entfallen. Ausgeschüttete Gewinne unterliegen beim Empfänger nicht mehr der Steuer; dies gilt auch für Dividenden ausländischer Kapitalgesellschaften. Abschreibungsbegünstigungen entfallen.[25] Kapitalgewinne, die bei der Veräußerung von Betrieben oder Betriebsteilen anfallen, unterliegen beim Verkäufer der Betriebsteuer. Übernomme Wirtschaftsgüter sind zum Marktpreis zu bewerten, der Firmenwert ist zu aktivieren und entsprechend abzuschreiben. Kapitalgewinne [und -verluste], die bei der Veräußerung von Aktien im Besitz natürlicher Personen anfallen, unterliegen nicht der Einkommensteuer [sind nicht von der Einkommensteuer abzugsfähig], da die Betriebsteuer auf thesaurierte Gewinne bereits entrichtet wurde, und auf stille Reserven bei deren Realisierung durch das Unternehmen zu entrichten ist [und negative stille Reserven den Bruttogewinn minderten]. Anders als im Konzept des Wissenschaftlichen Beirats (2004) ist ein Verlustrücktrag unzulässig und der Verlustvortrag auf drei Jahre und inländische Unternehmensteile begrenzt. Der Verlustausgleich beschränkt sich auf inländische Einkünfte.[26,27]

Zinserträge unterliegen einer Quellensteuer in Höhe von τ, die als Definitivsteuer der Einkommensteuer gilt.

Jorgenson und Wilcoxen (2002, S. 70) errechneten für die Vereinigten Staaten von Amerika einen aufkommensneutralen Satz von 25,1% für eine flat tax, doch sollte diese Steuer, die als Summe einer Cash-Flow-Steuer auf Betriebe und einer proportionalen Lohnsteuer konzipiert ist, nahezu sämtliche Steuern

---

[24] Der Wissenschaftliche Beirat (2004, S. 7) schlägt einen Satz in Höhe von 30% vor. Allerdings sieht der Beirat (S. 8) einen Grundfreibetrag in Höhe von 10.000 € pro Person vor, der – zum Unterschied von dem hier vorgeschlagenen Reformkonzept – mit steigendem Einkommen nicht abgeschmolzen wird. Diese günstige Optik wird offenbar dadurch erreicht, dass der Wissenschaftliche Beirat keine Reform des sozialen Sicherungssystems ins Auge fasst. Analog zum vorgeschlagenen Reformkonzept plädiert der Wissenschaftliche Beirat (2004, S. 9f. und 29) für eine möglichst breite Steuerbemessungsgrundlage und einen weitgehenden Verzicht auf die steuerliche Berücksichtigung von Sondertatbeständen. Vgl. auch Wissenschaftlicher Beirat (2005).

[25] So auch der Vorschlag des Wissenschaftlichen Beirats (2004, S. 19).

[26] Im gegenwärtigen System könnte diese einen Verstoß gegen Europarecht darstellen. Durch die vollständige Steuerfreistellung ausländischer Einkommen bei Gewährung von Gegenseitigkeit, jedenfalls aber von ausländischen Einkommen aus dem EU-Raum, dürfte jedoch die Verträglichkeit mit Europarecht gegeben sein. Unabhängig davon ist die Vereinheitlichung der Gewinnermittlungsvorschriften in der Europäischen Union anzustreben; vgl. dazu McLure (2005).

[27] Für weitere Erörterungen der Unternehmensbesteuerung bei einer Proportionalsteuer vgl. Wissenschaftlicher Beirat (2004, S. 19-23).

der USA ersetzen. Wegen des höheren Finanzbedarfs in Deutschland[28] sieht das vorgetragene Reformkonzept jedoch vor, die Mehrwertsteuer zunächst in ihrer gegenwärtigen Form bestehen zu lassen. Deshalb kann der Steuersatz der proportionalen Einkommensteuer τ hier wohl kaum unter 25%, besser aber in Höhe von 30%, festgesetzt werden.[29]

3.2 Die Sozialkomponente N

Die *Sozialkomponente* setzt sich aus drei Bestandteilen zusammen, erstens aus der Berücksichtigung des *Existenzminimums*, zweitens aus den minimalen Aufwendungen für die *soziale Sicherung*[30] und drittens aus den Aufwendungen für die *Humankapitalbildung*. Die Sozialkomponente ergibt sich als die Summe dieser drei Bestandteile. Da die Sozialkomponente in dieser Form dem Grundkonzept entspricht, wird sie als die *normale* Sozialkomponente, kurz *Sozialkomponente N*, bezeichnet.[31] Erstattungen, die aus der Sozialkomponente resultieren, sind einkommensteuerfrei. Monatliche Vorauszahlungen im Ausmaß der voraussichtlichen Erstattung aus dem Titel der Sozialkomponente sind vorzusehen.

Die Sozialkomponente ersetzt Arbeitslosengeld II, Sozialhilfe, Familienleistungsausgleich (besonders Kindergeld), Erziehungsgeld, Wohngeld, BAföG, Wohnbauförderung, Unterhaltsvorschuss[32] und die (mit Wirkung vom 1. Januar 2003 eingeführte) bedarfsorientierte Grundsicherung im Alter und bei Erwerbsminderung. Die gesetzliche Rentenversicherung, die gesetzliche Krankenversicherung und die gesetzliche Pflegeversicherung werden neu gestaltet und ihre Aufwendungen im Rahmen der Sozialkomponente berücksichtigt. Ebenso berücksichtigt sie Aufwendungen für die Humankapitalbildung.

---

[28] Das Aufkommen an Lohnsteuer, veranlagter Einkommensteuer, Kapitalertragsteuer, Zinsabschlagsteuer, Solidaritätszuschlag, Körperschaftsteuer und Gewerbesteuer betrug im Jahre 2005 etwas über 10% des deutschen Volkseinkommens. Wegen der Sozialkomponente ist ein deutlich höherer Satz von τ erforderlich, um Neutralität zum Aufkommen dieser drei Steuern zu gewährleisten.

[29] Vgl. den folgenden Beitrag über die Mikrosimulation des Reformkonzepts in diesem Band. Dagegen kommt beispielsweise die Slowakische Republik mit einem Proportionalsteuersatz von 19% aus, ein System, welches deren Finanzminister Ivan Mikloš (2005) als „das beste Steuersystem der EU" bezeichnet.

[30] Breyer et al. (2004, S. 56) sehen ein unüberwindbares Dilemma bei der Schaffung eines idealen Alterssicherungssystems, weil eine Grundversorgung in Höhe des Existenzminimums für untere Einkommensschichten eine Beitragsfinanzierung wegen der Verschonung des Existenzminimums ausschließe. Andererseits verlange Effizienz einen engen Bezug zwischen Beitrag und Rente. Das vorgeschlagene Reformkonzept begreift dagegen den Mindestbeitrag als Bestandteil der Sozialkomponente. Im Falle ungenügender eigener Leistungsfähigkeit springt die öffentliche Hand ein.

[31] Wenn keine weitere Spezifizierung erfolgt, ist stets die Sozialkomponente N gemeint.

[32] Die Sozialämter sollten aber nach wie vor unentgeltliche Rechtshilfe zur Eintreibung des Unterhalts leisten.

Das Existenzminimum

Die Berücksichtigung des Existenzminimums bemisst sich nach den Bestimmungen des Sozialhilferechts und des Gesetzes über eine bedarfsorientierte Grundsicherung im Alter und bei Erwerbsminderung, obwohl die Festsetzung des Existenzminimums in dieser Höhe nicht unbedenklich ist, da es teilweise erheblich gegen das Lohnabstandsgebot verstößt [vgl. z.B. Boss (2002)]. Die Anknüpfung an die überkommenen Rahmenbedingungen trägt der Erwägung Rechnung, dass sich das Rad der Zeit wohl nicht mehr zurückdrehen lässt.

Für die Berechnung des Existenzminimums eines Haushaltes wird für die erste Person im Haushalt ein Betrag von 700 € pro Monat veranschlagt, für jede weitere erwachsene Person ein Betrag von 350 €, für jedes Kind unter einem Jahr ein Betrag von 500 € (als Ausgleich für den Wegfall des Erziehungsgeldes), und für ältere Kinder[33] ein Betrag von 300 €.[34]

Die soziale Sicherung

Die soziale Sicherung wird neu gestaltet. Die Sozialkomponente enthält die gesetzlich vorgesehenen minimalen Aufwendungen für die soziale Sicherung.

Eigenverantwortlichkeit der Arbeitnehmer

Das Reformkonzept sichert die Eigenverantwortlichkeit der Arbeitnehmer für die Bestreitung ihrer sozialen Sicherung.[35] Zu diesem Zweck entkoppelt sie den Arbeitgeberanteil von der sozialen Sicherung und überführt ihn einmalig in eine Lohn- und Gehaltserhöhung von rund 20%.[36] Der Arbeitgeberanteil an den Sozialabgaben entfällt danach auf Dauer.[37] Einzig die Unfallversicherung wird weiterhin von den Arbeitgebern finanziert, da sie nichts anderes als eine Art Haftpflichtversicherung des Arbeitgebers darstellt.

---

[33] Breyer et al. (2004, S. 125) sehen ein einheitliches Kindergeld von 295 € pro Monat vor. Da ihr Konzept keine Abschmelzung des Kindergeldes mit steigendem Einkommen vorsieht, ist diese Lösung vergleichsweise kostenintensiv. Sie erlaubt daher kaum Steuersenkungen.

[34] Der Steuerreformentwurf der FDP sieht einen jährlichen Grundfreibetrag von 7.700 € für jedes Haushaltsmitglied vor [Solms (2005, S. 16-19)], der allerdings mit steigendem Einkommen nicht abgeschmolzen wird.

[35] Vgl. dazu auch Breyer et al. (2004, S. 12): „Souveränität bedeutet das Recht des Individuums, seine Lebensumstände frei zu gestalten; Eigenverantwortung heißt, dass das Individuum auch die Folgen seines Handelns zu tragen hat." Vgl. auch Breyer et al. (2004, S. 49).

[36] Analog wird den Rentnern der Anteil der Krankenversicherungsbeiträge ausbezahlt, welchen gegenwärtig die Bundesversicherungsanstalt für sie entrichtet.

[37] Dies ist auch die Methode, die der Sachverständigenrat für die Berücksichtigung der von ihm vorgeschlagenen Bürgerpauschale für die Krankenversicherung und für sein Reformkonzept der Pflegeversicherung vorgeschlagen hat [vgl. Sachverständigenrat (2004, S. 531 und 558)]. Dieses Prinzip wird hier konsequent auf alle Sparten der sozialen Sicherung erweitert. Es trifft sich darin mit den Vorschlägen von Breyer et al. (2004, u.a. S. 124 und 58), welche fordern, dass „die Arbeitgeberanteile in allen Gliedern der Sozialversicherung abgeschafft und die Bruttoarbeitsentgelte entsprechend heraufgesetzt werden" sollten (S. 124). Breyer et al. (2004, S. 124) weisen allerdings zu Recht darauf

Soziale Alterssicherung

Das Rentensystem wird auf ein Kapitaldeckungsverfahren mit individuellen Kapitalkonten für die Haushalte umgestellt.[38] Das Ruhestandsalter wird mit dem 67. Lebensjahr festgesetzt.[39] Bei linearer innerjähriger Verzinsung erhält man den Barwert einer Monatsrente in Höhe von R, einer Restlebensdauer im Ausmaß von L und einem Kalkulationszinssatz in Höhe von r aus der Formel

$$\text{Barwert} = R\left(12 - 6{,}5\frac{r}{12}\right)\left[\frac{1-(1-r)^L}{r}\right].$$

Geht man von einer durchschnittlichen Restlebensdauer eines Haushaltes nach Eintritt in den Ruhestand im Ausmaß von $L = 20$ Jahren aus, unterstellt man eine Mindestrente, gemessen in gegenwärtiger Kaufkraft, in Höhe von 1.050 €, unterstellt man, dass eine 4%-ige nominelle Verzinsung erzielbar sei und die Inflation 2% betrage, so dass die Rente nominell um 2% p.a. steigt und real gleich bleibt, ergibt dies bei einem realen Kalkulationszinssatz von $r = 0{,}02$ einen Barwert in Höhe von 209.217,93 €, gemessen in gegenwärtiger Kaufkraft.

Für 564 Beitragsmonate (entsprechend 47 Beitragsjahren bei einem Eintritt in den Ruhestand mit 67 Jahren) ergibt dies einen Monatsbeitrag von 370,95 €, gemessen in der Kaufkraft zur Zeit des Eintritts in den Ruhestand. Bei einer durchschnittlichen Inflationsrate von 2%, einem realen Wachstum

---

hin, dass ihr Vorschlag flankierende Maßnahmen in Bereich der Besteuerung voraussetze, da es andernfalls zu drastischen Steuerverschärfungen käme. Diese Eigenschaft jedes Progressivsteuertarifs entfällt für das vorgelegte Reformkonzept. Senkungen des Proportionalsteuersatzes sollten jedoch, wenn immer möglich, angestrebt werden. [Ebenso wie die Herzog-Kommission (2003) und die Rürup-Kommission (2003), legten Breyer et al. (2004) ein Reformkonzept vor, welches ausschließlich das System der sozialen Sicherung, nicht eine Reform des gesamten Abgabensystems, zum Gegenstand hat. Im Gegensatz dazu stellen die Vorschläge von Kirchhof (2003), Seidl (2003), Wissenschaftlicher Beirat (2004; 2005) und Mietschke (2004) ausschließlich Steuerreformkonzepte dar, die das soziale Sicherungssystem nicht beinhalten. Das nunmehr vorgelegte Reformkonzept verbindet beide Seiten des Abgabensystems.]

[38] Es soll nicht beschönigt werden, dass diese Umstellung erhebliche Übergangsprobleme mit sich brächte, die gesondert untersucht werden müssten. Angesichts der Rücklagen des US-amerikanischen (umlagefinanzierten) Alterssicherungssystems im Ausmaß von 1.400 Mrd. $ im Jahre 2003 [vgl. Garrett und Rhine (2005, S. 104-105)] wäre ein solcher Übergang in den USA leichter zu finanzieren als in der Bundesrepublik Deutschland, obwohl die Rücklagen des US-amerikanischen Alterssicherungssystems allein in Staatsanleihen angelegt sind und diese einen ähnlichen Wechsel auf das Steuer- und Abgabenaufkommen der Zukunft darstellen, wie das deutsche umlagefinanzierte Alterssicherungssystem. Vgl. auch Fußnote 46.

[39] Dies ist unabdingbar, um der demographischen Schere zu entkommen. Fehr et al. (2004) haben gezeigt, dass selbst eine auf produktive Personen beschränkte Einwanderungspolitik keine wesentliche Verbesserung zu erbringen vermag. Keuschnigg und Keuschnigg (2004, S. 378ff.) zeigten, dass eine Senkung der Einkommensersatzrate und eine Erhöhung des Ruhestandsalters nicht nur die Finanzierungsprobleme eines sozialen Alterssicherungssystems lösen können, sondern auch die Arbeitslosenrate senken. Für einen Überblick über internationale Maßnahmen zur Erhöhung des Ruhestandsalters vgl. Casey et al. (2003).

der Arbeitsproduktivität von 2% und einer nominellen Verzinsung von 4% ergeben sich hieraus die tatsächlichen nominellen Beitragswerte durch eine kumulative Abzinsung von 4% p.a. und eine anschließende nominelle Aufzinsung von 4% p.a. Zum Zeitpunkt des Eintritts in den Ruhestand beträgt daher die Kaufkraft jedes Monatsbeitrages 370,95 €. Hieraus ließen sich weder Invaliditätsrenten, noch adäquate Hinterbliebenenrenten[40] finanzieren. Daher sieht das Reformkonzept einen monatlichen Rentenbeitrag von 600 € pro Haushalt vor, welcher in jedem Jahr um die durchschnittliche nominelle Lohnzuwachsrate erhöht wird.[41] Davon werden dem Kapitalkonto[42] des Haushalts real 370 € gutgeschrieben. Damit wird ab dem 67. Lebensjahr eines Erwerbstätigen ein Rentenanspruch im Ausmaß des Existenzminimums gesichert.[43] Wegen der Berücksichtigung dieses Mindestbeitrags im Rahmen der Sozialkomponente ist die Mindestrente voll steuerpflichtig. Wie noch gezeigt wird, bedeutet dies im Zusammenwirken mit der steuerlichen Berücksichtigung des Existenzminimums eine Nettorente, die über dem Existenzminimum liegt.

Die Alterssicherung ist für alle Haushalte, die sich nicht in Sonderversorgungssystemen befinden,[44] verbindlich. Die Steuerpflichtigen können über den Mindestbeitrag hinaus weiter Einzahlungen in das Rentensystem leisten,

---

[40] Da das vorgelegte Reformkonzept lediglich eine verbindliche Mindestalterssicherung vorsieht, entfällt das Problem des Rentensplittings bzw. des Anwartschaftssplittings [vgl. Breyer et al. (2004, S. 59, 71, 74)]. Die Aufteilung freiwillig erworbener zusätzlicher Rentenansprüche folgt dem privatwirtschaftlichen Vertragsrecht.

[41] Ein Haushalt ist hier definiert als aus maximal zwei erwachsenen Personen einschließlich minderjährigen Kindern bestehend. Die Haushaltsbezogenheit des Rentenbeitrags soll einerseits die Familienbildung fördern und stellt andererseits einen Ausgleich für die höhere Basisrente pro Person von alleinstehenden Rentnern dar. Für Haushalte, die aus mehr als zwei erwachsenen Personen bestehen, müssen Sonderregelungen greifen, die im Detail noch zu erarbeiten sind. Ein Rentensplitting unterbleibt für diesen verbindlichen Rentenbeitrag, da die Mindestrente eines Haushalts im Prinzip Grundrentencharakter hat, wenn die Beitragszeiten für die Rente über die Mitgliedschaft in einem Haushalt nachgewiesen werden. Vgl. dazu auch Abschnitt 3.4.

[42] Obwohl am Umlageverfahren festhaltend, sehen auch Breyer et al. (2004, S. 74) die Einrichtung eines eigenen Versicherungskontos für jeden Versicherten vor.

[43] Die Teilrenten fallen sukzessive mit Erreichen des Ruhestandsalters von 67 Lebensjahren an, d.h. die erste Person im Haushalt erhält 700 €, die zweite erhält nach Erreichen des Ruhestandsalters 350 €.

[44] Dies betrifft die Beamtenversorgung und Versorgungssysteme bestimmter freier Berufe, sofern sie mindestens ein Altersversorgungsniveau im Ausmaß des im Reformkonzept genannten Existenzminimums garantieren. Gewährleistet sie nicht dieses Existenzminimum, dürfen keine Beiträge erhoben werden, da die Betroffenen Mitglieder der gesetzlichen Rentenversicherung werden; bisher erhobene (tatsächliche oder zurechenbare) Beiträge sind an die gesetzliche Rentenversicherung zu überweisen. Zusatzleistungen zur gesetzlichen Rente sind davon nicht betroffen. Dies gilt insbesondere für Betriebsrenten. Verlässt ein Mitglied ein Sonderversorgungssystem, hat dieses die bisher kumulierten Ansprüche auszuzahlen. Davon ist pro Jahr mindestens derjenige Betrag in die staatliche Rentenversicherung einzubezahlen, welche dem Haushalt auf den mindestens einzubezahlenden Jahresbeitrag von 7.200 € fehlt. Darüber hinausgehende Erstattungsbeträge kann das bisherige Mitglied von Sonderversorgungssystemen nach Gutdünken verwenden. Bei Eintritt in ein Sonderversorgungssystem überweist die gesetzliche Rentenversicherung die bisher eingezahlten Beiträge einschließlich ihrer Verzinsung. Die Sozialkomponente der Beitragsjahre ist entsprechend zu korrigieren und die Steuerleistung erneut festzusetzen.

die ihrem Kapitalkonto zu 100% gutgeschrieben werden.[45] Bei der freiwilligen Rentenkomponente ist dann nur der Ertragsanteil steuerpflichtig. Für die Sozialkomponente wird allein der gesetzlich verbindliche Mindestbeitrag berücksichtigt.

Angesichts des gegenwärtigen Rentenbeitrages (einschließlich des Arbeitgeberanteils), welcher bei einem allein verdienenden Arbeitnehmer mit Durchschnittseinkommen etwa ebenso hoch und für Doppelverdiener deutlich höher ist, mag es erstaunen, dass mit dem genannten Betrag das Auslangen gefunden wird. Außerdem wird hier der Übergang auf das Kapitaldeckungsverfahren empfohlen, was der Autor dieses Beitrags bisher stets extrem skeptisch beurteilt hat. Ganz generell ist zu bemerken, dass weder das Umlageverfahren, noch das Kapitaldeckungsverfahren, die Demographie austricksen können.[46] Deshalb wurden auch nur vergleichsweise bescheidene Renditeerwartungen in

---

Im Gegensatz dazu sehen Breyer et al. (2004, S. 68 und 75f.) die Auflösung aller Sonderversorgungssysteme und die Einbeziehung der gesamten Wohnbevölkerung in die gesetzliche Rentenversicherung vor, deren Leistungen in Abhängigkeit von den entrichteten Beiträgen differenziert bleiben sollen. Die Beiträge sollten vom gesamten Einkommen bis zu einer Beitragsbemessungshöchstgrenze erhoben werden (S. 72).

[45] Fölster et al. (2002) schlagen für die Reform des sozialen Sicherungssystems in Schweden ebenfalls ein Kontensystem vor, allerdings sehen sie für die meisten Sparten des sozialen Sicherungssystems gesonderte Konten vor (S. 10). Das hier vorgelegte Reformkonzept betrachtet hingegen das Kontenkonzept nur für die Alterssicherung (und eventuell für die Pflegeversicherung) als unabdingbar. Die anderen Sparten des sozialen Sicherungssystems können besser nach dem Umlageverfahren administriert werden.

[46] Bei schrumpfender Bevölkerung vermag ein Kapitaldeckungsverfahren in einer geschlossenen Volkswirtschaft keine reale Kaufkrafterhaltung zu gewährleisten, da die Kapitalnachfrage der nächsten Aktivgeneration geringer ist. Da sich Kapitalveranlagungen bei dubiosen Schuldnern bzw. Schuldnerländern verbietet, dürften Kapitaldeckungsverfahren auch in offenen Volkswirtschaften an Veranlagungsgrenzen stoßen, wenn viele Länder ihre Alterssicherungssysteme auf Kapitaldeckung umstellten. Auch ist fraglich, ob die erforderlichen riesigen Investitionssummen produktiv veranlagt werden können. Autoren wie Siegel (1998), Schieber und Shoven (1997) und Abel (2005) befürchten daher ein deutliches Sinken der Aktienkurse und Kapitalrenditen wenn die Baby-Boom-Generation in Ruhestand tritt. Demgegenüber konnte Poterba (2005) in seinen empirischen Untersuchungen für die USA in sieben Jahrzehnten keinen empirisch gesicherten Zusammenhang zwischen Aktienrenditen und Altersstruktur der Bevölkerung feststellen. Brooks (2005) zeigte in einem theoretischen Modell, dass die Baby-Boom-Generation kein ernsthaftes Sinken der Aktienkurse zu befürchten habe.

Unterstellt man eine durchschnittliche Lebenserwartung der Rentner nach Eintritt in den Ruhestand von 20 Jahren und eine Kapitalrendite mit 3%, benötigt man für ein Kapitaldeckungsverfahren in Deutschland einen Kapitalbestand von 3.125 Mrd. €, also etwa das eineinhalbfache Bruttoinlandsprodukt. Die durchschnittliche Lebenserwartung von 20 Jahren erfordert eine Auszahlung des Kapitalbestandes von 5% p.a., was 156,25 Mrd. € zu den Renten beisteuert. Jährlich sind auch Rentenbeiträge in dieser Höhe von den aktiven Versicherten zu erbringen, was eine Senkung der Rentenbeiträge gegenüber dem status quo von rund 8% ermöglicht. Dazu kommt eine Kapitalrendite in Höhe von 3% p.a., die einen Betrag in Höhe von 93,75 Mrd. € erbringt. Insgesamt ergibt dies die gegenwärtige Rentensumme in Höhe von rund 250 Mrd. €. Diese einfache Rechnung zeigt, dass ein Kapitaldeckungsverfahren besser als das gegenwärtige Umlageverfahren funktionieren würde: Die Rentenversicherungsbeiträge wären geringer und der Staatszuschuss wäre entbehrlich. Das Problem ist die initiale Schaffung des erforderlichen Kapitalstocks.

die Rechnung eingestellt. Das Umlageverfahren hat jedoch gegenüber dem Kapitaldeckungsverfahren einen ganz entscheidenden Nachteil, indem es das Einschleusen von Anspruchsberechtigten, die entweder überhaupt keine, oder nur bescheidene Beiträge geleistet haben, begünstigt.[47] Dies ist bei einem Kapitaldeckungsverfahren mit individuellen Kapitalkonten wesentlich schwerer möglich.[48] Dadurch erlaubt es geringere Beiträge. Die Rentenhöhe aufgrund des gesetzlichen Mindestbeitrages (gemessen in gegenwärtiger Kaufkraft) beträgt 1.050 € für ein Ehepaar und 700 € für eine alleinstehende Person. Aufgrund des Rechenverfahrens des Reformkonzepts führen diese Renten für einen Steuersatz τ von 30% und einer Bruttoeinkommensberücksichtigung σ in Höhe von 35% zu Nettoeinkommen in Höhe von 1.417,50 € bzw. 945 €. Höhere Einzahlungen erhöhen die Rente entsprechend.

Schließlich verdient der Aspekt der *Europatauglichkeit* – und, mehr noch, der *Welttauglichkeit* – des geltenden sozialen Alterssicherungssystems erhebliche Beachtung. Die zunehmende internationale Mobilität des Faktors Arbeit erfordert eine grundlegende Reform der Alterssicherungsysteme, die nur von einem System von Kapitaldeckungsverfahren mit individuellen Kapitalkonten

---

Von Auer und Büttner (2004, S. 304ff.) haben in einer theoretischen Arbeit gezeigt, dass ein Übergang von einem Kapitaldeckungsverfahren zu einem Umlageverfahren keine Effizienzgewinne zeitigt.

[47] Die vom Sachverständigenrat (2004, S. 302-305) ermittelten durchwegs positiven Renditen der Rentenversicherung erklären sich offensichtlich nur daraus, dass viele Rentenberechtigte keine oder relativ geringe Beiträge im Vergleich zu ihren Renten einbezahlt haben. Diese „Mischkalkulation" generiert offenbar die positiven Renditen. Vgl. zu dieser Art der Rentabilitätsberechnung besonders die instruktive Arbeit von Wilke (2005). In einer Presseaussendung des Bundesministeriums für Gesundheit und Soziale Sicherung vom 29. Juni 2005 wurde mitgeteilt, dass Berechnungen der Bundesversicherungsanstalt für Angestellte, des Sozialbeirats und des Sachverständigenrats positive Renditen der gesetzlichen Rentenversicherung auch für zukünftige Rentnerinnen und Rentner ergeben hätten. Anders lautende Ergebnisse einer mit gleichem Datum vorgelegten Studie des von der Deutschen Bank Gruppe finanzierten Deutschen Instituts für Altersvorsorge (DIA) seien von spezifischen Interessen geleitet und blendeten maßgebliche Zusammenhänge aus. Bei dieser Untersuchung von Ottnad und Wahl (2005) handelt es sich jedoch um eine sehr sorgfältige wissenschaftliche Arbeit, die allerdings den Ansatz der Mischkalkulation auch nicht überwunden hat. Hinsichtlich der kritischen Darstellung der verschiedenen Renditeberechnungen der gesetzlichen Rente ist diese Arbeit jedoch beispielhaft.
Stellt man hingegen beispielsweise den Beiträgen eines Eckrentners dessen Rente gegenüber, ergeben sich (bescheidene) positive Renditen nur bei Unterstellung einer extrem hohen Lebenserwartung des Eckrentners. [Vgl. dazu auch Fußnote 12 des Vorworts.] Garrett und Rhine (2005) zeigten, dass dies auch analog für die amerikanische Rentenversicherung gilt: Eine Kapitalveranlagung der entrichteten Arbeitnehmer- und Arbeitgeberbeiträge hätte sowohl nach dem Standard and Poor's 500 Composite Index als auch bei Veranlagung in sechsmonatigem Festgeld [6-month certificates of deposits] eine höhere Rente als nach der amerikanischen Rentenversicherung ergeben, wenn die Rentner nicht sehr hohe Lebenserwartungen haben. In besonderen Maß trifft dies für höhere Einkommenklassen zu.

[48] Der springende Punkt im vorgelegten Reformkonzept ist weniger eine hundertprozentige Kapitaldeckung, sondern individuelle Kapitalkonten mit international portablen Leistungsansprüchen. Dies schließt eine Teilfinanzierung des Rentensystems über eine Umlageverfahrenskomponente nicht aus. Vgl. dazu auch Keuschnigg und Keuschnigg (2004, S. 389) sowie die Beiträge in Holzmann und Stiglitz (2001).

geleistet werden kann. Für international mobile Arbeitnehmer stellen die gegenwärtigen sozialen Alterssicherungssysteme ein Chaos sondergleichen dar, weil die auf dem Umlageverfahren beruhenden nationalen Alterssicherungssysteme unterschiedliche Anwartschaften, unterschiedliche Beiträge und unterschiedliche Altersbezüge vorsehen. Zwar ist das Problem unterschiedlicher Anwartschaften im Bereich der Europäischen Union einigermaßen zufriedenstellend gelöst, aber alle anderen Probleme treten auch im Bereich der Europäischen Union auf. Für einen international mobilen Erwerbstätigen (im Jargon der Eurokraten „Wanderarbeiter" genannt) gestaltet sich die Alterssicherung als Flickenteppich von Ansprüchen an die nationalen Alterssicherungssysteme jener Staaten, in welchen der oder die Betreffende je gearbeitet hat. Die Alterssicherung speist sich dann aus diesen verschiedenen nationalen Quellen nach unterschiedlichen Rechtsvorschriften, unterliegt dem Progressionsvorbehalt der Besteuerung des Wohnsitzstaates und erfordert entsprechend viele Antragsverfahren. Sind in der Beschäftigungshistorie Dienstzeiten im öffentlichen Dienst enthalten, wird das Verfahren noch komplizierter. Dieser Verwaltungswust ließe sich wesentlich einfacher über ein System individueller Kapitalkonten lösen. Der Arbeitnehmer handelt mit seinem respektiven Arbeitgeber den Bruttolohn und dessen Beiträge zu seiner Rentenversicherung aus, die er aus eigenen Sparleistungen noch aufstockt [nach dem Reformkonzept müsste mindestens die monatliche Mindestpauschale entrichtet werden]. Diese Beiträge werden von international getragenen Rentenfonds verwaltet. Diese Rentenfonds übernehmen dann auch die Rentenzahlung. Dieses würde die Arbeitnehmer international mobil machen und ihnen eine kalkulierbare Alterssicherung verschaffen, ohne dass sie um die Höhe ihrer Altersbezüge bangen müssten, weil in der Vergangenheit aus Opportunitätsgründen gemachte politische Rentenzusagen vom Umlageverfahren nicht mehr eingelöst werden können. Allerdings entsteht auch für dieses System Harmonisierungsbedarf, beispielsweise hinsichtlich einer verbindlichen Mindestalterssicherung. Andernfalls könnten Erwerbstätige versucht sein, keine eigenen Rentenbeiträge zu entrichten, in ihrem Alter jedoch in ihrem schließlichen Wohnsitzstaat Sozialhilfe beantragen.

Exkurs: Die Berücksichtigung von Kindern in der sozialen Alterssicherung. *Verschiedentlich werden Forderungen erhoben, die soziale Alterssicherung in den Dienst der Familien- und Bevölkerungspolitik zu stellen. Konkret wird dabei gefordert, dass Kinderlose entweder höhere Rentenbeiträge bezahlen oder geringere Renten erhalten sollten. Zunächst kann den Ausführungen von Breyer et al. (2004, S. 62f.), die hier wiedergeben werden sollen, voll zugestimmt werden:*
   „Der deutsche Gesetzgeber hat im Zeitablauf die familienpolitischen Leistungen der GRV beständig ausgebaut. Diese Leistungen umfassen etwa die Berücksichtigung von Kindererziehungszeiten als Beitragszeiten, Anrechnungszeiten wegen Schwangerschaft und Mutterschaft, kinderbezogene Höherbewertung von Pflichtbeitragsgrenzen, Hinterbliebenenrenten mit Kinderzuschlägen, Waisenrenten sowie Erziehungszeiten. Darüber hinaus hat das Bundesverfassungsgericht dem Gesetzgeber nahegelegt, Kinder auch bei den Beiträgen zur GRV zu berücksichtigen.

Das Ergebnis ist ein undurchsichtiger Dschungel familienpolitischer Maßnahmen[49] in einem Teilsystem der sozialen Sicherung, das nicht die gesamte Bevölkerung umfasst. Neben diese Förderung treten familienbezogene Leistungen des Steuer-Transfer-Systems, zu denen das Kindergeld, Kinderfreibeträge bei der Einkommensteuer, Subventionen für Kindergärten sowie Kinderkomponenten in der Eigenheimförderung und der Förderung privater Altersvorsorge gehören. Diese Mixtur verstößt gegen mehrere Leitlinien der Sozialreform. Sie ist intransparent, weil sie in zu viele Einzelbausteine zerfällt, intragenerativ ungerecht, weil der Bezug familienbezogener Leistungen von der Stellung im Berufsleben abhängt, und ineffizient, weil jedes gegebene Förderziel mit geringeren fiskalischen Kosten erreicht werden könnte. Im Bereich der GRV verstößt insbesondere die kinderbezogene Höherbewertung von Pflichtbeitragszeiten gegen Gerechtigkeit und Effizienz, weil diese Vergünstigung nur Eltern zugute kommt, die arbeiten. Eine Betreuung der Kinder durch die eigenen Eltern wird damit unattraktiv gemacht.

Eine Staffelung des Beitragssatzes zur GRV nach der Kinderzahl würde die Familienpolitik noch unübersichtlicher machen. Die Entlastung der Eltern bei den Beiträgen hätte zwar den Vorteil, dass die Unterstützung bereits zu dem Zeitpunkt gezahlt wird, da die Kosten der Kindererziehung entstehen, und nicht in ferner Zukunft. Doch hat die Differenzierung der Beiträge nach der Kinderbelastung keine innere Logik, weil das Umlageverfahren nicht allein durch Kinder der heutigen Pflichtversicherten stabilisiert wird, sondern auch durch Kinder von Selbständigen und Beamten, während umgekehrt die Kinder mancher Pflichtversicherter später nicht selbst pflichtversichert sein und somit zum Systemerhalt nichts beitragen werden. Insgesamt spricht alles dafür, die Familienpolitik aus dem Alterssicherungssystem herauszunehmen und im Steuer-Transfer-System zu bündeln."

Dem sind noch mindestens zwei Einwände hinzuzufügen: Erstens könnten die vom Rentensystem benachteiligten Kinderlosen verlangen, dass ihr Geld gut angelegt wird, oder, mit anderen Worten, dass nur produktive Kinder gefördert werden, welche künftig auch entsprechende Beiträge zum Sozialprodukt erbringen. Die Eltern von kriminellen, dummen, faulen oder behinderten Kindern müssten dann, sobald dies feststeht, folgerichtig den Kinderlosen gleichgestellt werden, im Extremfall sogar für die von ihrem Nachwuchs angerichteten Schäden aufkommen.

Zweitens könnten die Kinderlosen auf die Idee kommen, den Generationsvertrag überhaupt zu kündigen und sich zu diesem Behufe politisch organisieren. Sie könnten die erheblichen Geld- und Sachtransfers,[50] welche gegenwärtig – und, in erheblichem Ausmaß, zu Lasten der Kinderlosen – an die Familien fließen, sistieren und das gesparte Geld am nationalen und internationalen Kapitalmarkt anlegen. Kinderreiche Eltern müssten dann die Beträge für den Unterhalt und die Ausbildung ihrer Kinder auf dem Kapitalmarkt aufnehmen und später samt Zinsen (wohl gemeinsam mit den restlichen Beiträgen ihrer erwachsenen Kinder) zurückzahlen. Die Kinderlosen wären in einem solchen System im Vergleich zum status quo er-

---

[49] Vgl. dazu Hogrefe (2005) sowie den Beitrag von Hogrefe in diesem Band.
[50] Der Sachverständigenrat (2001, S. 171) errechnete für das Jahr 2000 Aufwendungen für die Familienförderung in Höhe von 290.994 Mio. DM. Dazu kommt noch das Ehegattensplitting in Höhe von 43.000 Mio. DM und die Förderung durch die beitragsfreie Krankenversicherung für nicht erwerbstätige Familienmitglieder. Insgesamt kommt man somit auf mehr als 350 Mrd. DM für das Jahr 2000. Vgl. auch Hogrefe (2005) sowie den Beitrag von Hogrefe in diesem Band.

heblich besser gestellt.⁵¹ Es dürfte daher auch im Interesse kinderreicher Familien liegen, den Bogen nicht zu überspannen.

Soziale Krankenversicherung

Der hier vorgelegte Reformvorschlag entspricht für die soziale Krankenversicherung weitgehend dem Konzept der vom Sachverständigenrat (2004, S. 511ff.) propagierten Bürgerpauschale.⁵² Alle Personen sind verpflichtet, für ihre Krankenversicherung einen Pauschalbetrag unabhängig vom Einkommen zu bezahlen. Dies betrifft auch Beamte⁵³ und Selbständige. Der Sachverständigenrat (2004, S. 531) plädiert dabei für einen Pauschalbetrag von 198 € pro Erwachsenen bei beitragsfreier Mitversicherung der Kinder. Ärmere Haushalte sollten entsprechende öffentliche Vergünstigungen aus den allgemeinen Steuermitteln erhalten.⁵⁴ Der Sachverständigenrat erörtert auch eine Beitrags-

---

[51] Ein einfaches Beispiel möge die Situation illustrieren. Ein kinderloses Doppelverdiener-Ehepaar möge jährlich 12.000 € an Steuern für kindbezogener Familienförderung aufzubringen haben. Bei einer nur 2%-igen Realverzinsung ergibt dies bei einer Erwerbsbiographie von 40 Jahren einen Endbetrag von rund 740.000 € bei Eintritt in den Ruhestand. Damit lässt sich auf dem kommerziellen Versicherungsmarkt eine Leibrente von rund 3.000 € monatlich (mit der halben Leibrente für den überlebenden Ehegatten) finanzieren. Dies ist jedenfalls nicht weniger als das Ehepaar nach dem herrschenden Rentensystem erhält. Dabei hat das betrachtete Ehepaar in diesem Beispiel – im Gegensatz zum herrschenden Rentensystem – keinen einzigen Cent an zusätzlichem Rentenbeitrag aufgebracht, sondern nur seine Steuern für die Kinder der anderen für sich behalten.

Im herrschenden Rentensystem zahlen die Beitragszahler an die kinderlosen Rentner nicht mehr, sondern eher weniger, zurück, als sie für ihre eigene Ausbildung und für ihren Unterhaltszuschuss von diesen seinerzeit bekommen haben.

[52] Die beiden ursprünglichen erörterten Alternativen waren die Bürgerversicherung, die im wesentlichen durch einkommensbezogene Beiträge finanziert werden sollte, und das Modell der Gesundheitsprämien, welches mit einkommensunabhängigen Prämien mit sozialem Ausgleich arbeiten sollte. Beide Konzepte sollten die gesamte Bevölkerung umfassen. Ein Gesundheitsprämienmodell wurde in der Schweiz eingeführt. Die Rürup-Kommission (2003) zeigte sich hinsichtlich der Überlegenheit dieser beiden Alternativen tief gespalten und delegierte daher die Entscheidung an die Politik. Die Herzog-Kommission (2003) lehnte die Bürgerversicherung ab und plädierte kurzfristig für eine Beibehaltung des herrschenden Systems, ergänzt um ein Ehegattensplitting bei den Krankenversicherungsbeiträgen, langfristig für ein kapitalgedecktes Prämienmodell. Knappe (2004) bezeichnete die Gruppe der Pauschalprämienmodelle als den besseren Ansatz.

[53] Im Gegensatz zur sozialen Alterssicherung kann die soziale Krankenversicherung auf Kapitaldeckung verzichten und besitzt keinen Einkommensersatzcharakter. Sonderversicherungssysteme sind daher nicht gerechtfertigt. „Weil auch die Beamten in die allgemeine Versicherungspflicht einbezogen sind, kann das administrativ aufwendige *Beihilfesystem* bei entsprechender Heraufsetzung der Bruttobesoldung entfallen." [Breyer et al. (2004, S. 115)]

[54] Die Rürup-Kommission (2003, S. 171) sieht einen Beitrag von 210 € je versicherten Erwachsenen vor. Das CDU/CSU-Konzept sieht eine Pauschale von 109 € je Erwachsenen vor und einen Zuschuss aus einem von den Arbeitgebern gespeisten Fonds, welcher die Pauschale je versicherter Person auf 169 € aufstockt. Offensichtlich ist Beitragsfreiheit der Kinder vorgesehen. Die Pauschale von 109 € sollte dabei 7% des Einkommens nicht überschreiten. Im Ausmaß der Differenz erhalten Geringverdiener Erstattungen aus dem allgemeinen Steueraufkommen. (Vgl. FAZ vom 15. November 2004, S. 11). Es scheint jedoch, dass ein Beitrag von 169 € je Erwachsenem bei Beitragsfreiheit der Kinder zur Deckung der Kosten der Krankenversicherung nicht ausreicht.

pflicht für Kinder mit Pauschalen von 171 € je Erwachsenem und 86 € je Kind, spricht sich jedoch gegen diese Lösung aus, da höhere Einkommensschichten von dieser Lösung begünstigt würden [Sachverständigenrat (2004, S. 531f.)]. Im Gegensatz dazu greift dieser Einwand für das vorgeschlagene Reformkonzept nicht. Es sieht einen Pauschalbeitrag von 190,80 € je Erwachsenem und 78,44 € je Kind vor, was den entsprechenden Ausgabenprofilen entspricht.[55] Eine Kapitaldeckung scheint für die Krankenversicherung entbehrlich.

Zur Senkung von Verwaltungskosten sollten die Krankenversicherungsträger stärker fusioniert werden. (Die nach dem Stand 9. Juni 2005 vom Statistischen Bundesamt ausgewiesenen 320 Krankenkassen sind hypertroph. 20% dieser Zahl ergäbe eine leistungsfähigere Struktur.) Zur besseren Kontrolle sind überinstitutionelle Revisionsorgane zu etablieren. Eine stärkere Konzentration würde auch den Risikostrukturausgleich überflüssig machen.

Eine Privatisierung der Krankenversicherung ist wegen der hohen Verwaltungs- und Akquisitionskosten sowie wegen der adversen Selektion guter Risiken unter Umgehung des gesellschaftlichen Solidarausgleichs abzulehnen. Außerdem ist der Wettbewerb im Bereich privater Krankenversicherungen wegen fehlender Portabilität der Alterungsrückstellung stark eingeschränkt. Die Aktivitäten privater Krankenversicherer sollen daher auf Zusatzversicherungen beschränkt werden.

Die Marginalisierung der privaten Krankenversicherung in diesem Reformkonzept bedarf einer besonderen Begründung: Ebenso wie die Zillmerung der Lebensversicherungsverträge den Wettbewerb zwischen den Versicherern beeinträchtigt, da die Versicherten bei vorzeitiger Kündigung ihres Vertrages nicht ihre bisher entrichteten Prämien einschließlich der Garantieverzinsung zurückbekommen (ganz zu schweigen von einer Gewinnbeteiligung oder gar einer Beteiligung an den gelegten stillen Reserven), beeinträchtigt die fehlende Portabilität der Alterungsrückstellung bei der privaten Krankenversicherung den Wettbewerb. Die Achillesferse der privaten Krankenversicherung sind die hohen Abschlusskosten, die sich über die Verweigerung der Portabilität und, infolge dessen, der Beeinträchtigung des Wettbewerbs, amortisieren sollen.[56]

---

[55] Breyer et al. (2004, S. 108 und 118) plädieren ebenfalls für ein Prämienmodell. Sie führen aus: „Nach vorläufigen Berechnungen dürften monatliche Grundbeiträge in Höhe von 190 *Euro* für Erwachsene und 75 *Euro* für Kinder ausreichen." (S. 118) Dies entspricht weitgehend dem Vorschlag unseres Reformkonzepts. Offensichtlich erfordert die finale Beitragsfestsetzung noch genauere Berechnungen, die ihrerseits eine Determinierung des Leistungskatalogs zur Voraussetzung haben.

[56] Die Argumente gegen die Portabilität der Alterungsrückstellung sind vordergründig. [Das PKV Reformkonzept „Reformieren, nicht zerschlagen", S. 12, meint lapidar: „Die Alterungsrückstellung hingegen kann nicht übertragen werden. Zu diesem Ergebnis sind auch viele Expertenkommissionen gekommen, die sich mit diesem Thema beschäftigt haben." Das ist unrichtig! Dr. Niederleithinger (2004, S. 8), Vorsitzender der Versicherungsvertragsgesetz-Kommission, unterstrich in seinem Vortrag vom 22. April 2004 auf der Tagung des Bundes der Versicherten in Bad Bramstedt, dass sich die Kommission nachdrücklich dafür ausspreche, die Alterungsrückstellung beim Wechsel des Versicherers zu übertragen, doch sei diese Forderung allein über das Versicherungsvertragsrecht nicht zu erreichen.] Tatsächlich sind einige Vorschläge – auch von führenden

Eine andere Möglichkeit wäre eine Intervention des Gesetzgebers, welche Versicherungsagenten und Versicherungsmakler verpflichtet, Honorar ausschließlich von zu versichernden Personen entgegenzunehmen und eine Honorarannahme vom Versicherer verbietet. Auch der Treuhänder, welcher Prämienerhöhungen regelmäßig beurteilt, müsste von den Versicherten gewählt und nicht vom Versicherer bestimmt werden. Bei funktionsfähigem Wettbewerb wäre die private Krankenversicherung durchaus eine erhaltungswürdige Option.[57]

Bei Vergleich der Verwaltungskosten der privaten Krankenversicherung und der gesetzlichen Krankenversicherung fällt zwar auf den ersten Blick eine Diskrepanz zuungunsten der privaten Krankenversicherung auf, doch wenn man von den hohen Abschlusskosten der privaten Krankenversicherung absieht, läuft diese Kostengegenüberstellung auf einen Vergleich von Äpfeln mit Birnen hinaus. Zum einen werden die Verwaltungskosten als Anteil an den Beiträgen der gesetzlichen Krankenversicherung in Deutschland durch die hohe Zahl von Krankenkassen – jede davon mit eigenem Verwaltungsapparat – in die Höhe getrieben, und zum anderen lagern die gesetzlichen Krankenkassen die Prüfung der Ärzteabrechnungen an die Kassenärztlichen Vereinigungen aus. Diese prüfen zwar, ob Leistungsbetrug vorliegt, doch prüfen sie nicht – oder nicht vordergründig – die *Angemessenheit* der ärztlichen Leistungen, was aber die privaten Krankenversicherer vornehmen. Dadurch haben sie zwar höhere Verwaltungskosten, was aber auf der anderen Seite durch die Kontrolle überhöhter Arzthonorare oder überflüssig erbrachter Leistungen überkompensiert wird. Wenn hier daher der gesetzlichen Krankenversicherung das Wort geredet wird, erfolgt dies nur unter zwei Vorbehalten, nämlich, dass erstens die fehlende Portabilität der Alterungsrückstellung bei der privaten Krankenversicherung nicht hergestellt wird, und dass zweitens für die gesetzliche Krankenversicherung die Abrechnung und Kontrolle der ärztlichen Leistungen von den Kassenärztlichen Vereinigungen auf die gesetzlichen Krankenkassen verlagert wird. Zur Erhöhung der Effizienz der gesetzlichen Krankenversicherung sollte die Zahl der gesetzlichen Krankenkassen um mindestens 80% verringert werden.

Soziale Pflegeversicherung

Auch die soziale Pflegeversicherung folgt weitgehend dem vom Sachverständigenrat vorgeschlagenen Prämienmodell nach dem Kapitaldeckungsverfahren.

Vertretern der Versicherungswirtschaft – unterbreitet worden, die Portabilität der Alterungsrückstellung zu realisieren. [Darauf soll hier nicht weiter eingegangen werden; vgl. dazu Schramm (2003); M. Dill, Chef der AXA Deutschland, zitiert im Handelsblatt vom 07.10.2003, S. 26; J. Boetius, Vorsitzender der Deutschen Krankenversicherung, zitiert in FAZ vom 09.12.2003, S. 15; Minoritätsvotum von Prof. U. Meyer, Universität Bamberg, im Bericht der Versicherungsvertragsgesetz-Kommission.]

[57] In Kanada sind private Krankenversicherungen erheblichen Restriktionen unterworfen. Hurley et al. (2002) haben anhand des australischen Parallelsystems von privater und gesetzlicher Krankenversicherung untersucht, ob dieses Modell auch für Kanada Effizienzsteigerungen brächte. Sie kamen zu keinem eindeutigen Ergebnis.

Der Sachverständigenrat sieht für diese Finanzierungsvariante einen Pauschalbeitrag je Erwachsenen in Höhe von 25 € vor [Sachverständigenrat (2004, S. 563)]. Dieser Vorschlag kann vom vorliegenden Reformkonzept übernommen werden; allerdings ist ein Kapitaldeckungsverfahren für die Pflegeversicherung nicht unabdingbar.

Arbeitslosenversicherung

Die Arbeitslosenversicherung stellt eine Lohnersatzleistung für das Risiko der Arbeitslosigkeit dar. Sie kann daher weitgehend in der bisherigen Form des Arbeitslosengeldes I weiter bestehen bleiben,[58] mit der einzigen Modifikation, dass der Arbeitgeberbeitrag zur Arbeitslosenversicherung künftig ebenfalls, wie oben gefordert, mit dem Lohn ausbezahlt wird und der Arbeitnehmer den gesamten Beitrag zur Arbeitslosenversicherung zu entrichten hat.[59]

Die Humankapitalbildung

Gegenwärtig werden staatliche Leistungen der Humankapitalbildung, wie der Besuch von Kindergärten, Schulbesuch, Hochschulbesuch und Schülerbeförderung, weitgehend beitragsfrei zur Verfügung gestellt. Grundgedanke des Reformkonzepts ist es, sie für die unteren Einkommensschichten auch weiterhin frei zur Verfügung zu stellen. Obere Einkommensschichten hingegen sollten zu einem adäquaten Beitrag herangezogen werden. Dafür werden sie durch eine geringere Steuerbelastung entschädigt. Das Reformkonzept sieht kostendeckende Gebühren für den Besuch von Kindergärten, Schulen, Hochschulen und für die Schülerbeförderung vor. Hand in Hand damit kann eine weitergehende Privatisierung dieser Bildungseinrichtungen Platz greifen. Zur Vermeidung von Preistreiberei privater Anbieter zu Lasten der öffentlichen Hand ist für die Gebührenberücksichtigung im Rahmen der Sozialkomponente allerdings eine Deckelung der erstattungsfähigen Gebühren unerlässlich.

3.3 Die Administration des Reformkonzepts

Die Sozialkomponente N ergibt sich als Summe ihrer drei Komponenten. Erhaltene Alimente und Schenkungen mindern die Sozialkomponente, da der Haushalt weniger bedürftig wird.

---

[58] Im Gegensatz dazu sehen Breyer et al. (2004, S. 44f.) den Entfall des Arbeitslosengeldes und dessen Überführung in die Verantwortung des Arbeitnehmer vor.

[59] Dies soll nicht ausschließen, dass die Arbeitslosenversicherung nicht auch reformiert werden und in das vorgetragene Konzept eingepasst werden könnte. Neben Versicherungskonten nach chilenischem Muster und Lohnversicherungen, wie sie in den USA, Kanada und in der Schweiz angeboten werden, könnten auch verschiedene Tarifvarianten nach einer Ex-ante-Tarifierung oder nach einer Ex-post-Tarifierung angeboten werden. Periodisch könnten die Versicherten zwischen den Tarifvarianten wählen. Vgl. zu letzterem Konzept besonders Schneider et al. (2004). Vgl. auch den instruktiven Überblick von Jerger und Spermann (1997) über Lösungskonzepte von Wegen aus der Arbeitslosenfalle.

In dem Maße, in dem die Sozialkomponente (abzüglich erhaltener Alimente und Schenkungen) den Anteil σ des Welt-Bruttohaushaltseinkommens überschreitet,[60] wird ein Betrag im Ausmaß der Überschreitung der Sozialkomponente von der öffentlichen Hand auf Antrag erstattet. Dies bedeutet für untere Einkommensschichten die weitgehende Steuerfreiheit des Existenzminimums einer Familie. Sie wird, ebenso wie das im Rahmen der sozialen Grundsicherung bereits berücksichtigte Kindergeld,[61] die Subvention der Aufwendungen für die soziale Sicherung und die Subvention der Aufwendungen für die Humankapitalbildung, mit steigendem Haushaltseinkommen zunehmend abgeschmolzen. Die Bezieher hoher Einkommen haben einerseits die stärkeren Schultern, um die Sozialkomponente selbst zu tragen, und werden andererseits durch die geringe Marginalsteuerbelastung kompensiert. Das vorgeschlagene Reformkonzept verlagert somit den Progressionseffekt der gegenwärtigen Einkommensteuer von der Entstehungsseite auf die Verwendungsseite des Einkommens.[62]

Bezeichne B das inländische Bruttoeinkommen, B^* das Welt-Bruttoeinkommen, E das Existenzminimum, N das Nettoeinkommen, A erhaltene Alimente und Schenkungen, S die Sozialkomponente, τ den Proportionalsteuersatz, T_A die Steuer auf ausländische Einkommenskomponenten und σ den Anteil der Bruttoeinkommensberücksichtigung, dann ergibt sich das Nettoeinkommen aus:[63]

$$N = (1 - \tau)B - (S - E) + \max\{0, [S - A - \sigma B^*]\} + (B^* - B + A - T_A)$$

Dieser Ausdruck zeigt, dass sich das Nettoeinkommen aus folgenden Komponenten ergibt: dem inländischen Bruttoeinkommen nach Anwendung des Steuersatzes τ; abzüglich der Sozialversicherungsbeiträge und der Ausgaben für Humankapitalinvestitionen; vermehrt um eine positive Differenz zwischen

---

[60] Dabei stellt sich die Frage, inwieweit beim Welt-Bruttoeinkommen nicht das Teilbruttoprinzip zur Anwendung kommen sollte, d.h. dass die ausländischen Steuern vom Welt-Bruttoeinkommen abgezogen werden können.

[61] Diese Lösung ist intelligenter als die österreichische Lösung, das Kindergeld ab einer bestimmten Einkommenshöhe abrupt zu streichen [vgl. Pichler (2005, S. 402)].

[62] Das Konzept der flat tax des Wissenschaftlichen Beirats (2004) macht von dieser Möglichkeit nicht Gebrauch, sondern hält am Bestand des steuerfreien Existenzminimums in Höhe von 10.000 € pro Kopf und Jahr unabhängig von der Einkommenshöhe fest. Über die Beibehaltung des Familienleistungsausgleichs äußert sich der Beirat nicht. Es ist anzunehmen, dass er sie in der gegenwärtigen Form beibehalten möchte. Die macht das soziale Sicherungssystem sehr teuer, da auch Personen alimentiert werden, deren Einkommen es erlauben würde, diese Lasten selbst zu schultern. Unter demselben Nachteil leidet auch das slowakische Steuersystem, nach welchem alle Einkommen unterhalb der 1,6-fachen Armutsgrenze steuerfrei bleiben [Mikloš (2005)]. Diese Steuerbegünstigung bleibt offenbar auch den höchsten Einkommensschichten erhalten.

[63] Bei Anwendung des Teilbruttoprinzips des Welteinkommens ergibt sich die Berechnungsformel als:
$$N = (1 - \tau)B - (S - E) + \max\{0, [S - A - \sigma(B^* - T_A)]\} + (B^* - B + A - T_A).$$

der Sozialkomponente, einerseits, und den erhaltenen Alimenten und Schenkungen, vermehrt um den Anteil σ des Welt-Bruttoeinkommens, andererseits; vermehrt um das ausländische Nettoeinkommen und die (steuerfrei) erhaltenen Alimente einschließlich Schenkungen. Ist die Differenz zwischen der Sozialkomponente, einerseits, und den erhaltenen Alimenten und Schenkungen, vermehrt um den Anteil σ des Welt-Bruttoeinkommens, andererseits, negativ, beträgt das Nettoeinkommen den Anteil von $(1-\tau)$ des inländischen Bruttoeinkommens, vermindert um die Sozialversicherungsbeiträge und die Ausgaben für Humankapitalinvestitionen, vermehrt um die erhaltenen Alimente einschließlich Schenkungen und das ausländische Nettoeinkommen. Haushalte mit positivem Bruttoinlandseinkommen, deren Welt-Bruttoeinkommen den Anteil $1/\sigma$ von Sozialkomponente abzüglich erhaltener Alimente einschließlich Schenkungen überschreitet, werden daher im Inland Nettozahler.

Die Zusammensetzung der Sozialkomponente wurde bereits oben erörtert. Es sei nochmals daran erinnert, dass erhaltene Alimente und Schenkungen in vollem Umfang die Sozialkomponente mindern; sie zählen aber nicht als Einkommensbestandteil und begründen daher auch keine Steuerpflicht. Beim Schuldner der Alimente zählen diese in maximaler Höhe der Pauschbeträge des Existenzminimums für die alimentierten Personen zur Sozialkomponente (350 € für eine erwachsene Person, 300 € für ein Kind, 500 € für ein Kind unter einem Jahr). Da Schenkungen freiwillig geleistet werden und zudem der Schenkungssteuer unterliegen, stellen sie keinen Bestandteil der Sozialkomponente des Gebers dar.

Was das Bruttoeinkommen betrifft, bereitet das inländische Bruttoeinkommen B im Term $(1-\tau)B$ keine Schwierigkeiten, da nach dem Reformkonzept die meisten Steuern bereits im Quellenabzugsverfahren einbehalten wurden. Dies bedeutet, dass für die Mehrzahl der Steuerpflichtigen eine Einkommensteuererklärung entfällt – selbst eine solche, die auf einen Bierdeckel passt. Auch der Term $(S-E)$ sollte keine Schwierigkeiten bereiten, da es sich dabei um die bezahlten Sozialversicherungsbeiträge und die Beiträge für die Humankapitalinvestitionen handelt. Für den Term $\max\{0, (S-A-\sigma B^*)\}$ ist B^* jedoch entsprechend zu ermitteln. Nach dem Quellenlandprinzip der internationalen Besteuerung, welches weitgehend in den Doppelbesteuerungsabkommen verankert ist und auch in der Europäischen Union gilt, unterliegen ausländische Einkommenskomponenten der ausländischen Besteuerung und werden von der inländischen Besteuerung freigestellt. Es spricht allerdings nichts dagegen, für die Feststellung der sozialen Bedürftigkeit im Inland die ausländischen Einkommenskomponenten in gleicher Weise wie die inländischen Einkommenskomponenten heranzuziehen. Die inländischen Einkommenskomponenten, die nach Abzug der Quellensteuer netto zugeflossen sind, müssen auf das inländische Bruttoeinkommen umgerechnet werden. Sie sind daher mit $1/(1-\tau)$ zu multiplizieren. Diese sind dann zu jenen inländischen Einkommenskomponenten zu addieren, von welchen noch keine Quellensteuer einbehalten wurde. Die Summe des inländischen und des ausländischen Bruttoeinkommens ergibt das Welt-Bruttoeinkommen B^*. Alternativ kann auch die Anwendung des Teilbruttoprinzips erwogen werden, nach welchem an die Stelle des ausländischen Bruttoeinkommens das ausländische Nettoeinkommen tritt, da die im Ausland bezahlten Steuern nicht verfügbares Einkommen darstellen. Diese Methode verletzt jedoch das für inländische Einkommen geltende Bruttoprinzip. Man müsste sie daher mit dem inländischen Nettoeinkommen koppeln, was letztlich eine Erhöhung von τ oder σ erfordert, um das erforderliche Steueraufkommen zu sichern.

Die gesetzliche Mindestrente ist steuerpflichtiges Einkommen. Wie obige Berechnungsformel zeigt, erhalten Rentnerehepaare, welche lediglich über die Mindestrente von 1.050 € verfügen, für τ gleich 30% und σ gleich 35% somit ein Nettoeinkommen von 1.417,50 €, also um 367,50 € mehr als jene Haushalte, die über kein eigenes Einkommen verfügen und nur das Existenzminimum erhalten; ein Einpersonen-Rentnerhaushalt erhält bei Mindestrente 945 €, also um 245 € mehr als ein entsprechender Haushalt ohne eigenes Einkommen.[64] Zusatzrenten, die aufgrund freiwilliger höherer Einzahlungen gewährt werden, stellen nur in Höhe ihres Ertragsanteils Einkommen dar, da ihre Bildung aus versteuertem Einkommen erfolgte und die entsprechenden Beiträge nicht Bestandteile der Sozialkomponente waren. Für Altrenten müssen Übergangsbestimmungen greifen, die Bestandsschutz bei gleichzeitiger Systemintegration gewährleisten. Daher werden Altrenten im Ausmaß der Mindestrente steuerpflichtig. Über die Mindestrente hinaus gehende Altrenten werden nur in Höhe ihres Ertragsanteils steuerpflichtig. Damit werden die durch den Übergang zur nachgelagerten Besteuerung vorgesehenen höchst komplizierten und langwierigen Übergangsbestimmungen des Alterseinkünftegesetzes des Jahres 2004 überflüssig.[65]

Das Arbeitslosengeld I ist Einkommensbestandteil, da die Beiträge zur Arbeitslosenversicherung in der Sozialkomponente Berücksichtigung fanden. Hingegen ist bei der Krankenversicherung und bei der Pflegeversicherung ein Systembruch wohl unabdingbar: Deren Leistungen stellen keine Einkommenskomponenten dar.

Leider ist die Administration der Sozialkomponente administrativ aufwendig. Sie dürfte etwa dem gegenwärtigen Aufwand einer Steuererklärung entsprechen und könnte – nach einer entsprechenden Personalschulung – von den Finanzämtern anstelle der bisherigen Steuererklärung administriert werden. Allerdings ist für das Reformkonzept die erhebliche administrative Ersparnis zu berücksichtigen, welche durch den Wegfall von Arbeitslosengeld II, Sozialhilfe, Familienleistungsausgleich (Kindergeld), Erziehungsgeld, Wohngeld, BAföG, Wohnbauförderung (Eigenheimzulage), Unterhaltsvorschuss und bedarfsorientierter Grundsicherung im Alter und bei Erwerbsminderung ent-

---

[64] Rentnerehepaare erhalten konkret eine um 481,60 € (für die Krankenversicherung und die Pflegeversicherung) erhöhte Rente, d.h. 1.899,10 € bzw. 1.531,60 €, ein Betrag, von welchem jedoch noch die Beiträge für Kranken- und Pflegeversicherung abgehen. Für Einpersonen-Rentnerhaushalte ergeben sich 1.185,80 € bzw. 940,80 €, wovon 240,80 € für Kranken- und Pflegeversicherung abgehen.

[65] Vgl. Abschnitt 2.2 des Beitrags von Buslei und Steiner in diesem Band.

steht. Die Sozialkomponente wird nur auf Antrag und nur in dem Maße, in welchem sie den Anteil von σ des Bruttohaushaltseinkommens überschreitet, erstattet. Erstattungen der Sozialkomponente sind einkommensteuerfrei. Monatliche Vorauszahlungen im Ausmaß der voraussichtlichen Höhe der Auszahlungen aus dem Titel der Sozialkomponente sind vorzusehen.

3.4 Abschottung gegen eine soziale Hängematte

Die Intention eines Existenzminimums besteht darin, denjenigen Bürgern eine Existenz in Würde zu ermöglichen, die nicht oder nicht ausreichend arbeiten *können*, um ein ausreichendes Einkommen zu erzielen. Die Intention eines Existenzminimums kann jedoch nicht darin bestehen, jenen Bürgern ein sorgenfreies Leben zu ermöglichen, die nicht arbeiten *wollen*, um ein ausreichendes Einkommen zu erzielen. Zudem kann sich kein Land der Welt, welches seinen nicht oder gemindert arbeitsfähigen Bürgern eine Existenz in Würde ermöglichen möchte, leisten, von Wirtschaftsflüchtlingen aus aller Welt überschwemmt zu werden, die, von diesen sozialen Segnungen angezogen, die Fähigkeit dieses Landes, seinen bedürftigen Bürgern eine Existenzsicherung zu gewähren, erodieren. Davon ist auch das Gebiet der Europäischen Union nicht ausgenommen, da versäumt wurde, die Harmonisierung der *wirtschaftlichen* Rahmenbedingungen der entsprechenden Volkswirtschaften *vor* der *politischen* Vereinigung zu verwirklichen.

Das vorgelegte Reformkonzept ist vor solchen Gefahren ebenso wenig gefeit, wie das herrschende soziale Sicherungssystem. Dazu kommt noch die Versuchung, sich nicht am Kapitaldeckungsverfahren der Rentenversicherung und der Pflegeversicherung zu beteiligen, d.h. Beiträge zu sparen, hinterher jedoch äquivalente Leistungen über die Sozialhilfe – bzw. nach dem Reformkonzept über die Sozialkomponente – in Anspruch zu nehmen. Hierzu zählt auch die Frühverrentung von Personen, teilweise durch Vortäuschen von Berufsunfähigkeit, die sich auf Kosten der Solidargemeinschaft einen verlängerten arbeitsfreien Lebensabend verschaffen möchten. Die starke Absenkung beispielsweise der niederländischen Einkommensersatzrate bei Frühverrentung verliert stark an Wirkung wegen ihrer Erodierung durch Berufsunfähigkeitsrenten.

Das Reformkonzept kommt daher ebenfalls nicht darum herum, die Spreu vom Weizen zu trennen, d.h. Senkungen der Existenzminimumskomponente für jene Personen zu verfügen, die offensichtlich arbeitsunwillig sind, oder aber, obgleich nicht oder gemindert erwerbsfähig, über Vermögen disponieren, welches nicht werbend angelegt ist. Dabei sollen die Vermögensgrenzen großzügig gezogen werden. Personen, die nach dem 20. Lebensjahr von außerhalb der Europäischen Union nach Deutschland einwandern, haben die Beträge für die Mindestrentenversicherung und die Pflegeversicherung nachzuzahlen,[66] wenn sie nicht nachweisen, von ihrem bisherigen Wohnsitzland eine

---

[66] Diese Beträge können auch von deren Arbeitgeber entrichtet werden.

zeitproportionale Altersversorgung mindestens in Höhe der deutschen Mindestrente zu erhalten. Die deutsche Mindestrente wird in diesem Fall lediglich in Höhe der in Deutschland erworbenen Beitragsjahre gewährt. Letzteres gilt auch für Immigranten aus EU-Staaten. Es wäre essentiell, Wirtschaftsflüchtlinge als solche zu identifizieren. Sie sollten bis zu ihrer Abschiebung vorwiegend Sachleistungen erhalten. Personen, deren Sozialkomponente den Anteil von σ ihres Welt-Bruttoeinkommens überschreitet, werden nur dann nach dem vorgelegten Konzept behandelt, wenn sie seit mindestens 20 Jahren ihren ständigen Aufenthalt in Deutschland hatten.

Eine Frühverrentung in Fällen, in welchen nicht Arbeitsunfähigkeit vorliegt, ist nur dann zulässig, wenn die Mindestbeiträge für 564 Monate entrichtet wurden. Höhere Beitragszahlungen wirken rentensteigernd. Bei Frühverrentung wegen Arbeitsunfähigkeit wird die Rente nach Beitragsjahren bemessen.[67] Die frühverrenteten Personen sind regelmäßig auf ihre Arbeitsfähigkeit zu untersuchen und gegebenenfalls auf den Arbeitsmarkt rückzuführen.

Arbeit über das 67. Lebensjahr hinaus sollte allgemein ermöglicht werden. Bei späterem Eintritt in den Ruhestand werden die Renten um 0,3% für jeden Monat, welcher über das 67. Lebensjahr hinaus gearbeitet wird, erhöht. Die Diskriminierung älterer Menschen auf dem Arbeitsmarkt ist vom Gesetzgeber zu unterbinden.

Exkurs: Die Sozialkomponente E. *Eine intermediäre Hybridlösung der Realisierung des vorgelegten Reformkonzepts kann darin liegen, die Kosten der Humankapitalbildung weiter aus dem allgemeinen Steueraufkommen zu tragen, d.h. die Humankapitalbildung nicht zu privatisieren und sie daher konsequenterweise auch nicht im Rahmen der Sozialkomponente zu berücksichtigen. Dadurch entfällt einerseits die Kostenerstattung im Rahmen der Sozialkomponente, andererseits aber auch die Kostentragung durch die oberen Einkommensschichten. Da diese letztere Komponente von der öffentlichen Hand real zu leisten ist, wogegen die erstere als Durchlaufposten anzusehen ist, geht diese Lösung zu Lasten eines höheren Steueraufkommens bzw. geringerer Steuersenkungen im Vergleich zum vorgelegten Reformkonzept. Obwohl alle Einkommensschichten der Illusion unterliegen, über mehr Nettoeinkommen zu verfügen, werden die oberen Einkommensschichten, gemessen am vorgelegten Reformkonzept, durch die eingeschränkte Sozialkomponente, die als Sozialkomponente E bezeichnet werden soll, netto besser gestellt und das Reformkonzept verliert somit viel von seinem Charme. [Im geltenden Steuersystem bezahlen die oberen Einkommensschichten freilich den Löwenanteil der Humankapitalbildung, allerdings erkauft zu den Desincentivewirkungen hoher Marginalbesteuerung.] Bei der Durchführung dieser Reformvariante ist in obiger Formel einfach S_E statt S zu setzen, wobei S_E die Kosten der Humankapitalbildung nicht enthält.*

Um den Vergleich mit dem derzeit geltenden System zu erleichtern, wird bei den Musterrechnungen im nächsten Beitrag regelmäßig mit der Sozialkomponente E gearbeitet. Auch für den Vergleich von Sozialkomponente E mit dem herrschenden System sind die Unterschiede in den Systemen erheblich, wenngleich in ihrer

---

[67] Obzwar Breyer et al. (2004) die Nachteile des Umlageverfahrens betonten (S. 67ff.), treten sie im Hinblick auf die erheblichen Übergangsprobleme für seine Beibehaltung ein. Für Frühverrentung treten sie für entsprechend diskontierte Rentenabschläge ein (S. 72-74).

Wirkung noch zu erkennen. Der Vergleich des herrschenden Systems mit der Sozialkomponente N würde weitgehende Hypothesen voraussetzen, die sensitiv auf die Ergebnisse wirken würden. Berechnungen würden zuerst einen Grundkonsens über die einzubeziehenden Leistungen und ihrer Preise erfordern. Dies stellt eine Aufgabe für die Zukunft dar.

Exkurs: Ein ausgeweitetes Reformkonzept [Sozialkomponente A]. Die Arbeitskostenerhebung 2000 des Statistischen Bundesamtes zeigte, dass 24,3% der Arbeitskosten von Sonderzahlungen, Vergütungen arbeitsfreier Tage und sonstigen Nebenkosten verursacht werden. Alle diese Sozialleistungen wurden von den Gewerkschaften unter Zugrundelegung der Fiktion der Arbeitnehmer „erkämpft", dass sie zu Lasten der Unternehmergewinne gingen. Man bemühte die Vorstellung eines „free lunch", welchen der Unternehmer bezahle. Nun war die Höhe der Unternehmensgewinne stets weit davon entfernt, knapp ein Viertel der Arbeitskosten verkraften zu können. Vielmehr gingen die von den Gewerkschaften erkämpften sozialen Errungenschaften zu Lasten der Lohn- und Gehaltssteigerungen der Arbeitnehmer. Statt die Steigerungen der Arbeitsproduktivität in der Entlohnung zu reflektieren, diente sie der Finanzierung sozialer Errungenschaften wie längerer Urlaub, Lohnfortzahlung im Krankheitsfall, der Finanzierung des Arbeitsausfalls durch Feiertage, Arztbesuche während der Arbeitszeit, Abfindungen, Kurzarbeitergeld, usw.

Den Arbeitnehmern erschienen diese Leistungen jedoch nicht als Bevormundung ihrer Eigenverantwortung und Souveränität,[68] sondern als kostenloses Manna, welches auf Rechnung des Unternehmers vom Himmel fiel. Der Zusammenhang zwischen der eigenen Lohn- und Gehaltshöhe und diesen sozialen Errungenschaften wurde und wird nicht gesehen und ist daher auch rationalen Entscheidungen der Arbeitnehmer nicht zugänglich. Für sie ist ein Urlaubstag kostenlos und die Abwägung, ob man dafür nicht lieber (und für höheren Lohn) arbeiten sollte, bleibt aus ihrer Vorstellungswelt ausgeblendet.

Ein ausgeweitetes Reformkonzept könnte diese Entscheidungssphäre wieder in die Eigenverantwortung der Arbeitnehmer zurückführen. Danach wären die Löhne nicht mehr pro Woche oder Monat, sondern, wie auch in der Schattenwirtschaft als „naturgegeben" üblich, pro tatsächlich geleisteter Arbeitsstunde festzusetzen. Dazu wird der Jahresbruttolohn (einschließlich des im Grundkonzept vorgesehenen ausbezahlten Arbeitgeberanteils der Sozialabgaben) durch die tatsächlich nach Tarif zu leistenden Stunden dividiert und der so ermittelte Stundenlohn um 40% erhöht. Die Kosten des Verdienstausfalls durch Urlaub, Feiertage, Krankheit, usw. hat der Arbeitnehmer aus eigener Tasche zu bezahlen, bzw. sich – im Falle von Krankheit – entsprechend zu versichern, was auch im Wege eines breiteren Angebotsspektrums der vormaligen gesetzlichen Krankenversicherung erfolgen könnte. Die individuelle Arbeitszeit eines Arbeitnehmers wird im Arbeitsvertrag geregelt. Dies würde die tatsächlichen Arbeitskosten in den Entscheidungskalkül eines Arbeitnehmers einfließen lassen und die gegenwärtige Kostenverschleierung unterbinden. Da dieses erweiterte Reformkonzept nur die Arbeitsangebotsseite betrifft, ist es mit allen anderen Reformkonzeptkomponenten kompatibel. Wegen der Ausweitung der Steuerbemessungsgrundlage könnte dieses Konzept eine erhebliche Senkung der Proportionalsteuer ermöglichen.

---

[68] Vgl. dazu de Jasay (2004).

Eine Stundenlohnerhöhung um 40% mag hoch erscheinen, doch zeigt eine einfache Rechnung ihre Berechtigung. Nach der Arbeitskostenerhebung 2000 des Statistischen Bundesamtes machen die reinen Leistungslöhne 56,4% der Arbeitskosten aus. Die Erhöhung der Löhne um den Arbeitgeberanteil zu den Sozialabgaben ermöglicht Bruttolohnsteigerungen im unteren Einkommensbereich um 20%, was 67,68% der Arbeitskosten ergibt. Eine Beschränkung auf die reinen Leistungslöhne, d.h. auf den reinen Stundenlohn je tatsächlich geleisteter Arbeitsstunde, ermöglicht eine weitere Steigerung um 40%, was in summa 94,752% der Arbeitskosten ergibt. Dies lässt noch Raum, entweder für eine Senkung der Arbeitskosten um knapp 5,25%, oder für unvermeidlich verbleibende Sozialleistungen in diesem Ausmaß.

4 Flankierung des Reformkonzepts durch eine wachstumsorientierte Wirtschaftspolitik

Das vorgeschlagene Reformkonzept zielt im Wesentlichen auf eine Reform des Steuer- und Abgabensystems, welches offenbar die Hauptschuld an der gegenwärtigen schwierigen Situation Deutschlands trägt. Es gilt, die Bürger wieder in Lohn und Brot und die deutschen Unternehmen wieder vermehrt ins eigene Land zu bringen. Es ist genug Arbeit vorhanden; sie wird gegenwärtig nur anderswo gemacht. Aufgabe eines effizienten Steuer- und Abgabesystems ist es, die Arbeit wieder heimzuholen. Jeder Beitrag zur Produktivkraft des Landes ist gefordert, da nur das verteilt werden kann, was zuvor als Bruttosozialprodukt geschaffen wurde. Es gilt nicht primär, den Kuchen möglichst gerecht zu verteilen, sondern ihn zunächst einmal so groß wie möglich zu machen. Nur auf diesem Weg kann auch ein kleiner Anteil am Kuchen ansehnlich werden.

Da sich die durchschnittliche Abgabenbelastung kurzfristig nicht senken lässt, wurde der Weg der Senkung der marginalen Abgabenbelastung gewählt. Der Sozialverträglichkeit des Reformkonzepts wurde durch die Sozialkomponente Rechnung getragen. Für Bruttoeinkommen, welche die $(1/\sigma)$-fache Sozialkomponente übersteigen, winkt die konstante Marginalbelastung in Höhe von τ. Zum Ausgleich dafür werden die Steuerfreiheit des Existenzminimums und die staatliche Subvention der Sozialversicherungsbeiträge und der Humankapitalbildung mit steigendem Einkommen abgeschmolzen. Im Effekt wird dadurch die Progression von der Einkommensentstehungsseite auf die Einkommensverwendungsseite verlagert. Die Senkung der effektiven Steuerbelastung der Unternehmensgewinne auf einen Anteil von τ sollte, im Verein mit der hohen deutschen Arbeitsmoral und der guten Infrastruktur Deutschlands, die Unternehmen veranlassen, ihre Aktivitäten wieder vermehrt nach Deutschland rückzuverlagern, trotz der niedrigeren Steuerbelastung in den Beitrittsländern der Europäischen Union.

Auch diese Maßnahmen allein werden die ökonomische Situation Deutschlands nicht durchgreifend verbessern können, wenn sie nicht durch eine wachstumsorientierte Wirtschaftspolitik ergänzt werden. Diese umfasst eine Senkung der Staatsausgaben, vermehrte Privatisierung, höhere Humankapitalbildung und eine Beseitigung der Behinderung der Kapitalströme.

Die gegenwärtige Wirtschaftsmisere der deutschen Volkswirtschaft ist – insofern muss man der rot-grünen Regierung Gerechtigkeit widerfahren lassen – nicht allein Resultat der Wirtschaftspolitik der letzten Jahre. Sie ist dadurch entstanden, dass ein nimmersatter Staat die Erfolge des deutschen Wirtschaftswunders nicht bewahren konnte, sondern sie durch Ausgabensteigerungen aufgebraucht hat, statt sich beizeiten zurückzunehmen. Während die Adenauersche Rentenreform des Jahres 1957 noch unter dem Aspekt der Aufteilung der Kriegslasten auch auf künftige Generationen legitimiert werden konnte, wurde der Grundstein der Krise der Altersversorgung spätestens im Jahre 1972 gelegt, als eine günstige demographische Situation und ein starkes Produktivitätswachstum die Politiker dazu veranlasste, anstelle einer Senkung der Rentenbeiträge eine um fünf Jahre vorgezogene Frühverrentung zu ermöglichen. Dies kostete die Rentenversicherung in weiterer Folge in jedem Jahr rund 15% ihrer Beitragseinnahmen.[69]

4.1 Senkung der Staatsausgaben

Der weitgehende Abbau von Steuervergünstigungen ist bereits in den bisher empfohlenen Maßnahmen enthalten. Zusätzlich könnten noch Subventionen für die Land- und Forstwirtschaft, für den Verkehr, für Sozialwohnungen, Kinderkrippen, für den Bergbau, für Wasserversorgung, Abfallwirtschaft, Fremdenverkehr, Strukturpolitik, Theater, Museen, Sport und Freizeit allmählich abgebaut werden. Dadurch ließe sich nach im Institut für Weltwirtschaft angestellten Berechnungen längerfristig ein Einsparpotential von 40 bis 60 Mrd. € erzielen.[70]

Hohe Kosten verursacht auch die föderale Struktur des Landes und – damit verbunden – die große Zahl politischer Gremien und die Parallelverwaltungen. Deren Kosten könnten durch Länderzusammenfassungen in vier bis sechs Bundesstaaten mit kleineren Länderparlamenten, angepassten Verwaltungsapparaten, sowie durch eine Verkleinerung des Bundestages auf die Hälfte der Abgeordneten reduziert werden. Auch macht die zunehmende Ausgliederung der politischen Arbeit auf außerparlamentarische Kommissionen[71] eine Vielzahl von Abgeordneten entbehrlich.

Deutschland erstickt in einer – durch die Politik geschaffenen – überbordenden Bürokratie. Diese müsste selbstredend ebenfalls zurückgefahren wer-

---

[69] Vgl. Börsch-Supan (2000, S. F30f.).

[70] Vgl. Boss und Rosenschon (2002, S. 19 und 23). Abweichend von deren umfangreichem Katalog ist hier lediglich an einen Abbau von Finanzhilfen der Gebietskörperschaften im Ausmaß von 40% bis 60% der von Boss und Rosenschon errechneten Finanzhilfen der Gebietskörperschaften in Höhe von mehr als 100 Mrd. € (berechnet für das Jahr 2000) gedacht. [Die Subventionen in Form von Steuervergünstigungen wurden natürlich nicht berücksichtigt, da das vorgestellte Sanierungskonzept deren weitgehenden Abbau ohnehin vorsieht.]

[71] Vgl. dazu Sell (2002), S.297.

den. Das vorgelegte Reformkonzept macht die Administration von Sozialhilfe, Arbeitslosenhilfe, Kindergeld, Erziehungsgeld, Wohngeld, BAföG, Wohnbauförderung, Unterhaltsvorschuss und bedarfsorientierte Grundsicherung im Alter und bei Erwerbsminderung entbehrlich. Damit stellt es einen ersten Schritt auf diesem Weg dar.

4.2 Privatisierung

Die Privatisierung ehemals staatlicher Domänen hat in den letzten Jahren bedeutende Fortschritte gemacht. Post und Telekommunikation bildeten die Vorreiter. Viele Krankenhäuser sind bereits privatisiert, andere werden bald folgen. Desgleichen befindet sich die Bahn auf der Zielgeraden der Privatisierung. Der Markt wurde für private Hochschulen sowie für private Rundfunk- und Fernsehsender geöffnet. Mit Beginn des Jahres 2005 wurde ein Mautsystem für Lastkraftwagen auf Deutschlands Autobahnen eingeführt. Zweifellos stellt es den ersten Schritt für ein allgemeines Autobahnmautsystem dar. Trotzdem harren noch einige Bereiche der Privatisierung, beispielsweise kommunale Versorgungseinrichtungen oder Bereiche des Strafvollzugs. Auch im Bereich von Kindergärten, Schulen und Hochschulen könnte vermehrt auf den privaten Sektor gesetzt werden.

4.3 Humankapital und Bildungspolitik

Rohstoffarme Länder wie Deutschland können nur mit einem Pfund wuchern, nämlich mit ihrem Humankapital. Die demographischen Probleme Deutschlands erfordern eine hervorragend ausgebildete junge Generation. Wenn Deutschland schon nicht mehr Kinder hervorbringt, muss es, um im internationalen Wettbewerb bestehen zu können, einen besser ausgebildeten Nachwuchs hervorbringen. Die PISA-Studien haben gravierende Defizite der deutschen Bildungspolitik aufgedeckt. Die hohen Summen, die in Deutschland der Bildung zufließen, sind offensichtlich schlecht angelegt. Wichtig wäre eine völlige Reform der Gymnasialausbildung zugunsten einer Schwerpunktsetzung in den Sprachen und in den Naturwissenschaften. Da das Abitur seine Qualifikationsgarantie für den Hochschulzugang weitgehend eingebüßt hat, sollte es als Voraussetzung des Hochschulzuganges entfallen. Die Zentralstelle für die Vergabe von Studienplätzen (ZVS) sollte folgerichtig aufgelöst und den Hochschulen die Auswahl ihrer Studierenden nach amerikanischem Muster selbst überlassen werden. Der Verordnungswust von Kapazitätsberechnungen, Curricularfaktoren, usw. müsste radikal zusammengestrichen werden. Kindergärten, Schulen und Hochschulen sollten in merkbarem Ausmaß über Gebühren finanziert werden. Untere Einkommensschichten werden dafür durch die Sozialkomponente entlastet. Die Forschung, speziell die Grundlagenforschung, deren kommerzielle Nutzung in weiter Zukunft liegt, müsste jedoch über einen zentralen Fonds finanziert werden, was auch in den USA die Regel ist.

4.4 Beseitigung der Behinderung der Kapitalströme

Wirtschaftliche Effizienz erfordert, dass das Kapital zum besseren Wirt strömt. Die Besteuerung von Kapitalgewinnen beim Aktien- und Immobilienverkauf bewirkt, dass das Kapital eine Tendenz hat, beim schlechteren Wirt zu bleiben. Auf Millionäre beschränkte Vermögen- und Erbschaftsteuern bewirken, dass diese ihren Wohnsitz in Ländern nehmen, in welchen es diese Steuern entweder nicht gibt oder in welchen sie moderater sind.

Die deutsche Wirtschaftspolitik ist inkonsistent. Sie propagiert die Privatisierung der Altersvorsorge und fördert sie auf der einen Seite, während sie auf der anderen Seite die dafür nötige Vermögensbildung steuerlich bestraft, indem sie die Spekulationsbesteuerung von Aktien und Immobilien verschärfte und die Wiederbelebung der Vermögensteuer sowie eine Erhöhung der Erbschaftsteuer erwägt. Die Versicherung, dass nur „Millionäre" zur Vermögensteuer herangezogen werden sollen, scheint nach den Erfahrungen der Vergangenheit vornehmlich dazu zu dienen, den Fuß in die Tür zu bekommen; bei weiterem Finanzbedarf besteht die Gefahr der Senkung der Freibeträge. Auch die andiskutierte Abschaffung des Splittingvorteils würde die Sparfähigkeit der Haushalte mindern und damit ihre Fähigkeit, selbst für ihr Alter vorzusorgen. Die deutsche Wirtschaftspolitik mahnt einerseits räumliche Mobilität auf dem Arbeitsmarkt an, behindert sie jedoch andererseits durch die Grunderwerbsteuer. Sie bemüht sich einerseits um eine aktive Beschäftigungspolitik und paralysiert sie andererseits durch eine ständige Erhöhung der Lohnnebenkosten. Hier öffnet sich ein weites Feld für wirtschaftspolitische Hausaufgaben.

5 Übergangsprobleme: Die Kosten des Vertrauensschutzes

Das vorgelegte Reformkonzept hat komparativ-statischen Charakter, das heißt, unter der Voraussetzung der Finanzierbarkeit auf Basis von Berechnungen mit einem Mikrosimulationsmodell könnte es das herrschende System ersetzen. Nun sind hier eine Reihe von Vorbehalten anzumelden: Zunächst könnte ein Systemwechsel Verhaltensänderungen und damit einen anderen Verlauf der wirtschaftlichen Entwicklung auslösen als das herrschende System. Beispielsweise hat die Einführung eines kapitalgedeckten Alterssicherungssystems in Chile dazu geführt, dass das Ruhestandsalter, wohl infolge individuell zurechenbarer Kapitalkonten, gestiegen ist. Dies erleichterte natürlich die Finanzierung des Systems. Eine solche dynamische Analyse vermag ein Mikrosimulationsmodell per se nicht zu leisten. Auch für die Einführung von Verhaltensfunktionen fehlen die Erfahrungen und damit die Basis für realitätsnahe Parameterschätzungen.[72]

---

[72] Für theoretische Modelle vgl. z.B. Diamond und Geanakoplos (2005); Lucas (2005); Storesletten et al. (2005).

Zweitens aber haben sich die Wirtschaftssubjekte einem bestehenden System angepasst. Beispielsweise können sie im Vertrauen auf ein bestehendes Umlageverfahren die private Kapitalbildung für ihre Alterssicherung vernachlässigt haben. Dies ist umso mehr verständlich, als sie ja erhebliche Beiträge für die Versorgung der Altengeneration geleistet haben und nun mit Fug und Recht darauf vertrauen, dass ihre eigene Altersversorgung ebenso von der nächsten Generation getragen wird. Jede Reform und jeder Systemwechsel implizieren andere optimale Anpassungsmuster. Diejenigen Wirtschaftssubjekte, die im Vertrauen auf das bisherige System ihre Entscheidungen getroffen haben, genießen jedoch Vertrauensschutz in dem Sinne, dass sie für Systemänderungen kompensiert werden müssen, um Schaden von ihnen abzuwenden. Diese Kosten des Vertrauensschutzes hängen einerseits von dem Verfahren des Übergangs und von der Anzahl der Betroffenen ab. Man kann mit Recht dem vorgestellten Reformkonzept vorwerfen, dass es kein Modell eines Systemübergangs mit entsprechenden Kostenschätzungen konzipiert. Dem ist einmal entgegenzuhalten, dass ein Ziel klar formuliert werden muss, ehe man über die Wege zu seiner Erreichung raisonnieren kann. Es wäre wenig sinnvoll, Systemübergänge aufzuzeigen, wenn ein bestimmtes Reformkonzept an sich unerwünscht ist. Ist aber ein Ziel an sich wünschenswert, bietet sich in der Regel nicht ein Weg, sondern viele Wege zu seiner Realisierung an. Die Formulierung von Übergangsmodellen ist aber regelmäßig extrem aufwendig. Sie lohnt sich daher nur, wenn das Ziel selbst angestrebt werden soll. Übergangsmodelle müssen jedenfalls nachgeliefert werden, sobald die Wünschbarkeit des Ziels unbestritten ist.

Am Ende möchte ich aus der Reserve des referierenden Autors heraustreten. Nicht eigenes Sendungsbewusstsein, sondern der Reformbedarf Deutschlands bewog mich, ein entsprechendes Konzept vorzustellen. Keine geringere Institution als der Wissenschaftsrat hat inhaltliche Impulse der wissenschaftlichen Politikberatung durch Ökonomen aus den Hochschulen angemahnt.[73] Leider gibt es aber gerade im Bereich der Wissenschaft nicht wenige, die im Gewand des Analytikers auftreten, aber nach den Bedürfnissen ihres Herzens predigen. Sie haben der Glaubwürdigkeit und Seriosität der Wissenschaft insgesamt geschadet. Dies beginnt damit, dass eigene Konzepte zwar nicht mit adäquaten Modellen – die sinnvollerweise nur Mikrosimulationsmodelle sein können – durchgerechnet, aber vehement gegen jede Kritik verteidigt werden. Es zeigt sich weiter im Verschweigen notwendiger Modellbedingungen,[74] in der Prägung wertgeladener pejorativer Ausdrücke,[75] oder überhaupt in For-

---

[73] Vgl. FAZ vom 19. November 2002, S. 12.

[74] Beispielsweise wurde eine Konsumsteuer derart charakterisiert, dass sie nur die Löhne, nicht aber die Gewinne besteuern würde. Richtig ist dies nur unter der Voraussetzung vollkommener Kapitalmärkte, in welchen die Renditen dem langfristigen Zins entsprechen und die Gewinne vollständig thesauriert werden.

[75] Wenn etwa der Anteil der inländischen Wertschöpfung am Wert eines Produktes sinkt, obwohl die aggregierte Wertschöpfung der Volkswirtschaft steigt, wird das nicht einfach als Wirkung des Gesetzes der komparativen Kostenvorteile dargestellt, sondern der pejorative Ausdruck „Basarökonomie" dafür verwendet.

derungen, welche die eigene Werthaltung nur dürftig verschleiern.[76] Zuweilen stellt man fest, dass wissenschaftliches Streben durch eine Publizitätssucht verdrängt wird, sich möglichst oft händeschüttelnd mit Spitzenpolitikern in Hochglanzbroschüren zu sehen. Die ökonomische Zunft ist teilweise selbst daran schuld, zu wenig ernst genommen zu werden. Ein scharfer Beobachter wie Schumpeter (1987, S. 144) hat sarkastisch bemerkt dass „... practically every nonsense that has ever been said about capitalism has been championed by some professed economist." Man braucht bloß „capitalism" durch „economics" zu ersetzen, um das Drama der Ökonomie zu illustrieren. So kann es nicht verwundern, dass ein im Wahlkampf vorgebrachter Hinweis auf den „realitätsfernen Professor aus Heidelberg" von vielen Wählern bereitwillig akklamiert wurde.

Der nächste Beitrag zeigt die Durchrechnung und die Auswirkungen des vorgetragenen Reformkonzepts für die Sozialkomponente E. Zweifellos birgt das vorgelegte Konzept noch viele Probleme, aber es ist meines Erachtens eine sorgfältige Diskussion wert.

6 Anhang: Durchschnitts- und Marginalbelastung des Bruttoeinkommens durch Steuern und Sozialabgaben (nur Arbeitnehmeranteil) für verschiedene Haushaltstypen[77]

---

[76] Beispielsweise die ohne ökonomische Analyse erhobene Forderung, die Renten Kinderloser zu senken, oder ihre Rentenbeiträge zu erhöhen. [Vgl. dazu die Ausführungen im Exkurs zu Abschnitt 3.2 oben.] Solche Forderungen lassen sich durch Sigmund Freuds Psychoanalyse besser als durch ökonomische Rationalkalküle erklären.
[77] Berechnung von Thomas Drabinski.

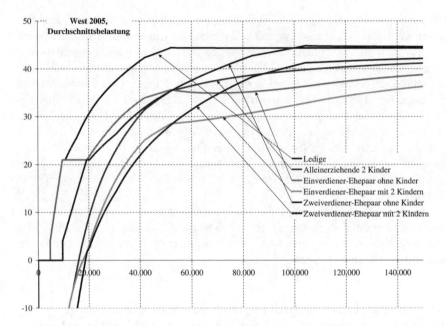

Abb. 1. Durchschnittsbelastung für verschiedene Haushaltstypen; Deutschland (West).

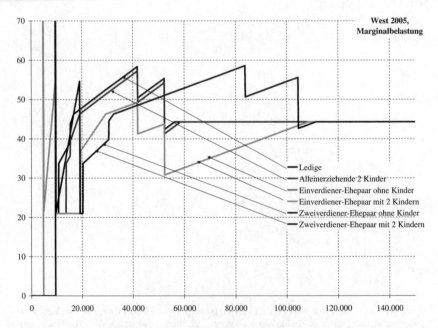

Abb. 2. Marginalbelastung für verschiedene Haushaltstypen; Deutschland (West).

Eine umfassende Steuer- und Abgabenreform 213

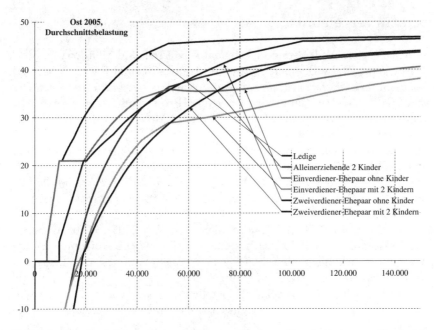

Abb. 3. Durchschnittsbelastung für verschiedene Haushaltstypen; Deutschland (Ost).

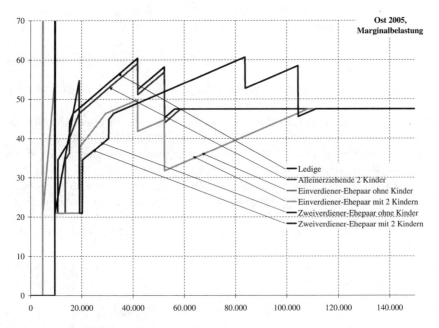

Abb. 4. Marginalbelastung für verschiedene Haushaltstypen; Deutschland (Ost).

Literaturverzeichnis

Abel, A.B. (2005). Will Bequests Attenuate the Predicted Meltdown in Stock Prices When Baby Boomers Retire? In: Brooks, R. und Razin, A. (Hrsg.), *Social Security Reform. Financial and Political Issues in International Perspective*, S. 307-319. Cambridge University Press, Cambridge.

Allen, R.G.D. (1933). On the Marginal Utility of Money and Its Applications. *Economica*, 13:186-209.

Armey, R. (1995). Caveat Emptor: The Case Against the National Sales Tax. *Policy Review*, 73(Summer):31-35.

Armey, R. (1996). *The Flat Tax: A Citizen's Guide to the Facts on What It Will Do for You, Your Country, and Your Pocketbook*. Fawcett Columbine, New York.

Bach, S., Haan, P., Rudolph, H.-J., und Steiner, V. (2004). Reformkonzepte zur Einkommens- und Ertragsbesteuerung: Erhebliche Aufkommens- und Verteilungswirkungen, aber relativ geringe Effekte auf das Arbeitsangebot. *Wochenbericht des DIW Berlin*, 16:185-204.

Bergson, A. (1936). Real Income, Expenditure Proportionality, and Frisch's 'New Method of Measuring Marginal Utility'. *Review of Economic Studies*, 4:33-53.

BGBl (2001). *Gesetz über eine bedarfsorientierte Grundsicherung im Alter und bei Erwerbsminderung vom 26. Juni 2001*. BGBl. I. S. 1310, 1335.

Bhatti, B. (2005). *Inzidenz und Finanzierbarkeit der gegenwärtigen Reformvorschläge der deutschen Einkommensteuer – Eine Mikrosimulationsanalyse*. Diplomarbeit, Kiel.

Blueprints for Basic Tax Reform (1977). Department of the Treasury, Washington, D.C.

Boadway, R. (2004). The Dual Income Tax System — An Overview. *CESifo DICE Report, Journal of Institutional Comparisons*, 2/3:3-8.

Börsch-Supan, A. (2000). A Model Under Siege: A Case Study of the German Retirement Insurance System. *The Economic Journal*, 110:F24-F45.

Bös, D. und Tillmann, G. (1983). Neid und progressive Besteuerung. In: Hansmeyer, K.-H. (Hrsg.), *Staatsfinanzierung im Wandel*, Bd. 134, S. 637-660. Schriften des Vereins für Socialpolitik, N.F., Duncker&Humblot, Berlin.

Bös, D. und Tillmann, G. (1984). Neid und progressive Besteuerung. In: Bös, D., Rose, M., und Seidl, C. (Hrsg.), *Beiträge zur neueren Steuertheorie, Studies in Contemporary Economics*, Bd. 7, S. 65-74. Springer-Verlag, Berlin-Heidelberg.

Bös, D. und Tillmann, G. (1985). An 'Envy Tax': Theoretical Principles and Application to the German Surcharge on the Rich. *Public Finance/Finances Publiques*, 40:35-63.

Bös, D. und Tillmann, G. (1989a). Equitability and Income Taxation. In: Bös, D. und Felderer, B. (Hrsg.), *The Political Economy of Progressive Taxation*, S. 75-99. Springer-Verlag, Berlin-Heidelberg-New York-Tokyo.

Bös, D. und Tillmann, G. (1989b). An Economist's View of Equitable Taxation. In: Bös, D. und Felderer, B. (Hrsg.), *The Political Economy of Progressive Taxation*, S. 107-109. Springer-Verlag, Berlin-Heidelberg-New York-Tokyo.

Bös, D. und Tillmann, G. (1998). Some Thoughts on Equity and Envy. In: Fritz-Assmus, D. (Hrsg.), *Wirtschaftsgesellschaft und Kultur. Gottfried Eisermann zum 80. Geburtstag*, S. 61-78. Haupt, Bern-Stuttgart-Wien.

Boss, A. (2002). *Sozialhilfe, Lohnabstand und Leistungsanreize. Empirische Analyse für Haushaltstypen und Branchen in West- und Ostdeutschland.* Springer-Verlag, Berlin etc.

Boss, A. und Elendner, T. (2005a). *Incentives to Work: The Case of Germany.* Kiel Working Paper No. 1237.

Boss, A. und Elendner, T. (2005b). Verstärkte Arbeitsanreize durch das Arbeitslosengeld II? *Die Weltwirtschaft*, 2:168-196.

Boss, A. und Rosenschon, A. (2002). *Subventionen in Deutschland: Quantifizierung und finanzpolitische Bewertung.* Nr. 392/393 der Kieler Diskussionsbeiträge, Institut für Weltwirtschaft Kiel.

Breyer, F., Franz, W., Homburg, S., Schnabel, R., und Wille, E. (2004). *Reform der sozialen Sicherung.* Springer-Verlag, Berlin-Heidelberg.

Brooks, R. (2005). Asset Market Effects of the Baby Boom and Social Security Reform. In: Brooks, R. und Razin, A. (Hrsg.), *Social Security Reform. Financial and Political Issues in International Perspective*, S. 247-267. Cambridge University Press, Cambridge.

Bundesministerium der Finanzen (jährlich). *Finanzberichte.* Berlin.

Casey, B., Oxley, H., Whitehouse, E., Antolin, P., Duval, R., und Leibfritz, W. (2003). *Policies for an Ageing Society: Recent Measures an Areas for Further Reform.* OECD Economics Department Working Papers No. 369, Paris.

Christiansen, V. (2004). Norwegian Income Tax Reforms. *CESifo DICE Report, Journal of Institutional Comparisons*, 2/3:9-14.

Cohen-Stuart, A.J. (1889). *Bijdrage tot de Theorie der progressieve Inkomstenbelastning.* Martinus Nijhoff, Den Haag.

de Jasay, A. (2004). *Eingebaute Arbeitslosigkeit.* FAZ, 2. Oktober 2004, S. 13.

Devereux, M.P. und Griffith, R. (1999). *The Taxation of Discrete Investment Choices – Revision 2.* IFS Working Paper Series No. W98/16.

Diamond, P. und Geanakoplos, J. (2005). Social Security Investment in Equities. In: Brooks, R. und Razin, A. (Hrsg.), *Social Security Reform. Financial and Political Issues in International Perspective*, S. 145-182. Cambridge University Press, Cambridge.

Dornbusch, H.-L. (2000). *Sozialausgaben des Bundes 1992-2003.* Institut „Finanzen und Steuern", Schrift Nr. 384, Bonn.

Edgeworth, F.Y. (1925). *Papers Relating to Political Economy*, Bd. II. Macmillan, London.

Eggert, W. und Genser, B. (2005). Dual Income Taxation in EU Member Countries. *CESifo DICE Report, Journal of Institutional Comparisons*, 3/1:41-47.

Elster, K. (1913). Eine Reichsaufwandsteuer? *Jahrbücher für Nationalökonomie und Statistik*, 101:785-796.

Fehr, H., Jokisch, S., und Kotlikoff, L.J. (2004). The Role of Immigration in Dealing with the Developed World's Demographic Transition. *Finanzarchiv*, 60:296-324.

Fisher, I. (1927). A Statistical Method for Measuring "Marginal Utility" and Testing the Justice of Progressive Taxation. In: Hollander, J. (Hrsg.), *Economic Essays Contributed in Honor of John Bates Clark*, S. 157-193. Macmillan, New York.

Fisher, I. (1938). Income in Theory and Income Taxation in Practice. *Econometrica*, 5:1-55.

Fölster, S., Gidehag, R., Orszag, J.M., und Snower, D. (2002). *Assessing Welfare Accounts*. IZA Discussion Paper No. 533.

Frisch, R. (1926). *Sur un problème d' économie pure*. Norsk Matematisk Forenings Skrifter, Serie I, Nr. 16, Oslo.

Frisch, R. (1932). *New Methods of Measuring Marginal Utility*. J.C.B. Mohr, Tübingen.

Frisch, R. (1936). Annual Survey of General Economic Theory: The Problem of Index Numbers. *Econometrica*, 4:1-38.

Garrett, T.A. und Rhine, R.M. (2005). Social Security versus Private Retirement Accounts: A Historical Analysis. *Federal Bank of St. Louis Review*, 57:103-121.

Hall, R.E. und Rabushka, A. (1983). *Low Tax, Simple Tax, Flat Tax*. McGraw-Hill, New York.

Hall, R.E. und Rabushka, A. (1995). *The Flat Tax*, 2 Aufl. Hoover Institution Press, Stanford.

Hall, R.E. und Rabushka, A. (1996). The Flat Tax: A Simple, Progressive Consumption Tax. In: Boskin, M.J. (Hrsg.), *Frontiers of Tax Reform*, S. 27-53. Hoover Institution Press, Stanford.

Herzog-Kommission (2003). *Bericht der Kommission „Soziale Sicherheit" zur Reform der Sozialen Sicherungssysteme*. Berlin.

Hobbes, T. (1651). *Leviathan, or The Matter, Forme & Power of an Common-Wealth Ecclestiasticall and Civill*. Andrew Crooke, London.

Hogrefe, J. (2005). *Umverteilungswirkungen der Familienförderung: Eine Inzidenzanalyse für die Bundesrepublik Deutschland*. Schriftenreihe des Lorenz-von-Stein-Instituts an der Christian-Albrechts-Universität zu Kiel, Kiel.

Holzmann, R. und Stiglitz, J.E. (2001). *New Ideas About Old Age Security*. The World Bank, Washington, D.C.

Hurley, J., Vaithianathan, R., Crossley, T.F., und Cobb-Clark, D. (2002). *Parallel Private Health Insurance in Australia: A Cautionary Tale and Lessons for Canada*. IZA Discussion Paper No. 515, Bonn.

Jacobs, O.H., Spengel, C., Finkenzeller, M., und Roche, M. (2004). *Company Taxation in the New EU Member States, Study of Tax Regimes and Effective Tax Burdens for Multinational Investors*, 2 Aufl. Ernst & Young und ZEW, Frankfurt/Main und Mannheim. ftp://ftp.zew.de/pub/zew-docs/gutachten/Studie_ZEW_E&Y_2004.pdf.

Jerger, J. und Spermann, A. (1997). Wege aus der Arbeitslosenfalle – ein Vergleich alternativer Lösungskonzepte. *Zeitschrift für Wirtschaftspolitik*, 46:51-73.

Jorgenson, D.W. und Wilcoxen, P.J. (2002). The Economic Impact of Fundamental Tax Reform. In: Zodrow, G.R. und Mieszkowski, P. (Hrsg.), *United States Tax Reform in the 21st Century*, S. 55-88. Cambridge University Press, Cambridge.

Kaldor, N. (1955). *An Expenditure Tax*. George Allen & Unwin, London.

Keuschnigg, C. und Keuschnigg, M. (2004). Aging, Labor Markets, and Pension Reform in Austria. *Finanzarchiv*, 60:359-392.

King, M.A. und Fullerton, D. (1984). *The Taxation of Income from Capital: A Comparative Study of the U.S., U.K., Sweden, and West Germany*. University of Chicago Press, Chicago.

Kirchhof, P. (2003). Das EStGB – ein Vorschlag zur Reform des Ertragssteuerrechts. *Deutsches Steuerrecht*, 41:1*-16*. Beiheft 5 zu Heft 37.

Knappe, E. (2004). *Gesundheitswesen: Reformen ohne Ende?* Volkswirtschaftliche Korrespondenz der Adolf-Weber-Stiftung. 43. Jhrg., Nr. 12/04.

Lodin, S.-O. (1978). *Progressive Income Tax — An Alternative? A Report of the 1972 Government Commission on Taxation*. Liber Förlag, Stockholm.

Lucas, D. (2005). Investing Public Pensions in the Stock Market: Implications for Risk Sharing, Capital Formation, and Public Policy in the Developed and Developing World. In: Brooks, R. und Razin, A. (Hrsg.), *Social Security Reform. Financial and Political Issues in International Perspective*, S. 183-205. Cambridge University Press, Cambridge.

Managementkompass Kosteneffizienz (2002). *Managementkompass Kosteneffizienz*. FAZ-Institut und Manager Magazin. Mummert Consulting.

Marsden, K. (1983). *Links between Taxes and Economic Growth: Some Empirical Evidence*. World Bank Staff Working Papers No. 605, Washington D.C. The World Bank.

McLure, C.E. (2005). The European Commission's Proposals for Corporate Tax Harmonization. *CESifo Forum*, 6/1:32-41.

Meade, J.E. (1978). *The Structure and Reform of Direct Taxation, Report of a Commission Chaired by Professor J.E. Meade*. George Allen & Unwin, London-Bosten-Sydney.

Mietschke, J. (2004). *Erneuerung des deutschen Einkommensteuerrechts. Gesetzestextentwurf und Begründung*. Verlag Dr. Otto Schmidt KG, Köln.

Mikloš, I. (2005). Das beste Steuersystem der EU. *Frankfurter Allgemeine Zeitung*, S. 13. 3. September 2005.

Mill, J.S. (1869). *Grundsätze der politischen Ökonomie, nebst einigen Anwendungen derselben auf die Gesellschaftswissenschaft*, deutsche Übersetzung von A. Soetbeer, 3 Aufl., Bd. III. Fues's Verlag (R. Reisland), Leipzig.

Niederleithinger, E. (2004). *Vorschläge der VVG-Kommission in ihrem Abschlussbericht vom 19. April 2004*. Vortrag auf der 14. Wissenschaftstagung des Bunder der Versicherten in Bad Bramstedt am 22.-23. April 2004.

Ottnad, A. und Wahl, S. (2005). *Die Renditen der gesetzlichen Rente. Für Junge ein schlechtes Geschäft*. Deutsches Institut für Altersvorsorge, Köln.

Overesch, M. (2005). The Effective Tax Burden of Companies in Europe. *CESifo DICE Report, Journal for Institutional Comparisons*, 3/4:56-63.

Pichler, E. (2005). Die 1000 € Falle. Die Auswirkungen der Steuer- und Wohlfahrtspolitik in Österreich. *Wirtschaftspolitische Blätter*, 52:400-409.

Poterba, J. (2005). Demographic Structure and Asset Return. In: Brooks, R. und Razin, A. (Hrsg.), *Social Security Reform. Financial and Political Issues in International Perspective*, S. 268-306. Cambridge University Press, Cambridge.

Ragnitz, J. (2005). Fifteen Years After: East Germany Revisited. *CESifo Forum*, 6/4:3-6.

Rose, M. (Hrsg.) (1990). *Heidelberg Congress on Taxing Consumption*. Springer-Verlag, Berlin-Heidelberg etc.

Rürup-Kommission (2003). *Nachhaltigkeit in der Finanzierung der sozialen Sicherungssysteme*. Bundesministerium für Gesundheit und Soziale Sicherung, Berlin.

Sachverständigenrat zur Begutachtung der gesamtwirtschaftlichen Entwicklung (2001). *Für Stetigkeit – gegen Aktionismus*. Metzler-Poeschel, Stuttgart. Jahresgutachten 2001/2002.

Sachverständigenrat zur Begutachtung der gesamtwirtschaftlichen Entwicklung (2003). *Staatsfinanzen konsolidieren – Steuersystem reformieren*. Metzler-Poeschel, Stuttgart. Jahresgutachten 2003/2004.

Sachverständigenrat zur Begutachtung der gesamtwirtschaftlichen Entwicklung (2004). *Erfolge im Ausland – Herausforderungen im Inland*. Metzler-Poeschel, Stuttgart. Jahresgutachten 2004/2005.

Schieber, S. und Shoven, J. (1997). The Consequences of Population Aging on Private Pension Fund Saving and Asset Markets. In: Schieber, S. und Shoven, J. (Hrsg.), *Public Policy Toward Pensions*, S. 219-245. MIT Press, Cambridge MA.

Schneider, H., Hagedorn, M., Kaul, A., und Mennel, T. (2004). *Reform der Arbeitslosenversicherung*. Bertelsmann Stiftung, Gütersloh.

Schramm, P. (2003). Wie es gehen könnte. Ein Konzept zur Mitgabe der Alterungsrückstellung beim PKV-Versicherungswechsel. *Versicherungswirtschaft*, 22:1840.

Schratzenstaller, M. (2004). Towards Dual Income Taxes — A Country-Comparative Perspective. *CESifo DICE Report, Journal of Institutional Comparisons*, 2/3:23-30.

Schumpeter, J.A. (1929/30). Ökonomie und Soziologie der Einkommensteuer. *Der deutsche Volkswirt*, 4:380-385.

Schumpeter, J.A. (1987). *Capitalism, Socialism and Democracy*. Unwin Paperbacks, London. [Erstauflage 1942].

Schwarz, K.-P. (2005). Die Revolution der Steuersysteme in Osteuropa. *Frankfurter Allgemeine Zeitung*. 26. Januar 2005.

Seidl, C. (1979a). Reform der Steuern auf Einkommen und Ertrag: Novellierung des herrschenden Steuersystems oder Systemänderung durch eine modifizierte analytische Einkommensteuer? Freie Argumente. *Freiheitliche Zeitschrift für Politik*, 6/4:1-56.

Seidl, C. (1979b). Das Konzept einer modifizierten analytischen Einkommensteuer als Alternative zum herrschenden System direkter Steuern. *Wirtschaftspolitische Blätter*, 26/5:49-62.

Seidl, C. (1980). Ein analytisches Einkommensteuerkonzept mit flankierenden Steuern. In: Helige, O. (Hrsg.), *Dokumentaion zur Steuerreformkommission*, S. 128-155. Wirtschaftsverlag Dr. Anton Orac, Wien.

Seidl, C. (1990). Administration Problems of an Expenditure Tax. In: Rose, M. (Hrsg.), *Heidelberg Congress on Taxing Consumption*, S. 407-441 and 444-449. Springer-Verlag, Berlin-Heidelberg etc.

Seidl, C. (1994). How Sensible is the Leyden Individual Welfare Function of Income? *European Economic Review*, 38:1633-1659.

Seidl, C. (2003). Ein Sanierungskonzept für die Bundesrepublik Deutschland. *Wirtschaftsdienst*, 83/2:92-99.

Sell, S. (2002). Editorial: Sozialer Fortschritt durch Kommisionen? *Sozialer Fortschritt*, 51:297.

Siegel, J. (1998). *Stocks for the Long Run*, Bd. 2. McGraw-Hill, New York.

Sinn, H.-W. (2002). Die rote Laterne. *ifo Schnelldienst*, 23:14-17.

Solms, H.O. (Hrsg.) (2005). *Liberale Reform der direkten Steuern*. Liberal Verlag, Berlin.

Spengel, C. und Wiegard, W. (2004). Dual Income Tax: A Pragmatic Tax Reform Alternative for Germany. *CESifo DICE Report, Journal of Institutional Comparisons*, 2/3:15-22.

Statistisches Bundesamt (2003). *Löhne und Gehälter: Arbeitskostenerhebungen 2000*. Fachserie 16/Heft 2, Wiesbaden.

Stern, V. (2000). *Steuer- und Abgabenbelastung in Deutschland*. Karl-Bräuer-Institut des Bundes der Steuerzahler, Wiesbaden.

Storesletten, K., Telmer, C., und Yaron, A. (2005). The Risk-Sharing Implications of Alternative Social Security Arrangements. In: Brooks, R. und Razin, A. (Hrsg.), *Social Security Reform. Financial and Political Issues in International Perspective*, S. 206-245. Cambridge University Press, Cambridge.

U.S. Department of the Treasury, Office of Tax Analysis (1996). *New Armey-Shelby Flat Tax Would Still Lose Money, Treasury Finds*. Tax Notes 70 (January 22, 1996), S. 451-461, House of Representatives 1040 and S1040.

van Praag, B.M.S. (1971). The Welfare Functions of Income in Belgium: An Empirical Investigation. *European Economic Review*, 2:337-369.

von Auer, L. und Büttner, B. (2004). Endogenous Fertility, Externalities, and Efficiency in Old-Age Pension Systems. *Journal of Institutional and Theoretical Economics*, 160:294-310.

von Dohnanyi, K. (2005). Unification, Reconstruction and Federalist Reform in Germany. *CESifo Forum*, 6/4:23-27.

Wilke, C.B. (2005). *Rates of Return of the German PAYG System — How They Can be Measured and How They Will Develop*. MEA Discussion Paper 97–2005, Mannheim.

Wissenschaftlicher Beirat beim Bundesministerium der Finanzen (2004). *Flat Tax oder Duale Einkommensteuer? Zwei Entwürfe zur Reform der deutschen Einkommenbesteuerung, Gutachten Nr. 74*. BMF Schriftenreihe Heft 76.

Wissenschaftlicher Beirat beim Bundesministerium der Finanzen (2005). Der Wissenschaftliche Beirat zur Reform der Einkommensteuer. *Monatsbericht des BMF* (März 2005), S. 81-88.

Young, H.P. (1987). Progressive Taxation and the Equal Sacrifice Principle. *Journal of Public Economics*, 32:203-214.

Zodrow, G.R. (2002). Transitional Issues in the Implementation of a Flat Tax of a National Retail Sales Tax. In: Zodrow, G.R. und Mieszkowski, P. (Hrsg.), *Unites States Tax Reform in the 21st Century*, S. 245-283. Cambridge University Press, Cambridge.

UMFASSENDE STEUER- UND ABGABENREFORM FÜR DEUTSCHLAND: ERGEBNISSE DER MIKROSIMULATION FÜR DIE SOZIALKOMPONENTE E

Christian Seidl[a], Thomas Drabinski[b] und Benjamin Bhatti[c]

[a] Christian-Albrechts-Universität zu Kiel, Institut für Volkswirtschaftslehre, Abteilung für Finanzwissenschaft und Sozialpolitik
[b] Christian-Albrechts-Universität zu Kiel, Institut für Volkswirtschaftslehre, Abteilung für Finanzwissenschaft und Sozialpolitik und Institut für Mikrodaten-Analyse, Kiel
[c] Sozietät Dr. Rades, Kiel

1	Datenbearbeitung	222
2	Makroberechnung	224
3	Ergebnisse der Mikrosimulation nach Haushaltstypen	232
4	Ergebnisse individueller Belastungen nach unterschiedlichen Haushaltstypen	239
4.1	Alleinerziehende mit zwei Kindern zwischen 1 und 15 Jahren	240
4.2	Doppelverdiener-Ehepaare mit zwei Kindern im Alter zwischen 1 und 15 Jahren	243
4.3	Doppelverdiener-Ehepaare ohne Kinder	245
4.4	Rentnerehepaare	248
5	Zusammenfassung	251
Literaturverzeichnis		252

Wie bereits im Vorwort und im vorigen Beitrag bemerkt, leiden Reformkonzepte häufig unter dem Nachteil, dass sie nicht durchgerechnet wurden. Dies lässt Fragen ihrer Durchführbarkeit, Finanzierbarkeit und Fragen ihrer Verteilungswirkungen offen. In diesem Folgeaufsatz zu dem vorgeschlagenen Reformkonzept werden dessen makroökonomische Finanzierbarkeit, die mikroökonomischen Wirkungen auf Einkommensniveau und -verteilung und die unterschiedlichen Belastungsverläufe für ausgewählte Haushaltstypen untersucht.[1] Um den Vergleich mit dem derzeit geltenden Steuer- und Abgabensystem zu erleichtern und die Einführung hypothetischer Kosten von Humankapitalinvestitionen zu vermeiden, wird bei diesen Musterrechnungen ausschließlich mit der Sozialkomponente E gearbeitet. Selbst unter dieser Annahme zeigt sich, dass das Datenmaterial der Einkommens- und Verbrauchsstichprobe 1998 [EVS] nicht alle erforderlichen Daten bereitstellt, so dass einige Annahmen gemacht werden mussten.

Die Lektüre dieses Beitrags hat die genaue Kenntnis des im vorigen Beitrag von Seidl entwickelten Reformkonzepts zur Voraussetzung. Hier wird die Durchrechnung dieses Reformkonzepts vorgestellt und dokumentiert. Dies präjudiziert nicht die in manchen Punkten abweichenden Auffassungen der Koautoren dieses Beitrags zur Reform der sozialen Sicherungssysteme in Deutschland.

1 Datenbearbeitung

Die Nettoeinkommen der Wirtschaftssubjekte bemessen sich für die Sozialkomponente E nach der Formel

$$N = (1 - \tau)B - (S_E - E) + \max\{0, [S_E - A - \sigma B^*]\} + (B^* - B + A - T_A),$$

mit der folgenden Symbolbedeutung:
τ ... Steuersatz;
σ ... Satz der Berücksichtigung der Sozialkomponente;
E ... Existenzminimum;
B ... inländisches Bruttoeinkommen;
B^* ... Welt-Bruttoeinkommen;
S_E ... Sozialkomponente E;
A ... erhaltene Alimentationsleistungen und Schenkungen;
T_A ... Steuer auf ausländische Einkommenskomponenten.

S_E umfasst das Existenzminimum eines Haushalts und seine Sozialabgaben. $(S_E - E)$ besteht daher nur aus den Sozialabgaben des Haushalts.

Zum Unterschied zum herrschenden System wird B so berechnet, dass für unselbständig tätige Personen, die nicht Sonderversorgungssystemen der Alterssicherung angehören, der Arbeitgeberanteil der Sozialversicherungsbeiträge dem Lohn oder Gehalt zugeschlagen, das heißt, als Lohn- bzw. Gehaltsbestandteil ausbezahlt wird.

Für Renteneinkommen werden die Krankenversicherungsbeiträge, welche die Bundesversicherungsanstalt für die Rentner entrichtet, den Renten zugeschlagen. Ebenso wird der Anteil der Pflegeversicherung, welche die Bundes-

---

[1] Die Ergebnisse dieser Arbeit sind ein Resultat des Forschungsprojekts „Einkommensverteilung, Haushaltsbedürfnisse und das deutsche Steuer- und Transfersystem", das am Lorenz-von-Stein-Institut für Verwaltungswissenschaften an der Christian-Albrechts-Universität zu Kiel durchgeführt wird.

versicherungsanstalt für die Rentner entrichtete,[2] den Renten zugeschlagen. Die Mindestrente eines Haushalts ist voll steuerpflichtig, weil die entsprechenden Rentenbeiträge steuerabzugsfähig sind. Freiwillige Beiträge über die Mindestbeiträge hinaus sind aus versteuertem Einkommen zu leisten und unterliegen nur mit ihrem Zinsanteil der Steuerpflicht. Zur Berechnung des Zinsanteils unterstellen wir eine Nominalverzinsung in Höhe von r und eine mittlere Lebensdauer von L Jahren nach Eintritt in den Ruhestand. Eine Monatsrente von R ergibt bei linearer innerjährlicher Verzinsung einen Rentenbarwert von

$$\text{Barwert} = R\left(12 - 6{,}5\frac{r}{12}\right)\left[\frac{1-(1-r)^L}{r}\right].$$

Dividiert man diesen Barwert durch $12 \times R \times L$, erhält man den zinsbereinigten Rentenanteil ξ. Für $r = 0{,}02$ und $L = 20$ erhalten wir $\xi = 0{,}8302$, was eine Steuerpflichtpflicht von rund 17% der Rente ergibt. Um den Vergleich mit dem herrschenden System zu ermöglichen, unterstellen wir, dass derjenige Rentanteil der aktuellen Renten, welcher der Mindestrente entspricht, steuerpflichtig ist und die überschießende Rente, d.h. die Rente abzüglich der Mindestrente, mit dem Anteil $(1-\xi)$ steuerpflichtig ist. Diese Vorgangsweise stellt gleichzeitig eine praktikable Behandlung der gegenwärtigen Altrenten nach dem Reformkonzept dar.[3] Für die Mikrosimulation unterstellen wir daher $(1-\xi) = 0{,}17$, das heißt, die über die Mindestrente(n) hinaus gehende(n) Rente(n) ist (sind) zu 17% steuerpflichtig.

Beamte treten in das Krankenversicherungssystem ein und entrichten eine Kopfpauschale. Dafür werden ihre Gehälter und Pensionen um die bisher erhaltenen Beihilfen erhöht. Da im Jahre 2005 insgesamt Beihilfen in Höhe von 9,9 Mrd. € bezahlt wurden, wäre es angemessen, diesen Betrag zur Gehalts- und Pensionssumme der Beamten in Relation zu setzen und die Gehälter und Pensionen der Beamten um den entsprechenden prozentuellen Zuschlag zu erhöhen. Leider weist die EVS zwar die von den Haushalten erhaltenen Beihilfen, nicht aber die Haushaltseinkommen differenziert nach Beamtengehältern und -pensionen und anderen Einkommen aus. Daher mussten wir den Weg gehen, die Haushaltseinkommen um die erhaltenen Beihilfen zu erhöhen. Dies ergibt eine Unterschätzung, da die Hochrechnung der erhaltenen Beihilfen nach den Daten der EVS lediglich eine Summe von 6,1 Mrd. € ergibt. Die Summe der Beamtengehälter und -pensionen wird daher in der Musterrechnung um rund 3,8 Mrd. € unterschätzt, was das Steueraufkommen des Reformkonzepts noch um gut 1 Mrd. € erhöhen dürfte. Dies gilt analog für Sonderversorgungssysteme, die Krankheitskosten ohne gesonderte

---

[2] Seit 1. April 2004 müssen die Rentner alle Beiträge für die Pflegeversicherung selbst entrichten. Dieser Betrag ist aber noch nicht in den Daten der EVS 1998 enthalten und musste daher zugeschlagen werden.

[3] Grundprinzip von Reformen sollte der Vertrauensschutz sein. Im Konkreten bedeutet dies, dass die Altrenten netto nicht sinken sollten. Infolge der Rentensteigerung durch das Reformkonzept können die Altrenten um jenen Betrag gesenkt werden, um welchen der soziale Ausgleich die Renten erhöht, so dass die Nettorenten jedenfalls nicht sinken.

Beitragserhebung übernehmen. Private Versicherungen werden in das Pauschalensystem der gesetzlichen Krankenversicherung, wie im vorigen Beitrag ausgeführt, überführt.

Die Beamtenpensionen sind Bestandteil eines Sonderversorgungssystems, weshalb Beamte nicht im allgemeinen Alterssicherungssystem erscheinen. Ihre Pensionen resultieren aus früheren, nicht ausbezahlten und daher steuerfrei akkumulierten Gehaltsbestandteilen. Daher sind die Beamtenpensionen voll steuerpflichtig. Die Steuerpflicht anderer Sonderversorgungssysteme ergibt sich aus ihrer Beitragsstruktur. Wurden sie aus versteuertem Einkommen gebildet, unterliegen sie nur mit ihrem Zinsanteil der Besteuerung; wurden sie nur als Zusatzleistung zu der Mindestrente gebildet, sind die Beiträge zur Mindestrente Bestandteile von $(S_L - E)$, während die aus versteuertem Einkommen geleisteten Zusatzbeiträge nur mit dem Zinsanteil $(1 - \xi)$ besteuert werden.

Alimente (Unterhaltszahlungen) sowie Schenkungen stellen kein steuerpflichtiges Einkommen eines Haushalts dar. Sie sind deshalb beim Empfänger steuerfrei, weil sie zu dessen Unterhalt beitragen. Sie gehen aber positiv in das Nettoeinkommen eines Haushalts ein. Alimente und Schenkungen mindern daher die Sozialkomponente, weil sie als verfügbare Mittel die Bedürftigkeit eines Haushaltes vermindern. Wäre der Haushalt noch intakt gewesen, hätten die entsprechenden Pauschbeträge Bestandteile des Existenzminimums dargestellt. Daher stellen die entsprechenden Alimente bis zur maximalen Höhe der Pauschbeträge des Existenzminimums auch Bestandteile des Existenzminimums des Verpflichteten von Alimentationsleistungen dar und bilden in diesem Ausmaß einen Bestandteil von dessen Sozialkomponente. Die entsprechenden monatlichen Pauschbeträge sind 350 € für den geschiedenen Ehepartner und für zu versorgende Kinder über 15 Jahre, 300 € für jedes zu versorgende Kind zwischen 1 und 15 Jahren, und 500 € für Kinder bis zum Alter von einem Jahr. Da die Daten der EVS nur Transfers zwischen Haushalten ausweisen und weder zwischen Schenkungen und Alimentationszahlungen trennen, noch Aufschluss über die Struktur der Begünstigten dieser Zahlungen geben, unterstellten wir eine Pauschalgrenze von 500 € je Zahlungsverpflichteten, d.h. es wurden die tatsächlich geleisteten Transfers eines Haushaltes an andere Haushalte im maximalen Ausmaß von 500 € pro Monat als Alimentationszahlungen behandelt und in die Rechnung eingestellt. Über 500 € pro Monat hinausgehende Transfers an andere Haushalte stellten keinen Bestandteil der Sozialkomponente des Gebers dar.

2 Makroberechnung

Zunächst ist die Frage von Interesse, inwieweit sich das Reformkonzept auch rechnet, d.h. inwieweit es finanzierbar ist. Diese Rechnung determiniert schließlich auch die zulässigen Parameter τ und σ des Reformkonzepts. Zu diesem Zweck wurden die Daten der EVS 1998 auf den Stand des Jahres 2005 hochgerechnet[4] und die erörterte Datenbearbeitung vorgenommen. Musterberechnungen mit dem Mikrosimulationsmodell KiTs (Kiel Tax Benefit Microsimulation Model) zeigten, dass als Parameter des Reformkonzepts mit der Sozialkomponente E im Wesentlichen die Werte $\tau = 0,3$, $\sigma = 0,35$ erforderlich werden.[5] Die Ergebnisse dieser Rechnung wurden mit den Daten der EVS 1998, hochgerechnet auf das Jahr 2005, und mit anderen verfügbaren Daten verglichen. Methodisch gehen wir dabei vom Bruttoeinkommen aus. Zum Unterschied vom Einkommensbegriff der volkswirtschaftlichen Gesamtrechnung enthält die Einkommensrechnung nach der EVS auch sämtliche Transfereinkommen, für die Berechnung nach dem Reformkonzept auch die Arbeitgeberanteile zur Sozialversicherung. Um den status quo mit dem Reformkonzept vergleichen zu können, müssen die Daten der EVS auf das Reformkonzept transformiert werden. Tabelle 1 gibt einen systematischen Überblick über die im vorigen Abschnitt erläuterte unterschiedliche Behandlung der einzelnen Einkommens- und Ausgabenkategorien nach EVS und nach dem Reformkonzept. Obwohl das EVS-Konzept und das Reformkonzept mit Sozialkomponente E begrifflich noch am meisten verwandt sind, zeigt Tabelle 1 auch schon bei dieser Variante des Reformkonzepts, dass die Transformation der Einkommenskonzepte erhebliche Anforderungen an die Berechnung und an die Datengüte stellt. Ohne vereinfachende Annahmen wäre dies nicht zu leisten. Eine vergleichende Simulation mit dem Reformkonzept mit Sozialkomponente N wäre von noch mehr Unwägbarkeiten begleitet.

Kategorie	Status quo (EVS)	Reformkonzept
1) Arbeitgeberanteil Beiträge zur Sozialversicherung	Kein Einkommensbestandteil	Auszahlung, daher Bruttoeinkommensbestandteil; Sozialaufwand wird in Sozialkomponente berücksichtigt
2) Arbeitnehmeranteil Beiträge zur Sozialversicherung	Bruttoeinkommensbestandteil (künftig in steigendem Maße steuerabzugsfähig)	Bruttoeinkommensbestandteil; Sozialaufwand wird in Sozialkomponente berücksichtigt

---

[4] Für Details vgl. die Tabellen 15 bis 18 im Anhang des Beitrags von Drabinski in diesem Band sowie Drabinski (2005).

[5] Der Tarif des Steuerreformkonzepts der FDP endet bei 35% bei einem jährlichen Grundfreibetrag von 7.700 € je Haushaltsmitglied und 200 € Kindergeld pro Monat. Die Besteuerung von Gewinnen und Kapitalerträgen endet bei 25% [Solms (2005, S. 16-20)]. Daher verwundert nicht, dass sich dieses Konzept nicht rechnet (vgl. den Beitrag von Bach und Steiner in diesem Band).

Kategorie	Status quo (EVS)	Reformkonzept
3) Beihilfe an Beamte und Pensionäre	Kein Einkommensbestandteil	Auszahlung, daher Bruttoeinkommensbestandteil; Sozialaufwand wird in Sozialkomponente berücksichtigt
4) Arbeitslosengeld, Unterhaltsgeld, Kurzarbeitergeld	Bruttoeinkommensbestandteil (teilweise steuerpflichtig)	Steuerpflichtiger Bruttoeinkommensbestandteil
5) Sozialtransfers: Arbeitslosengeld II (neuer Transfer aus der früheren Arbeitslosenhilfe und der Sozialhilfe für Erwerbsfähige), Sozialhilfe zum Lebensunterhalt, Erziehungsgeld, Wohngeld, Familienleistungsausgleich, Wohnbauförderung (Eigenheimzulage), Unterhaltsvorschuss, BaföG	Bruttoeinkommensbestandteil (Transfereinkommen in EVS) (teilweise steuerrelevant)	Kein Einkommensbestandteil, sondern in Form der Sozialkomponente (sozialer Ausgleich) abgegolten
6) Sozialhilfe in besonderen Lebenslagen	Geldleistungen sind Bruttoeinkommensbestandteil; Sachleistungen sind kein Bruttoeinkommensbestandteil	über die Sozialkomponente (sozialer Ausgleich) abgegolten
7) Übertragungen zwischen Haushalten	Kein Einkommensbestandteil beim Empfänger, keine Einkommensminderung beim Transfergeber [teilweise steuerpflichtig bzw. steuerabzugsfähig; für Schenkungen gilt ErbG]	Einkommensbestandteil beim Empfänger [steuerfrei, doch werden Übertragungen in der Sozialkomponente berücksichtigt]; für Transfergeber liegt Einkommensverwendung vor [daher keine unbeschränkte Einkommensminderung, sondern in Höhe des Existenzminimums Teil der Sozialkomponente]

Mikrosimulation einer umfassenden Steuer- und Abgabenreform 227

Kategorie	Status quo (EVS)	Reformkonzept
8) Beamtenpensionen	Bruttoeinkommensbestandteil (voll steuerpflichtig)	Bruttoeinkommensbestandteil (voll steuerpflichtig)
9) Renten (einschließlich Ausgleichszahlungen)	Bruttoeinkommensbestandteil (mit – künftig steigendem – Ertragsanteil steuerpflichtig)	Bruttoeinkommensbestandteil (Mindestrenten voll steuerpflichtig; überschießende Renten nur mit Ertragsanteil [17%] steuerpflichtig; Ausgleichszahlungen entfallen wegen sozialen Ausgleichs
10) Betriebsrenten	Bruttoeinkommensbestandteil	Bruttoeinkommensbestandteil (voll steuerpflichtig, wenn Rentenrückstellung steuerabzugsfähig war; andernfalls mit 17% Ertragsanteil steuerpflichtig)
11) Zusätzlicher Vorsorgeaufwand	Bruttoeinkommensbestandteil (künftig in steigendem Maße steuerabzugsfähig)	Bruttoeinkommensbestandteil (Aufwand wird in der Soziakomponente nicht berücksichtigt)
12) Leistungen der Krankenkassen	Geldleistungen (Krankengeld) sind Bruttoeinkommensbestandteil; Sachleistungen sind kein Einkommensbestandteil	Geldleistungen (Krankengeld) sind Bruttoeinkommensbestandteil; Sachleistungen sind kein Einkommensbestandteil
13) Leistungen der Pflegeversicherung	Geldleistungen für Pflege im Haushalt sind Einkommensbestandteil; Sachleistungen und Geldleistungen für stationäre Pflege sind kein Einkommensbestandteil	Geldleistungen für Pflege im Haushalt sind Einkommensbestandteil; Sachleistungen und Geldleistungen für stationäre Pflege sind kein Einkommensbestandteil
14) ABM-Leistungen	Geldleistungen sind Bruttoeinkommensbestandteil; Sachleistungen (Schulung) sind kein Einkommensbestandteil	Geldleistungen sind Bruttoeinkommensbestandteil; Sachleistungen (Schulung) sind kein Einkommensbestandteil
15) Beitrag zur Unfallversicherung	Arbeitgeberbeitrag	Arbeitgeberbeitrag

Kategorie	Status quo (EVS)	Reformkonzept
16) Leistungen der Unfallversicherung	Geldleistungen sind Bruttoeinkommensbestandteil; Sachleistungen sind kein Einkommensbestandteil	Geldleistungen sind Bruttoeinkommensbestandteil; Sachleistungen sind kein Einkommensbestandteil
17) Kriegsopferfürsorge	Bruttoeinkommensbestandteil	Bruttoeinkommensbestandteil

Tabelle 1. Definition der Nicht-Markt-Einkommen nach status quo (EVS) und nach dem Reformkonzept.

Tabelle 2 stellt die auf der Mikrosimulation mit KiTs beruhenden Makrorechnungen für den status quo und für das Reformkonzept gegenüber. Im Wesentlichen unterscheidet sich das Bruttoeinkommen nach dem Reformkonzept vom Bruttoeinkommen nach EVS dadurch, dass der Arbeitgeberanteil zur Sozialversicherung in Höhe von 165,0 Mrd. €, die Ausgaben für die Beamtenbeihilfe in Höhe von 9,9 Mrd. € und die erhaltenen Übertragungen von anderen Haushalten[6] dem Bruttoeinkommen nach EVS zugeschlagen werden, und die erhaltenen Sozialtransfers nach Punkt 5[7] der Tabelle 1 ab-

---

[6] Unsere Mikrosimulation ergibt einen Betrag von 36,3 Mrd. € für erhaltene und einen Betrag von 40,9 Mrd. € für geleistete Übertragungen zwischen Haushalten. Die Differenz erklärt sich aus unterschiedlicher Berichterstattung der Haushalte; offenbar herrscht eine Tendenz zur Unterrepräsentation der Angabe erhaltener Übertragungen. Die Berücksichtigung erhaltener Übertragungen im Reformkonzept, nicht aber im EVS-Konzept, erklärt auch das höhere Nettoeinkommen des Reformkonzepts im Vergleich zum EVS-Konzept. Geleistete Unterhaltszahlungen werden wegen mangelnder Datendifferenzierung pauschal bis maximal 500 € pro Monat als Bestandteil des Existenzminimums aufgefasst und in der Sozialkomponente des leistenden Haushalts berücksichtigt. Nach unserer Mikrosimulation ergibt dies einen Betrag von 28,7 Mrd. €. Abgesehen davon gelten geleistete Übertragungen als Einkommensverwendung, die das Bruttoeinkommen eines Haushalts nicht vermindern. Die Höhe der involvierten Beträge erklärt sich daraus, dass mittlerweile jede dritte Ehe geschieden und jedes fünfte Kind außerehelich geboren wird.

[7] Der konzeptionellen Verständlichkeit halber enthält Punkt 5 auch die Wohnbauförderung – und er sollte auch die Investitionszulage enthalten. Da im Jahre 1998 die Wohnbauförderung noch über Steuerabsetzbeträge betrieben wurde, enthält die EVS 1998 keine einkommenserhöhenden Transfers aus diesem Titel. Vielmehr profitierten die Begünstigten von einer niedrigeren Steuerbelastung. Daher kann auch dafür kein Abzug für das Reformkonzept erfolgen.

Gegenwärtig wird die Wohnbauförderung über die *Eigenheimzulage* betrieben, die an die Begünstigten ausbezahlt wird, unabhängig von der Höhe ihrer Einkommensteuer. Finanzstatistisch wird sie aber nicht, wie dies korrekt wäre, als Staatsausgabe verbucht, sondern vom Aufkommen der veranlagten Einkommensteuer vorweg abgezogen. In der (hier noch nicht verwendeten) EVS 2003 ist daher die Eigenheimzulage in Höhe von ca. 9,1 Mrd. € [vgl. Boss und Rosenschon (2002, S. 50)] im Einkommen enthalten, nicht aber im Steueraufkommen. Für die EVS 2003 muss sie daher für die Überleitung zum Reformkonzept (nach welchem keine Eigenheimzulage gewährt wird) vom Einkommen nach EVS 2003 abgezogen werden. Analog ist für die Investitionszulage bei den Gewinnen vorzugehen, die teilweise gegen das Einkommensteueraufkommen, teilweise gegen das Körperschaftsteueraufkommen, vorweg saldiert wird.

gezogen werden, da an deren Stelle Zahlungen aus der Sozialkomponente treten. Wenn man für den status quo von den Bruttoeinkommen die Einkommensteuer und die Sozialabgaben subtrahiert, erhält man das aggregierte Nettoeinkommen nach EVS. Für das Reformkonzept ist zu berücksichtigen, dass ein Teil der Sozialkomponente [nämlich $\max\{0, [S - A - \sigma B^*]\}$, d.h. $\max\{0, [E + \text{Sozialbeiträge} - \sigma B^*]\}$] für das hier unterstellte Konzept der Sozialkomponente E an die Haushalte zurückfließt. Dieses Aggregat bezeichnen wir als *sozialen Ausgleich* (bzw. Sozialkomponente netto). Da der soziale Ausgleich verfügbares Einkommen darstellt, erhöht er das Nettoeinkommen. Tabelle 2 zeigt, dass das Aggregat der Nettoeinkommen nach dem Reformkonzept das Aggregat des Nettoeinkommens nach status quo um 24,5 Mrd. € überschreitet, was auf die von anderen Haushalten erhaltenen Übertragungen zurückgeht, die nach dem Reformkonzept, nicht aber nach dem EVS-Konzept, als Einkommen behandelt werden (vgl. Fußnote 6).

Aggregat	Status quo nach EVS	Reformkonzept 30/35
Bruttoeinkommen*	1.555,7	1.628,7
./. Einkommensteuer (incl. Solidaritätszuschlag für EVS)	165,0	430,0
./. Sozialabgaben**	211,0	429,4
+ sozialer Ausgleich (Sozialkomponente netto)		434,9
= Nettoeinkommen	1.179,7	1.204,2

ESt+Soz.Abgaben brutto (./. Soz.Ausgleich)	541,0	424,5
./. Sozialausgaben laut Tabelle 3	580,5	416,6
Saldo	-39,5	7,9
Gewerbesteuer	30,0	—
Körperschaftsteuer	16,50	—
Nettofinanzierungsüberschuss	7,0	7,9

* Einschließlich Transfereinkommen und ausgeschütteter Gewinne; ausschließlich einbehaltener Gewinne. Für das Reformkonzept: einschließlich aufgelöster Arbeitgeberanteil der Sozialversicherungsbeiträge.
** Für EVS: ausschließlich Arbeitgeberanteil der Sozialversicherungsbeiträge, einschließlich Beiträge zu privaten Krankenversicherungen.

Tabelle 2. Makrorechnung für die Sozialkomponente E für $\tau = 30\%$, $\sigma = 35\%$ in Mrd. €.

Zur Prüfung der Finanzierbarkeit der Konzepte gehen wir im zweiten Teil der Berechnung vom Aufkommen der Einkommensteuer und den Sozialabgaben aus. Für das EVS-Konzept werden die Sozialabgaben für diese Rechnung einschließlich des Arbeitgeberanteils ausgewiesen. Beim Reformkonzept werden diese beiden Positionen noch durch den sozialen Ausgleich, der ja erstattet wird, vermindert. Davon werden die Sozialausgaben nach Tabelle 3 subtrahiert. Für den status quo stellen wir dafür den Umfang der Sozialausgaben nach dem Sozialbericht 2003 [mit späteren Datenkorrekturen, soweit verfügbar[8]] ein. Für die Sozialausgaben nach dem Reformkonzept setzen wir nur jene Sozialausgaben an, die nicht durch den sozialen Ausgleich ersetzt werden.[9] Die Ausgaben für Beamtenpensionen einschließlich Familienzuschlag in Höhe von 42,7 Mrd. € bleiben als Sonderversorgungssystem unberücksichtigt. Durch den sozialen Ausgleich bedingte Anpassungen der Sozialausgaben sind in den Anmerkungen zu Tabelle 3 erläutert.

Dieser Vergleichsrechnung im unteren Teil von Tabelle 2 liegt die Vorstellung zugrunde, dass die Einkommensteuer[10] und die Sozialabgaben die Sozi-

---

[8] Vgl. die Webpage des Statistischen Bundesamtes, Spezifikation: /daten1/stba/html/basis/d/solei.

[9] Die Sozialhilfe wurde für das Reformkonzept auf Null gesetzt, da sie konzeptionell durch den sozialen Ausgleich abgedeckt wird. Allerdings ist das Aggregat „Sozialhilfe" sehr heterogen aufgebaut. Nach der Aufschlüsselung des Statistischen Bundesamtes (Stand: 15. Dezember 2005) betrug die Sozialhilfe im Jahre 2004 insgesamt 26,4 Mrd. €. Davon betrafen 10 Mrd. € die Hilfe zum Lebensunterhalt, 3,1 Mrd. € die Hilfe zur Pflege, 1,4 Mrd. € die Hilfe bei Krankheit und 11,5 Mrd. € die Eingliederungshilfe für behinderte Menschen. Unstreitig wird der erste Posten durch den sozialen Ausgleich ersetzt. Der zweite Posten gehört eigentlich in die Pflegeversicherung, deren Beiträge dann etwas erhöht werden müssten. Der dritte Posten gehört in die Krankenversicherung und würde im Reformkonzept von dieser gedeckt. Hinsichtlich des vierten Postens lässt sich ohne detaillierte Untersuchungen nicht feststellen, wie viel davon vom sozialen Ausgleich übernommen werden kann und wie viel unverändert als Eingliederungshilfe für behinderte Menschen vorzusehen ist. Es mag also sein, dass in Tabelle 3 für das Reformkonzept ein Abzugsposten für die Sozialhilfe einzustellen ist, welcher weniger als 10 Mrd. € betragen dürfte, dessen Höhe aber nicht genau veranschlagt werden kann.

[10] Das Einkommensteueraufkommen nach EVS umfasst auch die Kapitalertragsteuer und die Zinsabschlagsteuer. Der Solidaritätszuschlag wird als eigene Variable hinzugerechnet; er ist im Aufkommen der Einkommensteuer in Tabelle 2 enthalten. Diese in dieser Form umfassend definierte Einkommensteuer wird durch die Einkommensteuer des Reformkonzepts ersetzt, so dass die Abschaffung dieser Steuern im Konzept enthalten ist, nicht aber die Abschaffung von Gewerbe- und Körperschaftsteuer.

Es sei auch darauf verwiesen, dass die EVS das Aufkommen an Einkommensteuer scheinbar überschätzt. Nach dem Finanzbericht 2005, Tabelle 11, wird die Schätzung des Aufkommens an Lohnsteuer, veranlagter Einkommensteuer, nicht veranlagter Steuern vom Ertrag, Zinsabschlagsteuer und Solidaritätszuschlag mit einem Betrag von insgesamt 157,3 Mrd. € für das Jahr 2005 angegeben, was das Ergebnis aus der EVS um 7,7 Mrd. € unterschreitet. Das ist primär darauf zurückzuführen, dass die Transferzahlungen des Familienleistungsausgleichs (vorwiegend Kindergeld) in den Daten der EVS von den Haushalten als Transfereinkommen und die tatsächlich entrichteten Steuern vom Einkommen als Steuern verbucht werden. Die Haushalte führen in ihrer Berichterstattung keine Saldierung dieser Posten durch. Dagegen werden in der Finanzstatistik die Transferzahlungen des Familienleistungsausgleichs weitestgehend gegen das Aufkommen an veranlagter Einkommensteuer vorweg saldiert. Da die Transfers des Familienleistungs-

alausgaben [für das Reformkonzept: zusätzlich noch den sozialen Ausgleich] primär finanzieren sollen. Ein Überschuss der Sozialausgaben muss offenbar aus den anderen Staatseinnahmen gedeckt werden.

Kategorie	Status quo	Reformkonzept
Rentenversicherung	251,6	188,7[a]
Landw. Alters- und Krankensicherung	3,3	3,3
Gesetzliche Krankenversicherung	145,1	165,1[b]
Beamtenbeihilfe	9,9	9,9
Gesetzliche Pflegeversicherung	17,7	17,7
Arbeitsmarktförderungsmaßnahmen	74,5	31,9[c]
Familienleistungsausgleich	36,1	–
Sozialhilfe	26,4	–
Wohngeld	5,2	–
Erziehungsgeld	3,6	–
Ausbildungsförderung	1,5	–
Entschädigungen	5,6	–
Sozialausgaben	580,5	416,6

[a] Die Rechnung geht davon aus, dass die gegenwärtigen Renten *netto* nicht sinken sollen. Eine gegenwärtige Rente eines Alleinstehenden (Ehepaares) von 945,00 € (1.417,50 €) kann wegen der Berechnungsmethode des Reformkonzepts daher auf 700,00 € (1.050,00 €) gesenkt werden, da der Rest aus der Sozialkomponente kommt. Eine Rente eines Alleinstehenden (Ehepaares) von 700,00 € (1.050,00 €) kann wegen der Berechnungsmethode des Reformkonzepts daher auf Null gesenkt werden und ergibt danach ebenfalls diese Rentenhöhe. Weitere Senkungen der Renten werden nach dem Reformkonzept ausgeschlossen; niedrigere gegenwärtige Renten werden daher auf dieses Niveau aufgestockt. Dies bedeutet, dass die Renten des status quo deutlich gesenkt werden können, da die Differenz zur gegenwärtig bezogenen Rente aus dem sozialen Ausgleich gedeckt wird. Wir unterstellen, dass die gegenwärtige Rentensumme um ein Viertel gesenkt werden kann.
[b] In diesem Betrag sind die geschätzten Ausgaben der privaten Krankenversicherung enthalten.
[c] Enthält nur Arbeitslosengeld I, Unterhaltsgeld und Kurzarbeitergeld.

Tabelle 3. Sozialausgaben nach status quo und Reformkonzept in Mrd. € [nach Sozialbericht 2003 mit Datenkorrektur, soweit verfügbar (vgl. Fußnote 8), und Sonderaufschlüsselung].

Tabelle 2 zeigt, dass die Rechnung nach EVS (status quo) ein Defizit von 39,5 Mrd. € aufweist, wogegen das Reformkonzept einen Überschuss von

---

ausgleichs in den Sozialausgaben des status quo in unserer Rechnung enthalten sind, muss aus Gründen der Kompatibiltät des Datenmaterials auch das Aufkommen an Einkommensteuer nach der Abgrenzung der EVS vorgenommen werden. [Zusätzlich besteht die Möglichkeit, dass die EVS die Daten der laufenden Steuerzahlung enthält, dass jedoch Steuerrückerstattungen aus früheren Kalenderjahren lückenhaft berichtet werden. Diese Abweichungen infolge asymmetrischer Berichterstattung wären jedoch nicht gravierend.]

7,9 Mrd. € ausweist. Das Defizit nach EVS muss offensichtlich aus anderen Staatseinnahmen gedeckt werden. Wir unterstellen, dass dafür gedanklich das Aufkommen an Gewerbesteuer und Körperschaftsteuer eingesetzt wird. Danach verbleibt in der Rechnung nach EVS ein Nettofinanzierungsüberschuss von 7 Mrd. €, welcher nur um 0,9 Mrd. € geringer ist als der Nettofinanzierungsüberschuss nach dem Reformkonzept. Allerdings ist ein Betrag in Höhe des Gewerbe- und Köperschaftsteueraufkommens bereits vom Defizitausgleich absorbiert und steht nicht mehr für andere Staatsausgaben zur Verfügung. Diese Situation entspricht dem Reformkonzept, welches eine ersatzlose Streichung der Gewerbe- und Körperschaftsteuer vorsieht. Mit anderen Worten: Das Reformkonzept, welches die sonstige Steuerstruktur beibehalten möchte, verfügt über ebenso viele Mittel für die Staatsaufgaben außerhalb des sozialen Sicherungssektors, wie im status quo zur Verfügung stehen, allerdings mit dem entscheidenden Unterschied, dass nach dem Reformkonzept ein Betrag von 46,5 Mrd. € [d.h. das Aufkommen an Gewerbe- und Körperschaftsteuer] im nichtstaatlichen Sektor der Volkswirtschaft verbleibt, während er im status quo diesem Sektor entzogen wird, um die nötigen Mittel für die Finanzierung des sozialen Sicherungssektors aufzubringen.

Diese Berechnungen zeigen, dass das Reformkonzept finanzierbar ist. Es ist einfacher, sozial ausgewogen und gewährleistet deutlich bessere Anreize der Einkommenserzielung und damit des Wirtschaftswachstums. Außerdem belässt es Kaufkraft in Höhe des Gewerbe- und Körperschaftsteueraufkommens im Bereich des nichtstaatlichen Sektors.

Wir können uns nunmehr der Analyse der *Verteilungswirkungen* des Reformkonzepts zuwenden und diese mit dem status quo vergleichen.

3 Ergebnisse der Mikrosimulation nach Haushaltstypen

Mit Hilfe des Mikrosimulationsmodells KiTs können wir einen Vergleich der Einkommenspositionen nach dem status quo und nach dem Reformkonzept anstellen. Dazu ermitteln wir die Bruttoeinkommen der Haushalte nach den aktualisierten Daten der EVS sowohl für den status quo als auch für das Reformkonzept und stellen diese den aktuellen Nettoeinkommen und den Nettoeinkommen nach dem Reformkonzept gegenüber. Um die Darstellung nicht zu überlasten, verzichten wir auf die Darstellung der Bruttoeinkommen. Die Tabellen 4 bis 7 gliedern die Einkommen nach Nettoeinkommensklassen für Deutschland insgesamt und für drei ausgewählte Haushaltstypen. Tabelle 8 zeigt die durchschnittlichen Nettoeinkommen und die Werte der Verteilungsmaße der Ungleichheit der Nettoeinkommen für verschiedene Haushaltstypen. Sämtlichen Darstellungen liegt die Parameterkonstellation ($\tau = 30\%$, $\sigma = 35\%$) zugrunde.

Tabelle 4 zeigt eine deutliche Konzentrationstendenz der Nettoeinkommen des Reformkonzepts in Richtung Mittelstand. Bis zu Haushaltsnettoeinkommen von 15.000 € unterschreitet sowohl die Anzahl der Haushalte als auch die

Deutschland	Status quo		Reformkonzept	
Nettoeinkommensklasse	Nettoeinkommen [Mrd. €]	Anzahl der Haushalte	Nettoeinkommen [Mrd. €]	Anzahl der Haushalte
0 - 5.000 €	0,46	156.047	0,00	705
5.000 - 10.000 €	20,58	2.486.543	5,99	681.639
10.000 - 15.000 €	63,53	5.009.154	39,05	2.953.634
15.000 - 20.000 €	106,20	6.093.477	107,00	6.068.451
20.000 - 25.000 €	121,07	5.393.422	159,81	7.130.253
25.000 - 30.000 €	132,21	4.816.469	153,73	5.618.082
30.000 - 35.000 €	128,36	3.965.424	154,45	4.758.721
35.000 - 40.000 €	115,19	3.079.790	151,22	4.045.523
40.000 - 45.000 €	93,41	2.205.849	124,77	2.949.917
45.000 - 50.000 €	75,95	1.605.448	84,39	1.784.652
50.000 - 55.000 €	59,37	1.132.674	57,36	1.096.913
55.000 - 60.000 €	46,14	804.711	39,29	685.334
60.000 - 65.000 €	38,35	614.868	25,31	405.274
65.000 - 70.000 €	27,57	409.476	18,11	269.252
70.000 - 75.000 €	23,53	324.912	14,49	200.191
75.000 - 100.000 €	63,80	747.335	36,14	424.426
100.000 - 150.000 €	41,66	353.022	23,07	192.350
150.000 - 200.000 €	16,17	95.070	8,41	50.032
200.000 - 250.000 €	5,69	26.176	0,79	3.529
ab 250.000 €	0,38	1.256	0,84	2.245
Summe	1.179,62	39.321.123	1.204,20	39.321.123

Tabelle 4. Nettoeinkommensaggregate und Besetzungszahlen der Haushalte nach Nettoeinkommensintervallen für Deutschland.

Aggregateinkommenssumme des Reformkonzepts deutlich die entsprechenden Zahlen des status quo. Während nach dem status quo rund 7,5 Millionen Haushalte über nicht mehr als 15.000 € Nettoeinkommen pro Jahr verfügen, sind es nach dem Reformkonzept lediglich 3,64 Millionen Haushalte, was eine erhebliche Verringerung der Einkommensarmut bedeutet.[11] In den Nettoeinkommensklassen des Mittelstandes von 15.000 € bis 50.000 € befinden sich 27,16 Millionen Haushalte nach dem status quo und 32,36 Millionen Haushalte nach dem Reformkonzept, das sind um 19,2% mehr. Die Einkommensaggregate betragen 772,39 Mrd. € bzw. 935,37 Mrd. € nach dem Reformkonzept, das ist sogar um 21,1% mehr. Die hohen Nettoeinkommensintervalle sind nach dem status quo dichter besetzt als nach dem Reformkonzept mit Ausnahme des höchsten (offenen) Nettoeinkommensintervalls. Das reflektiert die Ten-

---

[11] Es sei nochmals daran erinnert, dass in den Daten der EVS empfangene Übertragungen von anderen Haushalten nicht als Einkommen ausgewiesen werden, was dieses Bild etwas verzerrt.

denz des Reformkonzepts, die Spitzeneinkommen besser zu stellen als nach dem status quo. Dazu sei bemerkt, dass die Daten der EVS diese Tendenz noch unterschätzen, da Bruttoeinkommen ab 800.000 DM pro Jahr aus dem Datensatz der EVS eliminiert wurden.

Noch deutlicher zeigt sich diese Tendenz für Alleinerziehende mit zwei oder mehr Kindern (Tabelle 5), einem Haushaltstypus mit hohem Armutsrisiko nach dem status quo. Das Reformkonzept hebt hier praktisch alle Haushalte der niedrigsten drei Nettoeinkommensklassen in höhere Nettoeinkommensbereiche. Nach dem Reformkonzept findet eine Verschiebung in den Nettoeinkommensbereich von 25.000 € bis 55.000 € statt. Außerhalb dieses Mittelstandsbereichs sind die Nettoeinkommensintervalle nach dem status quo dichter besetzt. Insgesamt verfügen die nahezu 600.000 Haushalte von Alleinerziehenden mit zwei oder mehr Kindern um rund 880 Mio. € mehr an Aggregateinkommen, was ein um durchschnittlich rund 1.500 € höheres jährliches Nettoeinkommen je Haushalt dieses Typs ausmacht.

Auch für Doppelverdienerhaushalte mit 2 Kindern (Tabelle 6) zeigt sich eine Konzentrationstendenz in Richtung Mittelstand. Die Nettoeinkommensintervalle von 35.000 € bis 60.000 € legen nach dem Reformkonzept zu Lasten der unteren und oberen Einkommensintervalle nach dem status quo zu. Allerdings verlieren die rund 2,5 Millionen Haushalte dieses Typs geringfügig ein Aggregateinkommen von 340 Mio. €.

Die Tendenz der Verteilung zum Mittelstand nach dem Reformkonzept zeigt sich auch für die mehr als 2,5 Millionen Doppelverdienerhaushalte ohne Kinder. Sie zeigt sich hier für die Nettoeinkommensintervalle von 25.000 € bis 45.000 €, ist aber in ihrer Intensität weniger ausgeprägt. Insgesamt büßt diese Einkommensgruppe ein Aggregateinkommen von mehr als 5 Mrd. € ein, das entspricht immerhin einem durchschnittlichen Nettoeinkommensverlust von 1.962,28 € je Haushalt pro Jahr.

Tabelle 8 zeigt die durchschnittlichen Nettoeinkommen und die Werte der Verteilungsmaße der Ungleichheit der Nettoeinkommen für verschiedene Haushaltstypen für Deutschland. Zunächst erkennt man, dass das durchschnittliche Nettoeinkommen je Haushalt nach dem Reformkonzept um 632 € höher ausfällt [vgl. jedoch Fußnote 11]. Diese Erhöhung verteilt sich nicht gleichmäßig auf die Haushaltstypen; vielmehr werden die Haushaltstypen unterschiedlich betroffen. Generell zeigen sich folgende Tendenzen:

a) Haushalte mit höheren Nettoeinkommen im status quo verlieren nach dem Reformkonzept (Ausnahme: Spitzeneinkommen gewinnen).
b) Haushalte mit Kindern gewinnen nach dem Reformkonzept.
c) Unverheiratete Paare gewinnen nach dem Reformkonzept (mit Ausnahme von Großfamilien mit Doppelverdienern); besonders kommt dies unverheirateten Paaren mit Einzelverdienern zugute, die im status quo wegen des Fehlens des Splittingvorteils besonders schlecht gestellt werden.
d) Bei Ehepaaren gewinnen dagegen Einzelverdienerehepaare mit Kindern, obwohl der Splittingvorteil des status quo wegfällt. Dies ist deshalb der

Alleinerziehend mit 2 oder mehr Kindern	Status quo		Reformkonzept	
Nettoeinkunftsklasse	Nettoeinkünfte [Mrd. €]	Haushalte	Nettoeinkünfte [Mrd. €]	Haushalte
0 - 5.000 €	0,00	358	0,00	0
5.000 - 10.000 €	0,04	4.740	0,00	0
10.000 - 15.000 €	0,60	44.375	0,00	0
15.000 - 20.000 €	2,59	148.884	1,85	106.175
20.000 - 25.000 €	3,56	159.973	3,35	146.472
25.000 - 30.000 €	2,35	86.064	3,71	135.810
30.000 - 35.000 €	1,57	48.319	3,17	98.042
35.000 - 40.000 €	1,31	35.077	1,64	43.965
40.000 - 45.000 €	0,59	14.016	1,24	29.301
45.000 - 50.000 €	0,65	13.793	0,97	20.419
50.000 - 55.000 €	0,43	8.227	0,51	9.948
55.000 - 60.000 €	0,41	7.126	0,08	1.447
60.000 - 65.000 €	0,33	5.252	0,11	1.683
65.000 - 70.000 €	0,68	10.185	0,13	1.842
70.000 - 75.000 €	0,10	1.393	0,05	727
75.000 - 100.000 €	0,73	8.762	0,08	991
100.000 - 150.000 €	0,03	278	0,08	544
150.000 - 200.000 €	0,09	544	0,04	245
200.000 - 250.000 €	0,06	245	0,00	0
ab 250.000 €	0,00	0	0,00	0
Summe	16,13	597.611	17,01	597.611

Tabelle 5. Nettoeinkommensaggregate und Besetzungszahlen der Haushalte nach Nettoeinkommensintervallen für Alleinerziehende mit 2 oder mehr Kindern.

Fall, weil Einzelverdienerehepaare weniger als Doppelverdienerehepaare verdienen. Der Nettoeinkommensgewinn des Reformkonzepts durch das Vorhandensein von Kindern überkompensiert somit den Splittingvorteil des status quo für Einzelverdienerhaushalte mit Kindern.

e) Doppelverdienerehepaare verlieren nach dem Reformkonzept, unabhängig davon, ob Kinder vorhanden sind oder nicht. Hier schlagen offenbar die höheren Einkommen von Doppelverdienerehepaaren, verstärkt durch den Verlust des Splittingvorteils, der im status quo gegeben ist, durch.

f) In Bezug auf die Alterskohorten verlieren die Alterskohorten von 45 bis 64 Jahren nach dem Reformkonzept. Dies ist bei der Alterskohorte von 45 bis 54 Jahren auf das höhere Einkommen zurückzuführen und bei der Alterskohorte von 55 bis 64 Jahren, dass die Kinder schon aus dem Haus sind. Alterskohorten ab 65 Jahren gewinnen nach dem Reformkonzept, weil die Ruhestandseinkommen generell niedriger sind.

Ehepaar mit 2 Kindern, Doppelverdiener	Status quo		Reformkonzept	
Nettoeinkunftsklasse	Nettoeinkünfte [Mrd. €]	Haushalte	Nettoeinkünfte [Mrd. €]	Haushalte
0 - 5.000 €	0,00	1.577	0,00	0
5.000 - 10.000 €	0,03	4.313	0,00	0
10.000 - 15.000 €	0,10	7.898	0,00	0
15.000 - 20.000 €	0,38	21.911	0,00	0
20.000 - 25.000 €	2,55	112.144	0,58	24.462
25.000 - 30.000 €	7,55	272.570	1,47	51.965
30.000 - 35.000 €	13,68	421.220	11,03	335.320
35.000 - 40.000 €	15,26	407.722	21,38	568.973
40.000 - 45.000 €	12,75	300.999	23,58	556.386
45.000 - 50.000 €	10,82	228.869	16,73	353.511
50.000 - 55.000 €	8,20	156.646	11,55	221.063
55.000 - 60.000 €	7,97	138.381	8,28	144.590
60.000 - 65.000 €	6,29	100.661	3,99	64.016
65.000 - 70.000 €	4,50	66.908	2,77	41.259
70.000 - 75.000 €	3,83	52.981	1,65	22.823
75.000 - 100.000 €	9,32	109.013	4,76	55.881
100.000 - 150.000 €	6,09	51.625	3,26	26.318
150.000 - 200.000 €	2,34	13.883	0,74	4.662
200.000 - 250.000 €	0,56	2.544	0,14	636
ab 250.000 €	0,00	0	0,00	0
Summe	112,24	2.471.865	111,90	2.471.865

Tabelle 6. Nettoeinkommensaggregate und Besetzungszahlen der Haushalte nach Nettoeinkommensintervallen für Doppelverdienerehepaare mit zwei Kindern.

Die überragende Tendenz des Reformkonzepts ist, wie die Tabellen 4 bis 7 zeigen, die Einkommensverschiebung von den Rändern der Einkommensverteilung in Richtung Mittelstand. Tabelle 8 enthält die genauen Maßzahlen der Verteilung der Haushaltsnettoeinkommen für Deutschland insgesamt und für die verschiedenen Haushaltstypen. Als Maßzahlen der Nettoeinkommensverteilung wurden die beiden wohl bekanntesten gewählt, nämlich das Theil-Maß und der Gini-Koeffizient. „Verbesserungen" der Einkommensverteilung sind mit + gekennzeichnet. Für Deutschland insgesamt zeigt sich, dass sich das Theil-Maß von 0,1832 im status quo auf 0,1145 nach dem Reformkonzept verringert. Der Gini-Koeffizient verringert sich für Deutschland von 0,32759 im status quo auf 0,2587 nach dem Reformkonzept. Diese Tendenz gilt auch für alle Haushaltstypen. Dabei verringert sich für das Reformkonzept das Theil-

Ehepaar ohne Kinder, Doppelverdiener	Status quo		Reformkonzept	
Nettoeinkunftsklasse	Nettoeinkünfte [Mrd. €]	Haushalte	Nettoeinkünfte [Mrd. €]	Haushalte
0 - 5.000 €	0,00	842	0,00	0
5.000 - 10.000 €	0,01	1.875	0,00	0
10.000 - 15.000 €	0,59	42.827	0,01	1.056
15.000 - 20.000 €	1,22	68.458	0,59	31.895
20.000 - 25.000 €	4,20	184.708	4,20	184.638
25.000 - 30.000 €	8,12	295.413	8,80	317.722
30.000 - 35.000 €	11,71	360.134	15,27	468.908
35.000 - 40.000 €	14,18	378.344	17,54	470.336
40.000 - 45.000 €	12,73	300.449	13,92	329.409
45.000 - 50.000 €	11,09	234.541	8,50	179.646
50.000 - 55.000 €	9,19	174.887	7,69	146.858
55.000 - 60.000 €	6,63	115.816	5,82	101.341
60.000 - 65.000 €	5,41	86.716	5,07	81.173
65.000 - 70.000 €	4,29	63.573	3,46	51.344
70.000 - 75.000 €	3,58	49.245	3,56	49.113
75.000 - 100.000 €	10,68	125.940	8,67	101.987
100.000 - 150.000 €	6,85	57.914	4,61	37.905
150.000 - 200.000 €	3,45	19.918	2,42	13.909
200.000 - 250.000 €	1,40	6.450	0,26	1.197
ab 250.000 €	0,11	387	0,00	0
Summe	115,43	2.568.437	110,39	2.568.437

Tabelle 7. Nettoeinkommensaggregate und Besetzungszahlen der Haushalte nach Nettoeinkommensintervallen für Doppelverdienerehepaare ohne Kinder.

Maß teilweise um mehr als die Hälfte, der Gini-Koeffizient um bis zu einem Drittel.

Diese Verteilungswirkung ist eine Eigenschaft, die man einem Reformkonzept, dessen zentrale Komponente eine flat tax, d.h. eine Proportionalsteuer, ist, nicht zutrauen würde. Eine reine Proportionalsteuer würde die Verteilungsmaßzahlen der Bruttoeinkommen auch für die Nettoeinkommen unverändert lassen. Sie wären daher, mit anderen Worten, deutlich höher als die Maßzahlen der Verteilung der Nettoeinkommen des status quo. Diese Tendenz würde durch die vorgesehenen Pauschalbeträge für die Sozialversicherungsbeiträge noch weiter verstärkt. Konkret wären die Maßzahlen der Verteilung der Nettoeinkommen danach noch wesentlich höher als die Maßzahlen der Verteilung der Bruttoeinkommen. Die mit dem Mikrosimulationsmodell KiTs nachgewiesenen erheblichen Umverteilungswirkungen des vorgeschlagenen Reformkonzepts, die über die Umverteilungswirkungen des status quo weit hinausgehen,[12] sind allein der Wirkung der Sozialkomponente zuzuschreiben. Dieses Beispiel zeigt, dass man ein Reformkonzept immer als Ganzes evaluieren muss und es nicht wegen einzelner seiner Komponenten verteufeln oder hochloben darf. Entscheidend muss immer das nach einem Mikrosimulationsmodell durchgerechnete Gesamtbild bleiben.

Haushalte	Durchschnittliches Nettoeinkommen			Theil-Maß			Gini-Koeffizient		
	EVS	Reform		EVS	Reform		EVS	Reform	
Deutschland	29992	30624	+	0,1832	0,1145	+	0,32759	0,2587	+
Alleinstehende									
Allein lebende Frauen	17297	19656	+	0,1373	0,0684	+	0,27339	0,18838	+
Allein lebende Männer	20614	21782	+	0,1889	0,1074	+	0,3229	0,24289	+
Alleinerziehende 1 K.	22160	23699	+	0,1318	0,0758	+	0,25952	0,19499	+
Alleinerziehende ≥2 K.	26982	28459	+	0,1156	0,056	+	0,25176	0,18039	+
Ehepaare									
Einzelverdiener o. K.	29260	28535	−	0,1293	0,0658	+	0,26525	0,17779	+
Doppelverdiener o. K.	44942	42978	−	0,1181	0,0902	+	0,25546	0,22127	+
Einzelverdiener 1 K.	34341	34919	+	0,1117	0,0524	+	0,24824	0,16418	+
Doppelverdiener 1 K.	42405	41877	−	0,0969	0,059	+	0,2311	0,167	+
Einzelverdiener 2 K.	36718	38804	+	0,1012	0,04	+	0,23368	0,14016	+
Doppelverdiener 2 K.	45371	45269	−	0,0936	0,0437	+	0,22785	0,14806	+
Einzelverdiener 3 K.	40921	43237	+	0,0841	0,0329	+	0,21712	0,12686	+
Doppelverdiener 3 K.	51776	50456	−	0,1188	0,0586	+	0,25155	0,16167	+
Einzelverdiener ≥4 K.	44255	47258	+	0,1061	0,04	+	0,24218	0,14338	+
Doppelverdiener ≥4 K.	55513	53848	−	0,1349	0,0533	+	0,27965	0,16491	+
Andere Haushalte	40152	39806	−	0,1246	0,074	+	0,27342	0,20919	+
Unverheiratete Paare									
Einzelverdiener o. K.	27194	28819	+	0,1158	0,058	+	0,26073	0,18063	+
Doppelverdiener o. K.	39689	39954	+	0,0856	0,0691	+	0,22284	0,19344	+
Einzelverdiener 1 K.	27592	30754	+	0,1188	0,0647	+	0,23906	0,16144	+
Doppelverdiener 1 K.	37823	38979	+	0,0885	0,0463	+	0,22433	0,15608	+
Einzelverdiener 2 K.	30166	35792	+	0,0826	0,0274	+	0,20698	0,12416	+
Doppelverdiener 2 K.	41971	43377	+	0,0761	0,0328	+	0,21521	0,14268	+

---

[12] Diese Wirkung ist auch für eine flat tax mit Negativsteuerkomponente nicht selbstverständlich; vgl. dazu Davis und Hoy (2002).

Haushalte	Durchschnittliches Nettoeinkommen		Theil-Maß			Gini-Koeffizient		
	EVS	Reform	EVS	Reform		EVS	Reform	
Einzelverdiener ≥3 K.	30105	37105 +	0,0645	0,0217	+	0,19862	0,11773	+
Doppelverdiener ≥3 K.	57855	56566 −	0,1441	0,0705	+	0,26254	0,17791	+
Altersklassen								
-24	18527	21023 +	0,1734	0,1039	+	0,32385	0,25094	+
25-29	25216	26780 +	0,1416	0,0874	+	0,29333	0,23218	+
30-34	30069	31362 +	0,1393	0,0927	+	0,2839	0,23283	+
35-39	32416	33714 +	0,1305	0,0855	+	0,27556	0,22257	+
40-44	34696	35572 +	0,1542	0,0984	+	0,30205	0,2402	+
45-49	37638	37297 −	0,1657	0,1059	+	0,31118	0,24808	+
50-54	37913	36947 −	0,185	0,1311	+	0,33053	0,27175	+
55-59	33865	32894 −	0,2111	0,1403	+	0,34913	0,28263	+
60-64	28635	28459 −	0,1919	0,1132	+	0,32881	0,24191	+
65-69	25503	25826 +	0,1624	0,0784	+	0,30393	0,20525	+
70-	21663	23396 +	0,1555	0,0696	+	0,29875	0,19579	+

Tabelle 8. Durchschnittliche Nettoeinkommen und die Werte der Verteilungsmaße der Ungleichheit der Nettoeinkommen für verschiedene Haushaltstypen für Deutschland

4 Ergebnisse individueller Belastungen nach unterschiedlichen Haushaltstypen

Schließlich soll die *individuelle* Belastung ausgewählter Haushaltstypen durch das gegenwärtige System (status quo) der Belastung durch das vorgeschlagene Reformkonzept gegenübergestellt werden. Wir tragen das gegenwärtige Bruttoeinkommen auf der Abszisse ab und stellen es dem Nettoeinkommen, das auf der Ordinate abgetragen wird, gegenüber. Das bedeutet natürlich, dass das Bruttoeinkommen für das Reformkonzept entsprechend angepasst werden muss. Hier tragen wir, um den Vergleich zu ermöglichen, die gegenwärtigen Bruttoeinkommen nach dem status quo auch für das Reformkonzept auf der Abszisse ab, rechnen aber für die Ermittlung des Nettoeinkommens mit den entsprechend transformierten Bruttoeinkommen.

Wir untersuchen die Nettoeinkommen verschiedener Haushaltstypen:

a) Haushalte von Alleinerziehenden mit zwei Kindern zwischen 1 und 15 Jahren.

b) Doppelverdiener-Ehepaare mit zwei Kindern im Alter zwischen 1 und 15 Jahren, wobei das Haushaltseinkommen im Verhältnis von 30% zu 70% von Ehefrau und Ehemann verdient wird.

c) Doppelverdiener-Ehepaare ohne Kinder, wobei das Haushaltseinkommen im Verhältnis von 30% zu 70% von Ehefrau und Ehemann verdient wird.
d) Rentnerehepaare, wobei die Rente des Ehemanns 70% und die Rente der Ehefrau 30% des Haushaltseinkommens beträgt.

Es werden die Szenarien ($\tau = 30\%$, $\sigma = 35\%$), ($\tau = 30\%$, $\sigma = 50\%$) und ($\tau = 50\%$, $\sigma = 35\%$) durchgerechnet und grafisch veranschaulicht. Obwohl nur das erste Szenario realistisch ist, stellen wir auch die beiden anderen Szenarien vor, um die Wirkungsweise der Parameter zu veranschaulichen. Das zweite Szenario veranschaulicht die Wirkung von σ, das dritte die Wirkung von τ.

Zunächst beschreiben wir die Haushaltstypen; danach folgen die Grafiken.

4.1 Alleinerziehende mit zwei Kindern zwischen 1 und 15 Jahren

Der zum Vergleich betrachtete Haushalt weist folgende Merkmale auf:

- Steuerpflichtiger (Frau oder Mann) mit zwei Kindern jeweils im Alter zwischen 1 und 15 Jahren.
- Der/die Steuerpflichtige erzielt ausschließlich Lohneinkommen, die Kinder erzielen kein eigenes Einkommen.
- Der/die Steuerpflichtige ist im zugrunde gelegten Zeitpunkt unbeschränkt steuerpflichtig (die Besteuerung erfolgt nach der Grundtabelle). Es liegt keine eheähnliche Lebensgemeinschaft vor, so dass der Entlastungsbetrag für Alleinerziehende gewährt wird.

Gegenwärtige Situation:

- Der Rentenversicherungsbeitrag beträgt 19,5%, der Arbeitslosenversicherungsbeitrag 6,5%. Die Beitragsbemessungsgrenze zur Renten- und Arbeitslosenversicherung beträgt in den alten Bundesländern 62.400 € p.a., in den neuen Bundesländern 52.800 €. Betrachtet wird im Folgenden ein Haushalt „West". Der Krankenversicherungsbeitrag beträgt im Folgenden einheitlich 14,0%,[13] der Pflegeversicherungsbeitrag beträgt 1,7%, beides bei einer bundesweit einheitlichen Beitragsbemessungsgrenze von 42.300 €. Die Beiträge zur Sozialversicherung werden von Arbeitnehmern und Arbeitgebern regelmäßig paritätisch getragen. Die Einkommensteuer ermittelt sich nach dem Einkommensteuergesetz, Rechtsstand 2005 (sog. Tarif 2005).

---

[13] Seit 1. Juli 2005 wurde die paritätische Finanzierung der Krankenversicherungsbeiträge durch einen „zusätzlichen Beitragssatz" in Höhe von 0,9 Prozentpunkten [§ 241a SGB V] mit dem Argument teilweise aufgehoben, dass die Arbeitnehmer für ihre Zahnbehandlung und für ihr Krankengeld selbst aufkommen sollten. Der Arbeitnehmeranteil sowie der Anteil der Rentner beträgt nunmehr 7,45%, der Arbeitgeberanteil sowie der Anteil der Deutschen Rentenversicherung beträgt nunmehr 6,55%. Die volle Übertragung dieser Belastung auf die Rentner ist in sofern paradox, als diese kein Krankengeld beziehen. Dadurch wurden die Wirtschaft um rund 4,5 Mrd. € und die Deutsche Rentenversicherung um knapp 1 Mrd. € p.a. entlastet. Diese Regelung konnte in der Rechnung noch nicht berücksichtigt werden.

- Der Haushalt kann mindestens den Werbungskostenpauschbetrag, die Vorsorgepauschale und den Sonderausgabenpauschbetrag geltend machen.
- Der Werbungskostenpauschbetrag beträgt 920 € jährlich je Arbeitnehmer, begrenzt bis zur Lohnhöhe. Aus Vereinfachungsgründen wird angenommen, dass darüber hinausgehende Werbungskosten nicht entstehen.
- Die Vorsorgepauschale beträgt 20% der Lohnsumme, höchstens die Summe aus Vorwegabzug, Grundhöchstbetrag und hälftigem Höchstbetrag. Der Vorwegabzug beträgt 6.136 € jährlich vermindert um 16% der Lohnsumme. Der Grundhöchstbetrag beträgt 2.668 € jährlich. Der hälftige Höchstbetrag beträgt 2.668 € jährlich (davon sind maximal 50% abziehbar).
- Der Sonderausgabenpauschbetrag beträgt 72 € jährlich.
- Das Kindergeld beträgt monatlich 154 € je Kind.
- Für geringe Einkommen ergibt sich ein Anspruch auf Arbeitslosengeld II. Dieses beträgt monatlich je 345 €, sowie monatlich je 207 € für jedes Kind unter Verrechnung des Kindergeldes. Hinzu tritt der Anspruch auf Erstattung der Wohnungsmiete bis zu Höchstbeträgen und angemessener Kaltbetriebskosten (dies sind alle umlagefähigen Betriebskosten abzüglich der Warmwasserkosten sowie der Kosten für die Heizung). Unterstellt ist ein erstattungsfähiger Betrag in Höhe von monatlich 440 € (dies entspricht einer Wohnung von 55m^2 zu einer Kaltmiete von 7 € je m^2 zuzüglich Kaltbetriebskosten von 1 € je m^2).
- Bei Hinzuverdiensten wird das Arbeitslosengeld II gekürzt. Im Folgenden ist aus Vereinfachungsgründen eine Anrechnung von einheitlich 85% der Lohnsumme vorgesehen. Anrechnungsfreie Beträge sowie die Anwendung verschiedener Anrechnungssätze bleiben unberücksichtigt.

Reformkonzept:

- Die Bruttolöhne werden einmalig pauschal erhöht. Einzellöhne im Bereich bis 400 € monatlich werden pauschal um 23% erhöht. Einzellöhne im Intervall von 400,01 € monatlich bis 3.525 € monatlich werden um 20,85% erhöht. Darüber hinaus gehende Einzellöhne werden im Intervall von 3.525,01 € monatlich bis 5.200 € monatlich um 13% erhöht. Lohnbestandteile oberhalb von 5.200 € werden nicht erhöht.
- Gesetzliche Krankenversicherung, gesetzliche Pflegeversicherung und gesetzliche Rentenversicherung werden in ein Prämienmodell umgewandelt. Die monatliche Prämie zur Krankenversicherung beträgt 190,80 € je Erwachsenem und 78,44 € je Kind. Die monatliche Prämie zur Pflegeversicherung beträgt 25 € je Erwachsenem. Der Rentenversicherungsbeitrag beträgt je Haushalt 600 € monatlich. Die Beiträge zur Arbeitslosenversicherung werden allein vom Arbeitnehmer getragen, sie fallen in unveränderter Höhe an, enthalten aber auch den Arbeitgeberanteil.
- Das Existenzminimum des betrachteten Haushalts wird mit 1.300 € monatlich veranschlagt. Dies entspricht einem Betrag von 700 € pro Monat für die erste Person im Haushalt, einem Betrag von 350 € für jede weitere

erwachsene Person und 300 € je Kind, das älter als 1 Jahr jedoch jünger als 15 Jahre ist.
- Die Einkommensteuer beträgt einheitlich τ (z.B. 30%) der Bruttolohnsumme (der modifizierten Löhne). Pauschbeträge und Freibeträge entfallen.
- Der soziale Ausgleich erfolgt durch Auszahlung einer bereinigten Sozialkomponente. Diese setzt sich zusammen aus den Beiträgen zur Sozialversicherung zuzüglich der Kosten zum Lebensunterhalt in Höhe des Existenzminimums. Die Bereinigung erfolgt durch Anrechnung von σ (z.B. 35%) der Bruttolohnsumme (der modifizierten Löhne). Es wird unterstellt, der betrachtete Haushalt habe keine Unterhaltsansprüche.

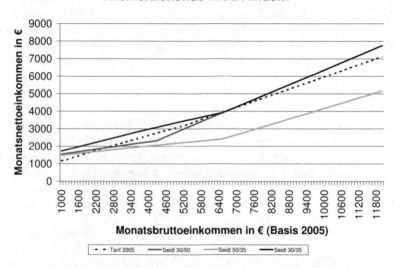

Abb. 1. Nettoeinkommen Alleinerziehender mit 2 Kindern.

Die Abbildungen 1 und 2 zeigen, dass Alleinerziehende mit zwei Kindern bei der Parameterkonstellation ($\tau = 30\%$, $\sigma = 35\%$) für alle Niveaus des Bruttoeinkommens über höhere Nettoeinkommen verfügen als sie nach dem status quo hätten. Lediglich im Bereich von ca. 6.400 € bis 7.400 € pro Monat entsprechen die Nettoeinkommen einander. Für höhere Bruttoeinkommen pro Monat setzt sich die geringere Steuerbelastung des Reformkonzepts durch und die Nettoeinkommen sind wieder höher als nach dem status quo. Im unteren Einkommensbereich bis ca. 4.000 € Bruttoeinkommen ist die Einkommensbesserstellung dieses Haushaltstyps eklatant.

Die Abbildungen zeigen auch sehr anschaulich, dass der Parameter σ die *Progressivität* des Steuer- und Abgabensystems steuert: Ein Übergang von $\sigma = 30\%$ auf $\sigma = 50\%$ bedeutet eine deutlich gestiegene Progressivität des

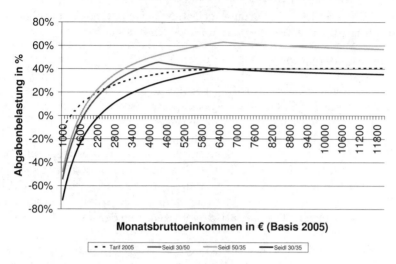

Abb. 2. Prozentuale Abgabenbelastung Alleinerziehender mit 2 Kindern.

Steuer- und Abgabensystems, die sich aber lediglich im unteren Einkommensbereich auswirkt. Wegen der Konvergenz gegen die Abgabenbelastung von $\tau = 30\%$ für steigende Einkommen (infolge der Unbeachtlichkeit der Sozialkomponente für höhere Einkommen) ist die Durchschnittsbelastung der Einkommen ab einem Bruttoeinkommensniveaus von ca. 4.300 € wieder sinkend. [Sie sinkt zwar auch für $\sigma = 35\%$, aber erst ab einem höheren Bruttoeinkommen und deutlich weniger ausgeprägt.]

Weiters zeigen die Abbildungen, dass der Parameter τ nicht auf die Progressivität des Steuer- und Abgabensystems wirkt, sondern auf die *Höhe* des Abgabenaufkommens: Ein Übergang von $\tau = 30\%$ auf $\tau = 50\%$ bewirkt eine parallele Verschiebung der Nettoeinkommenskurve für ($\tau = 30\%$, $\sigma = 35\%$) nach unten bzw. eine parallele Verschiebung der Kurve der prozentualen Abgabenbelastung nach oben.

4.2 Doppelverdiener-Ehepaare mit zwei Kindern im Alter zwischen 1 und 15 Jahren

Der zum Vergleich betrachtete Haushalt weist folgende Merkmale auf:

- Ehepaar mit zwei Kindern jeweils im Alter zwischen 1 und 15 Jahren.
- Die Ehepartner erzielen jeweils ausschließlich Lohneinkommen, die Kinder erzielen kein eigenes Einkommen.
- Das Einkommen der Ehegatten setzt sich stets aus dem relativen Verhältnis 70 zu 30 zusammen (Beispiel: Das Haushaltsbruttoeinkommen betra-

ge monatlich 1.000 €, dann habe der Ehemann hierzu 700 €, die Ehefrau 300 € beigetragen).
- Das Ehepaar ist im zugrunde gelegten Zeitpunkt unbeschränkt steuerpflichtig (das Splitting-Verfahren findet Anwendung).

Gegenwärtige Situation:

- Der Rentenversicherungsbeitrag beträgt 19,5%, der Arbeitslosenversicherungsbeitrag 6,5%. Die Beitragsbemessungsgrenze zur Renten- und Arbeitslosenversicherung beträgt in den alten Bundesländern 62.400 € p.a., in den neuen Bundesländern 52.800 €. Betrachtet wird im Folgenden ein Haushalt „West". Der Krankenversicherungsbeitrag beträgt im Folgenden einheitlich 14,0%, der Pflegeversicherungsbeitrag beträgt 1,7%, beides bei einer bundesweit einheitlichen Beitragsbemessungsgrenze von 42.300 €. Die Beiträge zur Sozialversicherung werden von Arbeitnehmern und Arbeitgebern regelmäßig paritätisch getragen, mit den folgenden zwei Ausnahmen:
  ▶ Erzielt ein Ehepartner einen Lohn in Höhe von bis zu 400 €, so erhält er den Lohn regelmäßig netto für brutto in voller Höhe ausbezahlt (sog. Minijobber). Hier wird unterstellt, dass der Arbeitnehmer den Aufstockungsbeitrag zur Rentenversicherung in Höhe von 7,5% des Lohnes entrichtet und daher Ansprüche an das System erwirkt. Der Arbeitgeber trägt einen pauschalen Beitrag zur Rentenversicherung in Höhe von 12% des Lohnes sowie einen pauschalen Beitrag zur Krankenversicherung in Höhe von 11%. Es wird unterstellt, dass der Arbeitgeber überdies keine Pauschalbeträge abführt. Die Abführung einer pauschalen Lohnsteuer von 2% durch den Arbeitgeber mit der Folge der Nichtsteuerbarkeit beim Arbeitnehmer bleibt unberücksichtigt.
  ▶ Erzielt ein Ehepartner einen Lohn in Höhe von mehr als 400 €, jedoch weniger als 800 € (sog. Gleitzone), so ist unterstellt, dass der Arbeitgeber den vollen Beitrag zur Sozialversicherung entrichtet und der Arbeitnehmer einen ermäßigten Beitrag trägt. Der ermäßigte Beitrag berechne sich im Folgenden aus Gründen der Vereinfachung linear steigend von 0% bei 400,01 € bis 20,85% bei 800 €.
- Der Haushalt kann mindestens den Werbungskostenpauschbetrag, die Vorsorgepauschale und den Sonderausgabenpauschbetrag geltend machen. Es wird auf die Ausführungen im Abschnitt „Alleinerziehende mit zwei Kindern" verwiesen.
- Ehepaare kommen in den Genuss des Splitting-Tarifs. Die Steuer beträgt das Doppelte des Steuerbetrags, der sich bei Besteuerung des halben Haushaltseinkommens ergäbe. Es wird der Tarif 2005 zugrunde gelegt.
- Das Kindergeld beträgt monatlich 154 € je Kind.
- Für geringe Einkommen ergibt sich ein Anspruch auf Arbeitslosengeld II. Dieses beträgt monatlich je 311 € für beide Ehegatten, sowie monatlich je 207 € für jedes Kind unter Verrechnung des Kindergeldes. Hinzu tritt der

Anspruch auf Erstattung der Wohnungsmiete bis zu Höchstbeträgen und angemessener Kaltbetriebskosten (dies sind alle umlagefähigen Betriebskosten abzüglich der Warmwasserkosten sowie der Kosten für die Heizung). Unterstellt ist ein erstattungsfähiger Betrag in Höhe von monatlich 600 € (dies entspricht einer Wohnung von 75m^2 zu einer Kaltmiete von 7 € je m^2 zuzüglich Kaltbetriebskosten von 1 € je m^2).

- Bei Hinzuverdiensten wird das Arbeitslosengeld II gekürzt (siehe „Alleinerziehende mit zwei Kindern").

Reformkonzept:

- Die Höhe des Bruttolohnes, der Sozialkomponente und der Abzugsbeträge ermittelt sich entsprechend der Ausführungen des Haushaltstyps „Alleinerziehende mit zwei Kindern".

Die Abbildungen 3 und 4 zeigen, dass Doppelverdiener-Ehepaare mit zwei Kindern, bei welchen der Mann 70% und die Frau 30% des Bruttohauhaltseinkommens verdient,[14] bei der Parameterkonstellation ($\tau = 30\%$, $\sigma = 35\%$) für alle Niveaus des Bruttohaushaltseinkommens über höhere Nettoeinkommen verfügen, als sie nach dem status quo hätten. Lediglich im Bereich von 8.000 € bis 9.000 € pro Monat entsprechen die Nettoeinkommen einander. Besonders deutlich zeigt sich der Unterschied zwischen den beiden Konzepten im unteren Einkommensbereich bis Bruttohaushaltseinkommen von rund 4.500 €. Hier ist die Einkommensbesserstellung dieses Haushaltstyps im Vergleich zum status quo eklatant.

Die Wirkung der Parameter τ und σ ist hier analog zum Haushaltstyp von Alleinerziehenden mit zwei Kindern.

4.3 Doppelverdiener-Ehepaare ohne Kinder

Der zum Vergleich betrachtete Haushalt weist folgende Merkmale auf:

- Die Ehepartner erzielen jeweils ausschließlich Lohneinkommen.
- Das Einkommen der Ehegatten setzt sich stets aus dem relativen Verhältnis 70 zu 30 zusammen (Beispiel: Das Haushaltsbruttoeinkommen betrage monatlich 1.000 €, dann habe der Ehemann hierzu 700 €, die Ehefrau 300 € beigetragen).
- Das Ehepaar ist im zugrunde gelegten Zeitpunkt unbeschränkt steuerpflichtig (das Splitting-Verfahren findet Anwendung).

---

[14] Diese Einkommensaufteilung ist lediglich für den Vergleich mit dem status quo erheblich. Für das Reformkonzept ist die Abgabenbelastung unabhängig von der Struktur der Bruttoeinkommenserzielung.

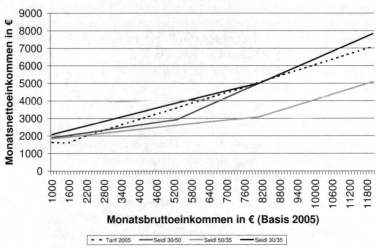

Abb. 3. Nettoeinkommen von Doppelverdiener-Ehepaaren mit 2 Kindern.

Gegenwärtige Situation:

- Die Höhe der Sozialversicherungsbeiträge und der Einkommensteuer ermittelt sich entsprechend der Ausführungen des Haushaltstyps „Doppelverdiener-Ehepaare mit zwei Kindern".
- Für geringe Einkommen ergibt sich ein Anspruch auf Arbeitslosengeld II. Dies beträgt monatlich je 311 € für beide Ehegatten. Hinzu tritt der Anspruch auf Erstattung der Wohnungsmiete bis zu Höchstbeträgen und angemessener Kaltbetriebskosten (dies sind alle umlagefähigen Betriebskosten abzüglich der Warmwasserkosten sowie der Kosten für die Heizung). Unterstellt ist ein erstattungsfähiger Betrag in Höhe von monatlich 360 € (dies entspricht einer Wohnung von 45m^2 zu einer Kaltmiete von 7 € je m^2 zuzüglich Kaltbetriebskosten von 1 € je m^2).
- Bei Hinzuverdiensten wird das Arbeitslosengeld II gekürzt. Es wird auf die Ausführungen im Abschnitt „Doppelverdiener-Ehepaare mit Kindern" verwiesen.

Reformkonzept:

- Die Höhe des Bruttolohnes, der Sozialkomponente und der Abzugsbeträge ermittelt sich entsprechend der Ausführungen des Haushaltstyps „Alleinerziehende mit zwei Kindern".

Die Abbildungen 5 und 6 zeigen, dass auch Doppelverdiener-Ehepaare ohne Kinder, bei welchen der Mann 70% und die Frau 30% des Bruttohaushaltseinkommens verdienen, bei der Parameterkonstellation ($\tau = 30\%$, $\sigma = 35\%$)

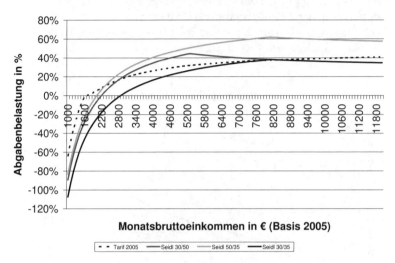

Abb. 4. Prozentuale Abgabenbelastung von Doppelverdiener-Ehepaaren mit 2 Kindern.

für alle Niveaus des Bruttohaushaltseinkommens über höhere Nettoeinkommen verfügen, als sie nach dem status quo hätten.[15] Lediglich im Bereich von ca. 6.000 € bis 6.500 € pro Monat entsprechen die Nettoeinkommen einander. Danach dominiert die geringere Steuerbelastung des Reformkonzepts mit höheren Nettoeinkommen. Im unteren Einkommensbereich zeigt sich auch hier eine deutliche Einkommensbesserstellung dieses Haushaltstyps im Vergleich zum status quo. Im Vergleich der Abbildungen 5 und 6 mit den Abbildungen 3 und 4 zeigt sich, dass Doppelverdiener-Ehepaare ohne Kinder für alle Niveaus des Bruttohaushaltseinkommens nach dem Reformkonzept über geringere

---

[15] Beim Vergleich von Abb. 6 und Tabelle 8 fällt auf, dass das durchschnittliche Haushaltsnettoeinkommen in Tabelle 8 im status quo höher als nach dem Reformkonzept ist, wogegen Abb. 6 den umgekehrten Eindruck vermittelt. Dies erklärt sich daraus, dass erstens rund 50% der Ehepaare ohne Kinder im status quo im Nettoeinkommensintervall von 30.000 € bis 50.000 € angesiedelt sind (vgl. Tabelle 7). In diesem Einkommensintervall ist die Differentialbelastung zwischen beiden Konzepten nach der Musterrechnung nicht sehr ausgeprägt. Zweitens wird in der Musterrechnung eine Einkommensaufteilung von 30:70 unterstellt, wogegen die Einkommensaufteilung häufig ungleichmäßiger ist. Damit steigt aber der Splittingvorteil. Drittens wird in der Musterrechnung unterstellt, dass der Haushalt ausschließlich Lohneinkommen erzielt und keine besonderen Steuerabsetzmöglichkeiten habe. Tatsächlich aber zählen Doppelverdiener-Ehepaare ohne Kinder zu den materiell am besten gestellten Haushalten. Dies erschließt ihnen auch andere Einkommensquellen mit Steuerbegünstigungen bzw. Steuerabsetzungsmöglichkeiten (Sparerfreibetrag, Einkünfte aus Vermietung und Verpachtung, Wohnbauförderung des Jahres 1998, usw.). Demgegenüber greift das Reformkonzept, welches solche Steuerbegünstigungen nicht kennt, härter durch. Dies erklärt das höhere durchschnittliche Haushaltsnettoeinkommen im status quo nach Tabelle 8.

Nettoeinkommen verfügen, als entsprechende Doppelverdiener-Ehepaare mit zwei Kindern. Außerdem steigt ihre Abgabenbelastung rascher als diejenige für Doppelverdiener-Ehepaare mit zwei Kindern.

Die Wirkung der Parameter τ und σ ist hier analog zum Haushaltstyp von Alleinerziehenden mit zwei Kindern.

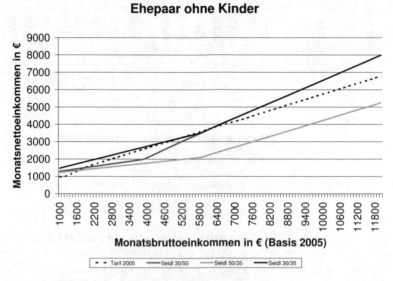

Abb. 5. Nettoeinkommen von Doppelverdiener-Ehepaaren ohne Kinder.

4.4 Rentnerehepaare

Der zum Vergleich betrachtete Haushalt weist folgende Merkmale auf:

- Die Ehepartner erzielen jeweils ausschließlich Renteneinkommen.
- Das Einkommen der Ehegatten setzt sich beliebig zusammen (hier sind, wie vorstehend, Anteile von 70% und 30% unterstellt).
- Das Ehepaar ist im zugrunde gelegten Zeitpunkt unbeschränkt steuerpflichtig (das Splitting-Verfahren findet Anwendung).

Gegenwärtige Situation:

- Jeder Ehepartner trägt für die Inanspruchnahme von Krankenversicherungsleistungen den halben Krankenversicherungsbeitrag in Höhe von hier unterstellten 7% sowie ferner den vollen Pflegeversicherungsbeitrag in Höhe 1,7%. Die übrigen Versicherungsbeiträge werden von der Rentenversicherungsanstalt getragen.

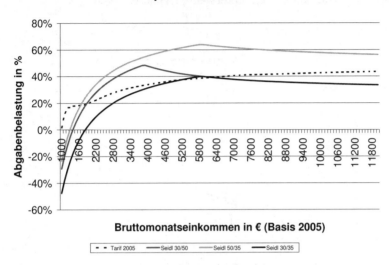

Abb. 6. Prozentuale Abgabenbelastung von Doppelverdiener-Ehepaaren ohne Kinder.

- Für geringe Einkommen ergibt sich ein Anspruch auf bedarfsorientierte Grundsicherung im Alter. Aus Vereinfachungsgründen ist hier unterstellt, dass diese sich materiell auswirkt wie das Arbeitslosengeld II. Es wird auf die Ausführungen im Abschnitt „Doppelverdiener-Ehepaare ohne Kinder" verwiesen.
- Die Renten sind lediglich im Umfang ihres Ertragsanteils steuerpflichtig, dieser beträgt im Jahre 2005 einheitlich 50%.
- Der Werbungskostenpauschbetrag beträgt 102 € je Rentner. Tatsächliche Werbungskosten werden nicht nachgewiesen.

Reformkonzept:

- Die Renten werden einmalig pauschal um die von der Rentenversicherungsanstalt getragenen Beiträge zur Krankenversicherung erhöht.
- Die monatliche Prämie zur Krankenversicherung beträgt 190,80 € je Erwachsenen. Die monatliche Prämie zur Pflegeversicherung beträgt 25 € je Erwachsenen. Rentenversicherungsbeiträge sind von Rentnerhaushalten nicht mehr zu entrichten.
- Das Existenzminimum des betrachteten Haushalts wird mit 1.050 € monatlich veranschlagt. Dies entspricht einem Betrag von 700 € pro Monat für die erste Person im Haushalt und einem Betrag von 350 € für die zweite Person.
- Die Renten eines Haushalts werden bis zur Höhe von 1.050 € voll besteuert, da die darauf geleisteten Beiträge in der Ansparphase bereits durch die

Sozialkomponente entlastet waren. Darüber hinaus werden die Renten mit ihrem Ertragsanteil, hier unterstellten 17%, versteuert.

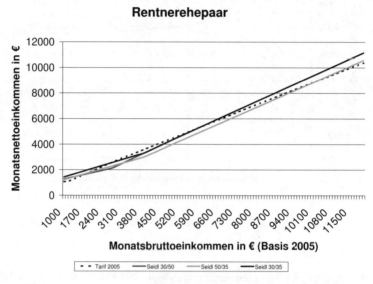

Abb. 7. Nettoeinkommen von Doppelverdiener-Rentnerehepaaren.

Die Abbildungen 7 und 8 zeigen, dass Rentnerehepaare mit ausschließlichen Renteneinkommen, bei welchen das Einkommen des Mannes 70% und das der Frau 30% des monatlichen Bruttohaushaltseinkommens beträgt, im unteren Einkommensbereich bis ca. 2.800 € besser gestellt sind als nach dem status quo.[16] Für höhere Bruttohaushaltseinkommen von ca. 2.800 € bis 5.800 € sind sie nach dem Reformkonzept wegen des Abschmelzens des sozialen Ausgleichs nach dem Reformkonzept schlechter gestellt. Dies trifft aber nur sehr wenige Rentnerehepaare. Bei Einkommen von über 5.800 € (eine extrem seltene Spezies von Rentnerehepaaren) sind sie nach dem Reformkonzept besser gestellt, weil von Renten über der Mindestrente nach dem Reformkonzept nur ein Ertragsanteil in Höhe von 17% besteuert wird, während der steuerpflichtige Ertragsanteil der Renten für das Jahr 2005 im status quo 50% beträgt. Diese Wirkung wird durch den geringeren Steuersatz des Reformkonzepts noch verstärkt.

Die Wirkung der Parameter τ und σ ist hier analog zum Haushaltstyp von Alleinerziehenden mit zwei Kindern.

---

[16] Nach Bieber (2004) verfügen nur 19% der Rentnerehepaare in den alten Bundesländern und 4% der Rentnerehepaare in den neuen Bundesländern über Monatseinkommen von 2.500 € oder mehr.

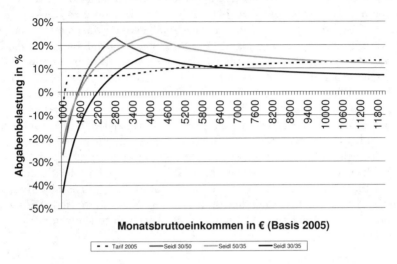

Abb. 8. Prozentuale Abgabenbelastung von Doppelverdiener-Rentnerehepaaren.

5 Zusammenfassung

Vorab muss eindeutig darauf hingewiesen werden, dass infolge mangelnder Datenverfügbarkeit, der Notwendigkeit weitgehender Datentransformationen und ungewisser Verhaltensprognosen der wirtschaftlichen Akteure wohl keine Simulation mit dem Anspruch auftreten kann, auf Heller und Pfennig exakt zu stimmen. Gegenstand dieses Beitrages kann daher nur sein, zu demonstrieren, dass das vorgeschlagene Reformkonzept plausibel umgesetzt werden kann, finanzierbar ist und über Vorteile verfügt, die seine Realisierung nahelegen. Wegen einer flat tax und der im Wesentlichen pauschalen Sozialversicherungsbeiträge als zentrale Elemente vermindert das Reformkonzept die Zusatzlast des Steuer- und Abgabensystems, erhöht dadurch die wirtschaftliche Effizienz und wirkt wachstumsfördernd. Wegen der Sozialkomponente gewährleistet es soziale Ausgewogenheit und verschiebt die Steuerprogression von der Einkommensentstehungs- auf die Einkommensverwendungsseite. Schwache Schultern erhalten eine staatliche Subventionierung des Existenzminimums und des Sozialaufwandes, starke Schultern haben diese Aufwendungen mit steigendem Einkommen in zunehmendem Maße selbst zu tragen und werden dafür durch eine niedrigere Steuerbelastung mehr als entschädigt.

Neben einem moderaten und umfassenden Steuer- und sozialen Abgabensystem gestattet das Reformkonzept auch einen Verzicht auf die Gewerbe- und Körperschaftsteuer des herrschenden Systems und stärkt daher den nichtstaatlichen Teil der Volkswirtschaft mit einer zusätzlichen Kaufkraft von 46,5 Mrd. €.

Darüber hinaus bewirkt das Reformkonzept eine Konzentrationstendenz der Nettoeinkommen in Richtung Mittelstand, indem Haushalte mit geringen Einkommen gewinnen und Haushalte mit hohen Einkommen etwas abgeben müssen. Dies zeigt sich in deutlich gleichmäßigeren Haushaltsnettoeinkommensverteilungen für Deutschland insgesamt sowie ausnahmslos für alle Einkommenskohorten. Haushalte mit Kindern gewinnen, Haushalte ohne Kinder verlieren nach dem Reformkonzept. Teilweise resultiert die Mehrbelastung von Haushalten nach dem Reformkonzept auch daraus, dass es zwar moderater, aber konsequenter als das herrschende Steuersystem durchgreift, weil es außertourliche Steuerbegünstigungen für die Bezieher hoher Einkommen nicht kennt. Diese entrichten ihre Steuern zwar nach einem moderateren Tarif, aber nach diesem Tarif müssen sie ihre Steuern auch tatsächlich und ohne Möglichkeit der Steuererosion bezahlen. Wird von Erosion der Steuerbemessungsgrundlage abgesehen, belastet das Reformkonzept fast alle Haushalte weniger, als sie im herrschenden Steuersystem belastet werden. Dies zeigen die individuellen Belastungsrechnungen für ausgewählte Haushaltstypen.

Literaturverzeichnis

Bieber, U. (2004). Nicht nur die Rente bestimmt das Einkommen im Alter, Ergebnisse zur monetären Alterssicherung in Deutschland. *ISI (Informationsdienst Soziale Indikatoren)*, 31:12-15. ZUMA Publikation, Mannheim Januar 2004.

Boss, A. und Rosenschon, A. (2002). *Subventionen in Deutschland: Quantifizierung und finanzpolitische Bewertung.* Kieler Diskussionsbeiträge Nr. 392/393, Institut für Weltwirtschaft an der Universität Kiel, Kiel.

Bundesministerium der Finanzen (2004). *Finanzbericht 2005.* Berlin.

Davis, J.B. und Hoy, M. (2002). Flat Rate Taxes and Inequality Measurement. *Journal of Public Economics*, 84:33-46.

Drabinski, T. (2005). *Finanzielle Auswirkungen und Umverteilungseffekte von solidarischer Gesundheitsprämie und solidarischer Bürgerversicherung.* Schriftenreihe Institut für Mikrodatenanalyse, Band 4, Kiel.

Solms, H.O. (Hrsg.) (2005). *Liberale Reform der direkten Steuern.* Liberal Verlag, Berlin.

Teil IV

PODIUMS- UND PLENARDISKUSSION

ZUSAMMENFASSUNG DER DISKUSSION

Eva Pichler

Wirtschaftsuniversität Wien

1 **Podiumsdiskussion** 255

2 **Plenardiskussion** 259

Teilnehmer an der Podiumsdiskussion:
- Dr. Dietrich Austermann, Minister für Wissenschaft, Wirtschaft und Verkehr des Landes Schleswig-Holstein
- Dr. Brigitte Fronzek, Bürgermeisterin, Stadt Elmshorn
- Dr. Claus Kemmet, Hauptgeschäftsführer der Vereinigung der Unternehmensverbände in Hamburg und Schleswig-Holstein
- Dr. Heiner Garg, FDP-Landtagsfraktion Schleswig-Holstein, stellv. Fraktionsvorsitzender
- Karl-Martin Hentschel, Bündnis 90/Die Grünen, Landtagsfraktion Schleswig-Holstein, stellv. Fraktionsvorsitzender.

Diskussionsleiter:
- Prof. Dr. Rolf J. Langhammer, Institut für Weltwirtschaft, Stellvertreter des Präsidenten.

1 Podiumsdiskussion

In der Podiumsdiskussion richtete Prof. Langhammer Fragen an die Diskutanten, danach folgte eine Plenardiskussion.

An Herrn Dr. Dietrich Austermann, Minister für Wissenschaft, Wirtschaft und Verkehr des Landes Schleswig Holstein, richtete Prof. Langhammer die Frage, ob die Länder die heimlichen Bremser gegen das allgemein begrüßte steuerpolitische Konzept der Verbreiterung der Bemessungsgrundlagen und der Abschaffung von Ausnahmetatbeständen wären. Er wies darauf hin, dass Länder auch Lobbyisten seien. So trete Bayern als Standort der Autoindustrie für die Beibehaltung der Entfernungspauschale ein, Baden-Württemberg setze sich für die Eigenheimzulage ein (Bausparkassen), die Küstenländer für Werftbeihilfen und Schiffsfinanzierungsprivilegien, usw.

Minister Austermann beantwortete diese Frage strikt verneinend. Die Steuern zeigten ein fest gefügtes Netz, das sich aus unterschiedlicher Betroffenheit ergäbe. Oft habe man sich daran gewöhnt, wäre mit dem System zufrieden und wage es oft nicht, dieses zu ändern. Tatsächlich jedoch befürworteten auch die Länder eine Vereinfachung der Steuergesetzgebung, und es würden immer wieder Ausnahmen eingeschränkt: So gebe es z.b. keine Neubewilligungen für Schiffspauschalen. Andere Länder wollten die steuerlichen Ausnahmeregelungen beibehalten, so z.B. Baden-Württemberg die Bausparpauschale. Schaffe man jedenfalls eine Ausnahme ab, sollten die Betroffenen unter dem Strich nicht netto weniger erhalten. Eine andere Maßnahme müsse dann geändert werden.

Bezüglich einer Neuregelung der Entfernungspauschale forderte Minister Austermann eine Absenkung des Tarifs für die Entfernungspauschale; es sei ausreichend, den „normalen" Weg zu berücksichtigen. Er betonte auch hier, dass eine Vereinfachung von Vorteil sei: Je einfacher ein System sei, desto gerechter sei es, da die vielen Ausnahmen den Wettbewerb verzerrten.

Die nächste Frage richtete Prof. Langhammer an die Bürgermeisterin Frau Dr. Brigitte Fronzek. Sie betraf die Bedeutung der Gewerbesteuer, die abgeschafft werden solle, für die Kommunen. Die Kommunen seien unter den Gebietskörperschaften die wichtigsten Träger öffentlicher Investitionen. Sollte im Fall einer Abschaffung nun eine stärkere Notwendigkeit als in der Vergangenheit gegeben sein, Investitionen in den privatwirtschaftlichen Bereich zu verlagern bzw. Projekte der Public Private Partnership anzugehen?

Frau Dr. Fronzek antwortet darauf sehr vorsichtig, dass zunächst Veränderungen der Steuergesetzgebung in ihren Auswirkungen für die Kommunen zu prüfen seien. Beim derzeitigen System bleibe den Kommunen von der Gewerbesteuer nur ein Drittel, da ein Drittel an den Bund abgeführt werde und ein zweites Drittel die weiteren Einnahmen reduziere. Das letzte verbleibende Drittel könnten die Kommunen jedoch nicht abgeben. Auch Frau Dr. Fronzek sprach sich für eine Vereinfachung des Steuersystems aus: Sie betonte, dass ein Finanzierungssystem für Kommunen günstiger wäre, welches diese nicht mit anderen Gebietskörperschaften teilen müssten. Ein solches System könne auch eine Vereinfachung der Verwaltung erreichen.

Bezüglich der Erfahrungen ihrer Kommune mit Public Private Partnership (PPP) berichtete Frau Dr. Fronzek, dass bei den Projekten sehr unterschiedliche Erfahrungen gemacht worden seien. Bei den Schulen sollten die Projekte fortgeführt werden, da sie gut liefen. Die anderen Projekte hätten sich im PPP-Modell allerdings teurer als bei herkömmlicher Finanzierung herausgestellt. Jeder Einzelfall wäre deshalb genau zu evaluieren und auch die Folgekosten müssten berücksichtigt werden. Einen generellen Königsweg bei PPP sah Frau Dr. Fronzek jedenfalls nicht.

Die nächste Frage richtete sich an Dr. Claus Kemmet von der Vereinigung der Unternehmensverbände für Hamburg und Schleswig-Holstein. Sie betraf das deutsche Steuer- und Abgabensystem, welches international als nicht wettbewerbsfähig gelte. Studien zeigen, dass vorbehaltlich anderer primärer Faktoren, wie Marktpotential und Lohnkostenniveaus, Besteuerungsunterschiede wichtig für Standortentscheidungen seien (insbesondere gegenüber den mittel- und osteuropäischen Ländern). Andererseits fragten Unternehmen öffentliche Dienstleistungen in unterschiedlichem Ausmaß nach, so dass Unternehmen auch unterschiedlich auf Besteuerungsunterschiede reagierten. Wer viele Dienstleistungen in guter Qualität brauche, den würde auch ein relativ hohes Besteuerungsniveau nicht abschrecken. Dies würde begründen, warum die Angst vor einem Besteuerungswettbewerb nach unten bzw. einem „race to the bottom" übertrieben sein könnte. Die Frage an Herrn Dr. Kemmet lautet, ob er sich dieser Position anschließen könne.

Dr. Kemmet wies dies entschieden zurück und betonte demgegenüber die wichtige Rolle der Unternehmenssteuern für die Niederlassungsentscheidung. So zeigten internationale Vergleiche, dass die Unternehmen in Deutschland eine überdurchschnittliche Steuer- und Abgabenbelastung hätten. Bei voranschreitender Globalisierung könne es nicht dabei bleiben, dass Unternehmen in mittel- und osteuropäischen Ländern erheblich geringere Abgaben hätten, denn dies würde zu erheblichen Standortverschiebungen führen. Viele Unternehmen nutzten diese Vorteile bereits jetzt zum Nachteil Deutschlands. Es sei ein zentrales Anliegen, die Unternehmen im eigenen Land zu behalten, sowie ausländische Unternehmen zu Direktinvestitionen in Deutschland zu bewegen. Auch zahlreiche persönlich geführte Gespräche mit Unternehmern belegten, dass hier etwas passieren müsse.

Die unterschiedliche Nutzung öffentlicher Dienstleistungen sei dabei nur von sekundärer Bedeutung, da für die Unternehmen Steuervorteile stärker im Fokus stünden. Andere europäische Länder hätten diesem Aspekt bereits Rechnung getragen. Deutschland brauche mehr Wachstum, und die Unternehmer müssten Anreize erhalten, im Land zu bleiben. Andernfalls bekäme der Staat nicht ausreichend Mittel, um seine Ausgaben zu finanzieren.

Prof. Langhammer wandte sich sodann an Herrn Dr. Garg, den stellvertretenden Vorsitzenden der FDP-Landtagsfraktion Schleswig-Holstein, bezüglich seiner Einschätzung der verschiedenen Vor- und Nachteile der im Wahlkampf diskutierten „flat rate". Diese „flat rate" orientiere sich am Ziel der Neutralität der Besteuerung gegenüber Rechtsformen, Einkommensarten und anderen Tatbeständen. Sie berücksichtige aber nicht die unterschiedliche Mobilität von Faktoren oder die unterschiedliche Rigidität oder Reversibilität einer Rechtsformwahl. Damit konform wäre eine „flat rate", wenn man die Mobilitätsunterschiede einebnete (durch Förderung der Mobilität der Arbeit oder durch Einschränkung der Mobilität des Faktors Kapital).

Man könne nun bei der „flat rate" bleiben, die Mobilitätsunterschiede ignorieren und die Mobilität des Faktors Arbeit erhöhen, oder man könne Arbeit und Kapital unterschiedlich besteuern und damit die relative Immobilität des Faktors Arbeit ausnutzen, was dazu führen werde, dass es eine de facto Besteuerung des Faktors Arbeit zugunsten des Kapitaleinsatzes gäbe. Wo läge hier der Königsweg?

Dr. Garg griff in seiner Antwort auf die ökonomische Theorie, und zwar jene der komparativen Kostenvorteile von David Ricardo, zurück. Dabei gehe es darum, welcher Produktionsfaktor (Arbeit oder Kapital) relativ zum anderen der günstigere sei. In den USA sei dies der Faktor Arbeit, in Deutschland der Faktor Kapital. So unpolitisch das auch klingen möge, mache es keinen Sinn, den relativ günstigeren Produktionsfaktor so stark zu verteuern, dass er nicht mehr der relativ günstigere Produktionsfaktor sei, da man damit die komparativen Vorteile verspiele und – für den Fall Deutschlands – hohe Arbeitslosigkeit hervorrufe. Einen Königsweg in diesem Zusammenhang gäbe es allerdings nicht.

Dr. Garg verwies darauf, dass die grundsätzlichen Anforderungen an ein Steuersystem im Auge behalten werden müssten: Was solle dieses leisten? Welche Infrastruktur- und Verkehrseinrichtungen, welches Sozialsystem etc. solle es finanzieren? Als Nächstes wäre dann sicherzustellen, dass diese Zwecke bezahlt werden könnten. Dies funktioniere am besten, wenn man die unterschiedliche Wertigkeit der einzelnen Produktionsfaktoren nicht ausnutze bzw. deren relative Vorteilhaftigkeit nicht ändere.

Zuletzt wurde Herr Hentschel, der stellvertretende Fraktionsvorsitzende der Grünen im Landtag Schleswig-Holstein, befragt. Die Frage betraf die Aufkommens- und Steuerungsfunktion von Steuern, insbesondere der Ökosteuer. So sollten Steuern nach dem Willen von Politikern häufig einerseits Steuerungsfunktionen für Verhaltensänderungen besitzen und gleichzeitig Einnahmenzielen für einen bestimmten Zweck dienen. Die Ökosteuer zum Zweck der Senkung der Rentenbeiträge sei dafür ein Beispiel, ebenso die Tabaksteuer, international die viel beschworene Besteuerung spekulativer Finanzströme (die Tobin Tax) oder die Ankündigung der französischen Regierung, eine Flugticketsteuer zur Finanzierung von Entwicklungshilfe einzuführen. Zwischen beiden Zielen gäbe es Konflikte. Sei der Eindruck falsch, dass die Sehnsucht nach der sogenannten „doppelten Dividende" so groß sei, dass diese Konflikte zunehmend von der Politik in Kauf genommen würden?

Herr Hentschel verneinte diese Frage; der Eindruck sei falsch. In seiner Antwort führte er aus, dass die derzeit erhobene Ökosteuer die Schwankung des Ölpreises stabilisiere. Da der Benzinpreis in Deutschland eine hohe Steuerkomponente enthalte, die sich bei einer Steigerung des Rohölpreises nicht verändere, seien geringere relative Schwankungen des Gesamtpreises als z.B. in den USA die Folge. Die Ökosteuer stabilisiere in diesem Sinne das System. In den USA seien hingegen heftigere Schwankungen des Benzinpreises zu beobachten. Auch sei man in der Europäischen Union auf eine Erhöhung des Benzinpreises durch eine Adaption des Fahrzeugparks bereits besser eingestellt als in den USA.

Herr Hentschel nahm auch generell zum Steuerkonzept der Grünen Stellung. Zur Belastung der Faktoren sei dabei zu bemerken, dass in Deutschland u.a. die Belastung der unteren Einkommen drastisch zurückzunehmen sei; hier sei eine Entlastung von den hohen Grenzsteuersätzen am wichtigsten. Dadurch könnten mehr Arbeitsplätze geschaffen werden. Als Vorbild dienten hier die skandinavischen Länder, die damit wirtschaftlich sehr erfolgreich gewesen seien. In diesem Zusammenhang habe auch die heutige Tagung gezeigt, dass es um eine Neukonstruktion des gesamten Steuer- und Sozialsystems gehe.

Aus der Sicht der Grünen stimmte Herr Hentschel dabei den Thesen von Professor Seidl zu. Für die Wirtschaft gehe es um die Senkung des nominalen Steuersatzes bei Verbreiterung der Bemessungsgrundlage. Für die privaten Steuerzahler gehe es vor allem um eine Entlastung der unteren Einkommen, die durch die hohen Sozialversicherungsbeiträge überproportional belastet seien. Nur so könnten Arbeitsplätze im Dienstleistungssektor entstehen. Um dies zu vereinen, ohne dem Staat die Steuereinnahmen zu entziehen, solle zunächst die Duale Einkommensteuer eingeführt werden, so dass die kleinen wie die großen Betriebe von einer nominalen Senkung der Körperschaftsteuer profitieren könnten. Zur Senkung der Lohnnebenkosten solle für die Sozialabgaben ein Grundfreibetrag und eine Progressionszone eingeführt werden. Damit werde dreierlei erreicht. Erstens werde einfache Arbeit wieder lohnend, zweitens würden die Mini- und Midi-Jobs überflüssig. Drittens schließlich würden die hohen Marginalsteuersätze für Arbeitslose und Geringverdienende geglättet. Die Finanzierung könne durch einen Mix erreicht werden, wie es das DIW vorgeschlagen hat: Erhöhung der Spitzensteuer und Anhebung der Mehrwertsteuer, verbunden mit der Einführung der Bürgerversicherung.

2 Plenardiskussion

Intensiv wurde hier die Ökosteuer debattiert, insbesondere wurde heftige Kritik an der Position der Grünen laut. Die Ökosteuer habe in den vergangenen Jahren 30 Mrd. € gekostet; sie sei eine Wachstumsbremse und habe hohe Opportunitätskosten gegenüber der Variante, dass das Geld in der privaten Wirtschaft geblieben wäre, gehabt (hier sei nicht angedacht worden, dass u.U. eine andere Steuer die Einnahmen der Ökosteuer hätte erbringen können). Es werde hier vom Staat ein „windfall profit" kassiert. An sich kassiere der Finanzminister am Ölpreis bereits über die Mehrwertsteuer schon mit. Die besonders hohe Belastung in Deutschland werde z.B. an der Preisdifferenz zu Benzin in Österreich deutlich. Auch könne nicht behauptet werden, dass die Schwankungen des Ölpreises Europa weniger träfen als die USA, da zwar die Schwankungen in Prozent des Gesamtpreises geringer ausfielen, jedoch das Ausgangsniveau des Benzinpreises erheblich höher sei. Ferner werde der Zweck der Ökosteuer, die Beiträge zum Rentensystem zu dämpfen, kritisiert: „Rasen für die Rente, Rauchen für die Gesundheit" seine schlechte Schlagworte. Steuern seien Abgaben ohne Recht auf Gegenleistung; ein einfaches Steuersystem könne seine Aufgaben besser und effizienter erfüllen. Eine Fülle von Ausnahmen und Sonderabgaben sei keineswegs effizient. Beim gegenwärtigen Gestrüpp von Steuern flüchteten viele Unternehmen ins Ausland. Deutschland habe international insgesamt kein wettbewerbsfähiges Steuersystem. Der Versuch, für jeden Einzeltatbestand aus Gründen der Gerechtigkeit einen neuen Steuertatbestand zu schaffen, führe zu einem sehr ineffizienten Steuersystem.

Als Beispiel für einen ineffizienten Steuersondertatbestand wurde die Abzugsfähigkeit von Verlusten bei Mieten vorgebracht. Viele Gebäude würden (bei den zulässigen hohen steuerlichen Abschreibungsmöglichkeiten) im Osten nur gekauft, um Steuern zu sparen. Dies sei zwar ursprünglich die Intention bei der Entstehung dieses Steuerabsetzpostens gewesen, habe jedoch inzwischen stark negative Effekte, die eingedämmt werden sollten.

Es wurde darauf hingewiesen, dass Deutschlands Wirtschaftsproblem nicht in der Wettbewerbsfähigkeit der großen Unternehmen bestehe, sondern eher in jener der kleinen. Bei Neuinvestitionen sei in erster Linie der nominale Steuersatz sehr hoch. Ferner müsse bei geringen Einkommen eine Entlastung von den hohen Sozialversicherungsbeiträgen erfolgen, da diese mit stark negativen Arbeitsanreizeffekten einhergingen. Die Eigenheimzulage wäre – auch gegen den Widerstand der Bauwirtschaft – zu streichen; sie führe in erster Linie reicheren Haushalten Einkommen zu. Auch die Entfernungspauschale sollte abgeschafft werden. Das würde bewirken, dass mehr Leute, statt mit dem Auto zur Arbeit zu fahren, umziehen würden. In diesem Sinne wäre die gesamte Allokationsentscheidung neu zu treffen.

In Bezug auf die Körperschaftsteuerreform des Jahres 2001 wurde kritisiert, dass in der Folge drei Jahre lang keine Körperschaftsteuer mehr gezahlt worden sei. Gleichzeitig hätten die Unternehmen in diesem Zeitraum keine Arbeitsplätze geschaffen, und insofern sei die Steuerreform auf ein reines Geschenk an die Unternehmen hinausgelaufen. Gegen diese Position wandte sich der Einwurf, dass dabei die Frage der Standortentscheidung ausgeblendet werde.

Ein weiterer Kritikpunkt betraf die Einkommensteuer: Die hohen Grenzsteuersätze hätten zu erhöhten Vermeidungsversuchen geführt. Ein gerechteres System müsse die Grenzsteuersätze senken und die Ausnahmen beseitigen. Bezüglich der Eigenheimzulage wurde angeregt, dass auch diese zu streichen wäre, allerdings sollten woanders Entlastungsmöglichkeiten vorgegeben werden. Die Kohlesubvention sei zu beenden, da die Subvention dieser Branche nicht mehr den Anforderungen eines modernen, umweltbewussten Staates entspräche. An Stelle der Kohlesubventionen sollten solche des Einsatzes neuer Technologien treten. Auch sei nicht einzusehen, weshalb in vielen Bundesländern mit intakten Verkehrswegen die Benutzung der Straßen kostenlos sei, während gleichzeitig andere Bundesländer Mauten erheben müssten, um ihre erforderlichen Infrastrukturausbauten zu finanzieren.

Zurückkommend auf die Public Private Partnership Projekte der Kommunen wurde eingewandt, dass diese Finanzierungsform zwar kein Allheilmittel sei, jedoch den Vorteil einer rascheren Realisierung von Projekten als bei Steuerfinanzierung ermögliche, und daher die Güter rascher der Öffentlichkeit zur Verfügung gestellt werden könnten.

Zusammenfassung der Diskussion 261

Ein mehrfach geäußerter Kritikpunkt betraf die hohen Lohnnebenkosten. Sie stellten einen „Strafsatz" für den Einsatz des Faktors Arbeit dar. Die Gesundheitsprämie wurde als ein erster Schritt gelobt, eine Entkoppelung der Kosten des Faktors Arbeit von den Sozialversicherungsbeiträgen zu erreichen. Dabei wurde betont, dass diese Tagung zeige, wie sehr eine gleichzeitige Reform des gesamten Steuer- und Sozialversicherungswesens erforderlich sei. Gleichzeitig wurde kritisiert, dass eine vollständige Umstellung des Rentenumlage- auf das Kapitaldeckungsverfahren ebenfalls kein Allheilmittel darstelle, da hiermit hohe Risiken des Kapitalverlustes bzw. eines geringen Zinssatzes verbunden seien. Ein Mischsystem wurde an Stelle dessen nahe gelegt. Ferner wurde (am Beispiel Koreas) auf die Bedeutung eines intakten Kapitalmarktes für das Kapitaldeckungsverfahren hingewiesen. Zuletzt betonte ein Diskussionsbeitrag, dass das Kapitaldeckungsverfahren bei Katastrophen versage, hingegen das Umlageverfahren auf dem pragmatischeren Prinzip basiere, dass nur verteilt werden könne, was in der gleichen Periode erzeugt werde.

Bezüglich des von Prof. Seidl vorgestellten simultanen Steuer- und Sozialversicherungssystems kam aus dem Publikum ein interessanter Interpretationsvorschlag: Das Konzept laufe letztlich auf eine Glättung der gesamten, die Steuer- und Sozialversicherungsbeiträge umfassenden, marginalen Abgabenquote hinaus.

Immer wieder wurde das Vorbild der skandinavischen Länder in diesem Zusammenhang erwähnt, wo es eine Zusammenführung der Steuer- und Sozialversicherungsabgaben gäbe, und wo wieder höhere Wachstumsraten erwirtschaftet würden. Diese Länder hätten auch ein beträchtlich billigeres Gesundheitssystem als Deutschland. Allerdings wurde an der Politik der skandinavischen Länder kritisch erwähnt, dass z.B. in Dänemark 600.000 Personen in den Vorruhestand geschickt würden.

Für das Gesundheitssystem kam der immer wieder vorgebrachte Vorschlag, in Deutschland könne an den Verwaltungskosten gespart werden. Darüber hinaus wurde von Prof. Seidl das grundlegende ökonomische Problem der angebotsinduzierten Nachfrage thematisiert: Die vollversicherten Patienten und Ärzte legten Diagnose und Behandlung einvernehmlich fest, wohingegen ein unbeteiligter Dritter, nämlich die Krankenversicherung, passiv für die Finanzierung zuständig sei. Dies lenke auch den technischen Fortschritt stets in eine qualitätserhöhende Richtung, während kostensparender technischer Fortschritt kaum stattfände. In diesem Zusammenhang wurde darauf hingewiesen, dass man längerfristig um die Notwendigkeit hoher Selbstbehalte, z.B. in Höhe von ca. einem Drittel der Behandlungskosten, nicht herumkommen werde.

Um die hohe Steuerbelastung im unteren Bereich (Grenzsteuersätze von über 60%) zu mindern, kam ferner der Vorschlag, die Mehrwertsteuer anzuheben, was stärker wettbewerbsneutral sei. Dieser Vorschlag wurde allerdings unverzüglich kritisiert, da eine Erhöhung der Mehrwertsteuer über die Preissteigerung der Konsumgüter letztlich wieder die Lohnsumme als hauptsächliche Komponente des Mehrwerts belaste. Negative Auswirkungen am Arbeitsmarkt seien die Folge. In Bezug auf die Mehrwertsteuer wurde darüber hinaus festgestellt, dass diese bestimmte Branchen bzw. Betriebe (z.B. ermäßigter Satz für Lebensmittel) in ungleichem Maße belaste, was durch die Art der Produkte nicht zu rechtfertigen sei und Ineffizienzen hervorrufe. Auch bestehe der Mehrwert im Wesentlichen aus Löhnen und Gewinnen, sodass eine Mehrwertsteuer einer Einkommensteuererhöhung gleichkäme.

Ein weiterer Diskussionsbeitrag betonte, dass zum Zwecke eines höheren Wirtschaftswachstums insgesamt die Arbeitszeit ausgedehnt werden müsse, und zwar sowohl die Wochen-, Jahres- als auch Lebensarbeitszeit. Dabei wurde das Beispiel gebracht, wonach eine große Kieler Werft einen Auftrag für sechs Schiffe wegen Kapazitätsgrenzen beim Faktor Arbeit habe abweisen müssen. Diese Aufträge würden nun im Ausland vergeben. Könne eine höhere reale Wachstumsrate erzielt werden (ca. 2% p.a.), könne Deutschland in vier bis fünf Jahren einen ausgeglichenen Budgethaushalt vorlegen. Zur Unterstützung der Wachstumspolitik sollten auch die Ausgaben für Bildung intensiviert werden. Hingegen wurde eingewandt, dass dies auch durch eine bessere Verwendung der derzeitigen Mittel erreicht werden könne: Eine produktivitätssteigernde Qualitätsverbesserung wäre auch mit dem derzeitigen Haushaltsbudget zu erreichen. Jedoch seien die Anreize zur Mittelverwendung im System zu überprüfen.

Zum Abschluss der Diskussion betonte ein Teilnehmer, dass genug Arbeit für alle vorhanden sei. Die Arbeit sei da, nur werde sie aufgrund des Steuer- und Sozialschutzsystems in Deutschland nicht ausreichend gemacht. Hier werde viel schwarz gearbeitet, und viel Arbeit wandere ins Ausland ab. Es komme nun darauf an, das Steuer- und Sozialsystem so zu reformieren, dass die Arbeit wieder nach Deutschland zurückwandern könne.

Teil V

ANHÄNGE

ANHANG 1: ÄNDERUNGEN DES DEUTSCHEN EINKOMMENSTEUERGESETZES IN DEN JAHREN 1998 BIS 2006

Benjamin Bhatti

Sozietät Dr. Rades, Kiel

1	Steuerfreie Einnahmen	266
2	Gewinn	267
3	Überschuss der Einnahmen über die Werbungskosten	269
4	Sonderausgaben	270
5	Einkünfte aus Land- und Forstwirtschaft	271
6	Einkünfte aus Gewerbebetrieb	272
7	Einkünfte aus nichtselbständiger Arbeit	273
8	Einkünfte aus Kapitalvermögen	273
9	Einkünfte aus Vermietung und Verpachtung	273
10	Sonstige Einkünfte	273
11	Gemeinsame Vorschriften	274
12	Tarif	275
13	Steuerermäßigungen	276
14	Lohnsteuerpauschalierung	277
15	Kindergeld	277
16	Altersvorsorgezulage	277
17	Aufkommen der Einkommensteuer	278

Die aufkommenserhöhenden gesetzlichen Regelungen sind im Folgenden durch ▲, die aufkommensmindernden Regelungen durch ▼ und die aufkommensneutralen Regelungen durch ▶ gekennzeichnet.

1 Steuerfreie Einnahmen

Das Einkommensteuergesetz wurde im II. Abschnitt Einkommen, Nr. 2 Steuerfreie Einnahmen, wie folgt fortentwickelt:

- § 3 Nr. 9 EStG ▲

  Die Freibeträge für Abfindungen wegen einer nicht vom Arbeitnehmer veranlassten Auflösung des Dienstverhältnisses wurden von 24.000 DM auf 7.200 €, von 30.000 DM auf 9.000 € (15-jähriges Dienstverhältnis) und von 36.000 DM auf 11.000 € (20-jähriges Dienstverhältnis) gesenkt. Ab dem 01.01.2006 entfallen die Freibeträge für die vorgenannten Abfindungen generell.

- § 3 Nr. 10 EStG ▲

  Die generelle Steuerfreiheit für Übergangsgelder und Übergangsbeihilfen wurde teilweise aufgehoben durch die Einführung eines Freibetrags für Übergangsgelder in Höhe von 10.800 €. Ab dem 01.01.2006 entfällt der vorgenannte Freibetrag in voller Höhe.

- § 3 Nr. 15 EStG ▲

  Der Freibetrag für Heirats- und Geburtshilfen wurde von 700 DM auf 315 € gesenkt. Ab dem 01.01.2006 entfällt der vorgenannte Freibetrag in vollem Umfang.

- § 3 Nr. 26 EStG ▼

  Die Übungsleiterpauschale wurde von 2.400 DM auf 1.841 € angehoben.

- § 3 Nr. 34 EStG ▲

  Die Steuerbefreiung der Arbeitgeberzuschüsse für Fahrten zwischen Wohnung und Arbeitsstätte wurde gestrichen.

- § 3 Nr. 38 EStG ▲

  Der Freibetrag für Sachprämien aus Kundenbindungsprogrammen wurde von 2.400 DM auf 1.080 € gesenkt.

- § 3 Nr. 40, Nr. 40a, Nr. 41 EStG (isoliert betrachtet ▲, gleichzeitig sinkt jedoch, ebenfalls isoliert betrachtet, das Körperschaftsteueraufkommen)

  Das bisherige Anrechnungsverfahren wurde durch das Halbeinkünfteverfahren bei der Dividendenbesteuerung ersetzt. Gleichzeitig wurde der Einbehaltungssatz bei der Körperschaftsteuer von 40 auf 25 % und der Ausschüttungssatz von 30 auf 25 % gesenkt.

- § 3 Nr. 45 EStG ▼

  Für die private Mitbenutzung betrieblicher Personalcomputer und Telekommunikationsgeräte wurde eine Steuerbefreiung eingeführt.

- § 3 Nr. 51 EStG ▼

  Freiwillig gewährte Trinkgelder für Dienstleistungen wurden von der Besteuerung befreit.

- § 3 Nr. 52 EStG und § 3 LStDV ▲

Die Steuerfreiheit für Zuwendungen an Arbeitnehmer anlässlich bestimmter Arbeitnehmer- und Geschäftsjubiläen wurde aufgehoben.
- § 3 Nr. 63 EStG ▼

Beiträge für Direktversicherungen bis 1.800 €, beschränkt auf Verträge lebenslanger Altersversorgung, wurden von der Einkommensbesteuerung befreit.

2 Gewinn

Das Einkommensteuergesetz wurde im II. Abschnitt Einkommen, Nr. 3 Gewinn, wie folgt fortentwickelt:
- § 4 Abs. 2 EStG ►

Die Einschränkung der nachträglichen Änderung von Bilanzen wurde wieder aufgehoben.
- § 4 Abs. 3 EStG ▲

Ab dem 01.01.2006 sollen Anschaffungskosten von Wertpapieren (in Analogie zur Behandlung von Grundstücken) erst zum Zeitpunkt der Veräußerung oder Entnahme als Ausgabe berücksichtigt werden dürfen.[1]
- § 4 Abs. 5 Nr. 2 EStG ▲

Die Abzugsfähigkeit von Bewirtungsaufwendungen wurde auf insgesamt 70% begrenzt.
- § 4 Abs. 5 Nr. 5 EStG ►

Die Sätze für Verpflegungsmehraufwendungen von 46, 20 und 10 DM wurden ersetzt durch 24, 12 und 6 €.
- § 4 Abs. 5 Nr. 6b EStG ►

Der Höchstabzugsbetrag der Aufwendungen für häusliche Arbeitszimmer in Höhe von 2.400 DM wurde ersetzt durch 1.250 €.
- § 4 Abs. 5 Nr. 10 EStG ▲

Es wurde ein Abzugsverbot für Schmier- und Bestechungsgelder im In- und Ausland eingeführt.
- § 6 Abs. 1 Nr. 1 Satz 4 EStG ▲

Es wurde ein Wertaufholungsgebot eingeführt für Wirtschaftsjahre, die nach dem 31.12.1998 enden.
- § 6 Abs. 1 Nr. 1a EStG ▲

Die bisherige Verwaltungsregelung R 157 Abs. 4 EStR zum sogenannten „anschaffungsnahen Aufwand" in Verbindung mit § 9 Abs. 5 EStG wurde ab 01.01.2004 in das Gesetz übernommen.
- §§ 6 Abs. 1 Nr. 3 und 3a EStG ▲

---

[1] Im Gesetzgebungsverfahren.

Es wurde ein Abzinsungsgebot für Verbindlichkeiten und Rückstellungen eingeführt. Zudem sind Rückstellungen nunmehr mit Einzelkosten und angemessenen Teilen der notwendigen Gemeinkosten anzusetzen.

- § 6 Abs. 1 Nr. 4 EStG ▲

Ab dem 01.01.2006 soll die Besteuerung der privaten Kfz-Nutzung nach der sogenannten 1%-Regelung auf Fälle beschränkt werden, in denen das Fahrzeug notwendiges Betriebsvermögen darstellt, das heißt nachweislich zu mehr als der Hälfte betrieblich genutzt wird.[2]

- § 6 Abs. 1 Nr. 4 EStG und § 23 EStG i.V.m. § 21 Abs. 2 Nr.1 UmwStG ▲

Die Spekulationsbesteuerung wurde auf Fälle der Entnahme, z.B. von Wertpapieren aus dem Betriebsvermögen, ausgeweitet.

- § 6 Abs. 1 Nr. 5 EStG ▲

Einlagen in das Betriebsvermögen aus dem Überschusseinkunftsvermögen werden nunmehr mit fortgeführten Anschaffungs- oder Herstellungskosten bewertet.

- § 6 Abs. 3 EStG ▼

Die Buchwerte bei unentgeltlicher Übertragung eines Teils eines Mitunternehmeranteils und unentgeltlichen Eintritts einer natürlichen Person in ein Einzelunternehmen dürfen fortgeführt werden. Die Zurückbehaltung von Sonderbetriebsvermögen ist unschädlich im Zuge einer Behaltefrist von 5 Jahren.

- § 6 Abs. 5 EStG ▼

Unternehmensteile zwischen Mitunternehmern und Mitunternehmerschaften dürfen unter Einhaltung einer allgemeinen Behaltefrist von 3 Jahren steuerneutral umstrukturiert werden. Stille Reserven dürfen auf eine Kapitalgesellschaft steuerneutral übertragen werden, wenn das Wirtschaftsgut wenigstens 7 Jahre nach Übertragung in der Kapitalgesellschaft verbleibt.

- § 6 Abs. 6 EStG ▲

Stille Reserven müssen bei Tauschvorgängen von Wirtschaftsgütern aufgedeckt werden (Nichtanwendung des Tauschgutachtens).

- § 6a EStG ▼ Versorgungszusagen sind nach den aktuellen Sterbetafeln zu bewerten.

- § 6b Abs. 10 EStG ▼

Es wurde eine Reinvestitionsrücklage für Gewinne aus der Veräußerung von Anteilen an Kapitalgesellschaften durch Personenunternehmen bis zu einer Obergrenze für den Veräußerungsgewinn in Höhe von 500.000 € eingeführt. Die Übertragungsfristen sind: – bei Übertragung auf Gebäude: 4 Jahre, – bei Übertragung auf Beteiligungen und bewegliche Wirtschaftsgüter: 2 Jahre.

- § 7 EStG ▲

---

[2] Im Gesetzgebungsverfahren.

Die amtlichen Abschreibungstabellen wurden ab 01.01.2001 an realitätsnähere Nutzungsdauern angepasst.

- § 7 Abs. 1, 2 und 5 EStG, R 44 Abs. 2 EStR ▲

Die Vereinfachungsregelung (sog. Halbjahresregelung) bei der Abschreibung für bewegliche Wirtschaftsgüter wurde abgeschafft.

- § 7 Abs. 2 EStG

Der Satz der degressiven Abschreibung für bewegliche Wirtschaftsgüter des Anlagevermögens wurde von höchstens 30 v.H. auf höchstens 20 v.H. gesenkt (▲). Ab dem 01.01.2006 soll der Abschreibungssatz begrenzt auf Anschaffungen und Herstellungen bis zum 31.12.2007 auf 30 v.H. erhöht werden (▼).[3]

- § 7 Abs. 4 Nr. 1 EStG ▲

Der Satz der linearen Abschreibung für Gebäude im Betriebsvermögen wurde von bisher 4 v.H. auf 3 v.H. gesenkt.

- § 7 Abs. 5 Nr. 3b EStG ▲

Die Staffelung der degressiven AfA-Sätze für Mietwohnungsneubauten wurde auf 4% für 10 Jahre, 2,5% für 8 Jahre und 1,25% für 32 Jahre geändert.

- § 7 Abs. 5 Satz 1 Nr. 3c EStG ▲

Ab dem 01.01.2006 entfällt die gestaffelte Abschreibung für Mietwohngebäude, soweit die Fertigstellung des Gebäudes nach dem 31.12.2005 erfolgt.

- § 7g Abs. 1 bis 6 EStG

Die Zulässigkeit einer Sonderabschreibung wurde für Existenzgründer auf das Wirtschaftsjahr ausgeweitet, in dem mit der Betriebseröffnung begonnen wird (▼). Der Höchstsatz der Ansparrücklage wurde von 50 v.H. auf 40 v.H. der voraussichtlichen Anschaffungskosten gesenkt (▲).

- § 7h EStG ▲

Der AfA-Satz bei Gebäuden in Sanierungsgebieten wurde auf 9% für 8 Jahre und 7% für 4 Jahre geändert bzw. gesenkt.

- § 7i EStG ▲

Der AfA-Satz bei Baudenkmälern wurde auf 9% für 8 Jahre und 7% für 4 Jahre gesenkt.

3 Überschuss der Einnahmen über die Werbungskosten

Das Einkommensteuergesetz wurde im II. Abschnitt Einkommen, Nr. 4 Überschuss der Einnahmen über die Werbungskosten, wie folgt fortentwickelt:

- § 8 Abs. 2 Satz 9 EStG ▼

Die Freigrenze für monatliche Sachbezüge wurde von 50 DM auf 44 € erhöht.

---

[3] Im Gesetzgebungsverfahren.

- § 8 Abs. 3 EStG ▲

  Der Freibetrag für Belegschaftsrabatte wurde von 2.400 DM auf 1.080 € gesenkt.

- § 9 Abs. 1 Nr. 4 Sätze 2 und 3 EStG

  Der Kilometer-Pauschbetrag in Höhe von 70 Pfennig wurde zu einer verkehrsmittelunabhängigen Entfernungspauschale (▼) von einheitlich 30 Cent (▲) je Entfernungskilometer geändert.

- § 9 Abs. 1 Nr. 4 Satz 5 EStG ▲

  Steuerfreie Sachbezüge sind auf die Entfernungspauschale anzurechnen.

- § 9 Abs. 1 Nr. 5 EStG ▼

  Die Zweijahresfrist bei einer beruflich veranlassten doppelten Haushaltsführung ist entfallen.

- § 9a EStG ▲

  Der Werbungskostenpauschbetrag bei Einkünften aus Vermietung und Verpachtung wurde abgeschafft.

- § 9a Nr. 1a EStG ▲

  Der Arbeitnehmer-Pauschbetrag wurde von 2.000 DM auf 920 € gesenkt.

- § 9a Nr. 1b EStG ▲

  Der Arbeitnehmer-Pauschbetrag für Pensionäre von bisher ebenfalls 920 € wurde an den allgemeinen Werbungskostenpauschbetrag für Renten in Höhe von 102 € angepasst. Der Differenzbetrag ist in einen Zuschlag zum Versorgungsfreibetrag überführt, der schrittweise abgeschmolzen wird.

4 Sonderausgaben

Das Einkommensteuergesetz wurde im II. Abschnitt Einkommen, Nr. 5 Sonderausgaben, wie folgt fortentwickelt:

- § 10 Abs. 1 Nr. 2 und 3, Abs. 3, § 10c EStG ▼

  Die Regelungen zur steuerlichen Berücksichtigung von Vorsorgeaufwendungen wurden neu gefasst im Sinne einer stufenweise Verbesserung des Abzugs von Altersvorsorgebeiträgen und eines stufenweise Abschmelzens des Vorwegabzuges ab 2011.

- § 10 Abs. 1 Nr. 3 EStG ▲

  Die Abziehbarkeit von Lebensversicherungsbeiträgen wurde auf 88% begrenzt.

- § 10 Abs. 1 Nr. 3b EStG ▲

  Der Sonderausgabenabzug für Kapitallebensversicherungen, die nach dem 01.01.2005 abgeschlossen wurden, wurde abgeschafft.

- § 10 Abs. 1 Nr. 5 EStG ▲

  Die Berücksichtigung von Zinsen für Nachforderungen und Stundungen von Steuern sowie von Aussetzungszinsen als Sonderausgaben wurde gestrichen.

- § 10 Abs. 1 Nr. 6 EStG ▲

  Ab dem 01.01.2006 entfällt der Sonderabzug privat veranlasster Steuerberatungskosten. Steuerberatungskosten sind privat veranlasst, wenn sie weder Werbungskosten noch Betriebsausgaben darstellen.

- § 10 Abs. 1 Nr. 8 EStG ▲

  Die Abzugsfähigkeit der Aufwendungen für hauswirtschaftliche Beschäftigungshilfen als Sonderausgabe wurde gestrichen.

- § 10c Abs. 1 EStG ▲

  Der Sonderausgaben-Pauschbetrag wurde von 108 DM auf 36 € gesenkt.

- § 10d Abs. 1 EStG ▲

  Der Verlustrücktrag wurde auf 1 Jahr und 511.500 € (1.023.000 €) beschränkt. Er ist jetzt vorrangig vor Sonderausgaben, außergewöhnlichen Belastungen und sonstigen Abzugsbeträgen vorzunehmen.

- § 10d Abs. 1 und 2 EStG ▲

  Der Verlustvortrag wurde auf 60% des Gesamtbetrags der Einkünfte bei Geltung eines Sockelbetrages von 1.000.000 € beschränkt.

- § 10f EStG ▲

  Der AfA-Satz für selbstgenutzte Baudenkmale wurde auf 9% für 10 Jahre gesenkt.

- § 10g EStG ▲

  Der AfA-Satz für schutzwürdige Kulturgüter wurde auf 9% für 10 Jahre gesenkt.

- § 10i EStG ▼

  Der Vorkostenabzug bei selbstgenutzten Wohnungen wurde an die Regelungen des Eigenheimzulagengesetzes angepasst.

5 Einkünfte aus Land- und Forstwirtschaft

Das Einkommensteuergesetz wurde im II. Abschnitt Einkommen, Nr. 8 Die einzelnen Einkunftsarten, Buchstabe a) Land- und Forstwirtschaft, wie folgt fortentwickelt:

- § 13 Abs. 3 EStG ▲

  Die Freigrenze für Land- und Forstwirte wurde von 2.000 DM auf 670 € gesenkt, soweit die Summe der Einkünfte 30.700 € (bisher 50.000 DM) nicht übersteigt.

- § 14a Abs. 1 bis 3 EStG ▲

  Der bis zum 31.12.2000 befristete Freibetrag für Gewinne aus der Veräußerung oder Aufgabe von land- und forstwirtschaftlichen Betriebe wurde nicht verlängert.

- § 14a Abs. 4 EStG ▼

Der bis zum 31.12.2000 befristete Freibetrag für Gewinne aus der Veräußerung oder Entnahme von Grund und Boden in land- und forstwirtschaftlichen Betrieben im Zusammenhang mit der Abfindung weichender Erben in Höhe von 61.800 € je Erbe gilt bis zum 31.12.2005 fort.

- § 14a Abs. 5 EStG ▲

Der bis zum 31.12.2000 befristete Freibetrag von 46.016 € für Gewinne aus der Veräußerung von Grund und Boden in land- und forstwirtschaftlichen Betrieben wurde nicht verlängert.

6 Einkünfte aus Gewerbebetrieb

Das Einkommensteuergesetz wurde im II. Abschnitt Einkommen, Nr. 8 Die einzelnen Einkunftsarten, Buchstabe b) Gewerbebetrieb, wie folgt fortentwickelt:

- § 15 Abs. 4 EStG ▲

Die Verlustverrechnung bei Termingeschäften (z.B. Optionsgeschäfte, Warentermingeschäfte) wurde begrenzt im Hinblick auf die beschränkte Haftung der Anteilseigner. Hiervon ausgenommen sind Geschäfte des gewöhnlichen Geschäftsverkehrs.

- § 16 Abs. 1 Satz 2 EStG ▲

Die Gewinne aus der entgeltlichen Übertragung eines Teils eines Mitunternehmeranteils wurden in die Bemessung des Gewinns aus Gewerbebetrieb einbezogen.

- § 16 Abs. 3 Satz 2 EStG ▼

Die Steuerneutralität von Realteilungen bei der Übertragung von Einzelwirtschaftsgütern wurde wieder eingeführt, beschränkt auf Wirtschaftsgüter, die dem Betrieb 3 Jahre lang angehören.

- § 16 Abs. 4 EStG

Der Freibetrag für Veräußerungsgewinne wurde von 60.000 DM auf insgesamt 45.000 € erhöht (▼), gleichzeitig wurde die Abschmelzungsgrenze von 300.000 DM auf 136.000 € gesenkt (▲).

- § 17 Abs. 1 EStG ▲

Die Beteiligungsgrenze für die Besteuerung von Veräußerungsgewinnen bei Verkäufen von Anteilen an Kapitalgesellschaften wurde von 25 auf 1% gesenkt.

- § 17 Abs. 3 EStG ▲

Der Freibetrag für Veräußerungsgewinne bei Veräußerungen von Anteilen an Kapitalgesellschaften wurde von 20.000 DM auf 9.060 € (100%-ige Beteiligung) gesenkt, gleichzeitig wurde die Abschmelzungsgrenze von 80.000 DM auf 36.100 € (100%-ige Beteiligung) gesenkt.

7 Einkünfte aus nichtselbständiger Arbeit

Das Einkommensteuergesetz wurde im II. Abschnitt Einkommen, Nr. 8 Die einzelnen Einkunftsarten, Buchstabe d) Nichtselbständige Arbeit, wie folgt fortentwickelt:

- § 19 Abs. 2 EStG ▼

  Es wurde ein Zuschlag zum Versorgungsfreibetrag (Kompensation Arbeitnehmer-Pauschbetrag) eingeführt. Es gilt ein Stufenplan zur Abschmelzung des Versorgungsfreibetrags und des Zuschlags, der bis ins Jahr 2040 reicht.

- § 19a Abs. 1 EStG ▲

  Der steuerfreie Höchstbetrag für die Überlassung von Vermögensbeteiligungen wurde von 300 DM auf 135 € gesenkt.

8 Einkünfte aus Kapitalvermögen

Das Einkommensteuergesetz wurde im II. Abschnitt Einkommen, Nr. 8 Die einzelnen Einkunftsarten, Buchstabe e) Kapitalvermögen, wie folgt fortentwickelt:

- § 20 Abs. 1 Nr. 6 EStG ▲

  Die Erträge aus Kapitallebensversicherungen bei Auszahlung im Erlebensfall oder bei Rückkauf wurden in die Besteuerung einbezogen (gilt nur für Neuverträge ab 2005). Nach Vollendung des 60. Lebensjahres und nach Ablauf von 12 Jahren seit Vertragsabschluss gilt die hälftige Besteuerung (vergleichbar der Besteuerung von Dividenden).

- § 20 Abs. 4 EStG ▲

  Der Sparerfreibetrag wurde von 6.000 DM auf 1370 € gesenkt (bzw. bei Zusammenveranlagung 12.000 DM / 2.740 €).

9 Einkünfte aus Vermietung und Verpachtung

Das Einkommensteuergesetz wurde im II. Abschnitt Einkommen, Nr. 8 Die einzelnen Einkunftsarten, Buchstabe f) Vermietung und Verpachtung, wie folgt fortentwickelt:

- § 21 EStG ▲

  Die Entgeltgrenze verbilligt überlassener Wohnungen wurde von 50% auf 56% der ortsüblichen Miete angehoben.

10 Sonstige Einkünfte

Das Einkommensteuergesetz wurde im II. Abschnitt Einkommen, Nr. 8 Die einzelnen Einkunftsarten, Buchstabe g) Sonstige Einkünfte, wie folgt fortentwickelt:

- § 22 Nr. 1 Satz 3a EStG ▲

Ab 2005 gilt ein Stufenplan zur Besteuerung von Leibrenten mit Öffnungsklausel. Der „der Besteuerung unterliegende Anteil" (ehemals: Ertragsanteil) beträgt zunächst einheitlich 50% der Bruttojahresrente. Der Komplementäranteil wird als fester Freibetrag für die Dauer des Rentenbezugs festgeschrieben. Rentenanpassungsbeträge unterliegen somit der vollen Besteuerung. Der Besteuerungsanteil wird für jeden neuen Rentenjahrgang schrittweise bis ins Jahr 2040 um 2 Prozentpunkte erhöht.

- § 22 Nr. 3 EStG ▼

Die Verlustverrechnung bei Verlusten aus sonstigen Leistungen wurde für alle noch nicht bestandskräftigen Fälle auf den Verlustrücktrag und Verlustvortrag innerhalb der Einkunftsart erweitert (Umsetzung der Rechtsprechung des Bundesverfassungsgerichts).

- § 23 Abs. 1 Nr. 1 EStG ▲

Die Spekulationsfrist für Veräußerungsgewinne bei privaten, nicht eigengenutzten Grundstücken wurde unter Einbeziehung von Herstellungsfällen von 2 Jahren auf 10 Jahre angehoben für alle Veräußerungen, die nach dem 01.01.1999 erfolgen.

- § 23 Abs. 1 Satz 1 Nr. 2 EStG ▲

Die Spekulationsfrist für Veräußerungsgewinne bei Wertpapieren im Privatvermögen wurde von 6 Monaten auf 1 Jahr angehoben.

- § 23 Abs. 1 Satz 1 Nr. 4 EStG ▲

Die Gewinne aus Termingeschäften (z.B. Optionsgeschäfte, Warentermingeschäfte) wurden in die Besteuerung der Spekulationsgewinne einbezogen.

- § 23 EStG i.V.m. § 52 Abs. 39 EStG ▲

In Herstellungsfällen, bei denen die Fertigstellung des Gebäudes erst nach dem 31.12.1998 erfolgt, sind vorgenommene Absetzungen für Abnutzung bei der Veräußerungsgewinnermittlung rückgängig zu machen.

11 Gemeinsame Vorschriften

Das Einkommensteuergesetz wurde im II. Abschnitt Einkommen, Nr. 8 Die einzelnen Einkunftsarten, Buchstabe h) Gemeinsame Vorschriften, wie folgt fortentwickelt:

- § 24a EStG ▲

Der Altersentlastungsbetrag wird stufenweise bis ins Jahr 2040 abgeschmolzen.

- § 24b EStG ▲

Für den gestrichenen Haushaltsfreibetrag (siehe weiter unten) wurde ein Entlastungsbetrag für Alleinerziehende mit Kindern unter 18 Jahren in Höhe von 1.308 € im Kalenderjahr ab dem 01.01.2004 eingeführt. Im Gegensatz zum Haushaltsfreibetrag kommt es beim Entlastungsbetrag nicht darauf an, welche Veranlagungsform der Steuerpflichtige wählt, sondern einzig auf das Erziehungsverhältnis.

12 Tarif

Das Einkommensteuergesetz wurde im IV. Abschnitt Tarif wie folgt fortentwickelt:
- § 32 Abs. 4 Satz 2 EStG ▼

    Der Grenzbetrag, bis zu dem ein volljähriges Kind eigene Einkünfte und Bezüge haben darf, um im Rahmen des Familienleistungsausgleichs berücksichtigt zu werden, wurde von 12.000 DM auf 7.680 € angehoben.

- § 32 Abs. 6 EStG ▼

    Der Kinderfreibetrag wurde von 3.456 DM auf 1.824 € angepasst und erstmalig ergänzt um einen Freibetrag in Höhe von 1.080 € für den Betreuungs- und Erziehungs- oder Ausbildungsbedarf (Verdoppelung der Beträge bei Zusammenveranlagung).

- § 32 Abs. 7 EStG ▲

    Der Haushaltsfreibetrag wurde ab 01.01.2004 gestrichen, nachdem er zuvor von 5.616 DM auf 1.188 € gesenkt wurde.

- § 32a Abs. 1 EStG ▼

    Der Einkommensteuertarif wurde bis 2005 wie folgt angepasst: Der Grundfreibetrag wurde von 12.095 DM auf 7.664 € erhöht. Der Eingangssteuersatz wurde von 25,9 v.H. auf 15 v.H. gesenkt. Der Höchststeuersatz wurde von 53 v.H. auf 42 v.H. gesenkt. Der Betrag, ab welchem der Spitzensteuersatz greift, wurde von 120.042 DM auf 52.152 € gesenkt.

- § 32b Abs. 1 Nr. 2 EStG ▲

    Bisher steuerfreie ausländische Einkünfte, die im Wege der Organschaft einer natürlichen Person zugerechnet werden können, wurden in den Progressionsvorbehalt einbezogen.

- § 32b Abs. 1 Nr. 1a EStG ▼

    Das steuerfrei gezahlte Überbrückungsgeld wurde aus dem Katalog der Progressionseinkünfte gestrichen.

- § 32c EStG ▲

    Die Tarifbegrenzung für gewerbliche Einkünfte nach § 32 c EStG wurde ab 2001 abgeschafft.

- § 33a Abs. 1 und 4 EStG ▼

    Der Höchstbetrag für den Abzug von Unterhaltsleistungen an gesetzlich unterhaltsberechtigte oder diesen gleichgestellte Personen wurde auf 7.680 € erhöht und somit an das steuerliche Existenzminimum angepasst. Der Abzug von Unterhaltsleistungen an eine gleichgestellte Person ist bereits dann zulässig, wenn Sozialleistungen des Empfängers gekürzt werden (auf die Höhe der Kürzung kommt es nicht mehr an).

- § 33a Abs. 2 EStG ▲

Der Ausbildungsfreibetrag für auswärtig untergebrachte Kinder, die das 18. Lebensjahr vollendet haben, wurde von 4.200 DM auf 924 € gesenkt. Die übrigen Ausbildungsfreibeträge (2.400 DM für volljährige, nicht auswärtig untergebrachte Kinder bzw. 1.800 DM für minderjährige, auswärtig untergebrachte Kinder) wurden gestrichen.

- § 33c EStG (1999) ▲

Die Abzugsfähigkeit von Kinderbetreuungskosten in der 1998 geltenden Fassung des Einkommensteuergesetzes wurde gestrichen.

- § 33c EStG (neu seit 2001) ▼

Nachgewiesene Kinderbetreuungskosten wegen der Erwerbstätigkeit Alleinstehender oder beider Ehegatten werden bis zu 1.500 € (750 € bei getrennter Veranlagung, wenn beide Elternteile Aufwendungen geltend machen) pro Kind berücksichtigt, soweit die Kinderbetreuungskosten den Betreuungsfreibetrag von 1.548 € (774 €) übersteigen. Ab dem 01.01.2006 sollen Kinderbetreuungskosten bis zur Höhe von 4.000 € voll abgezogen werden dürfen, wenn das Kind das 6. jedoch noch nicht das 14. Lebensjahr vollendet hat. Kinderbetreuungskosten im Umfang von 1.000 € sollen von den Eltern selbst getragen werden, wenn das Kind das 6. Lebensjahr noch nicht vollendet hat.[4]

- § 34 Abs. 1 und 3 EStG ▲

Der Steuersatz für außerordentliche Einkünfte wurde von 50 auf 56% des durchschnittlichen Steuersatzes erhöht.

13 Steuerermäßigungen

Das Einkommensteuergesetz wurde im V. Abschnitt, Steuerermäßigungen, wie folgt fortentwickelt:

- § 34e EStG ▲

Die Steuerermäßigung für eigenbewirtschaftete Betriebe, deren Gewinne weder nach Durchschnittssätzen ermittelt, noch geschätzt werden, wurde ab 2001 gestrichen.

- § 35 EStG (alt) ▲

Die Steuerermäßigung bei Belastung mit Erbschaftsteuer wurde abgeschafft.

- § 35 EStG (neu) ▼

Es wurde eine Steuerermäßigung für Gewerbebetriebe in Höhe des 1,8-fachen Gewerbesteuermessbetrags eingeführt.

- § 35a Abs. 1 Nr. 1 EStG ▼

---

[4] Im Gesetzgebungsverfahren.

Aufwendungen eines privaten Haushalts für die Beschäftigung von geringfügigen Beschäftigten (Mini-Jobbern) führen zu einer Steuerermäßigung von 10% der Aufwendungen, höchstens 510 €.
- § 35a Abs. 1 Nr. 2 EStG ▼

Aufwendungen eines privaten Haushalts für die Beschäftigung von sozialversicherungspflichtigen Beschäftigten führen zu einer Steuerermäßigung von 12% der Aufwendungen, höchstens 2.400 €.
- § 35a Abs. 2 EStG ▼

Die Inanspruchnahme haushaltsnaher Dienstleistungen führt zu einer Steuerermäßigung von 20% der Aufwendungen, höchstens 600 €. Ab 01.01.2006 sollen auch Erhaltungs- und Modernisierungsmaßnahmen im Haushalt (im Umfang der Arbeitskosten) wie haushaltsnahe Dienstleistungen behandelt werden. Voraussetzung für den Abzug sind die Vorlage der Rechnung und der Nachweis der Zahlung.[5]

14 Lohnsteuerpauschalierung

Das Einkommensteuergesetz wurde im VI. Abschnitt Steuererhebung, Nr. 2 Steuerabzug vom Arbeitslohn, wie folgt fortentwickelt:
- § 40a Abs. 2 und 2a EStG (isoliert betrachtet ▼; die Regelung setzt jedoch Anreize zur Steuerehrlichkeit ▲)

  Die Regelungen zur geringfügigen Beschäftigung wurden reformiert. Der monatlich begünstigte Höchstsatz beträgt 400 €, die Pauschsteuer 2 v.H.-Punkte. Die Vorschrift findet auch auf Nebenbeschäftigungen Anwendung.

15 Kindergeld

Das Einkommensteuergesetz wurde in den Jahren 1999 bis 2004 im X. Abschnitt, Kindergeld, wie folgt fortentwickelt:
- § 66 Abs. 1 EStG ▼

  Das Kindergeld wurde für das 1., 2. und 3. Kind auf 154 €, für das 4. und jedes weitere Kind auf 179 € monatlich angehoben.

16 Altersvorsorgezulage ▼

Das Einkommensteuergesetz wurde erweitert um den XI. Abschnitt Altersvorsorgezulage. Die Altersvorsorgezulage wird gewährt für spezielle Altersvorsorgeprodukte des nach § 10a EStG begünstigten Personenkreises. Gefördert werden soll der Aufbau einer privaten Altersvorsorge (sog. Riester-Rente), um die durch die Senkung der gesetzlichen Altersrente entstehende Versorgungslücke zu schließen.

[5] Im Gesetzgebungsverfahren.

17 Aufkommen der Einkommensteuer

Laut Mitteilung des Bundesfinanzministeriums vom 20.07.2005 beliefen sich die kassenmäßigen Steuereinnahmen im Jahre 2004 auf:

Einkommensteuer	145.980,3 Mio. €
- davon Lohnsteuer	123.895,4 Mio. €
- davon veranlagt	5.393,5 Mio. €
- davon nicht veranlagt	9.918,8 Mio. €
- davon Zinsabschlag	6.772,6 Mio. €

Der Arbeitskreis „Steuerschätzungen" prognostizierte im Rahmen der 125. Sitzung vom 10. bis 12. Mai 2005 die Steuereinnahmen für das Jahr 2005 auf:

Einkommensteuer	141.936 Mio. €
- davon Lohnsteuer	118.550 Mio. €
- davon veranlagt	6.600 Mio. €
- davon nicht veranlagt	9.960 Mio. €
- davon Zinsabschlag	6.826 Mio. €
(nachrichtlich: Kindergeld	34.500 Mio. €)

ANHANG 2: RENTENFORMELN ab 1957

Katharina Schulte[a] und Carsten Schröder[b]

[a] Christian-Albrechts-Universität zu Kiel, Institut für Volkswirtschaftslehre, Abteilung für Finanzwissenschaft und Sozialpolitik
[b] Freie Universität Berlin, Fachbereich Wirtschaftswissenschaft, Institut für öffentliche Finanzen und Sozialpolitik, Lehrstuhl für öffentliche Finanzen

1 Begriff „Eckrentner" 279
2 Rentenformel 1957 bis 1991 280
3 Rentenanpassung (Bruttoanpassung) 280
4 Rentenformel seit 1992 281
5 Rentenanpassung 1992 (Nettoanpassung) 281
6 Rentenformel 1999 (mit demographischem Faktor) 282
7 Rentenanpassung 2000 (Inflationsanpassung) 282
8 Rentenanpassung 2001-2004 (Riester) (Modifizierte „Netto"anpassung) 282
9 Rentenanpassung 2004 283
10 Rentenanpassung mit „Nachhaltigkeitsfaktor" 2005 283
11 Rentenanpassung mit modifiziertem Nachhaltigkeitsfaktor ab 2006 284
12 Einführung des Nachholfaktors in die Rentenanpassungsformel ab 2010 285
Literaturverzeichnis 285

1 Begriff „Eckrentner"

Um unterschiedliche Rentnerbiografien vergleichbar zu machen, wird regelmäßig auf den Eckrentner oder Standardrentner Bezug genommen. Dieser ist jener hypothetische Beitragszahler, welcher insgesamt 45 persönliche Entgeltpunkte vorweisen kann. Für Berechnungen, die sich der Diskontierung bedienen, wird darüber hinaus noch angenommen, dass diese 45 persönlichen Entgeltpunkte so zustande kommen, dass der Eckrentner in jeder dieser 45 Beitragsjahre gerade das Durchschnittseinkommen verdient hat.

2 Rentenformel 1957 bis 1991

$$R_t = AB_t \times PB \times VJ \times ST$$

R_t ... Höhe der Rente im Jahre t;
AB_t ... Allgemeine Bemessungsgrundlage im Jahre t (abgeleitet aus den Veränderungen der durchschnittlichen Bruttoarbeitsentgelte aller Versicherten);
PB ... Persönlicher Bemessungsfaktor;
VJ ... Anrechnungsfähige Versicherungsjahre;
ST ... Steigerungssatz für jedes Versicherungsjahr [1,5% für Altersrenten];
N ... Anzahl der Beitragsjahre.

$$PB = \frac{1}{N} \sum_{\tau=1}^{N} \frac{\text{Bruttoarbeitsentgelt des Versicherten in } t}{\text{durchschnittliches Bruttoarbeitsentgelt in } t}$$

Nach dieser Rechnung ergab sich für den Eckrentner eine Rente in Höhe von 67,5% des angepassten durchschnittlichen Bruttoarbeitsentgeltes.

3 Rentenanpassung (Bruttoanpassung)

Vor 1982 ergab sich AB_t als arithmetisches Mittel aus den durchschnittlichen Bruttoarbeitsentgelten aller Versicherten der 3 Jahre $(t-2)$, $(t-3)$ und $(t-4)$.

Nach 1982 ergab sich AB_t aus der Anpassungsformel:

$$AB_t = AB_{t-1} \frac{BE_{t-1}}{BE_{t-2}}$$

BE ... Durchschnittliches Bruttoarbeitsentgelt je beschäftigten Arbeitnehmer.

[Vgl. Angestelltenversicherungs-Neureglungsgesetz 1957 und Rentenanpassungsgesetz 1982, Art. 1, §§ 2 und 3]

4 Rentenformel seit 1992

$$MR = EP \times ZF \times RF \times AR$$
$$EP \times ZF = PEP$$

MR ... Monatsrente;
EP ... Entgeltpunkte (Summe der Quotienten aus den jährlichen individuellen Bruttoarbeitsentgelten zum jährlichen durchschnittlichen Bruttoarbeitsentgelt);
ZF ... Zugangsfaktor (vermindert oder erhöht den Wert der Entgeltpunkte je nach früherem oder späterem Renteneintritt);
RF ... Rentenartenfaktor (variiert je nach Rentenart zwischen 0 und 1);
AR ... Aktueller Rentenwert. Dieser ist das „dynamische Element" in der Rentenformel [1992: 42,63 DM; 2000: 48,29 DM];
PEP ... Persönliche Entgeltpunkte.

Bei 45 *PEP* und Renteneintritt mit 65 Jahren (Eckrentner) beträgt der Zahlbetrag einer Altersrente 70% des nach den Daten der Volkswirtschaftlichen Gesamtrechnung ermittelten Nettolohnes.

[Vgl. SGB VI, §§ 63 Abs. 6 und 64 sowie SVR, (2000, S. 226)]

5 Rentenanpassung 1992 (Nettoanpassung)

$$AR_t = AR_{t-1} \left(\frac{BE_{t-1}}{BE_{t-2}}\right) \left(\frac{NQ_{t-1}}{NQ_{t-2}}\right) \left(\frac{RQ_{t-2}}{RQ_{t-1}}\right)$$

BE ... durchschnittliches Bruttoarbeitsentgelt je beschäftigten Arbeitnehmer;
NQ ... Nettoquote für Arbeitsentgelt (Verhältnis von Nettoentgelt zu Bruttoentgelt nach VGR);
RQ ... Rentennettoquote (verfügbare Standardrente relativ zu Bruttostandardrente).

1992 erfolgte ein Übergang von der Bruttolohnanpassung zu einer Nettolohnanpassung. Diese Änderung wurde damit begründet, dass Rentner nur im Ausmaß des Ertragsanteils ihrer Renten einkommensteuerpflichtig seien und daher im Falle einer Anpassung ihrer Renten, die sich aus der Erhöhungen ihrer Bruttoeinkommen ableiteten, besser gestellt wären, als die voll einkommensteuerpflichtigen Erwerbstätigen.

[Vgl. SVR, (1996, S. 230f.) und SGB VI, § 68]

6 Rentenformel 1999 (mit demographischem Faktor)

Mit der Rentenreform 1999 wurde die Anpassung der Rentenformel mit einem demografischen Faktor, welcher bei Anstieg der Lebenserwartung den Rentenanstieg bremsen sollte, beschlossen. Infolge des Regierungswechsels von 1998 wurde die Einführung des Demografiefaktors durch das 1998 verabschiedete Rentenkorrekturgesetz aber verhindert und sollte bis 2001 aufgeschoben werden. Da aber mit dem Haushaltssanierungsgesetz von 1999 die Rentenanpassung vollständig durch eine Inflationsanpassung ersetzt wurde, kam der Demografiefaktor nie zur Anwendung.

$$AR_t = AR_{t-1} \left(\frac{BE_{t-1}}{BE_{t-2}} \right) \left(\frac{NQ_{t-1}}{NQ_{t-2}} \right) \left(\frac{RQ_{t-2}}{RQ_{t-1}} \right) \left[\frac{1}{2} \left(\frac{LEB_{t-9}}{LEB_{t-8}} - 1 \right) + 1 \right]$$

LEB ... durchschnittliche Lebenserwartung der 65-jährigen [Rückdatierung auf 1991/90].

Der demografische Faktor hätte zu einer Verringerung der jährlichen Rentenanpassung um 0,4% geführt, bis zu einem Rentenniveau von 64% im Jahre 2030. Die neue Bundesregierung setzte dieses Gesetz aus und beschränke die Rentenanpassung für die Jahre 2000 und 2001 auf den Inflationsausgleich bis zur Erarbeitung und Verabschiedung eines neuen Gesetzes.

[Vgl. Rentenreformgesetz 1999]

7 Rentenanpassung 2000 (Inflationsanpassung)

Rentenanpassung auf den Inflationsausgleich beschränkt.

[Vgl. Haushaltssanierungsgesetz 1999, Art. 22, Abs. 5]

8 Rentenanpassung 2001-2004 (Riester) (Modifizierte „Netto"anpassung)

Die Riester-Reform sah eine private Komponente der Rentenversicherung vor: In 8 Jahren bis 4% der Lohnsumme steigend sollten die Arbeitnehmer freiwillig in eine Zusatzrente nach dem Kapitaldeckungsverfahren einzahlen. Diese Zusatzrente sollte jedoch so behandelt werden, als ob alle Arbeitnehmer von dieser Option Gebrauch gemacht hätten.

Riester-Formel der Rentenanpassung [modifizierte „Netto"anpassung]:

$$AR_t = AR_{t-1} \left(\frac{BE_{t-1}}{BE_{t-2}} \right) \left(\frac{100 - RVB_{t-1} - SHS_{t-1}}{100 - RVB_{t-2} - SHS_{t-2}} \right)$$

RVB ... durchschnittlicher Beitragssatz zur Rentenversicherung (Prozentpunkte);

SHS ... Sonderausgabenhöchstsatz zur zusätzlichen privaten und unverbindlichen Altersvorsorge (Riester-Rente) (Prozentpunkte).

Bleibt *RVB* konstant, steigt *SHS* von 0% in Halbprozentschritten auf 4%, steigen Neu- und Bestandsrenten um 5% weniger als ohne diesen Faktor. Steigt *RVB*, fällt eine Rentenerhöhung geringer aus. Steuersenkungen infolge Steuerreformen kommen den Rentnern nicht zugute. Ab 2011 wird nach Art. 1, Abs. 16 und 52 Altersvermögensergänzungsgesetz 2001 die obige Rentenformel so verändert, dass anstelle des Wertes 100 der Wert 90 eingesetzt wird. Dadurch werden die Ausschläge der Rentenanpassung sowohl in positiver als auch in negativer Hinsicht verstärkt.

9 Rentenanpassung 2004

Die Rentenanpassung wurde 2004 mit Art. 2, 2. SGB VI-Änderungsgesetz von 2003, ausgesetzt.

10 Rentenanpassung mit „Nachhaltigkeitsfaktor" 2005

$$AR_t = AR_{t-1} \left(\frac{VE_{t-2}}{VE_{t-3}} \right) \left(\frac{100 - AVA_{t-2} - RVB_{t-2}}{100 - AVA_{t-3} - RVB_{t-3}} \right) \left[\left(1 - \frac{RQ_{t-2}}{RQ_{t-3}} \right) \frac{1}{4} + 1 \right]$$

AR ... aktueller Rentenwert;
VE ... Versicherungspflichtige Entgelte je Beitragszahler;
AVA ... Altersvorsorgeanteil in Prozenten (Prozentsatz der unterstellten Riester-Rente);
RVB ... Beitragssatz in der gesetzlichen Rentenversicherung;
RQ ... Rentnerquotient[1] $= \frac{\text{Äquivalenzrentner}}{\text{Äquivalenzbeitragszahler}}$.

Zusätzlich erfolgte mit dem In-Kraft-Treten des Alterseinkünftegesetzes 2005 der Übergang auf die nachgelagerte Besteuerung der Renten. Zudem ist die Verfassungsmäßigkeit der Minderung des Altersvorsorgeanteils der Riester-Rente wegen deren Freiwilligkeit umstritten.

Im Jahre 2005 hätten der Riester- und der Nachhaltigkeitsfaktor zusammen zu einer Rentenkürzung geführt. Da im SGB VI, § 255e, Abs. 5, aber festgeschrieben ist, dass die beiden Faktoren zusammen nicht zu einer Kürzung führen dürfen, gab es für die Rentenanpassung im Jahre 2005 eine Nullrunde.

[Vgl. SVR (2003, S. 224)]

---

[1] Die Zahl der Äquivalenzrentner ist definiert als Quotient aus den Rentenausgaben und der Eckrente (Standardrente, Regelaltersrente). Die Zahl der Äquivalenzbeitragszahler bemisst sich als Quotient aus den Beitragszahlungen zur Rentenversicherung und den Rentenbeitragszahlungen eines Durchschnittsverdieners [vgl. SGB VI § 68, Abs. 4].

11 Rentenanpassung mit modifiziertem Nachhaltigkeitsfaktor ab 2006

$$AR_t = AR_{t-1} \left(\frac{BE_{t-1}}{BE_{t-2}}\right) \left(\frac{100 - AVA_{t-1} - RVB_{t-1}}{100 - AVA_{t-2} - RVB_{t-2}}\right) \left[\left(1 - \frac{RQ_{t-1}}{RQ_{t-2}}\right)\alpha + 1\right]$$

AR ... aktueller Rentenwert;

BE_{t-1} ... Bruttolohn- und -gehaltssumme je durchschnittlich Beschäftigten Arbeitnehmer im vergangenen Kalenderjahr gemäß den VGR;

BE_{t-2} ... Bruttolohn- und -gehaltssumme je durchschnittlich beschäftigten Arbeitnehmer im vorvergangenen Kalenderjahr, unter Berücksichtigung der Veränderungen der beitragspflichtigen Bruttolohn- und -gehaltssumme je durchschnittlich beschäftigten Arbeitnehmer ohne Beamte einschließlich der Bezieher von Arbeitslosengeld: Die Definition weicht damit von BE_{t-1} ab:

$$BE_{t-2} = BE'_{t-2} \left(\frac{BE'_{t-2}/BE'_{t-3}}{BPE'_{t-2}/BPE'_{t-3}}\right)$$

BE'_{t-2} ... Durchschnittliche Bruttolohn- und -gehaltssumme je beschäftigten Arbeitnehmer des vorvergangenen Jahres;

BE'_{t-2}/BE'_{t-3} ... Veränderung der Bruttolohn- und -gehaltssumme je durchschnittlich beschäftigten Arbeitnehmer im vorvergangenen Jahr;

BPE'_{t-2}/BPE'_{t-3} ... Veränderung der beitragspflichtigen Bruttolohn- und -gehaltssumme je durchschnittlich beschäftigten Arbeitnehmer (BPE) im gleichen Zeitraum.

AVA ... Altersvorsorgeanteil in %. Er beträgt 0,5% in den Jahren 2002 und 2003 und steigt in Schritten von 0,5 Prozentpunkten auf 4,0% im Jahre 2010;

RVB ... Beitragssatz in der GRV;

RQ ... Rentnerquotient = $\frac{\text{Äquivalenzrentner}}{\text{Äquivalenzbeitragszahler}}$

α ... Gewichtungsparameter für die Veränderung des Rentnerquotienten z.Z. 0,25

[Vgl. RV-Nachhaltigkeitsgesetz 2004, Art. 1, Abs. 11 und SVR (2004, S. 238)]

12 Einführung des Nachholfaktors in die Rentenanpassungsformel ab 2010

Da die mit dem RV-Nachhaltigkeitsgesetz eingeführte Schutzklausel (SGB VI, § 255e) eine nominale Rentensenkung verhindert und damit im Jahre 2005 – und wahrscheinlich auch für 2006 – keine Rentenanpassung erfolgte bzw. erfolgen wird, können Einsparungen nicht realisiert werden. Dies bewirkt einen Beitragssatzerhöhungsdruck in den nächsten Jahren. Um dieser Entwicklung entgegenzuwirken sieht die Koalitionsvereinbarung vom Herbst 2005 vor, einen *Nachholfaktor* einzuführen. Dieser soll gewährleisten, dass die durch die Schutzklausel ausgefallenen Rentenniveausenkungen in Perioden mit höheren Lohnzuwächsen regelgebunden nachgeholt werden. Diese Nachholung soll aber nicht vor 2010 einsetzen.

[Vgl. SVR (2005, S. 334) und http://www.bmas.bund.de/BMAS/Navigation/root,did=122416.html?fragmentnr=8 (Abruf: 14.03.2006)]

Literaturverzeichnis

SVR [Sachverständigenrat zur Begutachtung der gesamtwirtschaftlichen Entwicklung] (1996). *Jahresgutachten 1996/97: Reformen voranbringen.* Metzler-Poeschel, Stuttgart.

SVR [Sachverständigenrat zur Begutachtung der gesamtwirtschaftlichen Entwicklung] (2000). *Jahresgutachten 2000/01: Chancen auf einen höheren Wachstumspfad.* Metzler-Poeschel, Stuttgart.

SVR [Sachverständigenrat zur Begutachtung der gesamtwirtschaftlichen Entwicklung] (2003). *Jahresgutachten 2003/04: Staatsfinanzen konsolidieren – Steuersystem reformieren.* Metzler-Poeschel, Stuttgart.

SVR [Sachverständigenrat zur Begutachtung der gesamtwirtschaftlichen Entwicklung] (2004). *Jahresgutachten 2004/05: Erfolge im Ausland – Herausforderungen im Inland.* Metzler-Poeschel, Stuttgart.

SVR [Sachverständigenrat zur Begutachtung der gesamtwirtschaftlichen Entwicklung] (2005). *Jahresgutachten 2005/06: Die Chance nutzen – Reformen mutig voranbringen.* Metzler-Poeschel, Stuttgart.

NAMENSINDEX

Kursive Seitenzahlen bezeichnen Namenszitate in Literaturverzeichnissen.

Aaron, H.J., viii, *xvii*, 16, *22*
Abel, A.B., 192, *214*
Adenauer, K., viii
Allen, R.G.D., 184, *214*
Altmann, F., xvii
Andel, N., *24*
Antolin, P., 190, *215*
Arentz, O., 115, *133*
Armey, R., 181, *214*
Arnold, R., 88, *109*
Austermann, D., 255, 256

Bach, S., vii, xvi, 29, 30, 35, 38, 41, 47, *51*, 59, 67, *84*, 185, *214*, 225
Becker, I., 44, 45, *51*, 74, 75, *84*
Bergson, A., 184, *214*
Beske, F., xiii, *xvii*, 88, 96, *109*, 140, *172*
Bhatti, B., v–viii, *xvii*, 183, 185, *214*
Bieber, U., x, *xvii*, 250, *252*
Bihn, M., xvii
Blüm, N., x
Blinkert, B., 111, *133*
Boadway, R., 14, *22*, 185, *214*
Boetius, J., 198
Bork, C., 59, *84*
Börsch-Supan, A., 207, *214*
Bös, D., 184, *214, 215*
Boss, A., 183, 189, 207, *215*, 228, *252*
Brall, N., 77, 83, *84*
Brandt, W., ix
Breuer, M., 88, *110*
Breyer, F., 117, 126–128, *134*, 182, 183, 188–192, 194, 196, 197, 199, 204, *215*
Brooks, R., 192, *214, 215, 217–219*
Bruce, N., 14, *22*
Buslei, H., xi, xii, xvi, 30, 31, 40, *51*, 202
Büttner, B., 193, *220*

Casey, B., 190, *215*
Christiansen, V., 185, *215*
Clark, D., *216*
Cnossen, S., 34, *52*
Cobb-Clark, D., 198
Cohen-Stuart, A.J., 184, *215*
Crossley, T.F., 198, *216*

Davis, J.B., 238, *252*
de Jasay, A., 205, *215*
Devereux, M.P., 7, *22*, 178, *215*
Diamond, P., 209, *215*
Dill, M., 198
Donaldson, D., 163, *172*
Donges, J.B., 117, 118, 124, *134*

Dornbusch, H.-L., 179, *215*
Drabinski, T., vii, viii, xiii, xiv, xvi, xvii, *xvii*, 88, 95, 96, *109*, 147, *172*, 183, 211, 225, *252*
Drähter, H., 123, 124, *134*
Due, J., *xviii*, *23*
Duval, R., 190, *215*

Edgeworth, F.Y., 184, *215*
Eekhoff, J., 115, 117, 118, 124, *133, 134*
Eggert, W., 185, *216*
Eichel, H., v
Elendner, T., 183, *215*
Elster, K., 14, *22*, 185, *216*
Engelen-Kefer, U., *110*
Erhard, L., viii

Fagnani, J., ix, *xvii*
Faltlhauser, K., 28, 29, *52*
Färber, G., 116, *134*
Fehr, H., 59, *84*, 190, *216*
Felderer, B., *214, 215*
Finkenzeller, M., vi, *xviii*, 178, 179, *217*
Fisher, I., 14, *22*, 184, 185, *216*
Fölster, S., 192, *216*
Franz, W., 117, 118, 124, 126–128, *134*, 182, 183, 188–192, 194, 196, 197, 199, 204, *215*
Freud, S., 211
Frick, J.R., 59, *84*
Frisch, R., 184, *216*
Fritz-Assmus, D., *215*
Frohwitter, I., 115, *134*
Fronzek, B., 255, 256
Fuest, C., 117, 118, 124, *134*
Fullerton, D., 178, *217*

Gale, W.G., 16, *22*
Garg, H., 255, 257, 258
Garrett, T.A., xi, *xvii*, 190, 193, *216*
Geanakoplos, J., 209, *215*
Genser, B., 185, *216*
Gerber, A., 118–120, *135*
Gidehag, R., 192, *216*
Grabka, M., 59, *84*
Gramlich, T., 47, *53*
Greß, S., 88, *110*
Griffith, R., 7, *22*, 178, *215*
Grub, M., 59, *84*

Haan, P., 29, 35, 38, 41, 47, 49, *51–53*, 59, 65, *85*, 185, *214*
Häcker, J., 122, 123, *134*

Hagedorn, M., 199, *218*
Haig, R.M., 11, *23*
Hall, R.E., 16, *23*, 181, *216*
Haller, H., *24*
Hansmeyer, K.-H., *214*
Harberger, A.C., v, *xviii*, 8, *23*
Hauser, R., 44, 45, *51*, 74, 75, *84*
Helige, O., *219*
Henke, K.-D., 88, *109*
Hentschel, K.-M., 255, 258, 259
Herbertsson, T.T., x, *xviii*
Hines, J.R., 10, *23*
Hirrlinger, W., xii
Hobbes, T., 14, *23*, 185, *216*
Höfer, M.A., 122, *134*
Hogrefe, J., xv, 139–141, 146, *172*, 195, *216*
Hollander, J., *216*
Holzmann, R., 193, *216*
Homburg, S., 117, 126–128, *134*, 182, 183, 188–192, 194, 196, 197, 199, 204, *215*
Hoy, M., 238, *252*
Hurley, J., 198, *216*

Igl, G., 117, *134*
Isengard, B., 47, *53*
Isserstedt, W., 145, *173*

Jacobs, K., 123, 124, *134*
Jacobs, O.H., vi, *xviii*, 178, 179, *217*
Jakisch, S., *216*
Jerger, J., 199, *217*
Jickeli, J., xvi
Johannßen, W., 88, *109*
Jokisch, S., 190
Jorgenson, D.W., 181, 187, *217*

Kaldor, N., 14, *23*, 185, *217*
Kaul, A., 199, *218*
Kemmet, C., 255–257
Kern, A.O., 140, *172*
Keuschnigg, C., 190, 193, *217*
Keuschnigg, M., 190, 193, *217*
King, M.A., 178, *217*
Kirchhof, P., 4, 9, 15–17, 19, 20, 22, *23*, 27–29, 32–38, 40, 41, 45, 46, 48–50, *52*, 190, *217*
Klever-Deichert, G., 118–120, *135*
Klie, T., 111, *133*
Knappe, E., 88, *109*, 115, *134*, 196, *217*
Kolm, S.-C., 159, *172*
König, H.-H., 116, *135*
Kornrumpf, P., xvii
Kotlikoff, L.J., 190, *216*
Krimmer, P., 59, *84*

Lang, J., vi, *xviii*

Langhammer, L., 255–257
Lauterbach, K.W., 118–120, *134*
Leibfritz, W., 190, *215*
Leidl, R., 116, *135*
Leisering, L., 117, *135*
Lindhe, T., 12, *23*
Lodin, S.-O., 11, 14, *23*, 185, *217*
Lorenz, U., xvii
Lucas, D., 209, *217*
Lüngen, M., 118–120, *135*

Mann, F.K., 15, *23*
Marsden, K., 181, 182, *217*
McLure, C.E., 187, *217*
Meade, J.E., 11, 14, 16, *23*, 185, *217*
Meinhardt, V., 59, *84*
Mennel, T., 199, *218*
Merz, F., 9, 17–19, *23*, 29, *52*
Merz, J., 95, *110*
Meyer, U., 198
Middendorff, E., 145, *173*
Miegel, M., x, xii, *xviii*
Mieszkowski, P., *217*, 220
Mietschke, J., 185, 190, *217*
Mikloš, I., 188, 200, *217*
Mill, J.S., 14, *23*, 185, *218*
Möschel, W., 117, 118, 124, *134*
Moyes, P., 159, *172*
Müller, K., 59, *84*
Muten, L., 12, *24*

Neill, J.R., 10, *24*
Nelissen, J.H.M., 145, *172*
Neubauer, G., 88, *109*
Neumann, M.J.M., 117, 118, 124, *134*
Neumark, F., 11, *24*
Niederleithinger, E., 197, *218*
Nielsen, S.B., 12, *24*

Öberg, A., 12, *23*
Orcutt, G.H., *110*, 144, *173*
Orszag, J.M., x, *xviii*, 192, *216*
Osterkamp, R., ix
Ottnad, A., xi, *xviii*, 120, *135*, 193, *218*
Overesch, M., 179, *218*
Oxley, H., 190, *215*

Parsche, R., ix
Peffekoven, R., 14, *24*
Pfaff, M., 112, *135*
Pichler, E., xv, 178, 200, *218*
Pischner, R., 47, *53*
Poterba, J., 192, *218*

Quinke, H., 31, *52*, *110*

Rabushka, A., 16, *23*, 181, *216*

Namensindex

Radulescu, D.M., 8, *24*
Raffelhüschen, B., 59, *84*, 122, 123, 125, *134*
Ragnitz, J., 179, *218*
Razin, A., *214, 215, 217–219*
Rhine, R.M., xi, *xvii*, 190, 193, *216*
Ricardo, D., 258
Richter, W.F., 8, *24*
Roche, M., vi, *xviii*, 178, 179, *217*
Rose, M., 14, 15, *24*, 28, *52*, 185, *214, 218*
Rosenschon, A., 139, 140, *173*, 207, *215*, 228, *252*
Roth, S., 115, *133*
Rothgang, H., 115, 116, 120, 121, 123, 126, *135*
Rubart, T., 115, *134*
Rudolph, H.-J., 29, 30, 35, 38, 41, 47, *51*, 185, *214*
Rürup, B., *88, 110*
Rumm, U., 88, *109*

Schäffer, F., viii
Schanz, G., 11, *24*
Schellhorn, H., 8, *24*
Schieber, S., 192, *218*
Schmähl, W., *134*
Schmölders, G., 9, *24*
Schnabel, R., 117, 126–128, *134*, 182, 183, 188–192, 194, 196, 197, 199, 204, *215*
Schneider, H., 199, *218*
Schnitzer, K., 145, *173*
Schröder, C., xiv
Schramm, P., 198, *218*
Schratzenstaller, M., 185, *218*
Schulte, K., xiv
Schulz, E., 30, *51*, 59, 67, *84*, 116, *135*
Schulz-Giese, R., xvii
Schumpeter, J.A., 14, *24*, 185, 211, *219*
Schupp, J., 47, *53*, 59, *84*
Schwarz, K.-P., 179, 181, *219*
Seidl, C., vi–viii, x, xvi, 10, 14, 16, *24*, 177, 181, 183–186, 190, *214, 219*, 222, 259, 261
Seligman, E.R., 15, *24*
Sell, S., 207, *219*
Sen, A., 103, *110*
Shelby, R., 181
Shorrocks, A.F., 159, 161, *173*
Shoven, J., 192, *218*
Siegel, J., 192, *219*
Simons, H.C., 11, *25*
Sinn, H.-W., x, *xviii*, 178, 179, *219*
Snower, D., xvi, 192, *216*
Södersten, J., 12, *23*
Solms, H.O., 28, 29, *53*, 183, 186, 189, *219*, 225, *252*

Sørensen, P.B., 12, *24, 25*, 34, *53*
Spengel, C., vi, *xviii*, 178, 179, 185, *217, 219*
Spermann, A., 199, *217*
Stapf-Finé, H., 112, *135*
Steinbrück, P., v
Steiner, V., vii, xi, xii, xvi, 29, 31, 35, 38, 40, 41, 47, 49, *51–53*, 59, 65, *85*, 185, 202, *214*, 225
Stern, V., 178, *219*
Stiglitz, J.E., 193, *216*
Stollenwerk, B., 118–120, *135*
Storesletten, K., 209, *219*
Streibel, V., 115, *133*
Svindland, D., 30, *51*

Telmer, C., 209, *219*
Theil, H., 95, *110*
Tillmann, G., 184, *214, 215*
Traub, S., vi, 29, *53*, 185
Tremmel, J., 117, *136*

Übelmesser, S., x, *xviii*
Ulrich, V., *134*

Vaithianathan, R., 198, *216*
van Praag, B.M.S., 184, *220*
Vickrey, W., 11, *25*
von Auer, L., 193, *220*
von Dohnanyi, K., 179, *220*
von Hayek, F.A., 15, *25*
von Rosenbladt, B., 47, *53*

Wagenhals, G., 94, *110*
Wagner, G.G., 47, *53*
Wahl, S., x, xi, *xviii*, 193, *218*
Wasem, J., 88, *109, 110*, 117, *134*
Wenger, E., 14, *25*
Weymark, J.A., 163, *172*
Whitehouse, E., 190, *215*
Wiegard, W., 185, *219*
Wilcoxen, P.J., 181, 187, *217*
Wilke, C.B., xi, *xix*, 193, *220*
Wille, E., *88, 110*, 117, 126–128, *134*, 182, 183, 188–192, 194, 196, 197, 199, 204, *215*
Wiswesser, R., 14, *24*
Wrohlich, K., 47, *53*, 59, 65, *85*

Yaron, A., 209, *219*
Young, H.P., 184, *220*

Zodrow, G.R., 181, *217, 220*
Zweifel, P., 88, *110*

SACHINDEX

Abgabenbelastung, 178
Abgabenbelastung, durchschnittliche, 206
Abgabenbelastung, marginale, 206
Abgabenerhöhungen, 180
Abgeltungssteuer auf Kapitaleinkünfte, 35
Abgeltungssteuer auf Zinsen, 35
Abgeltungssteuer für GKV, 94
Abgeltungssteuern, 36
Abitur, 208
Abschreibungsbegünstigungen, 187
Abschreibungsregelungen, 33
Abzugsbeträge, persönliche, 35
Alimente, 201, 224
Alimente, steuerliche Abzugsfähigkeit, 201
Alleinerziehende, 234, 239, 240, 242
Altenpauschale, 122
alternde Bevölkerung, 68
Alterseinkommen, Aufkommenswirkungen der Reform, 70, 71, 73, 74
Alterseinkommen, Prognose, 68
Alterseinkommensentwicklung: Szenario 1, 70, 71, 74, 78
Alterseinkommensentwicklung: Szenario 2, 70, 71, 78
Alterseinkommensentwicklung: Szenario 3, 70, 73
Alterseinkommensentwicklung: Szenario 4, 70, 73, 74, 77, 78
Alterseinkünfte, 66
Alterseinkünfte, Besteuerung, 40, 58, 66, 71, 73, 75, 202
Alterseinkünftegesetz, xi, 58, 60, 62, 78, 80, 202
Alterseinkünftegesetz, Aufkommens- und Verteilungseffekte, 58–60, 79
Alterseinkünftegesetz, Aufkommensneutralität, 80
Alterseinkünftegesetz, belastete Haushalte, 75, 77
Alterseinkünftegesetz, entlastete Haushalte, 75
Alterseinkünftegesetz, Entlastungsvolumen, 41
Alterseinkünftegesetz, Finanzierungsdefizite, 79, 80
Alterseinkünftegesetz, Finanzierungsüberschuss, 80
Alterseinkünftegesetz, Steuerminderaufkommen, 59
Alterseinkünftegesetz, Verteilungswirkungen, xii, 59, 60, 74, 78, 79
Altersentlastungsbetrag, 61, 64, 67, 73, 274
Alterssicherung, soziale, 190
Alterssicherungssystem, Europatauglichkeit, 193
Alterssicherungssystem, Welttauglichkeit, 193
Altersvorsorgeanteil, 81
Altersvorsorgeaufwendungen, 62, 63, 80,
 siehe auch Vorsorgeaufwendungen
Altersvorsorgeaufwendungen, Beamte, 63
Altersvorsorgeaufwendungen, steuerliche Freistellung, 58
Altersvorsorgeaufwendungen, Wirkungen auf Steueraufkommen und Einkommensverteilung, 58
Altersvorsorgezulage, 277
Alterungsrückstellung, 124
Alterungsrückstellung, Portabilität, 197, 198
Altrenten, Bestandsschutz, 202
Anwartschaftssplitting, 191
äquivalente Nettoeinkommen, 138, 152, 154, 160, 161, 164, 171, 172
Äquivalenzbeitragszahler, 81, 283
Äquivalenzeinkommen, 44
Äquivalenzprinzip, x, xi
Äquivalenzprinzip der Besteuerung, 10
Äquivalenzrentner, 81, 283
Äquivalenzskalen, 154, 160
Arbeitgeberanteil als Lohnleistung für Familienförderung, 143
Arbeitgeberanteil zur Sozialversicherung, 182, 189, 225
Arbeitnehmerbeiträge zur Rentenversicherung, Steuerfreiheit, 62
Arbeits- und Kapitaleinkommen, Trennung von, 13, 14, 34, 186
Arbeitsangebot, 47
Arbeitsangebot, effektives, 48
Arbeitsangebot, Steueraufkommenseffekte, 49
Arbeitsangebotseffekte der Reformvorschläge, 47, 50
Arbeitsangebotsmodell, 47
Arbeitsangebotswirkungen, 50
Arbeitsbereitschaft, 203
Arbeitsfähigkeit, 203
Arbeitskosten, ix, xv, xvi, 179, 180, 205
Arbeitskreis Steuerschätzungen, 37
Arbeitslosengeld, 143
Arbeitslosengeld I, 182, 199, 202
Arbeitslosengeld II, 188
Arbeitslosenhilfe, 143
Arbeitslosenrate, 190
Arbeitslosenversicherung, 199
Arbeitslosenversicherung, Reform, 199

Arbeitsplätze, Verlagerung, 180
Arbeitsplatzunsicherheit, 180
Arbeitsunfähigkeit, 204
Arbeitszeit, individuelle, 205
Arbeitszeitverlängerung, 262
Ärzte, Abwanderung, xiii
Ärzteeinkommen, xiii
Ärztehonorare, xiii
ärztlichen Leistungen, Angemessenheit, 198
Aufkommenseffekte, indirekte, 73
Aufkommensneutralität, 36, 188
Aufkommensneutralität der Reformvorschläge, 50
Aufwandsteuer, 185
Aufwendungen für die Humankapitalbildung, 188
Aufwendungen für die soziale Sicherung, 188
außergewöhnliche Belastungen, 35
Ausgabensteuer, 14
Autobahnmaut, 208

Baby-Boom-Generation, 120, 192
BAföG, 188
Basarökonomie, 210
Beamtenbeihilfen, 196, 223
Beamtenpensionen, 67, 224, 230
Beamtenversorgung, 191
Beitragsbemessungsgrenze, 92
Beitragsbemessungsgrenze nach CDU/CSU-Vorschlag der GKV, 92
Beitragsbemessungsgrenze nach GKV, 92
Beitragsbemessungsgrenze nach SPD-Vorschlag der GKV, 92, 105
Beitragspflicht in der GKV, 89
beitragspflichtiger Personenkreis der GKV, 89, 90
Beitragssatz der GKV, durchschnittlicher, 96
Beitragssatz in GKV, zusätzlicher, 96
Beitragssatz nach SPD-Vorschlag der GKV, 92
Bemessungsgrundlage nach CDU/CSU-Vorschlag der GKV, 91
Bemessungsgrundlage nach SPD-Vorschlag der GKV, 91
Berufsunfähigkeitsrente, 203
Betriebsrenten, 191
Betriebsteuer, 184, 187
Bevölkerungsentwicklung, 59, 68, 79, 80
Bevölkerungsentwicklung im Simulationsmodell, 67
Bevölkerungsentwicklung, Einfluss auf Steueraufkommen, 73
Bevölkerungsentwicklung, Hochrechnung, 67, 68

Bevölkerungsfortschreibung, statische Alterung, 58, 60, 67
Bierdeckelreform, 9, 17, 29, 201
Bilanzsteuerrecht, 16, 20
Bildungsökonomie, 262
Bildungspolitik, Defizite, 208
Bruttoprinzip der Beiträge in der GKV, 90
Bruttorentenniveau, Prognose der Entwicklung, 69
Bundespflegeleistungsgesetz, 125, 126
Bundeszuschuss zur Rentenversicherung, 73
Bürgerpauschale, xiii, 88, 189, 196
Bürgerversicherung, xiii, 87–89, 94, 98, 105, 119, 120, 196, 259
Bürgerversicherung, Beitragssatz, 96
Bürgerversicherung, Tarif, 94
Bürokratie, 207

Cash-Flow-Steuer, 16
CDU/CSU Steuerreformvorschlag, 18, 19

Datenfortschreibung, 65
Demenzkranke, 117–119, 127
demographische Schere, 190
deutsche Wiedervereinigung, x, 179
deutsches Wirtschaftswunder, 207
Direktversicherungen, Steuerfreiheit der Beiträge, 71, 74
Diskriminierungsverbot ausländischer Einkommen, 10
doppelte Dividende, 183, 258
Doppelverdiener, 239, 240
Doppelverdienerhaushalte, 234
Duale Einkommensteuer, 11–14, 28, 34, 38, 41, 185, 186, 259

Eckrentner, 279
Ehegattensplitting, 17–19, 121, 127, 184
Ehegattensplitting bei Krankenversicherung, 196
Eigenheimzulage, vi, 21, 35, 228, 260
Eigenheimzulage, Kinderkomponente, 138
Eigenverantwortlichkeit der Arbeitnehmer, 189, 205
1 €-Job, xii
Einfachsteuer, 14, 15
Eingliederungshilfe für behinderte Menschen, 230
Einkommen, ausländisches, Besteuerung, 201
Einkommen, soziale Bewertung, 163
Einkommens- und Verbrauchsstichprobe (EVS), 95, 145
Einkommens- und Verbrauchsstichprobe (EVS), Fortschreibung, 95
Einkommensanpassung der Reform der GKV, 103

Einkommensarmut, 233
Einkommensentwicklung von Renten- und Erwerbseinkommen, 78
Einkommensentwicklung, Prognose, 68
Einkommensersatzrate, 190
Einkommensschichtung, 40
Einkommensteuer, v, vi, 230
Einkommensteuer, analytische, 185, 186
Einkommensteuer, progressive, 15, 69
Einkommensteuer, proportionale, 15
Einkommensteuer, synthetische, 11
Einkommensteuer, veranlagte, 187
Einkommensteuer, zinsbereinigte, 14, 28
Einkommensteuer-Simulationsmodell des DIW Berlin, 30
Einkommensteuer-Simulationsmodell des DIW Berlin, Fortschreibung, 30, 31
Einkommensteueraufkommen, Prognose der Entwicklung, 69
Einkommensteuergesetz, Änderungen 1998-2006, 265
Einkommensteuergesetzbuch, 19
Einkommensteuertarif, 5
Einkommensumverteilung, vii, viii, 41
Einkommensumverteilung nach sozialer Stellung, 41
Einkommensumverteilungseffekte der Reform der GKV, 103, 104, 106
Einkommensumverteilungsmaße, 103, 106
Einkommensumverteilungswirkungen, 237
Einkommensungleichheit, 159, 163, 164, 171
Einkommensungleichheit, absolute, 162, 171
Einkommensungleichheit, relative, 171
Einkommensungleichheitsmaße, 163
Einkommensungleichheitsmaße, absolute, 159
Einkommensungleichheitsmaße, relative, 159
Einkommensverteilung, 49, 80
Einkommensverteilung nach Haushaltsnettoäquivalenzeinkommen, 44
Einkommensverteilung, Beitrag der Bevölkerungsentwicklung, 78
Einkommensverteilung, Beitrag des Alterseinkünftegesetzes, 78
Einkommensverteilung, Beitrag des verminderten Rentenanstiegs, 78
Einkommensverteilungsmaße, 45, 139
Einkommenswirkungen, Höhe der Be- und Entlastung, 45
Einkommenswirkungen, Verzerrung durch Aggregatentlastung, 45

Einkünfte aus Gewerbebetrieb, steuerrechtliche Änderungen 1998-2006, 272
Einkünfte aus Kapitalvermögen, steuerrechtliche Änderungen 1998-2006, 273
Einkünfte aus Land- und Forstwirtschaft, 33
Einkünfte aus Land- und Forstwirtschaft, steuerrechtliche Änderungen 1998-2006, 271
Einkünfte aus nichtselbständiger Arbeit, 273
Einkünfte aus selbständiger Arbeit, 33
Einkünfte aus Vermietung und Verpachtung, 34
Einkünfte aus Vermietung und Verpachtung, steuerrechtliche Änderungen 1998-2006, 273
Einkünfte, beitragspflichtig in der GKV, 89-91
Einnahme-Überschuss-Rechnung, 33
Einwanderungspolitik, 190
Elterngeld, 21
Entfernungspauschale, 255, 256, 260
Entgeltpunktzahl, 82
Entlastungsbetrag für Alleinerziehende mit Kindern, 274
Entlastungswirkungen der Steuertarife, 37
Entscheidungsneutralität der Besteuerung, 8
Erbschaftsteuer, 18, 19, 21, 209
Erwerbsausgaben, 20
Erwerbseinkommen und Alterseinkünfte, langfristige Entwicklung, 59
Erwerbseinnahmen, 20
Erziehungsgeld, 188
europäische Harmonisierung von Bemessungsgrundlagen, 21
europäische Harmonisierung von Mindeststeuersätzen, 21
Europäische Sozialcharta, 179
europäischer Stabilitäts- und Wachstumspakt, 7
Europarecht, 187
Existenzminimum, vii, 182, 188, 201, 202
Existenzminimum, Steuerfreiheit, 200, 206
Existenzminimums, Berechnung, 189
expenditure tax, 185

Familienförderung, xiv, xv, 139, 148, 149, 160-162, 164, 168, 170-172, 195
Familienförderung pro Haushalt, 148
Familienförderung, Arbeitslosenversicherung, 144

Familienförderung, ehebezogene
  Maßnahmen, 138–140, 147, 148, 153,
  170–172
Familienförderung, familienbezogene
  Maßnahmen, 143, 144, 154
Familienförderung, Finanzierung, 141
Familienförderung, gesetzliche
  Krankenversicherung, 143
Familienförderung, Instrumente, 139
Familienförderung, kindbezogene
  Maßnahmen, 138–140, 142–144, 147,
  148, 153, 154, 164, 170, 172
Familienförderung, Lasten, 138
Familienförderung, monetäre
  Transferleistungen, 141
Familienförderung, Nettoverlierer, 171
Familienförderung, Pflegeversicherung, 144
Familienförderung, Progressivität, 153
Familienförderung, Realtransfers, 141, 142,
  145
Familienförderung, Referenzszenarien, 138,
  147, 151, 152
Familienförderung, Salden, 150, 153, 154
Familienförderung, Sozialversicherung, 140
Familienförderung, Steuergesetzgebung,
  140, 142, 145
Familienförderung, Umfang, 138
Familienförderung, Umverteilung, 138, 151,
  153, 159, 172
Familienförderung, Verteilungswirkungen,
  xv
Familienleistungsausgleich, 35, 37, 139,
  188, 200, 230, 231
FDP Steuerreformvorschlag, 20
Finanzierung des CDU/CSU-Vorschlags
  der GKV, 97
Finanzierung des SPD-Vorschlags der
  GKV, 98
Finanzierungsdefizit des
  CDU/CSU-Vorschlags der GKV, 92,
  96–98, 105
Finanzierungsdefizite der öffentlichen
  Haushalte, 50
Finanzkraftausgleich zwischen den
  Krankenkassen, 94
Finanzpsychologie, 9
flat tax, 4, 15, 16, 20, 181, 187, 200, 257
flat tax, Nettoeinkommen, 200
flat tax, Vorteile, 183
Fortschreibung des
  Einkommensteuer-Simulationsmodells
  des DIW Berlin, 30, 31
Frauenerwerbsquote, ix
Frühverrentung, ix, x, 203, 204, 207

Gebühren für öffentliche Leistungen, 199

Gegenfinanzierung, 28, 32, 49
Generationengerechtigkeit, ix, 117, 118
Generationsvertrag, Kündigung, 195
geringfügige Beschäftigung, 95
Gesundheitsprämie, xiii, xiv, 87, 88, 105,
  196, 261
Gesundheitsprämien-Solidaritätszuschlag,
  xiv, 92, 96, 98, 105
Gesundheitssystem, Kostensenkung, 261
Gewerbesteuer, 20, 184, 187, 230, 232, 251,
  256
Gewerbesteuer, Abschaffung der, 35, 38
Gewerbesteueranrechnung, 38
Gewerkschaften, 205
Gewinn, Änderungen des steuerpflichtigen
  1998-2006, 267
Gewinnermittlung, 33
Gewinnermittlungsvorschriften,
  Vereinheitlichung, 187
Gini-Koeffizient, 74, 78, 83, 103
Gleitzone, 95
Globalisierung, 178
Grunderwerbsteuer, 209
Grundfreibetrag, Abschmelzung, 187
Grundleistungskatalog, 126
Grundrente, xii
Grundsicherung im Alter und bei
  Erwerbsminderung, 188
Grundversorgung, 188
Günstigerprüfung, 62, 63, 67, 75, 77

Hartz IV, 183
Hilfe zum Lebensunterhalt, 230
Hinterbliebenenrenten, 191
Hocheinkommens-Stichprobe von
  Haushalten, 47
Hochrechnung von Mikrodaten, 145
Höchstbetrag der GKV-Beiträge, 92, 93
Humankapital, 208
Humankapital, Veralten, ix
Humankapitalbildung, 183, 188, 199, 200,
  204

Inanspruchnahme staatlicher Leistungen,
  182
intergenerativer Lastenausgleich, 118
Invaliditätsrenten, 191
Investitionszulage, 228
Inzidenz der Besteuerung, formale, 32
Inzidenzanalyse der Familienförderung, 138

Kapital-Steuer-Modell, 94, 96
Kapitaldeckungsverfahren, viii, x, xi, 88,
  182, 190, 192, 193, 261
Kapitaleinkünfte, 36, 38
Kapitaleinkünfte, Besteuerung nach dem
  Merz-Konzept, 17

Kapitalertragsteuer, 184, 187, 230
Kapitalfluss, 209
Kapitalgesellschaften, effektive
  Besteuerung, 178
Kapitalgewinne, 187
Kapitalkonten, individuelle, 190, 193, 194,
  209
Kapitalmarktrisiken, 124
Karlsruher Entwurf zur Reform des
  Einkommensteuergesetzes, 4, 19
Kassenärztliche Vereinigung, 198
Kieler Steuer-/Transfer-Mikrosimulations-
  modell (KiTs), xvi, 94, 95, 146,
  225
Kinder, Berücksichtigung bei Rente, x,
  194, 195, 211
Kinder-Berücksichtigungsgesetz, 115, 118
Kinder-Gesundheitsprämien, 89
Kinderbetreuung, ix
Kinderbetreuungskosten, 21
Kinderfreibetrag, 35
Kindergeld, 35, 38, 40, 138, 188, 200, 230
Kindergeld, steuerrechtliche Änderungen
  1998-2006, 277
Kindergelderhöhung, 38
Kindergeldkinder, 147
Kindergrundfreibetrag, 35
Koalitionsverhandlungen, 87
Koalitionsvertrag, 70
Koalitionsvertrag Union/SPD,
  Steuerreformkonzept, 21, 22
Kohlesubvention, 260
Kommanditist, 35
komparative Kostenvorteile, 210, 258
konsumbasiertes Steuersystem, 14
Konsumermittlung, indirekte, 14
Konsumsteuer, 11, 14, 185
Konsumzurückhaltung, 180
Kontensystem, 192
Konzept 21 (Steuerreformvorschlag der
  CSU), 18
Kopfpauschale, 87, 88, 105
Körperschaftsteuer, 20, 184, 230, 232, 251
Körperschaftsteuer, Anrechnungsverfahren,
  11
Körperschaftsteuer,
  Halbeinkünfteverfahren, 10, 11
Körperschaftsteuer, marginale
  Zusatzlasten, 8
Körperschaftsteuerreform, 260
Körperschaftsteuertarif, 5
Krankenkassen, gesetzliche, Prüfung der
  Ärzteabrechnungen, 198
Krankenversicherung, xii, xiii, 182, 188,
  196, 202
Krankenversicherung der Rentner, 63

Krankenversicherung, gesetzliche,
  Finanzierung, 87, 105
Krankenversicherung, gesetzliche,
  kostenfreie Mitversicherung der Familie,
  105, 138
Krankenversicherung, Gewinner der
  Reform, 99, 101–103, 106
Krankenversicherung,
  Kapitaldeckungsverfahren, 94, 105
Krankenversicherung, Prämienmodell, 87,
  88, 182
Krankenversicherung, private, 94, 96, 105,
  197
Krankenversicherung, private,
  Abschlusskosten, 197
Krankenversicherung, private, Altverträge,
  94
Krankenversicherung, private, Treuhänder,
  198
Krankenversicherung, Privatisierung, 197
Krankenversicherung, Selbstbehalte, 261
Krankenversicherung, Verlierer der Reform,
  99–103, 106
Krankenversicherung,
  versicherungspflichtiger Personenkreis,
  89
Krankenversicherung, Verwaltungskosten,
  198
Krankenversicherung, Vollkaskocharakter,
  128
Krankenversicherung, Wettbewerb, 126
Krankenversicherungsträger, Finanzierung,
  197

Länderzusammenfassung, 207
Leibrenten, 58, 67, 77, siehe auch Renten
Leibrenten, Besteuerung, 61, 77, 80, 83
Leibrenten, Ertragsanteil, 58, 61, 64, 66, 77
Leibrenten, Ertragsanteil nach
  Alterseinkünftegesetz, 58
Leistung muss sich lohnen, 181
Leistungsfähigkeitsprinzip der
  Besteuerung, 10
linear-progressiver Steuertarif, 20, 21
Lohn pro Arbeitsstunde, 205
Lohnabstandsgebot, 189
Lohnnebenkosten, 209, 261
Lohnnebenkosten, Senkung, 259
Lohnsteuer, 186, 230
Lohnsteuerpauschalierung, steuerrechtliche
  Änderungen 1998-2006, 277
Lorenzdominanz, 159, 160, 171
Lorenzdominanz, absolute, 159, 162, 163,
  171
Lorenzdominanz, verallgemeinerte, 161,
  162

Lorenzdominanzrelation, 159, 160
Lorenzkurve, 159
Lorenzkurve, verallgemeinerte, 159

Makrorechnung für die Sozialkomponente E, 229
Marginalbelastung, xv
Marginalsteuertarif, v, vi
Mehrwertsteuer, 188, 262
Mehrwertsteuererhöhung, xvi, 261
Merz-Konzept der Steuerreform, 17
Mikrosimulation der Übergangsperiode der GKV, 96
Mikrosimulationsmodell, 40, 138, 144–147, 209, 210
Mikrosimulationsmodell, statisches, 95
Mikrozensus, 145
Mindestrente, 190, 193, 204
Mindestrente, Besteuerung, 202
Mindestrentenversicherung, 203
Mobilität der Arbeit, internationale, 193, 194

Negativdividende, doppelte, 179
Nettohaushaltsäquivalenzeinkommen, 74, 83
Nettohaushaltsäquivalenzeinkommen, Verteilung, 75, 78, 80
Nettohaushaltseinkommen, 145, 147, 151, 152, 171
Nettoprinzip der Beiträge in der GKV, 90
Neutralität der Besteuerung, 14
Niedrigsteuerländer, 178
Niedrigsteuerwettbewerb, 179, 257
Non-Affektationsprinzip, 141

ökonomische Effizienz, 8
Ökosteuer, xv, 258, 259
Ölpreis, Schwankungen stabilisieren, 258, 259
Opfergleichheitsprinzip, 184
Optionsmodell, 13

Partizipation am Arbeitsmarkt, 47
Pauschalenbeiträge, xiii
Pensionen, 64, 74
Pensionen, Steuerpflicht, 61
Personalabbau, 180
Pflege, häusliche, 113, 118, 122, 127
Pflege, stationäre, 113, 116, 118, 127
Pflegebedürftigkeit, 112
Pflegekassen, 112
Pflegekassen, Kommunen als Träger, 125
Pflegekassen, Verträge mit Pflegeheimen, 127
Pflegekassen, wirtschaftliche Verwaltung, 118

Pflegeleistungen, Dynamisierung, 116, 118, 119, 121, 122, 127
Pflegeversicherung, xiv, 182, 188, 202, 203
Pflegeversicherung statt Sozialhilfe, 112
Pflegeversicherung und Krankenversicherung, Zusammenlegung, 126, 127
Pflegeversicherung, Ausgabenentwicklung, 116
Pflegeversicherung, Ausgleichspauschale, 123
Pflegeversicherung, Beitragssatz, 114
Pflegeversicherung, breitere Beitragsmessungsgrundlage, 120
Pflegeversicherung, Demografieanfälligkeit, 120
Pflegeversicherung, Einkommenstest, 125
Pflegeversicherung, Einnahmen, 116
Pflegeversicherung, Entlastung jüngerer Kohorten, 125
Pflegeversicherung, Erbenschutz, 113
Pflegeversicherung, ergänzende Kapitaldeckung, 118
Pflegeversicherung, Familienmitversicherung, 124, 127
Pflegeversicherung, Finanzausgleich, 115
Pflegeversicherung, Finanzierungsdefizit, 112, 115
Pflegeversicherung, Finanzierungsprobleme, 120
Pflegeversicherung, Finanzierungsüberschüsse, 115
Pflegeversicherung, gesetzliche, 119
Pflegeversicherung, Kapitaldeckungsverfahren, 121–124, 128
Pflegeversicherung, Kohortenmodell, 122
Pflegeversicherung, Leistungen, 114, 127
Pflegeversicherung, Leistungsdefizite, 116
Pflegeversicherung, Nachhaltigkeit, 128
Pflegeversicherung, Pauschalbeitragssystem, 119, 121, 122
Pflegeversicherung, private, 111, 113, 119
Pflegeversicherung, Reform, xiv
Pflegeversicherung, Risikostrukturausgleich, 119, 122, 127
Pflegeversicherung, Solidarbeitrag, 123, 125
Pflegeversicherung, soziale, 111, 198
Pflegeversicherung, sozialer Ausgleich, 123
Pflegeversicherung, Steuerfinanzierung, 125
Pflegeversicherung, Teilkaskocharakter, 113, 124, 128
Pflegeversicherung, Wettbewerb, 117, 123–127
Pflegeversicherung, Zwei-Säulen-Modell, 119
Pflegeversicherungsgesetz, 111

Pflegewahrscheinlichkeit, 115
Pillenknick, ix
PISA-Studien, 208
Prinzip des minimalen Informationsverlusts, 95
Privatisierung, 186, 208
Progression, Verlagerung von Einkommensentstehungsseite auf -verwendungsseite, 185, 200, 206
Progressionsvorbehalt, 194
Progressionswirkung des Steuer- und Abgabensystems, 182
Proportionalsteuer, vii, viii, 186, 188
Proportionalsteuer, Additionseigenschaft, 183, 184
Proportionalsteuer, Vorteile, 183
Public Private Partnership (PPP), 256, 260

Quellenabzugsverfahren, 201
Quellenlandprinzip, 201
Quellensteuer, 183, 187

race to the bottom, 257
Rangumkehr, 152, 153
Reform des Steuer- und des sozialen Sicherungssystems, xvi
Reformbedarf Deutschlands, 210
Reformkonzept des Sozialen Sicherungssystems, 190
Reformkonzept mit flat tax, 181, 186, 188
Reformkonzept mit flat tax, Abgabenhöhe, 243
Reformkonzept mit flat tax, Administration, 199
Reformkonzept mit flat tax, Einkommenskonzentration beim Mittelstand, 232, 234, 236, 252
Reformkonzept mit flat tax, Finanzierbarkeit, 224, 230, 231, 251
Reformkonzept mit flat tax, individuelle Belastung, 239
Reformkonzept mit flat tax, individuelle Belastung Ehepaare mit Kindern, 243
Reformkonzept mit flat tax, individuelle Belastung Ehepaare ohne Kinder, 245
Reformkonzept mit flat tax, individuelle Belastung Rentner, 248
Reformkonzept mit flat tax, Progressivität, 242
Reformkonzept mit flat tax, Sozialverträglichkeit, 181
Reformkonzept mit flat tax, Verteilungswirkungen, 232, 234, 237
Reformkonzept mit Sozialkomponente E, Datenbearbeitung für Mikrosimulation, 222, 225

Reformkonzept mit Sozialkomponente E, Mikrosimulation, 222, 228
Reformkonzept, umfassendes, 181, 186, 190
Reformvorschläge, interne Verträglichkeit der Maßnahmen, 180
Reformvorschläge, Optimalität des Gesamtsystems, 180
Rehabilitation, 127
Reichensteuer, 5, 21
Reichsfluchtsteuer, 185
Reihenfolgeproblem bei Simulation von Aufkommenswirkungen von Steuerreformen, 37
Reinvermögenszugangstheorie, 11
Rente, demographischer Faktor, 282
Rente, Nachhaltigkeitsfaktor, 69, 283, 284
Rente, Nachholfaktor, xi, xii, 70, 285
Renten, *siehe auch* Leibrenten
Renten, geringere Steigerung als Erwerbseinkommen, 58, 80
Rentenanpassung, 81
Rentenanpassungsgesetz, 71
Rentenanpassungsregel, x, xi, 58, 59, 68, 79, 81, 82, 279–285
Rentenanwartschafte, 194
Rentenbarwert, 190
Rentenbeitrag, 192
Rentenbeitrag pro Haushalt, 191
Rentenbeitrag, freiwilliger, 192
Rentenbesteuerung, xi, xii, 40, 202, 223
Rentenbesteuerung, Wirkung auf Steueraufkommen und Einkommensverteilung, 58
Rentenfonds, 194
Rentenformeln, 279–285
Rentenharmonisierung, 194
Rentenreform 1957, ix
Rentenreform 1972, ix, x
Rentenreform 1992, x
Rentenreformvorschläge, xi
Rentensenkungen, 70
Rentensplitting, 191
Rentensteigerungen, 70
Rentensystem, viii, 190
Rentenversicherung, 188
Rentenversicherung, Berücksichtigung familienpolitischer Leistungen, 194
Rentenversicherung, Defizite, 73
Rentenversicherung, Renditen, xi, 193
Rentenversicherungsnachhaltigkeitsgesetz, xi, 81
Rentenwert, xi, xii
Rentenwert, aktueller, 81, 82
Rentenwert, aktueller, Fortschreibung, 82
Rentenwert, realer, xii
Rentner, 240

Rentnerquotient, 81, 283
Restlebensdauer nach Eintrittsalter in Ruhestand, 190
Riester-Rente, 282
Risikostrukturausgleich, 126, 197
Rückführung der Arbeitsplätze nach Deutschland, 206
Ruhestand, 190
Ruhestand, späterer Eintritt, 204
Ruhestandsalter, ix, 190, 209

S-Gini-Koeffizient, 163, 164
S-Gini-Koeffizient, absoluter, 163–167, 169
S-Gini-Koeffizient, relativer, 163–167, 170
Schattenwirtschaft, 179
Schedulensteuer, 12, 38
Schenkungen, 201, 224
Simulation der Reform der Alterseinkünfte, xii
Simulation der Steuergesetzgebung, 95
Simulation des deutschen Gesundheitssystems, 95
Simulation von Einkommenstransfers, 95
Simulation von Einkommensverteilungen, 95
Solidaritätszuschlag, 35, 184, 230
Sonderausgaben, 35, 187
Sonderausgaben, steuerrechtliche Änderungen 1998-2006, 270
Sondervermögen für GKV, 94, 96–98
Sonderversorgungssystem, 191, 192
Sonstige Einkünfte, steuerrechtliche Änderungen 1998-2006, 273
Sozialabgaben, 230
Sozialabgaben, progressive, 259
Sozialausgaben, 179, 230, 231
Sozialausgleichsbetrag, 4, 20
Sozialdumping, 179
soziale Sicherung, 189
soziale Wohlfahrt, 163, 171
soziale Wohlfahrt, Maß für, 159
sozialer Ausgleich, vii, 229–231
soziales Sicherungssystem, viii
Sozialhilfe, 188, 203, 230
Sozialkomponente, vii, 182–184, 188, 189, 200, 201, 206, 238
Sozialkomponente A, 183, 205
Sozialkomponente E, 183, 204, 211
Sozialkomponente N, 181, 188, 199
Sozialkomponente netto, 229
Sozialkomponente, Administration, 202
Sozialkomponente, Erstattung, 203
Sozialneid, 185
Sozialversicherungsbeiträge, 40, 146
Sozialverträglichkeit, 181, 182, 185, 206
Sozio-ökonomisches Panel (SOEP), 33, 47, 65, 145

Sparbereinigung, 14
Sparerfreibetrag, 36
Spendenabzug, 35
Splittingvorteil, 209
Staatsausgaben, 179
Staatsausgaben, Senkung, 207
Standardrentner, 279
Standortattraktivität, 5, 6, 8
Standortentscheidung, 257, 260
Steuer, Wohlfahrtsverlust, 8
Steuer- und Abgabensystem, internationale Wettbewerbsfähigkeit, 257, 260, 262
Steuer- und Abgabensystem, Vereinfachung, xv
Steuer-Transfer-Simulationsmodell (STSM), 47, 58, 59, 65
Steuerüberwälzung, 153, 164, 172
Steuerarbitrage, 14, 186
Steuerausfälle, 51
Steuerbelastung, 5
Steuerbelastung durch Reformvorschläge, 41
Steuerbelastung in Relation zum Nettohaushaltseinkommen, 41
Steuerbemessungsgrundlage, v
Steuereinnahmen, kassenmäßige, 37
Steuerentlastung durch Reformvorschläge, 41, 50
Steuerentlastung geringer Einkommen, 258, 259
Steuererhöhungen, 180
Steuerermäßigungen, steuerrechtliche Änderungen 1998-2006, 276
Steuerfreie Einnahmen, Änderungen 1998-2006, 266
Steuergerechtigkeit, 9, 12, 260
Steuergerechtigkeit, horizontale, 9, 13
Steuergerechtigkeit, vertikale, 9
Steuergesetzgebung, Vereinfachung, 256
Steuerplanungskosten, 9
Steuerprogression, 182, 184, 190
Steuerprogression, Verschiebung von Einkommensentstehungs- auf Einkommensverwendungsseite, 251
Steuerquote, v
Steuerreform, vii
Steuerreform, Aggregatentlastung, 46
Steuerreform, asymmetrische Rezeption, 45
Steuerreform, Gewinner und Verlierer, 45
Steuerreform, Mindereinnahmen, 38, 49
Steuerreform, Nettoentlastung, 48
Steuerreformkonzepte, 185, 190
Steuerreformkonzepte, Verteilungswirkungen, 37, 40
Steuerreformmodell, vii
Steuerreformvorschläge, vi

Sachindex

Steuerreformvorschläge, Finanzierbarkeit, vii
Steuerspar-Modelle, 34
Steuersystem, viii
Steuertarif, v–vii
Steuertarif, Änderungen 1998-2006, 275
Steuertarif, Anpassung im Zeitablauf, 69, 70
Steuertarif, dreistufiger, 17, 19, 20
Steuertarif, linear-progressiver, 18, 19
Steuertarifsenkung, 28, 259
Steuertarifsenkungen, Wirkungen der, 50
Steuervereinfachung, 9, 13, 28
Steuervergünstigungen, vi, 4, 16–21, 33, 34, 40, 51
Steuerzuschüsse, 105
stille Reserven, 187
stille Reserven, Bildung von, 33
stiller Gesellschafter, 35
Stundeneffekt, 47, 49
Stundenlohnerhöhung, 206
Subventionen, Abbau von, 36, 46, 207
Systemübergang, 210

Taschengeldgesellschaft, x
technischer Fortschritt, ix
Teilbruttoprinzip, 200, 202
Tobin Tax, 258
Transfereinkommen, 225
Transferentzugsquote, 182, 183
Transfers in der Steuerstatistik, 40
Transfers von West nach Ost, x

Übergang von Kapitaldeckungs- auf Umlageverfahren, 193
Übergangsmodell, 210
Überschuss der Einnahmen über die Werbungskosten, Änderungen 1998-2006, 269
Übertragungen zwischen Haushalten, 228
Überwälzungsannahmen, 162
Überwälzungsszenarien, 171
Umlageverfahren bei Pflegeversicherung, 114
Umlageverfahren bei Rentenversicherung, viii, x, xi, 192–194, 261
Unfallversicherung, 189
Ungleichheitsaversion, 164
Ungleichheitsaversionsparameter, 164
Unterhaltsvorschuss, 188
Unterhaltszahlungen, 224
Unternehmensbesteuerung, 4, 5, 8, 50
Unternehmensbesteuerung, Reform nach CDU/CSU Reformvorschlag, 19
Unternehmensgewinne, 187
Unternehmenssteuern, 5, 8

Unternehmenssteuern, Überwälzungsszenarien, 146, 149, 150
Unternehmenssteuerreform, 21

Veranlagungsoption für Kapitaleinkünfte, 35, 36, 41
Veräußerungsgewinne, 20, 34
Verbrauchseinkommensteuer, 185
Verbreiterung der Beitragsbemessungsgrundlage der GKV, 105
Verbreiterung der Steuerbemessungsgrundlage, vi, vii, xv, 7, 28, 37, 38, 41, 47, 50, 255, 259
Vereinfachungspauschale, 4, 20, 38
Verhaltensänderungen, 138, 209
Verhaltensanpassung, 210
Verhaltensanpassungen der Steuerpflichtigen, 32, 33
Verhaltensanpassungen des Sparverhaltens, 80
Verhaltensfunktion, 209
Verlustausgleich, vi, 34, 186
Verlustrücktrag, 187
Verlustvortrag, 187
Vermögensteuer, 209
Vermögensverteilung, ix
Versicherungsagenten und -makler, Honorare, 198
Versicherungskonto, 191
Versicherungspflichtgrenze nach SPD-Vorschlag, 96
Versorgungsfreibetrag, 61, 64, 73
Versorgungsfreibetrag, Zuschlag, 64
Versorgungssystem freier Berufe, 191
Vertrauensschutz, xi, 209, 210, 223
Volks-Krankenversicherung, 89
Vollzeitäquivalente, 47
Vollzeitäquivalente des Arbeitsangebots, 47
Vollzugskosten der Steuererhebung, 9
Vorsorgeaufwendung, steuerliche Behandlung, 58
Vorsorgeaufwendungen, xii, 40, 66, 71, 73, 75, 77, siehe auch Altersvorsorgeaufwendungen
Vorsorgeaufwendungen als Sonderausgaben, 58
Vorsorgeaufwendungen, Abzugsfähigkeit, 77, 78, 80
Vorsorgeaufwendungen, belastete Haushalte, 77
Vorsorgeaufwendungen, entlastete Haushalte, 77
Vorsorgeaufwendungen, übrige, 62, 63
Vorsorgeaufwendungen, Vorwegabzug, 61
Vorsorgehöchstbetrag, 61–63, 66, 67, 77

Vorsorgepauschale, 60–63, 65, 66
Vorsorgeverhalten im STSM, 67, 73

wachstumsorientierte Wirtschaftspolitik, 206
Welt-Bruttoeinkommen, 201
Werbungskostenpauschale, 61, 64
Wettbewerbsfähigkeit der Unternehmen, 260
Wirtschaftsflüchtlinge, 203, 204
Wohnbauförderung, 188, 228
Wohngeld, 188
Wohnsitzprinzip, 11

Zillmerung, 197
Zinsabschlagsteuer, 184, 187, 230
Zinsaufwand für Staatsschuld, 179
Zusatzlast der Besteuerung, v, 8
Zusatzlast der Lohnsteuer, marginale, 8
Zuschläge für Nacht-, Sonntags- und Feiertagsarbeit, 33

Druck: Krips bv, Meppel
Verarbeitung: Stürtz, Würzburg